本书为 2015 年教育部人文社科青年基金项目（15YJC880069）

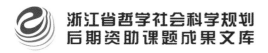
浙江省哲学社会科学规划
后期资助课题成果文库

美国发展适宜性实践早教方案研究

Meiguo Fazhan Shiyixing Shijian Zaojiao Fangan Yanjiu

孙丽丽　著

中国社会科学出版社

图书在版编目（CIP）数据

美国发展适宜性实践早教方案研究 / 孙丽丽著 . —北京：
中国社会科学出版社，2016.3
ISBN 978 – 7 – 5161 – 7795 – 2

Ⅰ.①美…　Ⅱ.①孙…　Ⅲ.①早期教育 – 研究 – 美国
Ⅳ.①G61

中国版本图书馆 CIP 数据核字（2016）第 051391 号

出 版 人	赵剑英
责任编辑	宫京蕾
责任校对	秦　婵
责任印制	何　艳

出　　　版	中国社会科学出版社
社　　　址	北京鼓楼西大街甲 158 号
邮　　　编	100720
网　　　址	http://www.csspw.cn
发 行 部	010 – 84083685
门 市 部	010 – 84029450
经　　　销	新华书店及其他书店

印刷装订	北京市兴怀印刷厂
版　　　次	2016 年 3 月第 1 版
印　　　次	2016 年 3 月第 1 次印刷

开　　　本	710 × 1000　1/16
印　　　张	24.75
插　　　页	2
字　　　数	427 千字
定　　　价	92.00 元

凡购买中国社会科学出版社图书，如有质量问题请与本社营销中心联系调换
电话：010 – 84083683

目　　录

第一章

导　论

> "人类通过科学进步创造了一个新世界，他自身也必须通过一种全新的教育法做好准备并发展自己。"①
>
> ——玛丽亚·蒙台梭利

第一节　研究的目的与意义

一　研究的目的

20世纪80年代，全美幼教协会提出的发展适宜性实践的声明，被奉为美国早期教育的"圣经"，且具有跨文化的影响力。我国自20世纪90年代以来的学前教育改革在理念上就带有鲜明的发展适宜性实践的倾向，尤其是2001年的《幼儿园教育指导纲要》（以下简称《新纲要》）和2012年10月颁布的《3—6岁儿童学习与发展指南》（以下简称《指南》），都是针对学前教育中存在的小学化倾向的弊端，提出要顺应儿童自然发展的要求，是发展适宜性实践的体现。但同时，也引出了"文化适宜性"的问题，因而有必要全面透彻地理解发展适宜性实践的内涵，以及如何在中国文化和社会现状的背景下来反思和发展。

1. 全面解析美国早教方案发展适宜性实践的发展与变化

关于发展适宜性实践，全美幼教协会自1987年提出后，在受到关注和拥护的同时，也不断地引发了讨论和争辩。故而，在20多年间，全美幼教协会先后在布里德坎普（Bredekamp）和科珀尔（Copple）主持下，于1997年和2009年两次修订，不仅从内涵上回应了"文化适宜性"的质

---

① M. Montessori, *The Montessori Method*. New York: Schocken Books, 1964, p. 2.

疑，也从实践上整合和平息了美国一直以来多种课程模式之争，将有效教学和有效教师作为指导早期教育实践的关键环节。并且在评估中，儿童早期学习标准的颁布（NAEYC/SDE，2003）体现了其与《不让一个孩子落后》法案（NCLB Act）从冲突走向融合，这对发展适宜性实践的发展具有很大的推动和保障意义。其本身的发展历程，也是美国早期教育 20 多年来发展转变的缩影，显示了其强大的生命力和影响力。所以，通过文献研究和考察全面解析美国早教方案发展适宜性实践的发展历程，并分析其契合时代和文化发展的特点，以加深对我国学前教育改革的时代背景的认识是本研究的目的之一。

2. 从实践的视角透视发展适宜性实践，为我国学前教育实践提供借鉴

一般而言，早期教育方案是一个教育实施计划。它可以包含理念的陈述，却往往更关注该教育计划的实际运行过程。发展适宜性实践"不是课程，也不是一套可以用于支配教育实践的僵死的标准。相反，它是一种构建，一种哲学，或者说一种与儿童一起工作的方法"（Bredekamp & Rosegrant，1992）。然而，我国实践工作者仅关注理念，并没有将其与实践对照。2005 年，麦克马伦（McMullen，2005）在跨文化的比较研究中，比较了中国、中国台湾地区、土耳其、韩国和美国教师的发展适宜性实践理念和实践的一致性的差异，结果发现，中国教师对发展适宜性实践的理解和实践最不一致。2008 年，研究者对中美的教师观念和实践比较研究，发现其差异也很显著（Wang，Elicker，McMullen & Mao，2008）。而我国学者的相关研究发现，教学经验会影响教师的理念与行为的一致性（Bi Ying Hu，2010）。我国儿童教师对于《新纲要》的教育信念是贴近正面的看法，但在课程的实践上，却是以教材、知识技能为主，忽略儿童实际发展需要。除了很多学者分析中提到的班额限制、教师专业化发展等因素影响了教师的实践以外，还有很重要的一点是只知发展适宜性实践的基本观念，而不知如何操作和实施，就如很多一线教师谈到的那样，《新纲要》太笼统，不知如何操作。所以，本研究力图从实践的角度来剖析发展适宜性实践的行动原则，包括课程、教学、评估和环境等方面的要求，以期为我国研究者和幼儿园教师提供实践参考。

（3）从"文化适宜性"比较中美差异，建构我国的发展适宜性实践

发展适宜性实践之所以在美国受到高度重视，来自于其对高质量早期教育的关注和作为解决社会公平的重要手段（Adcock & Patton，2001；

Burts, Hart, Fleege, Mosley & Thomason, 1992; Burts et al., 1993)。美国社会一直致力于通过早期教育提高低收入家庭儿童和弱势儿童的受教育状况，各类公立早期教育项目推出，如"开端计划"（Head Start, 1964）表明：优质的早期教育干预可以帮助人们战胜贫困，给相关儿童带来更多的机遇。来自低收入家庭的儿童、母语非英语的儿童、残障儿童和由于其他原因而处境不利的儿童都已经被纳入公立早期教育项目。当然，还有一个很重要的原因是发展适宜性实践理念与美国早期教育传统观念的契合，以及美国早期教育的现状背景。我国的发展适宜性实践虽然是主流声音，但又有我国自己独特的现状背景，如众多研究者分析到的班额限制、师资状况等，以及不容忽视的评估体系的影响。对这一问题的涉及是本研究不可回避的，认识到发展适宜性实践的局限性以及文化对学前教育的重要性是指导我国学前教育发展的基本原则。其实对于发展适宜性实践在我国的"文化适宜性"一直以来都有争论，批评者认为其没有考虑到中国的现状。但笔者认为与争论相比，如何建构适宜我国现状背景的发展适宜性实践更为关键。《3—6岁儿童学习与发展指南》可以看作我国学前教育一次具有历史意义的自我建构的尝试。

二　研究的意义

1. 有助于认清和反思我国教育中的"超级儿童"现象

美国20世纪80年代所提出的发展适宜性实践所针对的是早期教育的小学化倾向，而近些年，随着社会竞争的不断加剧，家长对子女的期望值也不断升高，儿童学识字、数数、背诗、绘画、弹琴等现象越来越早地出现在儿童的生活之中。这样的"匆忙的儿童""超级儿童"与美国此前的情况十分相似。幼儿园小学化的学习以及越来越开放便捷的媒体都在极大地冲击着儿童的世界，这给越来越多的儿童带来了心理上的压力。压力的持续和加剧必定会导致儿童产生生理或心理上的问题，从而损害儿童的健康发展。美国发展适宜性实践理论上的阐述和实践上的研究对认识我国这种"超级儿童"教育可能带来的危害具有防患于未然的意义，并结合我国实际采取必要的防范措施，把对儿童的伤害降到最小，保护儿童健康地成长。

2. 有助于解决儿童教师的教育理念和实践脱节问题

近年来，我国儿童教育领域，各类课程与教学方式相继进驻，这种不断变换的课程状况，令人诟病的议题就是儿童教育的专业品质在哪里。我们确实要反思：倘若教师拥有一套正确的 0 教育理念，并以该理念做课程上的计划、实践、评价准则，那么当教师面临不同幼儿园所追求的不同教学模式时，以该理念作为决策思考的诉求，站在教育的品质上来看，必将带来儿童教育的专业品质的发展。

众所周知，教师所持的理念对实践有很大的影响，而幼儿园教师是否能将理念与实践相结合，以提高教育质量呢？我们发现有些教师，常出现类似这样的言语"以前老师教了很多的幼教理念及知识，对我来说根本派不上用场，就算派上用场，遇到问题后，有时候又找不到人可以讨论，反正园长说家长要什么给什么"甚至是"我们当然知道某些理念是好的，我刚工作时，也很努力希望去做到，但要真的做到并不容易，也不太知道如何做"。如同弗里曼（Hatch Freeman, 1988）研究所示，教师们要将理念、原理、理论实际运用到教室中，是有冲突及困难的。这也不禁令人再度思考，理念和教学上的实践是脱节的吗？发展适宜性实践作为一种与儿童一起工作的方法直接指导实践，可以为解决我国儿童教师的理念和实践脱节问题提供借鉴。

3. 有助于推动我国儿童教育的个性化发展趋向

我国幼儿园大都采用大班授课的方式，且一度教师十分注重教授一些狭隘的知识与技能，而且决策者更是倾向于将学业标准加诸于儿童教育之上，所以，长期以来我国的幼儿园、托儿所忽视了对儿童的个别差异教育。全美幼教协会提出的"发展适宜性"教育理念认为就是要基于儿童的处境满足其需要，确定了年龄适宜、个体适宜和文化适宜的三元架构的个别差异性教育。它甚至用诗一样的语言宣称："儿童是复杂的个体，他们独一无二，值得珍惜、值得怜爱，对此需要我们付之以尊重和探索。"① 这也是发展适宜性实践真正的教育目标。早期教育只有把最终的视点落在儿童个体上，并切实促进儿童个体的发展与学习时，这种教育才是我们所期待的高品质教育，全美幼教协会在发展适宜性实践声明的议题中，详尽地阐述了相当多的儿童教育适宜的专门知识及经验，给我们以启示。

---

① .Carol copple and sue Bredekamp. *Basics of Developmentally appropriate practice*: *An Introduction for Teachers of Children 3 To 6*. Washington, DC: National Association for the Education of Young Children, 2006, p.8.

第二节　国内外研究综述

一　国外的相关研究

1. 美国发展适宜性实践研究的历史

1970 到 1980 年间，美国兴起一股"回归基础"（going back to the basis）的风潮，许多州将儿童教育机构归入公立小学。许多学前教育机构和幼儿园开始实践改革，如标准化测验的使用，基于技能培养的课程，传授式的课堂教学等（Bredekamp，1987；Bredekamp & Copple，1997）。许多教育者在教学中从关注儿童的需要转向关注技能培养和教师主导的方式。

进而，许多教育者和教育组织开始关注到这种教育状况的不利影响，如爱尔坎德等。全美幼教协会在 1987 年提出了高质量儿童教育的哲学基础，并发布了《0—8 岁儿童发展适宜性实践》（Bredekamp，1987）一书，书中提出，儿童教育应以儿童的需要为基础，一个高质量的早期教育机构应该能够提供一种促进儿童身体、社会、情感及认知发展的安全的保育环境，能够为儿童提供适宜其年龄特点的、适宜其个体差异的课程及教育教学实践。这本书一经出版，即对学前教育界产生了重要的影响，迅速成为美国早期教育工作者最受欢迎的指导性参考资料之一，并有美国早期教育的"圣经"之称。目前美国许多州政府教育局均采纳发展适宜性实践教育理念，作为政策决定、评鉴和辅导本州幼教机构的标准，例如加利福尼亚州（California，1988，1993）、科罗拉多州（Colorado，1994）、康涅狄格州（Connecticut，1988，1990）、缅因州（Maine，1987）、马里兰州（Maryland，1989，1992）、密苏里达州（Minnesota，1990）、密苏里州（Missouri，1989）、得克萨斯州（Texas，1994），以及俄亥俄州（Stark County/Ohio，1991）和爱荷华州（Nebraska/Iowa，1993）的部分地区。

20 世纪末期，全美幼教协会对跨入 21 世纪社会飞速发展以及由此对未来儿童素质提出的需求更为敏感。"通往 21 世纪，每一天的生活和工作都将经历巨大的变化。与此同时，无论经济与科技将发生怎样的变化，在人类个体与社会群体身上，某种人类能力将不可置疑地保留某些重要的元素。"关于未来的儿童成年以后应该具备的能力，全美早教学界达成了如下共识：良好的组织、协作能力；问题分析、判断、解决能力；不同渠道的信息获取能力；根据形式、条件变化对新方式、技能以及新知识的学习能力。这种共识的建立直接导致了发展适宜性实践教育理论对早教目标的调整以及对理论基础的拓宽。

进入 21 世纪，教育者对"发展适宜性"基本达成了共识，全美早教方案愈显多样化。在这种情况下，2009 年全美幼教协会对方案进行了第三次修订，方案一方面致力于对发展适宜性实践教育理论的梳理与提升，以使该理论更加深入人心，更具引导力；一方面致力于对早教方案标准与认证基准的理论建设，这种建设的实质是一种技术性努力，以期在发展适宜性实践理论架构成熟以后，强化对多样化早教实践的专业引领和科学规范。

2. 对发展适宜性实践批评的研究

全美幼教协会提出"0—8 岁儿童发展适宜性实践"的声明之后，获得了相当多教育界学者认同，然而也有一些学者持不同意见。斯波代克（Spodek，1991）提到，发展适宜性实践课程，除了内容要符合孩子发展外，也要能反映社会文化价值观。另外，科斯特尔尼克（Kostelnik，1993）指出，发展适宜性实践研究的对象都是白人及中产阶级的儿童，其研究结果不具有代表性。而福韦尔和劳顿（Fowell & Lawton，1993）则针对发展适宜性实践提出，对于早期教育发展适宜性实践的二分法观点提出质疑，使得教师的选择范围过于狭窄，是一个强迫性选择方式。科斯特尔尼克还针对发展适宜性实践中提出的儿童为中心的观念指出，这在某种程度上忽视了教师的主观能动性，教师在教育教学过程中似乎处于被动消极的地位。同时，也有研究指出教师在运用发展适宜性实践做自我评量时过于模糊，缺乏实效（David，1992；David & Mcleod，1994）。而有研究者尤恩斯克则在强调文化差异的重要意义下，将发展适宜性实践延伸成"发展和文化适宜实践"（Developmentally and Culturally Appropriate Practice，DCAP）。他指出，教师必须觉察每位儿童所处的家庭、社会、文化背景，才能对儿童进行适宜的教育（Eunsook，1994）。上述的批评，大致可归纳为以下几个主要观点：

● 仅是建立在发展观点上。
● 采用了适宜与不适宜的极端分析方式。
● 缺乏文化和种族上的考量。
● 实施中的教师是被动的、消极的教学。

这些批评主要是针对 1987 年的第一次声明而提出的，1997 年的再次修订，针对这些批评做了部分修改及说明。如增加了文化适宜性的内容，指出了文化在个人发展与学习过程中扮演的角色；解释了教师在发展适宜性实践中的重要责任以及在帮助孩子学习与发展方面扮演极其重要的角色（Carol Copple & Sue Bredekamp，1997）。

3. 对发展适宜性实践实施效果的研究

鉴于发展适宜性实践的普及，一些研究者调查了儿童教育环境与儿童发展结果之间的关系。在很多案例中发现，强调儿童中心的教育环境对教育结果有积极的影响，包括学业成就、认知发展、动机发展和社会情感等方面的发展。

如在儿童学业成就方面，研究报告显示较符合发展适宜性实践原则的幼儿园、学前班以及小学的课程中，儿童的表现与对照组儿童相比，第一，阅读能力发展较好；第二，有较好的书写能力；第三，数学成就表现更好（Marcon，1992，1993，1999；Stipek et al.，1998；Huffman & Speer，2000）。在社会情感和动机发展方面，处于发展适宜性环境中的儿童社会技能发展较好，如合作、分享和自控等能力（Hirsh-Pasek et al.，1990；Burts et al.，1992；Burts，Hart，Charlesworth & Kirk，1990；Hart et al.，1998；Stipek et al.，1995，1998；Marcon，1999；Ruckman，Burts & Pierce，1999）。很多研究都证实了发展适宜性实践对儿童的发展有积极的作用。

但在学业提高方面，结论则不一致，更为复杂（Huffman & Speer，2000；Van Horn，Aldridge，Ramey & Snyder，2001；Van Horn，2003）。在九个公开发表的研究中，有四个得出了肯定的结论，而四个研究表明影响不明显，一个得出了否定的结论（Stipek，Feiler，Daniels & Milburn，1995）。新近研究指出，发展适宜性实践对小学 1—3 年级的儿童影响不显著（Van Horn，Karlin & Ramey，2012）。

另外，有研究关注了性别差异、经济地位差异，发现发展适宜性实践的实施对男孩学习成绩的提高更有效果，对女孩则效果不明显（Burts et al.，1990，1992；Hart et al.，1998；Marcon，1993）。对经济地位低的儿童比经济地位高的儿童有效（Burts et al.，1992；Hart et al.，1998）。

4. 影响发展适宜性实践实施的因素研究

尽管研究儿童学习和发展的复杂性很重要，但很多教育研究者开始关注影响发展适宜性实践实施的因素有哪些，尤其是探讨教师的观念对其实践的影响。许多研究者通过实验和观察发现学前机构、幼儿园和部分小学教师的观念会很大程度上影响他们的课堂实践。发展适宜性信念越高的教师越尊重以孩子为中心的观点，且适宜性信念较高的教师所在班孩子的社会技巧、行为表现较佳。心中不持有发展适宜性实践信念的教师，做法一定是较不利于学生的（Jones & Gullo，1999；Hao，2000；Vartuli，2000）。

尽管如此，有很多研究者还发现教师的观念和实践之间存在着很大的不一致，因为教师的实践还受到其他各方面因素的影响（Charlesworth，et al.，1993；Amos-Hatch & Freeman，1988）。许多的研究表明其他一些环境因素对教师的发展适宜性实践行为有很大的影响。这些因素包括：家长的压力（Hatch & Freeman，1988；Haupt & Ostlund，1997；Knudsen-Lindauer & Harris，1989）、学校行政的压力（管理制度、州教育标准和学业测试等）（Charlesworth，et al.，1991；Charlesworth，et al.，1993a）、教师的教学经验与知识背景（Hausken & Walston & Rathbun，2000）。

另外，在关于发展适宜性实践所延伸出的研究议题中，还有关于跨文化的比较研究（Doliopoulou，1996；Hoot et al.，1996；Park，1996；Szente，Hoot & Ernest，2002；Kim & Maslak，2005；Lee，Baik & Charlesworth，2006；McMullen et al.，2005；Jambunathan & Caulfield，2008），主要是探讨了各国教师观念和实践的差异。综上所述，根据国外发展适宜性实践的研究来看，在发展适宜性实践幼儿园里，孩子不管是语言、行为表现和人际互动等，比起非发展适宜性实践教育的孩子，出现了较多正向的发展。且当教师本身持有适宜性的课程理念，并确实在教室里实践时，对儿童各方面的发展是更有利的，也较能引领儿童向更好的方面发展。可见，虽然相当不容易落实，但教师心中若有适宜性的理念，相信对于实施适性教学会较有帮助。

二　国内的相关研究

发展适宜性实践的理念，在美国已推行多年，对儿童教育的影响很大，同时也受到我国儿童教育学者的认同，但国内的相关研究文献不多，且多以理论介绍的论述为多，极少在实践的层面上做实证研究（见表1-1）。

从表1-1中我们可以看到，台湾地区、香港地区的研究者最早将该理论引入（吕翠夏，1988；香港，1988—1989）。并且台湾地区和香港地区的研究者针对全美幼教协会所提出的发展适宜性实践的内容对儿童教师信念进行了研究（卢明兴、黄淑苓，1994；林沐恩，2002；Joanna So Suk Lin，1990），我国学者则主要是理论介绍性研究（邓虹婵，2009；殷洁，2004；王坚红，2008；梁魏，2008），其中朱家雄教授对幼儿园的实践有初步反思。总体而言，我国并没有很多的相关研究文献，实践研究更少，即使是台湾地区、香港地区的实践研究也仅限于教师信念的研究，缺乏对幼儿园课堂教学等实践的直接研究。

表1-1　　　国内（包括台湾地区、香港地区）的相关研究

研究者	年代	题目
邓虹婵	2009	美国幼教 DAP 理论发展及其教育学意蕴
朱家雄	2009	对"发展适宜性教育实践"的反思
王坚红	2008	适宜婴幼儿童发展的教育——DAP 基本原理及其实践指南
梁魏	2008	适宜发展性教育
王晓芬	2008	适应于0—8岁儿童早教项目中的发展适宜性课程方案
朱家雄	2007	由"发展适宜性教育实践"想到的——对我国幼儿园课程改革的反思之四
朱家雄	2006	幼儿园课程的文化适宜性
殷洁	2004	适宜发展性教育对我国学前教育的启示
庞丽娟、胡娟、洪秀敏	2003	论学前教育的价值
陈淑芬（台湾）	2002	美国发展适宜性实践指引的发展和修订对我国幼儿园课程修订之启示
林沐恩（台湾）	2002	台中市幼儿园三岁以下班级教师背景因素、适宜教学信念之相关研究
陈淑敏（台湾）	1999	适合发展的教学迷思
卢明兴、黄淑苓（台湾）	1996	幼教教师适性教学之信念与教学的研究
刘炎	1994	DAP——学前教育领域中的新概念
游淑燕（台湾）	1994	美国幼教协会发展适宜课程实施之基本观点与评析
陈淑敏（台湾）	1993	从发展适宜课程的实施看我国幼教现况
Joanna So Suk Lin（香港）	1990	The Developmental Appropriateness of Preschool Science Programmes in Hong Kong
吕翠夏（台湾）	1988	适性发展的儿童教育

但由国外文献看出，发展适宜性实践对儿童的发展确实有很大的助益，倘若能建构我国本土化发展适宜性实践，形成一套符合我国儿童教育的理念，并切实地落实在幼儿园实践里，对我国高品质儿童教育的发展会

带来很大的帮助。因此，研究者试图从发展适宜性实践的发展和变化历程以及实践教学的具体实施上，来系统全面地对发展适宜性实践理念和实践进行研究，进而在认识中美儿童教育差异的基础上借鉴美国的发展适宜性实践方案，以期能够让我国儿童教师在教育理念与实践上做相互呼应提供借鉴。

第三节　关键概念界定

一　全美幼教协会

全美幼教协会创办于 1926 年，是美国最大的专门早期儿童教育的组织，由一群衷心奉献于儿童教育的会员组成。其前身是带有进步主义色彩的"美国保育学校协会"（National Association for Nursery Education，NANE）。至今已 86 年，会员超过 10 万人，有近 450 个遍布各地、各州和各区域的分会。该协会致力于改善从出生到八岁儿童的早期教育和促进儿童各方面发展的服务质量。凡是渴望能够服务儿童，并为孩子的需要及权利代言者，都有权利成为该协会的会员。作为美国首屈一指的儿童教育人员的专业组织，全美幼教协会订立了以研究为依据的学习标准，提供了改进儿童教育质量的资源。全美幼教协会的立场声明书（position statement），认证制度（accreditation）一起推动美国优质早期教育的发展。其出版的立场声明书、专著、录像带和两份期刊《儿童》（*Young Children*）和《早期教育研究季刊》（*Early Childhood Research Quarterly*）具有很大的影响力。早期教育专家和实践者都向全美幼教协会寻求指引。在已有文献中，将 NAEYC 翻译为美国儿童教育协会（刘炎，2002）、全美幼教协会（王坚红，郭力平，2008）、全美儿童教育学会（朱家雄，2006）、美国早教协会（程妍涛，王晓芬，刘洋，2005）等。本研究将其名称定位为众所熟识的全美幼教协会。

二　发展适宜性实践

发展适宜性实践可以描述为儿童学习和教师教学依据儿童的发展需要。（Bredekamp，1987；Fowell & Lawton，1992）即教育关注儿童的全面发展，包括社会化、情感、艺术、道德、语言、认知和身体等方面。课堂设计在于激发儿童自己去建构知识和引导儿童参与到学习过程中（Bre-dekamp，1987；Quick，1998）。并且提供丰富的材料环境，以满足儿童的个体差异，供儿童自主选择和自主游戏。总之，发展适宜性实践强调直接经验、直观材料，儿童主动参与活动，社会互动和成人支持（Hyson，Hirsh-Pasek & Rescorla，1990）。

1987 年出版的《0—8 岁儿童发展适宜性实践》方案中便明确提出发展适宜性实践的发展适宜性（developmentally appropriateness）是由两个向度来决定的：适合年龄（age appropriate）和适合个别差异（individual appropriate），并指出在发展适宜性实践中，儿童启发、儿童主导、教师支持的游戏是最重要的成分。1997 年和 2009 年的修订版中，对这一概念进行了重申。发展适宜性实践是根据三方面的重要知识：第一是儿童一般的发展与学习知识，以了解儿童发展学习的一般概念，知识对特定年龄层的孩子提供安全、健康、有吸引力、孩子有兴趣、可达成的以及有挑战性的活动、教材、互动方式或经验；第二是对个体孩子的了解，包括其优点、长处、兴趣以及需求，因此能调整和反映出个别差异；第三是关于孩子所处的社会和文化背景的知识，以提供有意义的、和孩子文化社会相关的、并能尊重孩子和其家庭的学习经验。这三方面的知识——儿童发展学习、个别特性和经验以及社会与文化环境是交互关联、不断变迁的，因此，儿童教育者必须在其专业生涯中，维持终身学习者的角色。

综上，研究者认为发展适宜性实践的理念为：在儿童教育的过程中教师必须以孩子为中心，并透过对孩子发展、个别差异、生活中文化背景知识的了解，以及对儿童兴趣、经验的了解，在领域统整之下，运用各种不同的教学法来实践课程。在儿童发展学习的过程中适时地给予学习介入与支持，以顺应每个孩子发展与学习的需要，并通过家长的互动和多元的评量方式来促进儿童的学习。

另在文献查阅中，发现"developmentally appropriate practice"的翻译也不一致，被翻译为发展适宜性教育实践（朱家雄，2006；史大胜，2009）、发展适宜性教育（刘焱，2002；王坚红，郭力平，2008）和发展适宜性方案（程妍涛，王晓芬，刘洋，2005）等。本研究将其统一称为发展适宜性实践。

三　美国早期教育

美国早期教育，英文一般是"early childhood education"或"education

for young children"，主要指 0—8 岁儿童的教育。根据不同年龄儿童发展的需要，美国儿童早期教育被划分为 5 个阶段，包括婴儿期（0—1 岁），学步期（1—2 岁），学前期（3—5 岁），儿童期（5—6 岁）以及初级小学阶段（6—8 岁）。① 这不同于我国早期教育的"0—6 岁"和儿童教育的"3—6 岁"的划分。所以，美国儿童早期教育与我们的 3—6 岁儿童教育的差异很大。

另外，英文"preschool""kindergarten"并不是如我国一样完全指代儿童教育，两者不可以相互代替。"preschool"又写作"prekindergarten"，一般简写为"pre—K"，主要是指 3—4 岁儿童的教育，相当于我国幼儿园的小班和中班，也被称为四岁班幼儿园。不过，美国的学前班大多不把孩子分成小班和中班，通常是混龄班。② 而"kindergarten"则主要是指 5—6 岁儿童的教育，相当于我国的大班，又被称为五岁班幼儿园。五岁班与四岁班儿童相比，生活习惯发生了很大变化，比如越来越被要求学习功课，到幼儿园毕业时已经是能够"读书写字会算术"的小学"预备生"（kindergartener）了。③ 并且美国大多数的五岁班幼儿园附设在小学里，是小学的一部分，即小学一年级下面的 K 年级，现如今五岁班已经纳入了义务教育的范畴，作为美国正规国民教育学制的起点。

第四节　研究设计

一　研究内容及研究思路

本研究的基本目的在于对美国早教方案发展适宜性实践的理论和实践进行展示和具体阐释，并从实践操作的角度透视其特点，总结其实施的影响，以期为建构我国学前教育的发展适宜性实践提供建议。为了深入地研究这一问题，研究者将这一基本问题分解为以下几个主要的研究问题：第一，发展适宜性实践提出的美国早期教育发展背景是怎样的。第二，发展适宜性实践的发展历程是怎样的。第三，发展适宜性实践的课程观、教学观、评价观和家园观等是如何的。如何组织和指导实践实施。第四，发展

---

① 史大胜：《美国儿童早期阅读教学研究》，北京师范大学出版社 2011 年版，第 29 页。

② 同上书，第 31 页。

③ 同上书，第 32 页。

适宜性实践的影响有哪些。第五，发展适宜性实践对我国学前教育的启示是什么。

对美国早教方案发展适宜性实践的研究设计了以下思路：通过对国内外相关文献的分析，厘清美国早教方案发展适宜性实践的历史脉络，并在此基础上，从实践教学的角度入手，全面展示和分析其实践实施特点和原则。

本研究的基本框架如图 1－1 所示。

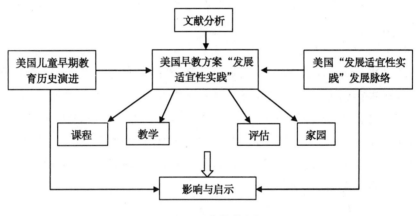

图 1－1 研究的基本框架

二 主要研究方法

1. 文献研究法

文献法是指搜集、鉴别、整理文献，并通过对文献的研究，形成对事实的科学认识的方法。本研究大部分内容搜集自美国和国内的相关文献，通过对这些文献的阅读、整理、分析和归类来更好地认识"美国发展适宜性实践"的发展和实施的真实情况。

2. 历史分析法

历史分析法是指搜集某种教育现象发生、发展和演变的历史事实，并加以系统客观地分析研究，以揭示其发生、发展规律的方法。发展适宜性实践是在不断地修订中日趋成熟和完善的。因此，本研究通过梳理发展适宜性实践的历史发展过程，力求以史为鉴，立足现实，从而进一步探究其中的动因、特点及存在的问题。

3. 案例法

案例法是指注重对研究对象自身的特点和周围环境进行深入的考察，

可分为本质性案例研究和工具性案例研究。本质性案例研究是针对已知的一个特殊个案进行的研究。"我们对它感兴趣不是因为研究它可以了解其他个案，也不是为了得出一般的结论，而是因为我们需要认识这个特殊的个案。我们对这个案例本身的固有的特性感兴趣。"① 工具性案例是"我们有一个要研究的问题，一个疑难的问题，一个需要对其建立一般性理解的问题。并且感到可以通过研究特殊的个案深入地认识这个问题"②。本研究的目的是通过对美国某一地区儿童发展适宜性实践的实施案例分析，阐释其理念和教学实践。关注的重点不是案例本身，而是通过案例加深对问题的认识。

4. 观察法、访谈法

观察法、访谈法是指按照研究目的对研究对象进行的深入观察和谈话。通过观察和访谈，研究者获得研究对象直接的感性体验和了解研究对象的观点与看法，认识与研究目的有关的问题。本研究中关于我国儿童教育现状的比较研究中，研究者需对杭州市几所甲级幼儿园进行实地观察，并对园长和教师进行访谈，以了解其发展适宜性实践观念和实践影响，为比较研究提供参考。

---

① Stake R E. *The Art of Case Study Research*. Thousand Oads：Sage Publications，1995，p.3.

② Ibid. , p.4.

第二章

美国早期教育历史沿革

*"变革是一个过程，而不是一个事件。"*①

——迈克·福兰

第一节 儿童教育初创时期（17世纪中—19世纪末）

19世纪以前，殖民地时期美国的儿童教育都是在家庭中进行的，充满着中世纪经院哲学的浓厚气息，因此根本谈不上现代儿童教育。孩子送到家庭以外照顾，只是因为家庭中没人有时间看管孩子，制度化的儿童教育在19世纪前的美国是极为罕见的。②

19世纪的美国历史有两大发展特点：一是领土奇迹般地不断扩大，二是欧洲移民潮涌般地进入美国。为了保证政治和社会的统一安定，缓和阶级矛盾和民族矛盾，将异族移民同化为美利坚人，美国政府对包括儿童教育在内的公共教育事业日益重视。另外，随着美国领土的扩大，其工业生产也已跃居世界首位，许多新的工业部门如电气、化学、汽车等也开始发展起来。经济的发展，对人的培养提出了要求，也从经济上为教育发展创设了条件。同时，随着技术进步，美国人也开始更方便地阅读从欧洲传入的关于儿童教育的书籍，所有这些因素共同推动了美国儿童教育的发展。

19世纪的美国儿童教育经历了一个从无到有，由私立发展到公立，从局部扩延到全国的发展过程。美国最早的儿童教育机构是在欧文（Ow-

---

① Fullan, M. *The meaning of education change*. New York：Teachers College Press, 1982, p. 41.

② Evelyn Weber, *The Kindergarten：Its Encounter with Education Thought in America*. New York：Teacher College Press, 1969., pp. 20—21.

en）影响下设立的儿童学校。19 世纪 30 年代，在公立学校运动兴起之时，儿童学校曾遍布东海岸各大城市。到 19 世纪中期，福禄贝尔幼儿园开始在美国出现，这是美国幼儿园的初创期。进入 70 年代，幼儿园迅速发展，公立幼儿园成为美国幼儿园的主要形式。

一　早期教育成为培养贫困儿童良好道德的手段

在当时的美国，早期教育在贫困阶层中之所以广受欢迎，这是因为：一是贫困家庭的孩子接受教育，他们的父母就可以从照顾中解脱出来，更多地参与工业生产；二是这些早期教育机构可以为贫困孩子提供强有力的道德训练和简单的知识教授，使他们能很好地社会化，保持社会稳定和安全；三是人们希望能通过教育来打破贫困儿童穷苦的命运，希望通过慈善事业来达到社会改革的目的。但很显然，人们良好的愿望并没有实现，贫困儿童更趋向于接受那些面向社会下层的教管方案。但研究者认为，在美国，19 世纪的早期教育是从传统家庭责任转向社会的开始，历史意义重大。其为以后的幼儿园，同时为保育学校（Nursery School）和日托所（Day Nursery）的发展奠定了基础。①

1. 儿童学校的产生与兴衰

英国空想社会主义者欧文于 1816 年在新拉纳克创设的儿童学校及随后英国的儿童学校运动曾对欧洲各国产生过重要影响。1818 年，儿童学校传入美国。1824 年，欧文来到美国，在印第安纳州建立"新和谐村"，并在 1826 年开办示范儿童学校，其儿童学校的主张逐渐在美国迅速传播开来。后来以怀尔德斯平为代表的英国儿童学校运动也传入美国。进而，美国许多州都创立了儿童学校，招收 4—8 岁的儿童入学。1826 年，纽约成立了儿童学校协会（Infant School Society），并且一度获得公共资金的资助。1830 年，纽约立法机构通过法案，以公共资金支持儿童学校。1830 年，美国儿童学校改称"初级部"（primary department），与初等学校相衔接，可看出其当时在美国的影响之大。

儿童学校在思想观念方面给当时的美国人以一定程度的启发。随着儿童学校广泛设立，也在美国民众中传播了这样一些思想，即认为学校有责

---

① Emily D. Cahan. *Past Caring: A History of U. S. Preschool Care and Education for the Poor, 1820—1965.* National Center for Children in Poverty, 1989, p. 2.

任对 4—6 岁的儿童进行教育，教给他们有关宗教、道德以及读写方面的初步知识。如贝休恩（Joanna Bethune）的儿童学校把重点放在儿童道德发展的培养上；阿尔克特（Bronson Alcott）和拉塞尔（William Russell）开办的波士顿儿童学校，则重点强调儿童体育、智力和精神的协调发展。[①] 但儿童学校的开办遇到不少困难，主要问题是许多地方教育当局不愿承担办校经费。儿童学校仅靠收费或者慈善团体的捐款难以长期维持。尤其是 1837 年爆发的经济危机，更是给儿童学校以致命的打击。19 世纪 40 年代后儿童学校在美国各地逐渐衰弱。

2. 福禄贝尔幼儿园的传入与发展

19 世纪后半期，福禄贝尔幼儿园在美国出现并逐渐占据主导地位，其传入与发展成为美国儿童教育发展史上浓墨重彩的重要篇章。

19 世纪中后叶，为了加速教育的发展，美国不少教育工作者通过各种形式引进欧洲的教育理论，并与国内教育实际相融合。福禄贝尔的教育思想就是当时美国引进的欧洲教育理论之一。美国有关人士认为，在福禄贝尔的教育思想中，除去象征主义和神秘主义的因素以外，有着许多可取的东西。巴纳德在《美国教育杂志》上撰文介绍幼儿园，并认为幼儿园是"迄今为止，这个世界中所能看到的最具创造性、最吸引人也最具哲学性质的儿童教育发展形势"[②]。其中最值得重视的是福禄贝尔关于尊重儿童，相信他们天性本善，并具有积极、能动的特性；强调给予儿童以自我表达和自由活动的重要性，注重在活动中发展儿童的天性，以及重视儿童的社会合作精神等思想。

受福禄贝尔的思想影响，美国出现了与儿童学校不同的幼儿园。1855 年卡罗·休兹女士（Karl Schurz，1832—1876）于威斯康星州瓦特镇成立美国第一家幼儿园，此幼儿园规模极小，儿童人数未超过六人，以德语为主要语言，虽然只维持半年，却给美国儿童教育带来了极大的影响。至 1870 年，美国已有 10 所左右类似的德语幼儿园。1860 年，美国妇女皮博迪女士成立第一所以英语为主的幼儿园，其秉持传教士的精神，在全美各

①　Emily D. Cahan. *Past Caring*: *A History of U. S. Preschool Care and Education for the Poor*, *1820—1965*. National Center for Children in Poverty，1989，p. 14.

②　Weber，E. *The kindergarten*: *Its encounter with educational thought in America*. New York：Teachers College Press，1969，p. 24.

地设立幼儿园，以福禄贝尔的儿童教育理念及教学方法进行教学，因此使得儿童教育不久被纳入公立学校制度中的一部分。1869 年，受皮博迪影响，布雷德利出版了韦伯（Edward Weibe）著的当时美国最早的一本讨论福禄贝尔幼儿园思想的图书《儿童的乐园》。[①] 皮博迪办了六七年幼儿园后，感到自己理论素养欠缺，遂于 1868 年关闭了自己的幼儿园，去欧洲各国参观访问。回国后，皮博迪成为福禄贝尔思想的热情宣传者，积极倡导建立幼儿园。在其鼓励和支持下，1868 年，她在波士顿还创办了美国的第一所儿童师范学校。1870 年，在皮博迪的建议和布罗的支持下，哈里斯向圣路易斯市教育委员会正式提出有关建议并得到批准。1873 年，苏珊·布罗女士（Susan Blow 1843—1916）和圣路易斯城公立学校的督学哈里斯先生（W. T. Harris）成立第一所公立幼儿园。幼儿园，作为公立学校系统的组成部分，开始为吸纳新移民进入美国文化而做出努力。[②] 圣路易斯市的公立幼儿园一炮打响后，其他各州纷纷效仿，大力发展公立幼儿园。甚至一些私立幼儿园也逐步被纳入公立教育系统。至 1890 年，全美各大都市皆有幼儿园，而儿童教育作为初等教育的第一阶段，也广为教育家及政治领袖所接受。

从儿童学校的衰落与公立幼儿园的繁盛，我们可以发现，只有某种教育思想或者运动符合当时的政治、经济发展的要求，其才更有生命力。儿童教育被纳入整个学制系统，推动了美国儿童教育的普及。

儿童学校与幼儿园是 19 世纪美国两种儿童教育形式，它们的特点与差异何在？下面通过表 2 - 1 作一粗略比较。

美国 19 世纪内战前的儿童学校与战后的幼儿园有着一定联系，幼儿园应该是儿童学校的后续产物。它们有相似点，即都强调儿童教育在儿童成长过程中的重要作用，并强调道德、身体及智力在儿童发展过程中的平衡。但通过图表对比，会发现二者之间差异明显：首先，儿童学校接受18 个月到 4 岁的儿童，主要是解决母亲就业的压力，而一般情况下，幼儿园不接受 4 岁以下的孩子，就不会像儿童学校那样有与家庭生活相冲突的矛盾。其次，儿童学校的理论主要是从 17 世纪以来流行的学说，即儿

---

① 　Barbara Beatty. *Preschool Education in America*：*The Culture of Young Children From the Colonial Era to the Present.* New Haven，Conn：Yale University Press，1995，p. 55.

② 　Ibid. ，p. 65.

童很小就可以学习读和写，而幼儿园的理论则是 19 世纪后半叶的学说，即尊重早期儿童天性，对儿童进行偏重于活动的教育。最后，儿童学校的主要作用是成为社会改革的工具，而幼儿园，首要目的是作为正规的儿童教育机构，其次才是贫困儿童教育的手段。所以，幼儿园因其作为美国正规儿童教育机构的定位，使美国早期教育从一开始就注重儿童的自然发展，且在后期进步主义思想影响下成为美国早期教育的传统。

表 2－1　　　　　　　　　19 世纪儿童学校与幼儿园特点比较①

机构	儿童学校	幼儿园
产生原因	适应工业革命时代妇女大量就业，儿童无人照料的社会需要	适应近代儿童社会教育发展需要，使各阶层（特别是中上阶层）年幼子女能得到更好的教育
产生时间	1816 年欧文在英国新拉纳克创办（1770 年奥柏林的编织学校为渊源）	1837 年福禄贝尔在德国勃兰根堡创办，1840 年正式命名为"幼儿园"
代表人物	欧文、怀尔德斯平	福禄贝尔、舒尔兹夫人
理论依据	白板说、外铄论	内发论
招收对象	劳动妇女及平民的儿童	主要是中产阶级 3—6 岁儿童，19 世纪后期扩展到平民子女
教学设施	游戏场、阶梯教室、教学柱、算术架等	恩物、教室、活动场、苗圃
办学特点	接近或类似小学低年级，注重知识教学	注重儿童发展，不赞成拘泥于学校性质的知识教学
教学内容	读、写、算、图画、直观练习、手工劳动及道德、宗教陶冶（说明：上述特点更多地反映了儿童学校的实际做法，但与欧文的初衷有别）	恩物、作业、歌谣、游戏、观察自然
流行时间	19 世纪上半叶。19 世纪中叶后消亡或并入小学（成为小学预备班）	19 世纪下半叶及以后

3. 慈善幼儿园的建立与迅速发展

19 世纪 70 年代，幼儿园开始走向大众化。带有慈善性质的免费幼儿园是这个时期的主流，也一定程度上体现了幼儿园的公益性。当然，慈善幼儿园的开办也有缓和社会矛盾，扩大政治影响的目的。

19 世纪 80 年代，随着美国工业革命的加深，社会贫富分化加剧，一些挣扎在死亡线上的贫民儿童体弱多病，无人照料，还有不少流落街头，沾染诸多恶习。针对这一严重社会问题，各界社会人士及团体或出于人道

---

① 选自杨汉麟：《外国儿童教育史》，人民教育出版社 2011 年版，第 149 页。

主义，或为沽名钓誉，或甚至为了免税等不同动机，竞相兴办收容贫民子女的慈善幼儿园。在 1880 年到 1890 年间，以帮助贫困儿童和家庭为目的的幼儿园协会在全美各地相继成立，"免费幼儿园协会"（Free Kindergarten Association）是其中最常见的名词，到 1897 年，全国已经有 400 多家这样的协会。①

1870 年，在波士顿，由昆西·肖夫人亲自在纽约创建了美国的第一所慈善幼儿园，并于 1879 年创建了一所儿童师范学校。免费幼儿园里招收的都是社会最底层的家庭子女，这些孩子们"脸都被洗得很干净，有整洁的衣服，每天十点还有面包和牛奶"②。在她的努力下，到 1883 年，建立起包括 30 所免费幼儿园在内的幼儿园网。到了八九十年代，几乎所有大中城市都办起免费慈善幼儿园。

1877 年在美国俄亥俄州托雷多市由教会建立了第一所教会幼儿园。1878 年，纽约市的安东纪念教会也设立了幼儿园。1912 年，全美已有教会幼儿园 108 所。教会开办幼儿园的主要目的是济贫及进行宗教教育。

慈善幼儿园在美国社会生活中功不可没。由于此类机构的广泛设立，贫民儿童的生命安全和身体健康得到保护，社会治安转好，而且还推动了幼儿园的发展，其在传播福禄贝尔教育方法方面也发挥了很大作用。

但是，也有许多的免费幼儿园反对福禄贝尔的教育思想，如布赖恩（Anna Bryan）在他的免费幼儿园中进行新教育实验。他认为教师们应自己决定什么是最适合教给儿童的，而不只是一味跟着福禄贝尔的指示行事。他说，一些福禄贝尔主义者已经变成了"奴隶般的模仿者，其不能在人的个性特征和普遍性中做出区别"③。福禄贝尔虽然已经设计了一套完整的系统，但人们不加鉴别地应用它是非常危险的。幼儿园教师与儿童之间应该是帮助孩子思考，而不是强迫儿童顺从手中的恩物。再如在芝加哥，帕特南（Alice Putnam）在幼儿园进行了综合化的变化。教育家杜威

---

① Barbara Beatty. *Preschool Education in America: The Culture of Young Children From the Colonial Era to the Present.* New Haven, Conn: Yale University Press, 1995, p. 72.

② Ibid. , p. 74.

③ Ibid. , p. 75.

称这种变化代表了对童年的信仰。[①] 也有一些免费幼儿园由于客观物质条件的限制而放弃了福禄贝尔思想，而在实践中寻找更加切合实际并有针对性的教育方式。然而，这些对福禄贝尔的改变和质疑，多是来自实践操作层面的经验，缺乏科学的理论依据做支撑。直至心理学家霍尔的理论和杜威的进步主义思想的出现，才开始使得幼儿园出现了与福禄贝尔相抗衡的理论。

二 欧洲浪漫主义幼教理论的影响

应该说，这个时期美国早期教育的思想主要是受欧洲的影响，实践经验成为本土理论的主要来源，这可算作美国早期教育理论发展的沉淀期。

19世纪，浪漫主义哲学理论影响了30年代至40年代的儿童学校运动（Infant School），把童年视为生命中一段自由和玩耍时间的新观点替代了原来认为儿童需要通过诵读圣经来洗清自己身上罪恶的观点。

● 卢梭

卢梭（Jean Jacques Rousseau）不是一位儿童早期教育的教育家，但他的思想肯定影响了这个领域。作为一位在腐朽的法国社会中针砭时弊的哲学家，卢梭提出了当时的社会阻碍了人类顺乎自身天性发展的观点。社会因为只有少数人享有财富和权力的等级性而给大众带来苦难，这种状态是有违自然的。实际上，卢梭认为任何自然的、原始的事物都是美好的并声称："在人的心灵中根本没有什么生来就有的邪恶。"[②] 所以他提出，如果儿童可以不受文明的人为羁绊而自由发展，他们将可以发展道德与善的本真潜能。由于卢梭极端推崇天性，也有人认为他改革教学论的哲学基础可称作"天性哲学"。[③]

根据卢梭的观点，儿童天生纯真而高尚，但他们需要保护，免受社会的邪恶影响而保持这份善良。他在其著作《爱弥尔》开卷即写道："出自造物主之手的东西，都是好的"[④]，只有通过同自然的亲密接触，他们才能发展自身的感觉，形成自己的人格。在一个受到保护的乡村环境中，他

---

① Barbara Beatty. *Preschool Education in America: The Culture of Young Children From the Colonial Era to the Present.* New Haven, Conn: Yale University Press, 1995, p.84.

② 卢梭：《爱弥尔》，李平沤译，人民教育出版社2001年版，第92页。

③ 滕大春：《卢梭——教学论发展史上的丰碑》，《河北大学学报》1962年第3期。

④ 卢梭：《爱弥尔》，李平沤译，人民教育出版社2001年版，第1页。

们从具体的而不是抽象的事物中学习，通过尝试和错误以及实验法来学习。这样的学习是自然的、令人满足的，会通向幸福，因为儿童将不会学到那些社会制造出来的人为需求。卢梭认识到儿童思考和学习的方式不同于成人，认为好的教育应该给予儿童各个发展阶段相适应的教育，而非成人强加的标准。卢梭的警示名言是，"大自然希望儿童在成人以前就要像儿童的样子"①，要珍惜儿童短暂的童年生活，决不可以成人的偏见加以伤害。一个以儿童为中心的、纯洁的教育最终会培养出有道德的、致力于社会公共福祉的成人。

卢梭关于儿童具有独特性的、需要培养和保护的天性的观点尽管高度理想化，甚至从未被完全采纳，但他依然对后来的儿童早期教育家有着巨大影响，值得人们借鉴与反复回味。

● 裴斯泰洛齐

裴斯泰洛齐（Johann Heinrich Pestalozzi）深受卢梭的教育思想的影响。他认为所有人，即使是最贫困者，也有权利接受教育，以此作为一种发展自身道德和智力潜能的方式。他相信教育应顺乎天性，认为儿童教育的目的就在于"促进人的一切天赋及能力和力量的全面、和谐的发展"，"使人能尽其才，能在社会上达到他应有的地位"②。但与卢梭不同的是，他认为人的天性并不是尽善尽美、洁白无瑕的，具有低级的动物性和高级的德性，如果像卢梭那样将儿童的天性理想化，任其自然发展，则会只发挥动物性本能。所以，要靠教育的作用，发展高级的德性。"二者实质不同，但又互相联系，高级天性是以低级天性为基础，并从中产生、发展起来"③。

与卢梭不同的是，裴斯泰洛齐重视教育实践，实际从事儿童工作，"教育心理学化"就是他在实践中提出的口号："我正在试图将人类的教学过程心理学化，试图把教学与我的心智的本性、我的周围环境以及我与别人的交往都协调起来。"④开发出一些至今仍在沿用的方法。比如，他强调认识儿童的个体差异的重要性，强调将儿童参与活动而非机械记忆作为

① 卢梭：《爱弥尔》，李平沤译，人民教育出版社 2001 年版，第 88 页。

② 任钟印主编：《西方近代教育论著选》，人民教育出版社 2008 年版，第 238 页。

③ ［瑞士］布律迈尔主编：《裴斯泰洛齐选集（第 1 卷）》，教育科学出版社 1994 年版，第 125 页。

④ 夏之莲等译：《裴斯泰洛齐教育论著选》，人民教育出版社 2001 年版，第 198 页。

学习的基本方法，学习同具体的经验和观察有着错综复杂的联系。然而，使裴斯泰洛齐成为一位成功的儿童教育家的原因更在于他伟大的人格和他无私而又热情的奉献精神与责任感。"他的一生奉献给了人类关系的发展，是思考的一生……若要追随，就必须有奉献和忘我的精神，有对儿童和童年本质的深沉的爱和关切。"（Braun & Edwards，1972）而也有人认为，裴斯泰洛齐的教育观念，正式为他自己的"教育爱"的真谛做了最典型的诠释。① 他所创立的学校后来蜚声世界，吸引了来自欧洲各地的参观者和学生。他被认为是第一位实际开展学前儿童教学的教育者，标志着幼儿园运动的开端。

● 福禄贝尔

福禄贝尔（Frobel）被世人称为"幼儿园之父"。他一方面对裴斯泰洛齐的教学技巧敬仰不已，同时又担忧裴斯泰洛齐无法宣传他的方法。福禄贝尔更善于将他的教育原则形成文字。同他的先行者卢梭和裴斯泰洛齐一样，他相信自然和儿童的发展中的心智是相互联系的。他曾以园丁修剪葡萄藤作为比喻："葡萄藤应当被修剪，但修剪本身不会给葡萄藤带来葡萄。相反地，不管出自多么良好的意图，如果园丁在工作中不是十分耐心地、小心地顺应植物本性的话，葡萄藤可能由于修剪而被彻底毁灭，至少它的肥力和结果能力被破坏。"② 他主张教育要同儿童的内在发展相和谐，认识到儿童在不同的年龄阶段处于不同的发展阶段。他将童年看作一个独立的阶段，并非仅仅是向成年期的过渡，而是有着自身巨大而鲜明的价值的阶段。如果儿童在一个阶段受到了伤害，在以后的岁月中，"他必须付出最大的艰辛和最大的努力"，才能克服这种损害对他的发展造成的阻碍。③

福禄贝尔极力强调儿童的自我活动和游戏在儿童发展中的重要作用，"发展和教育人类完成其任命和任务……不仅依靠他从外面所接受和所吸收的东西，而且更大程度地依靠他自己所表现和所展开的东西"④。不仅仅将游戏看作为成年工作的准备，他将游戏看作一种儿童得以和谐发展的

---

① 林玉体：《一方活水：学前教育思想的发展》，信谊基金出版社 1990 年版，第 306 页。

② ［德］福禄贝尔：《人的教育》，孙祖复译，人民教育出版社 2001 年版，第 10 页。

③ 同上书，第 40 页。

④ Frobel, *The Education of man*. New York：DC. 1887，p. 278.

纯粹和自然的学习方式。福禄贝尔还开发了规划细致的课程和专门的教具。实际上，他因其开发的积木而广受赞誉，这种积木现在已经成为儿童早期教育的标准教具之一。他的教学课程以游戏和感官知觉为中心。艺术活动、竞赛游戏、手指游戏、歌谣、积木、故事、手工制作及类似的活动都是福禄贝尔幼儿园的一部分。他的课堂不是在传统的教室中进行，而是在一个"儿童的花园"中，即幼儿园中进行。

应该指出，福禄贝尔的儿童教育理论有着浓厚的神秘主义色彩，杜威曾批评道："喜欢高谈智慧的系统，并且倾向神秘的玄学。"[①] 但其系统的学前教育思想为儿童教育的发展奠定基础，大大推动了19世纪后半叶欧美各国儿童教育的发展。

第二节　儿童教育革新时期（19世纪末—20世纪60年代中期）

这一时期为儿童教育革新时期，由于科学的进步，心理学的快速发展，以及对儿童的了解等，对儿童教育的旧有观点注入许多新的看法，而这些理论及科学研究的结果，推动了当今美国幼儿园教育内涵的成形。

一　早期教育成为培养"美国公民"实用主义实验田

19世纪末到20世纪20年代，美国历史上称之为"进步主义时代"。自南北战争后，美国经济走向富强，民主社会的发展，让越来越多的父母意识到儿童不是家庭的私有财产，而是社会、国家的一分子。幼儿园担负起调和家庭和公共要求之间的责任。与社会发展变化相适应，教育从传统的贫民教育走向以实用为代表的新教育，幼儿园也因此获得了更多的支持。具体的变化包括：各州政府对教育事业加强组织领导，政府划拨教育补助费和增筹教育经费等。但是，正在这教育蓬勃发展的时期，教育问题也纷纷涌现。人们意识到，要办好教育必须寻求突破。

1. 新课程对福禄贝尔教育法的突破

19世纪的晚期，美国的早期教育由遍地开花的幼儿园所主导。恩物和作业成为所有幼儿园的主要教学手段，福禄贝尔理论中的合理因素逐渐

---

① ［美］杜威：《明日之学校》，朱经农等译，商务印书馆出版1993年版，第93页。

被人们所忽视，而其中的神秘主义和象征主义的东西却被奉为至宝。恩物、作业等内容一成不变，趋向形式主义。到 19 世纪末，改变教育脱离儿童发展、脱离社会生活以及摆脱幼儿园教育中形式主义的呼声日趋高涨。适应这一要求，一些公立幼儿园开始了新课程的尝试。如有人借鉴了德国教育家赫尔巴特（J. Herbart）的教育思想，发展了学科课程设计框架，即围绕某个核心事物来形成课程理念。这种课程理念可以是人、事、物或者是随便一件日用品。福禄贝尔所强调的游戏和作业只是变成手段或方法。举例来说，在一次纪念美国总统林肯（Abraham Lincoln）诞辰的幼儿园课程设计比赛中，一位以该方法设计幼儿园四天课程的教师获得了一等奖。她在课程中第三天安排了早晨会话、恩物和游戏。恩物是测量尺，让学生们根据早晨的讨论，模仿林肯对一些东西进行测量，总结测量经验；作业则是让孩子们通过折叠各种颜色的纸来具体勾勒出林肯的一幅肖像画。① 此外，还有教师在加利福尼亚的圣巴巴拉，开发了一种自由游戏课程。课程安排围绕新的教具，如洋娃娃、跷跷板、玩具、餐具、秋千、沙堆等。儿童以玩具为依托，进行自由的活动和游戏。这些新的课程尝试，与福禄贝尔教育法不同，最显著的改变是，他们努力将教育理论与幼儿园教学实践结合起来设计课程。这个时候，福禄贝尔思想很难适应新形势的需要。

2. 进步主义幼儿园运动

1890 年，布莱恩公开批评福禄贝尔思想，随后，一些早期教育工作者开始质疑福禄贝尔的教育哲学以及教育实践，他们在国际幼儿园联盟（International Kindergarten Union，IKU）内部发起了一场激烈的、长达 10 年的公开讨论。他们认为福禄贝尔的幼儿园课程太结构化、太僵化、不科学等。最终，进步主义早期教育工作者——哲学家杜威以及学习理论家桑代克的同事帕蒂·希尔所提出的理念获胜。《幼儿园》（The Kindergarten）这本杂志记录了这场论战的结果，十九人委员会中有十一人支持福禄贝尔的思想并不能充分代表当时国际幼儿园联合会成员的主导思想（Committee of Nineteen，1913）。② 进步主义以新的理论形态，彻底结束了福禄贝尔教育在美国儿童

---

① Weber, E. *The kindergarten: Its encounter with educational thought in America*. New York: Teachers College Press, 1969, p. 57.

② Ibid. , p. 69.

教育界的统治地位。进步主义一方面强调研究儿童，将儿童教育与实际生活相联系，进行多方面的实验活动，试图从根本上否定恩物主义和象征主义；另一方面又充分肯定了福禄贝尔理论中的合理的部分，竭力回到"福禄贝尔基点"，主张实践中突破幼儿园闭关自守的局面，成为同小学教育建立紧密联系的新型机构。从更大的程度上来说，这场论战后出现的早期教育理念一直雄踞美国早期教育实践，直到20世纪60年代为止。

给进步主义幼儿园运动以极大影响的是心理学家霍尔和哲学家、教育家杜威，他们的理论为进步主义幼儿园运动提供了理论依据。霍尔提出了心理进化理论"复演说"。他赞同福禄贝尔关于儿童发展分阶段和关于游戏的观点，但批评福禄贝尔理论缺乏科学根据。并把批判的焦点集中在幼儿园课程上，指责恩物和作业脱离儿童的生活经验。他通过系列调查，指出美国儿童教育中存在着脱离儿童生活实际、忽视儿童健康等问题，并要求根据心理学研究的新成果来解决有关问题。杜威是美国进步主义教育运动领袖，提出了"教育即生长""教育即经验改造""教育即生活""从做中学"等著名观点。他强调教育方法应以儿童为中心，让儿童通过活动积累直接经验，教育目的则应以培养儿童适应社会生活能力为重点。在杜威学校的学前班中，教师的作用只是引导者和帮助者，他们支持每一个孩子的想法，并给他们提供建议而不是命令他们，也不给他们提供模仿的模型。① 不难看出福禄贝尔是理想主义者而杜威是现实主义者。

1919年，"进步教育协会"成立。它标志着进步主义教育思想从一种自发的、社会性的思潮成为了一种有组织的、逐步走向组织化和专业化的思潮。进步主义教育协会的成立是进步主义思潮的最重要的标志。进步教育协会及时吸纳欧洲新教育运动的丰富成果，在儿童中心方面极大地丰富和发展了进步主义教育。由于他们的儿童中心倾向，协会在广大公众的心目中树立起了一种特殊的"儿童中心的进步教育"的形象。必须承认，以杜威、克伯屈、康茨和帕克等人为代表的进步主义运动以其鲜明的口号"使个体最自由、最充分地发展"赢得了其至高的地位。以儿童发展为中心的进步主义幼儿园运动主张把教育由学校拉向生活。幼儿园教育发生了深刻的变革，其主要遵循的原则是：给儿童本性自然发展以自由；兴趣是儿童一切活动的

---

① Weber, E. *The kindergarten: Its encounter with educational thought in America.* New York: Teachers College Press, 1969, pp. 59—61.

动力；教师是顾问，不是教头；科学地研究学生的发展；极大地关心影响学生身体的一切因素；学校和家庭协作满足儿童的生活需要。

20世纪50年代后，虽然进步主义势力衰落，但仍对美国早期教育保持重要影响。脱胎于进步主义的"自由教育"是现在美国主要早期教育指导思想之一。

3. 昙花一现的蒙台梭利热

1910年，意大利教育家蒙台梭利（Maria Montessori）的教育方法传入美国。1912年和1915年蒙台梭利两次访美，宣传自己的学说。1912年出版的《蒙台梭利方法》5个月内重印六次，初版5000册四天之内被一抢而空。有数百名美国教育工作者读了蒙台梭利的著作后奔赴罗马"朝圣"。1913年，美国蒙台梭利教育协会成立，所谓"蒙台梭利热"达到顶峰。然而好景不长。1914年，美国进步主义教育主要领导人之一克伯屈著《蒙台梭利体系考察》，声称蒙台梭利的方法是落伍的，"实属于19世纪中期的货色"，指责感官教育是孤立的和脱离儿童生活实际的。在美国已兴起的机能主义学派、行为主义学派和精神分析学派等有影响力的学派也对其进行批判。1916年后，美国蒙台梭利热冷却。尤其是20年代后，曾经兴盛的蒙台梭利学校甚至完全销声匿迹。蒙台梭利热虽然昙花一现，但对美国儿童教育界的潜在影响却是深远的。此后曾两度复兴，就说明了其意义，其自由教育论促使人们重新探讨福禄贝尔关于儿童的自动性原则以及作业的真正含义。

4. 保育学校的传入及发展

19世纪晚期，日托中心开始在美国发展，它是为那些外出工作的母亲提供全日制的儿童看护服务。尽管日托中心在早期发展史中，它的目标有变化，但是日托中心主要是提供监护性的服务，是为了满足母亲就业的需要而创建的。到了20世纪30年代早期，由于社会对雇佣母亲大多持不太积极的态度，因此母亲不被鼓励外出工作。日托中心发展起来的主要服务对象是那些必须外出工作的低收入家庭的母亲，而日托中心也主要是受到社会工作领域的影响，而不是教育领域的影响（Cahan，1989；Michel，1999）。

保育学校正好与之相反，从1915年，受英国麦克米伦姐妹创办保育学校影响，芝加哥大学教授夫人团体自发地以集体经营的形式开设了美国第一所保育学校。1920年，玛格丽特·麦米兰（Margaret McMillan）与葛瑞斯·欧文（Grace Owen）从英国率领数位教师至美国介绍保育学校，不久哥伦比亚大学及其他大学相继设立保育学校。

这些保育学校提供的都是半日制的课程，主要招收的是来自中产阶级家庭的儿童，首要目标是为家庭提供儿童养育的建议，在儿童家庭生活之外提供丰富的社会情感发展的环境。有关保育学校的专业知识，大部分都来自以大学为基地的儿童发展研究者。"保育学校是为教育实验而建立的，是为证明方法论而建立的，或者说是为了研究目的而建立的。但是保育学校并不是减轻外出工作母亲的负担或者是为帮助那些被忽视的儿童而建立的。"① 根据保育学校发展的先驱人物阿比盖尔·埃利奥特（Abigail Eliot）所说，儿童入读保育学校对父母而言是一种选择，而送入儿童日托中心则是父母"不得不为之"。除了上述区别之外，其两者之间最大的区别在于课程："在一所新的保育学校里，所有的儿童都是积极主动的、活泼的、有选择权的、快乐的、忙碌的和幸福的。这就是两者之间的区别。"② 二者之间的区别如表 2-2 所示。

表 2-2   日托所与保育学校教育特点比较③

机构	日托所	保育学校
外观	单调	色彩丰富，有吸引力
教育计划	几乎无日常计划	有一定的计划
入园原因	父母（因工作原因）被迫送子女入托	父母（为使子女受到好教育）愿意送子女入校
着重点	照管	令儿童获得教育经验
目的	是为父母而开设的机构	（1）是为父母及儿童而开设的机构； （2）从事儿童研究； （3）部分承担儿童教师培训的任务
家长与教育机构的关系	是被动的伙伴	是教育过程中积极主动的伙伴
儿童的表现	被动、沉静	生气勃勃地投入游戏
教师	未经专门训练	经过专门训练

---

① Hewes, D. W. & the NAEYC Organizational History and Archives Committee. NAEYC's first half century: 1929—1976. *Young Children*, 1976, 31 (6), 461—467.

② Hymes, J. L., Jr. "*The Kaiser Child Service Centers: Lois Meek Stolz.*" In *Early Childhood Education Living History Interviews: Book2—Care of the Children of Working Mothers.* Carmel, CA: Hacienda Press, 1978, p. 16.

③ 选自杨汉麟：《外国儿童教育史》，人民教育出版社 2011 年版，第 275 页。

从上述比较不难看出，在 20 世纪初美国，保育学校是远胜过日托所的幼教机构。但保育学校由于收费昂贵，对象有限，在规模和影响力方面有限。但其地位还是稳固的，一直到 20 世纪下半叶。

二　情感主题心理动力学的影响

在世纪交替之际，众多不同于福禄贝尔的思想和方法填充着美国儿童教育界的理论真空。尤其是美国本土的心理学和教育学理论迈出了一大步。

1. 弗洛伊德

20 世纪初，西格蒙德·弗洛伊德（Sigmund Freud）提出了人格发展的心理分析理论（Psychoanalytic Theroy），弗洛伊德第一次解释了婴儿童是独特的个体，他们的早期经验和关系成为他们自我概念、自尊以及人格的基础。尽管他自谦在教育领域他未做过任何贡献，但这一理论却对教育（尤其是早期教育）影响甚远，甚至有人声称："也许在历史上再也没有什么能比弗洛伊德心理学对教育的影响更大了。"① 其理论推动了对早期经验及早期教育问题的重视及研究。在其代表作《精神分析引论》中，他一再强调指出："我们往往过于注意祖先的经验和成人生活的经验，却完全忽视了儿童期经验的重要。其实儿童期经验更有重视的必要，因为它们发生于尚未完全发展的时候，更容易产生重大的结果，……由观察的结果，可以深信幼时的经验有其特殊的重要性……一切倒错的倾向都起源于儿童期。"② 这反映弗洛伊德非常重视儿童早期心理发展。继而，他提出早期教育不要压抑儿童的本能，为儿童提供发泄的渠道。他强调"所谓以严因始而以逆果终。教育亦然。旧日之形式训练主义无良好之结果，其原因亦在此"③。并把儿童从出生到 5 岁的心理发展分为三个重要时期：口腔期（0—1 岁）、肛门期（1—3 岁）、性器官期（3—5 岁），强调每个时期儿童的身心发展特点不同，应因应进行教育。弗洛伊德的一位支持者，埃里克·埃里克森（Erik Erikson）将弗洛伊德的概念扩展为非常著名的儿童发展的社会心理理论（Psychosocial Theory）。埃里克森的理论提出了

---

① ［美］布鲁柏克：《教育问题史》，吴元训主译，安徽教育出版社 1991 年版，第 163 页。

② ［奥］弗洛伊德：《精神分析引论》，高觉敷译，商务印书馆 1986 年版，第 289—291 页。

③ 舒新城：《现代教育方法》，商务印书馆 1930 年版，第 469 页。

自我发展的八个阶段，每一个阶段都是由一种冲突来定义的，前四个阶段为童年期尤为重要，包括信任对不信任、自主对害羞和怀疑、主动性对内疚感、勤奋感对自卑感的发展，并且强调各阶段之间的连续性和统一性的重要意义，至今仍在儿童保育方面使用。儿童发展专家如何处理这些阶段将决定个体是否有能力对社会做贡献和过上幸福、成功的生活。

弗洛伊德理论的功能价值在于使保育者懂得儿童需要及时的帮助以满足他们每个阶段的情绪需要，并且运用价值系统教会儿童不必通过伤害自己或别人以得到满足和幸福。当儿童的情感需要得不到满足时，挫折和愤怒油然而生，保育者应帮助儿童以健康的方式表达消极的情感。

埃里克森的理论解释了儿童如何发展那些幸福的和有意义的生活所需要的品质。以前三个阶段为基础的活动，应该构成日常课程的一部分，保育者应该帮助提升儿童的信心、安全感和信任感。

2. 杜威

没有人比杜威（John Dewey）对美国教育课程的贡献来得更大，且其影响至今仍持续存在。杜威的学校教育理论被称为进步主义，重视儿童及其兴趣，而非课程的内容；强调以儿童为中心的概念，到以儿童为中心的课程以及以儿童为中心的学校等两个当代最前卫的教育议题。儿童中心论的思想并非杜威首倡，当时儿童中心主义教育思潮正在欧美风起云涌，杜威的教育思想是这一思潮的产物。杜威指出："我们教育中将引起的改变是重心的转移，这是一种变革，这是一种革命，这是和哥白尼把天文学的中心从地球转到太阳一样的那种革命。这里，儿童变成了太阳，而教育的一切措施则围绕着他们转动；儿童是中心，教育措施便围绕着他们而组织起来。"① 但杜威又绝不是只倡导儿童中心论，同时又强调教育要以社会为中心。"在杜威的心目中，儿童中心是就心理的因素，也即就方法论来说的；社会中心是就社会的因素，也即就目的论来说的。"② 在其教育理论中，又努力将儿童的个性化与社会化相协调，可谓一大特色。同时，杜威提出了"教育即生长""教育即经验的改造""教育即生活"的教育本质三大命题。在他看来，儿童本能的生长、发展及经验改造过程表现为社

---

① 赵祥麟、王承绪编译：《杜威教育论著选》，华东师范大学出版社 1981 年版，第 32 页。
② 赵祥麟：《杜威赫尔巴特教育思想研究》，山东教育出版社 1985 年版，第 99 页。

会性的活动就是生活。"生活就是发展；不断发展，不断生长，就是生活。"① 所以主张"教育即生活，而非未来生活的准备"②。且儿童的学习内容应以日常生活必备的技能为主，重视作业、游戏、工作在早期教育中的作用。提出了一个名曰"从做中学"的教学方法论原则，在杜威的教室里，儿童会主动参与活动，制造并使用物品，解决问题，并透过社会互动进行学习。杜威认为，透过像手工（例如木工）等生活技能的活动，是儿童展现自我兴趣的最佳方式。

杜威的学校教育以五项原则为基础，且这五点迄今仍非常适用于教育实践：

● 儿童早期的学校经验应该反映家庭生活经验（烹饪、缝纫、木工）；学校教的技能则是这些活动/智能活动的延伸。③

● 学校就是一个小型的社会，应该重视彼此合作。

● 学习重在解决问题的能力（例如：数概念的学习，应该透过理解数字之间的关联，而非背诵乘法表）。

● 动机潜藏于经验与儿童的内在。

● 教师的角色是了解儿童并激发儿童的潜力。

杜威相信，课程应该建立在儿童的兴趣之上，他也认为教师的责任在于制造并利用各种机会，将儿童的兴趣带入传统的课程内容。此想法是统整性课程的基础——用一门学科的技巧教授另一门学科。例如：将阅读融入数学课和自然科学课。统整课程的教师使用主题单元进行教学，并鼓励问题解决导向的活动与批判性思考，而这些都要归功于杜威的贡献。杜威在过去的教育和现在以及未来的教育中间，画出了一条分界线。

3. 蒙台梭利

蒙台梭利是她那个时代真正的女性主义者，是意大利第一位成为医生的女性。她对精神病学的兴趣引导她接触发展迟缓的儿童。她认为这些儿童的问题更多的在于教育而不是医疗。她帮助几个被福利机构收容的儿童

① 吕达、刘立德、邹海燕主编：《杜威教育文集（第2卷）》，人民教育出版社2008年版，第52页。

② Maria Montessori, *Discovery of the child.* Trans. M. J. Costelloe Notre Dame, IN: Fides, 1967, p. 22.

③ Reginald D. Archambault, Ed., *John Dewey on Education: Selected Writings.* New York: Random House, 1964, p. 30.

顺利地通过常规的学校考试，从而更加印证了她的观点。1907 年，蒙台梭利主管一所"儿童之家"，并在这里进行对正常儿童的教学方法探索。

蒙台梭利的教学方法基于这样一种原则，即儿童以一种根本上不同于成人的方式进行学习。她对于儿童在人生的最初几年里能够大量学习的高超能力印象深刻。她将这种能力称为吸收性心智，即像海绵吸收液体一样。她说："儿童的生长，是由于内在的生命潜力的发展使生命力显现出来，儿童的生命就是根据遗传确定的生物学的规律发展起来的。"① 她认为所有儿童都有一个基本的、天生的智力结构，这个结构随着儿童的发展而逐渐延展，当然因经历不同的环境会产生个别的差异。

如果儿童的吸收性心智接触到适合其发展阶段的学习经历，他们的心智就得以成长。在敏感期尤其如此。敏感期指的是儿童对于某种技能的学习接受最好的时期。比如，在某个敏感期，儿童感官感受能力发展得最好；而在另一个敏感期，他们会关注环境中的秩序感；在又一个敏感期，他们的精力又会专注于动作的协调与控制。蒙台梭利认为，通过各个敏感期及不同活动的交替进行，儿童"在一种稳定的节奏中，在一个不停地燃烧着的火焰中进行着人的精神世界的创造工作"，逐渐形成自己的个性特征。②

蒙台梭利开发的课程利用了敏感期，即在儿童最适于学习某种经验的时期让儿童接触到这些合适的经验。她使用了有准备的环境这个术语来形容正确的材料同儿童的发展阶段之间的匹配。她的学校中有许多她本人开发的帮助儿童习得技能的学习活动。有些活动是关于感觉辨别的，即要求儿童根据大小、形状、声音、颜色、气味或其他特征来搭配和分类物体；有些活动是帮助儿童学习实用技能的，比如擦鞋或布置餐桌。更复杂的一些教具的目的是通过让儿童动手操作来教给他们阅读、书写及数学技能。

蒙台梭利的众多教育理念和方法，特别是她的自我校正教具和对儿童极大的尊重，都对儿童早期教育产生了持久的影响。无论是通过当代蒙台梭利的学校教育活动设计，还是通过其他教育项目对其教育理念的接受，现在我们依然可以明显地感受到蒙台梭利的影响。

---

① M. *Montessori*, *The Montessori Method*. New York：Schocken Books, 1964, p.105.

② M. Montessori, *Secret of Childhood*. New York：Ballantine Books, 1966, p.49.

第三节　儿童教育普及期（20 世纪 60 年代中后期—20 世纪 80 年代初期）

"二战"后，美国从经济、政治等各个方面确立了其"世界霸主"的地位，但是，"二战"后美苏两大阵营的对峙和争霸，让美国感受到前所未有的压力。1957 年在国际地球物理年，苏联率先发射了第一颗人造卫星斯普特尼克（Sputnik），美国朝野大为震惊。随后，美国政府及教育界人士均以苏联人造卫星上天作为促使其进行教改的一个动力。"全国上下都意识到美国在太空领域的竞赛败下阵来……几乎是一夜之间，一场教育革命穿越了美国学校教育的各个阶段。"① 1965 年，美国进行了近 10 年的教育改革，力图改变教育与科技的落后状态。儿童教育也义不容辞。儿童教育的地位和性质在 20 世纪 50 年代末到 60 年代中期发生了根本的变化。国家介入到儿童教育之中，教育政策委员会提出给所有儿童以均等教育机会的主张。

一　早期教育成为培养"社会义务"承担者的良药

1. 《国防教育法》拉开教育改革序幕

1958 年美国颁布了《国防教育法》（National Defense Education Act），拨款达数十亿美元进行教育改革。《国防教育法》的颁布揭开了美国在 20 世纪第一次教育改革的序幕，也打开了国家深度介入教育的序幕。改革的中心内容是联邦政府增拨大量教育经费，加强科技教育，训练人才以对付"人造卫星的挑战"。美国开始认识到科学技术革新和人的智力开发在发展生产力中的作用，追求优质教育成为目标。并且美国政府注意到优质教育仅从初等和中等教育开始是不够的，必须从早期教育入手。自此公共提案不断把早期教育纳入其中，其兴趣就是把早期教育作为解决社会问题的一种途径。

2. 儿童教育机会均等运动

为了达到平等的社会目的，追求教育机会均等（opportunity of equali-

---

① Weinberg, R. A. Early childhood education and intervention: Establishing an American tradition. *American Psychologist*, 1979, 34, pp. 912—916.

ty）成为这个时代的主旋律，社会对贫困和弱势群体学生的关注持续地增长，直到这些学生开始成为教育的首要关注对象。[①] 在此主旋律下，1956年，联邦政府通过了社会安全法案的修正案，提出了为职业妇女提供托儿服务方案；1960年，在白宫的一次会议上，联邦政府又对各州儿童的保健、教育及福利等方面提出了若干建议。

1962年，美国参议员和社会学家迈克·哈林顿（Michael Harrington）在他的调查报告——《另外一个美国：美国的贫困》（*The Other America：Poverty in the United States*）中指出，美国四分之一的人口生活在贫困线以下，其中有300万人更是生活在极度贫困线下。这些人绝大多数是印第安人、黑人和爱斯基摩人。他们的子女没有得到适当的早期教育。因此他呼吁社会"要加强对年轻人的关注，因为如果他们没有得到直接的帮助，就可能成为美国新一类贫困人口"[②]。受这本书的影响，美国政府注意到了贫穷问题及其对于儿童的影响。

于是，约翰逊总统在1964年1月8日发出了著名的宣传口号"向贫困宣战"（War on Poverty），认为首先应解决不足6岁的贫困儿童教育的问题。1965年约翰逊总统颁布了《经济机会法》（*The Economic Opportunity Act*），其中一项重要内容就是要求在学前教育中实施"开端计划"，为那些贫困儿童实施补偿教育。联邦拨款十多亿美元用于对儿童进行补偿教育，并为社会改造和重建提供了配套的资金和计划。另一个由联邦政府发起的重要补偿教育计划是1967年发起的"坚持到底计划"，这是继"开端计划"后，为进一步提高儿童入小学后学习质量而发起的。这两个综合性的补偿教育计划，目的是保证儿童从学前机构到幼儿园到小学三年级能够顺利地完成学习任务。

"Head Start"在英文中有两种解释：一是提前出发或优先；二是并驾齐驱（赛马专用）。这两种解释巧妙地反映了该计划的目的：让贫困家庭的儿童也有接受早期教育机会，以便入学后能与其他孩子在学业上并驾齐驱。"开端计划"是"向贫困宣战"的核心，具体做法是联邦财政拨款，

---

① Omstein, Allan G. . *Teaching and Schooling in Ameirca. Pre-and Post-September 11. Boston. M A*：Pearson Education Group, Inc. , 2003, p. 330.

② Harrington, Michael. *The Other America：Poverty in the United States*. New York：Macmi-llan, 1962, p. 183.

将贫困而缺乏文化条件家庭的儿童免费纳入到公立小学或其他机构特设的学前班，进行为期数月到 1 年的保育教育。"开端计划"实施的第一个夏季，就有 652000 名儿童参加了 2500 个中心的活动（1965 年"开端计划"实施的是为期六周的夏季课程）。[①] 然而，"开端计划"所激起的雄心壮志、乐观主义以及兴奋等强烈情绪远不止是一个教育干预方案，人们相信，如果能够提供一个丰富的环境，就可以补偿这些处境不利的儿童（Evan，1975；Horowitz & Paden，1973；Zigler & Anderson，1979）。"开端计划"不仅被看作一个教育干预方案，而且被看作一剂催化剂，使得贫困人群都积极参与。在《魔鬼有一双滑溜溜的鞋子》（The Devil Has Slippery Shoes，1969）[②] 一书中，曾活灵活现地描述了密西西比州对"开端计划"教育方案的强烈政治反应。书中写到"开端计划"更像是个社区行动方案而不是一个早期教育方案。这就使得它不会只是昙花一现，免于早逝。所以，"开端计划"直到现在仍然是联邦政府关于早期教育最引人注目、最具有持续性和最直接的投资。美国一个教育研究基金会进行了历时近 30 年追踪研究表明，接受"开端计划"的儿童与没有接受的儿童相比，学习成绩有明显提高，学业完成率高，特殊教育需求少；社会稳定性和社会责任感增强；明显减轻了纳税人负担。[③]

3. 儿童智力开发运动

从 1960 年起，受美国新传统教育思想及结构主义心理学的兴起和影响，"二战"前已经在美国的保育学校、幼儿园及小学中确立领导地位的进步主义教育显得格格不入。一时之间，保守主义思潮全面地回流，目的在于提高教育质量。这使得美国把在儿童教育领域追求优异的目的局限在两个方面。第一，着眼于智力开发，只注重著名的结构主义心理学家布鲁纳的主张，即只要做到使学科教材适合儿童发展的阶段，并按照儿童理解的方式加以组织和表达，则任何学科都可用某种方式有效地教给处在任何

① Osborn，D. K.. Early childhood education in historical perspective Athens. GA：Education Associates，1980，p. 149.

② 《魔鬼有一双滑溜溜的鞋子》全名为 The Devil Has Slippery Shoes：A Biased Biography of the Child Development Group of Mississippi（a story of maximum feasible poor parent participation）.

③ 王湛：《发展儿童教育，政府有义不容辞的责任——在全国教育工作座谈会上的讲话》，《儿童教育》2002 年第 1 期。

发展阶段的任何儿童。① 他认为儿童存在着极大的发展潜力。1963 年，美国科学促进协会在科学工作者和教师的共同协助下，出版了适用于幼儿园和小学低年级的《科学教育见闻》一书。其宗旨就是要对儿童进行科学教育，增强其掌握科学的基本技能及充实经验。这个阶段重要的教育变化：重视儿童的智力发展以及 IQ 分数。第二，着眼于提高学前儿童的读写算能力，过分强调儿童在标准化测验的分数，以及强调入学准备的意义。当然，这种只偏重于智力开发本身，而不关注儿童全面发展的心理学转向，是教育从一个极端走向另一个极端，矫枉过正的表现。

二　认知发展心理学的推动

从 20 世纪 60 年代开始，美国儿童教育理论中的一些重要观点也发生了变化，以关注认知发展的心理学逐步取代了之前关注社会情感发展的心理学，儿童教育领域出现了新的局面，形势发生了逆转。

1. 智力理论的新观点

1960 年，美国伊利诺大学儿童早期教育实验室的主任亨特（J. McVicker Hunt）在《智力与经验》（*Intelligence and Experience*）中强调环境在儿童发展中的重要作用，认为婴儿期是防止心理活动停滞不前的时期，丰富儿童的经验越早越好。他还身体力行地支持了蒙台梭利教育法在美国的复苏运动，他在《蒙台梭利教育法》再版的序言中主张蒙台梭利教具可以为儿童的发展创造一个适宜的环境，有利于儿童智力的成长。② 这种观点促使理论界重新认识到儿童期的重大发展价值。

1964 年，布卢姆（Benjamin S. Bloom）出版了其影响更大的著作《人类特征的稳定性和变化》（*Stability and Change in Human Characteristics*），提出 5 岁前是人智力发展最迅速的时期的观点。人的智力发展模式一般是：如果假定一个人 18 岁时智力发展达到成熟为 100% 的话，那么 1 岁时智力发展达到 20%，4 岁时智力发展就达到 50%，8 岁时达到 80%，而其

---

① ［美］布鲁纳：《布鲁纳教育论著选》，邵瑞珍等译，人民教育出版社 1989 年版，第 42 页。

② Hunt, J. McVicker. Introduction: Revisiting Montessori. In M. Montessori, *The Montessori method*. New York: Schocken Books, 1964, xi – XXXiX.

余的 20% 则是在以后 10 年中获得的。[①] 而且他还把"关键期"概念引入了儿童发展中，认为在关键期内丰富的教育环境可以永久性地提高儿童的智力水平。布卢姆的这项研究成果被列为 15 年来"最有意义"的 10 项研究之首，成为"大众媒体所信奉的真理"。这为国家大力发展儿童教育以及纳税人支持大力投资儿童教育做好了舆论准备。

"人类智力可以改变"，研究者们的著作为联邦政府从政治上和财政上支持"开端计划"提供了科学证据。同时，这种新理念也推翻长久以来占据美国人心中的看法——智力是由遗传因素决定的，并使人们开始对于干预环境可以触发积极的变化有着积极的预期。

2. 皮亚杰的认知心理学

皮亚杰（Jean Piaget），瑞士心理学家，他的认知发展学说蕴含着丰富的含义，在 20 世纪 50 年代末和 60 年代初开始引起美国心理学界和教育界的极大注意。

皮亚杰认知发展心理学的理论核心是发生认识论。从一般意义上说，它是关于儿童智力（思维）发展的结构理论，所企图探索和解决的主要问题是：出生后，儿童认识是如何形成、发展的，受哪些因素所制约，其内在结构是什么，各种不同水平的智力、思维结构是如何先后出现的等问题。

皮亚杰在大量实验研究基础上，提出了儿童认知发展的四个阶段——感知运动阶段、前运算阶段、具体运算阶段及形式运算阶段，这几个阶段既相互连接，但又有质的差异。在感知运动阶段儿童以动作思维（智力）为主；在前运算阶段以表象思维和直觉思维为主；在具体运算阶段有了初步的逻辑思维；到了形式运算阶段，比较复杂的逻辑思维才出现。由此，他认为，教师应该根据儿童心理发展的年龄特征来安排教材和选用教法；教师应具有敏锐的观察力和教育的灵活性，根据儿童的兴趣和需要调整教育。故教师的问题"只是去发现符合每个阶段的有些什么知识，然后用有关年龄阶段的心理结构所能吸收的方式把它传授给学生"[②]。

---

① Samuel Braun & Esther Edwards. *History and Theory of Early Childhood Education.* Belmont，CA：Wadsworth，1964，pp. 229—231.

② ［瑞士］皮亚杰：《教育科学与儿童心理学》，傅统先译，文化教育出版社 1981 年版，第 170 页。

由此可见，皮亚杰非常重视儿童期的价值。皮亚杰以"将会越来越占重要地位的学前教育"为例，考察未来教育的倾向，指出对于处于前运算阶段的儿童，可以提供在这个发展水平上的一种预备教育，这一活动的重要意义不容低估。① 儿童不是小大人，在教育上要充分了解儿童的经验和思考问题方式的独特性，强调儿童的自主活动，"儿童有自己独特的观察、思维和情感的方法，除了主动性一件东西以外，就不可能学会任何东西"②。强调为儿童提供实物让儿童自己动手去操作，并鼓励儿童的自我调节和反省。有的学者认为，强调儿童从他们作用于环境的动作中去建构知识，这或许是"皮亚杰理论的最重要、最革命的含义"。③ 所以他主张以同化为主的游戏活动在儿童教育机构的重要作用。

美国众多儿童教育方案都以皮亚杰理论为基础，理论界和实践界都争先恐后地开展实验研究，务求借鉴皮亚杰理论对儿童进行最大限度的智力开发。但究其根本，"他的教育思想仍然属于杜威一派的儿童中心主义的思想体系，也是以卢梭为代表的新的儿童教育事业的继承和发展"④。应该是具有强大包容力的心理学理论，这也是为什么发展适宜性实践对其进行参考的原因。

下面引用斯波德科和沃尔伯格 1977 年著作中的一段话来表述美国这个阶段早期教育大发展的兴奋。

"在 20 世纪 60 年代中期以及随后的几年时间里，这段时间似乎代表了早期教育领域的大发展时期。这个时期的特征就是史无前例的活动频繁出现。这个时期为以前那些并不是早期教育服务对象的儿童提供了各种各样的教育方案。那个时期的研究都是和早期教育的时代特征密切联系，同时这些研究也和环境变量对于儿童的学业成就以及发展的影响密切联系。这一切都是基于一个天真的想法，那就是认为早期教育经验的价值以及教育方案有能力纠正社会的错误。教育方案所承载的这些目标要比先前大家

---

① ［瑞士］皮亚杰：《皮亚杰教育论著选》，卢睿选译，人民教育出版社 1990 年版，第 18—21 页。

② ［瑞士］皮亚杰：《教育科学与儿童心理学》，傅统先译，文化教育出版社 1981 年版，第 141 页。

③ ［美］B.J.沃兹沃思：《皮亚杰的认知发展理论》，周镐等译，华中师范大学出版社 1987 年版，第 119 页。

④ 高觉敷主编：《西方心理学史》，中国大百科全书出版社 1985 年版，第 24 页。

对于早期教育方案所认同的目标广泛得多。"①

　　然而，这个大发展时期在 70 年代遭遇了早期教育的低潮，大发展时期终结了，直到 20 世纪 70 年代末 80 年代早期，对于早期教育的兴趣复苏。

第四节　儿童教育深化期（20 世纪 80 年代中后期至当代）

　　如果说 20 世纪 60 年代美国儿童教育领域研究的主旋律是在平等与优异中更注重教育机会均等，那么到 20 世纪 80 年代和 90 年代初，这个主旋律就变成在平等与优异中更无法忍受教育平庸。美国儿童教育就像一个钟摆，在平等与优异之间不断寻求新的坐标点。从 80 年代中期开始，美国基础教育进入了全面"追求卓越"的时代。与此同时，这在一定程度上迫使全美幼教协会 1987 年出版和全面推行发展适宜性实践，对以追求读写算能力提高的早期教育进行全面的围剿。

一　早期教育担负培养"有竞争力公民"的工具

1. 劳动力形势的变化

　　20 世纪 80 年代以来，公众对于早期教育的关注，也反映在越来越多的儿童母亲加入到劳动力行列。1975 年，6 岁以下儿童的母亲参加工作大约只有 39%，到了 1998 年，这个数字变成 65%。1965 年"开端计划"所服务的儿童人数只有 1997 年人数的 40%。2002 年，有超过 90 万名儿童入读"开端计划"所开设的幼教机构。截至 2003 年，"开端计划"已经为超过 2100 万名儿童提供服务。② 并且即使是那些母亲没有参加工作的儿童，也有 1/3 参与了某种形式的早期教育方案。这样一来，教育质量问题越来越引起公众注意了。举国上下都很重视教育改革，国家需要一个有

---

① Spodek, B., & Walberg, H. J. Introduction: From a time of plenty. In B. Spodek & H. J. Walberg (Eds.), *Early childhood education: Issues and insights*, Berkeley, CA: McCutchan, 1977, pp. 1—7.

② Powell, Douglas R. The Head Start program. In JaipaulL. Roopnarine, & James E. Johnson (Eds.), *Approaches to Early Childhood Education（4th Edition）*. Upper Saddle River, New Jersey: Pearson Education, Inc., 2005, p. 62.

竞争力的劳动力队伍。

2. 《国家处于危机之中》的忧患意识唤醒

1983 年，一篇《国家处在危机之中》（*A Nation at Risk：The Imperative for Educational Reform*）的研究报告掀开了美国 20 世纪第二次教育改革的序幕。报告中，统计分析了 1973 年至 1982 年 10 年间美国高中毕业生的考试成绩。结果表明，学生的学业成绩大幅下降，这引起了美国全社会的忧虑和关切。公众的注意力越来越指向发现有效的教育方案并对其进行有效评估。随之，著名的商界组织，如"经济发展委员会"（Committee for Economic Development，1987，1991，1993）也已经把早期教育，尤其是针对那些处于学业失败危机之中的儿童教育，视为解决他们所关注的商业生产力问题的策略。因此，美国整个社会弥漫着对平庸之才泛滥的紧迫感和忧虑感。

3. 立法推动学前入学准备关注

《国家处在危机之中》之后，全国对于教育结果的关注敏锐地体现在一系列立法干预中：1990 年、1994 年和 1997 年由前总统布什（Bush）和克林顿政府描绘的《2000 年目标》（*Goals* 2000）；2000 年颁布的《早期学习机会法》（*Early Learning Opportunity Act*）；以及 2001 年由小布什政府颁布的花费 264 亿的《不让一个儿童落后法》（*No Child Left Behind Act*）。

2000 年颁布的《早期学习机会法》（*Early Learning Opportunity Act*）提出了提高儿童早期发展质量，促进儿童为入学做好准备的目标。这使现在人们更多地从提高未来学业成就和工作准备程度，而非消除贫困和达到社会公平角度来界定入学准备。2001 年，小布什上任伊始就宣布了《不让一个儿童落后法》的教育蓝图。该法案针对儿童阅读、科学、数学水平持续下降的状况，强调儿童认知技能发展的重要性，发起了全国范围的教改大潮。其中单"阅读优先"项目就先后拨款 10.75 亿美元，这在美国历史上也是史无前例的。

综上，这个时期，和 60 年代不同的是，儿童教育不再被视为消灭贫困和实现"伟大社会"的良药，而是担负起美国在全球经济一体化的背景下，着力培养最具有竞争力的人才的有效工具。小埃里克·赫希（Eric Donald Hirsch，Jr.）等人合著的《文化素养词典：美国人须知》（*The Dictionary of Cultural Literacy：What Every American Needs to Know*）一书中提出的"追求卓越"的改革口号成为这个时期的印记。但是，这场以提高教育质量为目标、强调绩效和全国考试的教育改革，充满新保守主义色彩，使得美国儿童教育界也对此充满担忧。

二　多样化儿童教育理论影响

80 年代以来，为教育提供支撑，尤其为早期教育提供支撑的知识基础已经不断拓展，而且 60 年代以来一统天下的发展心理学关注的焦点也发生了转换。总的来说，这些关于发展和教育的新理解都要以更加复杂、与背景紧密结合为基点。

1. 维果茨基的社会建构主义理论

苏联心理学家维果茨基（Lev Vygotsky, 1896—1934）与皮亚杰都是建构主义的代表人物，都认同儿童的认知发展是主客体相互作用的结果。但两人观点又有所不同，皮亚杰是从生物学的观点来看待儿童的发展，认为儿童的心理发展是在内部力量驱使下、由内在逻辑支配的，这种认识脱离了文化，即脱离了儿童周围的环境。维果茨基则是社会建构的观点，认为个体是在接受人类经验的影响下而形成各种高级心理机能的，环境和教育有着重要的影响。儿童在与同伴和成人的互动中协商解决问题，强调社会互动。

在维果茨基的理论中，"最近发展区"（Zone of Proximal Development, ZPD）、"鹰架教学"（Scaffolding）和"心理工具"（Mental Tools）这三个概念极其重要，代表其对教学与发展之间关系的认识。维果茨基认为"教学与发展过程不是两个互不依赖的过程，也不是同一过程，教学与发展之间存在着复杂的关系"[1]。因此他提出了"最近发展区"这个概念，强调儿童的发展来自合作、来自教学。"最近发展区"指"介于儿童自己实力所能达到的水平（如学业成就）与经别人给予协助后所可能达到的水平，两种水平之间有一段差距"[2]。因此他指出教学应当走在发展前面。他说："以已经完成的发展阶段为目标的教学是无所作为的，它不会带来新的发展过程，自己只会在发展的尾巴后面爬行……只有跑到发展前面的教学才

---

① ［俄］维果茨基：《维果茨基教育论著选》，余震球选译，人民教育出版社 1994 年版，第242 页。

② 张春兴：《教育心理学》，浙江教育出版社 2000 年版，第 116 页。

是好的教学。"① 该观点有两层含义：第一，教学主导着儿童的智力发展，既表现在发展的内容、水平和智力活动的特点上，也表现在发展的速度上；第二，教学创造着最近发展区。这一理论给予教学巨大的能动性，要求教师的教学要体现教学与发展的内部关系。"鹰架教学"是指为儿童提供教学，并逐步转化为提供外部支持的过程。而"心理工具"则指扩展心理能力，帮助儿童记忆、注意和解决问题的内在工具，如语言。心理工具能帮助儿童把握自己的行为。只是不同文化中，心理工具是不同的，是需要通过教学而传递的。

此后，受维果茨基思想影响的众多心理学理论也纷纷出炉，对于儿童教育比较有影响的就是加德纳的多元智能理论和费尔德曼的非普遍性理论，以及根据这两个理论设计的"光谱方案"。这些理论在美国儿童教育界都产生了很大影响。

2. 人类发展生态学的盛行

1979 年，俄裔美籍心理学家尤里·布朗芬布伦纳（Urie Bronfenbrenner）发表了《人类发展生态学》（*The ecology of human development：experiments by nature and design*）一书，② 提出，人类发展生态学是"对不断成长的有机体与其所处的变化着的环境之间相互适应过程进行研究的一门学科，有机体与其所处的即时环境的相互适应过程受各种环境之间的相互关系，以及这些环境赖以存在的更大环境的影响"③。他把这些多元化的环境描述成为一系列互相嵌套的、同心圆式的圆圈。儿童同时生活在多个环节中，认为儿童的发展受到与其有直接或间接联系的生态环境的制约。其进一步提出了这个系统的三个特征："第一，环境不能对发展着的人任意施加影响，有机体是一个不断成长，且时刻重新建构其所在环境的动态实体；第二，人与环境之间的关系是一种双向互动关系；第三，环境是与发展过程相联系的，环境不仅只是单一的、即时的情景，还包括各种情景之

---

① ［俄］维果茨基：《维果茨基教育论著选》，余震球选译，人民教育出版社 2005 年版，第 387—388 页。

② Bronfenbrenner, Urie. *The ecology of human development：experiments by nature and design*. Cambirge, Mass：Harvard University Press. 1979. 2005 年，他又出了一本新书《让人类成为人：生物生态学视角下的人类发展》（Making human beings human：bioecological perspectives on human development/Urie Bronfenbrenner, Thousand Oaks, Calif：Sage Publicaitons, 2005）。

③ Bronfenbrenner, Urie. *The ecology of human development*. Harvard Uiversity Press, 1979, p.21.

间的相互联系。即微观系统、中间系统、外层系统的相互交织在一起。"①

微观系统（Microsystem）：与人发生直接的、最密切互动关系的环境，如家庭、托幼机构、操场等。中间系统（Mesosystem）：与人发生直接的互动关系的各个微观系统之间也是互相联系和互相作用的。例如，对儿童来说，学校、家庭和社会同伴之间的关系。外层系统（Exosystem）：是发展的人虽然未直接参与，但却影响或受其中所发生的一切所影响的一个或多个环境。② 例如，父母的职业状况、社会地位、经济收入和受教育水平等，会间接地影响他们抚养子女的方式、方法。宏观系统（Macrosystem）：指各种较低层次的生态系统（以上三个系统）在整个文化或亚文化水平上存在或可能存在的内容上和形式上的一致性，以及与此相联系并成为其基础的信念系统或意识形态。③ 它是儿童所处的社会文化背景，包括来自某种文化或亚文化的价值观念、信仰和信念、历史及其变化、政治和经济、社会机构等。④

布朗芬布伦纳的人类发展生态学框架确定了影响人类发展的多重环境，同时他还提出，这些多元环境之间的互动就是我们生活其中的环境。而且各种不同层次、不同性质的环境是相互联系、相互制约的，一个系统的变化必然会带来其他系统的变化。这种对环境影响的复杂性的理解挑战了一种简单化的信仰——童年早期的经历可以彻底、轻而易举地改变儿童的生活。这有助于解释为什么要继续拓展早期教育干预方案，以便把健康服务、父母教育以及支持等工作都囊括其中。从整体和生态学的观点看待儿童的发展，同时为儿童的发展创造了和谐的环境。

3. 脑科学研究席卷全国

1989 年 7 月 25 日，布什总统签署了《公共法 101—58》（Public Law 101—58），宣布 90 年代是"脑的十年"（Decade of the Brain），从此拉开了脑科学研究序幕。90 年代以后，脑科学研究在儿童教育领域发挥着重要作用。尤其是引发了公共决策者对"人之初"头三年的巨大兴趣。例如，1994 年，克林顿政府设立了"早期开端计划"（Early Head Start），

---

① 朱家雄等：《幼儿园课程的理论与实践》，华东师范大学出版社 2012 年版，第 45 页。

② Bronfenbrenner, Urie. *The ecology of human development*. Harvard Uiversity Press，1979，p. 25.

③ Ibid.，p. 26.

④ 王坚红：《人类发展生态学对儿童教育的启示》，黄人颂编：《学前教育学参考资料（上册）》，人民教育出版社 1991 年版，第 218 页。

为处境不利的 3 岁以下儿童提供成长和发展所需要的大脑启蒙的活动，并且为家庭提供养育健康儿童所需的支持。人们不再认为遗传和环境因素对于儿童发展是一个"非此即彼"的两极化问题，而是更关注该研究对于政策以及实践的指导意义。再如，1997 年 4 月 17 日，克林顿总统及其夫人在白宫召开关于"早期儿童发展与学习：脑科学研究新进展对于儿童教育的启示"（White House Conference on Early Childhood Development & Learning：What New Research on the B rain Tells Us About Our Youngest Children）高峰会议，并且制订了一系列儿童教育的政策保障计划。另外，在此期间，"关键期"概念的回归也影响美国儿童教育理论和实践的脑科学研究。儿童发展中存在"黄金时段"（prime times），如果儿童在这些"黄金时段"缺乏适宜的刺激，将会中断大脑某些区域在那个时候的发展。美国国家研究理事会（National Research Council）任命的"学习科学发展委员会"还要求进一步探究"哪些和关键期的发展密切相关……哪些对时间的要求不那么苛刻"①。至此，早期教育的倡导者成功宣扬了脑科学的研究结论，并使人们注意到把科学研究和公共政策联系起来。

4. 后现代教育思潮兴起

根据研究，"后现代"一词最早在 1870 年出现，是英国画家以"后现代"油画的口号，表示对当时法国印象派画派进行超越的批判与创新精神。后现代对我们已有的现代主义的观点——结构化、系统化、中心化、一致性、标准化、连续性等基本点，是一种强烈的冲击。为我们打开了一扇用质疑的态度看待问题、思考问题的新窗户。其核心观念是复杂性、矛盾性、差异性、多元化以及历史和情景的特异性。利奥塔旗帜鲜明地指出："让我们向统一的整体宣战，让我们见证那不可呈现的；让我们持续开发各种歧见差异；让我们大家为正不同之名而努力。"②

后现代主义理论认为，儿童的学习不是一个单独的自我认知过程，而是在合作、交往中进行的活动。在活动中，儿童通过与物体的、事件的、成人的和同伴的关系而学习，建构自己的看法。教育者必须激发儿童自己的活动，尊重每个儿童的不同个性与不同理解。也正是从这个意义上说，

---

① Bransford, J. D., Brown, A. L., & Cocking, R. R. （Eds.）. *How people learn：Brain, mind, experience, and school.* Washington, DC：National Research Council, 1999, p.115.

② 陆有铨：《躁动的百年——20 世纪的教育历程》，山东教育出版社 1997 年版，第 162 页。

要建立一套完全理解儿童的理论是不可能的，教育者也就不可能依赖专家的建议而了解儿童及儿童发展。在后现代的视野下，建构主义理论逐渐地被社会建构理论等一些其他理论所取代。

正是在美国儿童教育追求卓越的时代背景下，全美幼教协会以其在美国儿童教育界的"霸主"地位，针对幼儿园教育小学化倾向严重等诸如此类的问题，主动出击。1986 年提出了"发展适宜性"这个概念，进而发布了发展适宜性实践的立场声明。有关方案的详细论述会在下一章展开。

第五节　问题：早期教育是解决社会问题的灵丹妙药吗？

2002 年，美国前总统乔治·布什（George W. Bush）签署了《不让一个孩子落后》联邦法案，旨在提升学生的基本知识、基本技能。在美国教育中的地位极其重要，甚或被作为解决美国教育和社会问题的灵丹妙药。但据《纽约时报》2012 年 7 月 6 日报道，奥巴马政府已经豁免了全国半数以上的学校，使这些学校可以从《不让一个孩子落后》法案规定的核心条款中解脱出来。

美国总统奥巴马认为法案过于严厉，应给予州政府和学校更多的权利。"如果我们认真地协助学生，实现他们的潜能，那么最好的想法不会萌发于华盛顿一个地区"。[1]

为什么《不让一个孩子落后》法案诺言成空？

虽然人们一直赞扬《不让一个孩子落后》法案增强了学校对贫困和少数民族儿童教育的责任感。教育必须完成把儿童培养成合格的社会成员，使其解决社会问题、促进社会发展这样一个基本目标。儿童的成长，也必然会受到文化价值观的灌输，不断加强其社会的符号和观念。但却不能因此而牺牲儿童的发展。众议院教育和劳工委员会（House Education and the Workforce Committee）的民主党领袖米勒说："人们目瞪口呆，因为他们一直误以为学校在往好的方面发展。但事实却是，对于很大一部分

---

① 苗森：《美国 10 个州将不受〈不让一个孩子掉队法〉的约束》，《比较教育研究》2012年第 4 期。

学生而言并非如此。这引起了大家极大的愤怒和失望。在很多案例中，那些被认为完成任务相当出色的学校，事实上，却让很多学生走向了失败。"①这打击了教育者的积极性和士气，对学生也是。

从以上的分析中我们可以看到，支持美国早期教育发展的两股力量分别是社会文化发展的需求和儿童学习和发展的理论。早期教育的每个发展阶段都是这两股力量的相互抵触和融合推动的过程。诚如凯兹（Katz, L., 2003）所言，"在美国，有两种不同的力量长久以来不断在早期教育哲学、目标和方法等方面的争论中推波助澜，导致这种争论的因素包括不同的政治立场和意识形态，相互角逐的学习和发展理论，以及来自各方的相互抵触的压力"②。

笔者也一直认为，早期教育既要顺应儿童自然发展，又要将儿童发展纳入社会所需要的轨道，二者缺一不可。如果用一个连续体表示，其一端是社会需求的取向，另一端是"儿童发展"取向，那么早期教育的发展就会落在这个连续体之间的某个位置上。发展适宜性实践之所以在美国和全世界范围内受到推崇，且具有强大的生命力，一方面是其对儿童学习和发展理论的重申，主张教育要适应儿童的发展；另一方面又是美国社会、文化、政治、经济等的产物，是对美国早期教育追求高质量教育的回应。就如豁免这件事情恰恰反映出当今的美国教育缺乏对最本质的儿童发展需求的关注。所以，并不像一直以来人们对 发展适宜性实践的误解，仅将其看成儿童学习与发展理论的一种力量，其实它是"两种不同力量"的融合。其本身不断完善和修订的过程就是不断调整以适应社会发展需求的写照。这部分在第二章中会有详细论述。2007 年美国第 110 届国会议案中，提及再创优越——早期教育全面优质化的具体要求。其中包括：一是所有的孩子可以进入安全的、高质量的学前教育机构，在这里应有发展适宜的课程，有知识、经过培训的教职人员，以及能够为对文化或者生理有特别需求的孩子提供综合性服务的设施环境；二是所有的早期教育工作者都可以得到专业发展的支持，获得专业性的领导、持续的专业发展培训，同时获得吸引和保留优秀教师的薪资条件；三是所有的家庭都能够让孩子

---

① 汪文超：《美国〈不让一个孩子掉队法〉诺言成空》，《比较教育研究》2012 年第 4 期。

② Katz, L. Program content and implementation. In D. Cryer & R. M. Clifford（Eds.）. *Early Childhood Education and Care in the USA*. Baltimore, MD: Paul H. Brookes, 2003, pp. 107—117.

进入可负担的、高质量的幼教机构，同时通过家庭参与帮助孩子成为具有优良行为的人；四是所有的州县和社区都肩负起保证学前教育机构质量的责任，通过地方、州县、联邦和私人的经费支持学前教育机构提升教育质量的发展需求。

第三章

发展适宜性实践方案颁布与修订

"实施发展适宜性教育的目的是通过提供一个最佳教育的框架，开展卓有成效的儿童早期教育。该框架以关于儿童发展与学习的研究成果和教育有效性的相关理论为基础，概述了促进儿童进行最佳学习与发展的各种教育手段。"[1]

第一节 发展适宜性实践方案的颁布

1957 年，苏联发射了第一颗人造卫星。这件事，在美国引起了相当大的关注。这个事件，象征着美国基础教育的落后。因此，在教育方面，公立学校教育的钟摆朝向"能力本位"的教育方向发展。这样的教育趋势在 1970 年到 1980 年间，使美国兴起一股"回归基础"的风潮，旨在通过教育改革促进学生的学业成就。正因为如此，这期间包括美国幼儿园都采用大班授课的方式，且十分强调博闻强记的功夫，老师只教授一些狭隘的知识与技能。而决策者更是倾向于将学业标准（academic stan-dards）加诸儿童教育课程上[2]。

这种不管孩子当下的兴趣、需要和能力如何，只一味地要求孩子有超龄的智能表现，遭到儿童发展研究者的质疑。戴维·阿尔金德作为一个儿童和青少年认知和社会发展研究的专家，在他的著作《失误的教育：学前儿童处于危险中》（*Miseducation：Preschoolers at Risk*）中写道，在美国，

---

① Bredekamp, S. & Copple, C. （Eds.）. *Developmentally appropriate practice in early childhood programs serving children from birth through age 8. Washington*, DC：NAEYC. 2009, p. 1.

② Bredekamp, S., & Copple, C. （Eds.）. *Developmentally Appropriate Practice in Early Childhood Programs Serving Children from Birth through Age 8.* Washington, DC：NAEYC, 1997, p. 2.

　　许多为学前期儿童提供的教育项目正趋向于向学龄前儿童提供……众多幼儿园引入了包括纸笔作业在内的小学一年级课程。此外，一些写给家长的书也鼓励家长们引导婴儿童进行早期阅读，并学习数学和科学。向过于低龄的儿童进行学科教学，或者教授游泳、体操、芭蕾，是一种不正确的教育，会将他们置于一种遭受短期压力与长期人格损害的毫无益处的危险境地之中。没有任何证据能够证明这种早期指导具有持久的益处，却有相当重要的证据证明它将来持久的不利影响（Elkind，1988）。①

　　为了反抗儿童教育的小学化倾向，全美幼教协会认为有必要建立一套标准作为幼儿园品质评量的依据。1984年，全美幼教协会针对当时的教育现状，组织颁布了一个关于高质量的早期教育方案的认证标准。在这个认证标准中，已经包含有"发展适宜性"教育思想。全美幼教协会的主要目的是方便幼教机构在寻求认证时有可遵循的方针，另外制定原则，严守基本的立场——儿童早期课程的设计必须以现今我们对儿童发展的所有认识与了解为基础。② 于是在1984年7月，全美幼教协会管理委员会（Governing Board）被任命去发展四至五岁儿童适宜教育声明的议题。当时许多早期儿童教育的专家，阐述了相当多的儿童教育专门知识及经验，但是有段时间，该议题是不被接受的（NAEYC，1986）。即使有一段时期，该议题不受重视，当时的管理委员会仍热衷于发展四至五岁儿童适宜教育声明的议题，尤其是主席斯波代克。从1984年7月到1985年7月的这一年间，该议题更是持续地被该管理委员会中的儿童教育相关人士发展着。原本发展适宜性实践所定义的服务年龄范围为四至五岁儿童，但在1985年会议中，由贝丝·基因霍尔特（Bess-Gene Holt）起草，重新做概括性的声明时，将年龄做了新的界定，改为0—8岁。最后斯波代克将所有的报告编辑，并做声明，在经过全美幼教协会的认可后，于1986年在《儿童》（*young children*）期刊中发表声明"0—8岁儿童的发展适宜性实践"（Developmentally Appropriate Practice in Early Childhood Programs Serving Children from Birth through Age 8），明确地阐述了该组织的基本观点和实施方式等。1987年，由布里德坎普出版成书，提出了代表全美幼教协会立

---

①　Elkind. *Miseducation*：*Preschoolers at Risk*. New York：Alfred A. Knopf, 1998, pp. 3—4.

②　Bredlkamp, S. (Ed.). *Developmentally Appropriate Practice in Early Childhood Programs Serving Children from Birth through Age 8*. Washington, DC：NAEYC, 1987, p. 5.

场的观点，也因此开始受到关心儿童教育的人士的重视，掀起一股风潮。这个文件在出版后的 10 个月内就发行了 25000 册，到了 1996 年，共印刷了 12 次，发行量超过了 30 万册。① 自 1986 年以来，一场又一场的以发展适宜性实践为主要议题的教师研讨会和专题演讲，在美国各地区开展及持续着。幼教师资培育机构也逐渐将发展适宜性实践纳入师资培育课程中，更有许多的学者以发展适宜性实践发展出不同的研究议题，如教师的发展适宜性实践信念、发展适宜性实践的评量、儿童在实施发展适宜性实践和"非发展适宜性实践"的幼儿园中的学习和行为之比较，以及发展适宜性实践课程对儿童发展的影响等。全美幼教协会的主席兼发言人布里德坎普认为发展适宜性实践充分反映出美国幼教专业人员对儿童教育的共识（Bredekamp，1991）。因为发展适宜性实践的书的封面是绿色的——体现了其蕴含的倡导儿童的可持续发展，后来被美国学前教育界称为"绿色圣经"（the green Bible）。可以说，在某种意义上，"绿色圣经"代表了"儿童为本"向"书本为本"的反攻，也表达了对让儿童快乐且有价值的发展的"可持续发展教育"的向往和追求。

一　理论基础：皮亚杰及建构主义学习理论

自 19 世纪 30 年代美国的儿童学校运动以来，卢梭的浪漫主义儿童观和裴斯泰洛齐的教育理论广泛流行。后来经由美国进步主义教育和儿童研究运动的推动，以及弗洛伊德心理动力学思想的影响，以儿童为中心、关注儿童自然成长的教育理念在美国早期教育领域渐渐形成，并成为 20 世纪四五十年代的主流思想，同时也成为了美国早期教育的传统。② 发展适宜性实践秉承美国早期教育传统思想，以皮亚杰的建构主义思想和儿童认知发展阶段理论为基础，强调尊重儿童的发展特点，重视游戏，促进儿童的全面发展。

建构主义理论认为，学习是个体主动与环境交互作用的过程。

从主体方面来说，皮亚杰相信人不是一个被动吸收知识的个体，他内在具有主动学习的能力，不是被动地"复印"或承受外界环境的影响，而是主动积极地以自己特有的认知方式（"同化"和"顺应"）来理解对

---

① 朱家雄：《建构主义视野下的学前教育》，华东师范大学出版社 2009 年版，第 166 页。

② 张瑾：《美国发展适宜性实践理论研究》，中央民族大学，2011 年。

象，发展出新的认知结构以适应新经验和新环境。所以，教师必须考虑儿童的年龄特点，让儿童以他们自己的方式来认识周围环境，要尊重儿童思维的主动性。

从客体方面来说，儿童积极参与环境互动，并从与物体的相互作用中获得物理世界、社会世界以及自己与这些世界的联系的认识。即"物理经验"和"数理逻辑经验"，而这是数学和科学的基础。所以，游戏和日常生活中的自发学习在儿童教育中应被重视。

全美幼教协会声明中的幼教理论基础是由两种方式衍生的：一是考核各种相关的早期教育文献；一是选取许多经验丰富、见闻广博的早教工作者发表的评论。[①] 正如前全美幼教协会主席、美国塔夫兹大学教授大卫·阿尔金德所指出的那样，发展适宜性实践的教育哲学观点是与传统的以"心理测量"或标准化测验为基础的教育观点不同的，发展适宜性实践教育要培养的是"我想知道"的学生，而以"心理测量"为基础的传统教育要培养的是"知道成人要我知道什么"的学生。其本质上就是强调了儿童学习的主动性，也即皮亚杰所谓的主体能动性。

1987 年版的声明开宗明义，针对当年美国各种早期教育机构中所出现的"越来越强调正规的方式传授学习技能"的倾向，提出了"在早期教育中，儿童通过具体的、游戏的方式进行学习是最为有效的"，"早期教育方案应当适应儿童的需要，而不应该要求儿童通过调整自己以适应某种特定的教育方案的要求"[②]。这两点恰恰是其理论建立的基础。全美幼教协会确信所有的孩子和家庭应该获得高质量的儿童教育课程，而且课程的质量应取决于儿童发展知识被运用于课程教育实践的程度。具体来说，发展适宜性实践是建立在对儿童学习和发展的认识的基础之上的。但这些知识也不是恒久不变的，它们会因新知识的产生而改变，也受到专业人士的共同经验与互动的影响。[③] 此后的定期修订也恰是其不断吸取新的与儿童学习和发展相关的理论的体现，以确保声明内容的时效性和正确性。

---

① ［美］Bredekamp, S. & Copple, C.（Eds.）:《幼教绿皮书》，洪毓瑛译，台湾和英出版社 2000 年版，第 11 页。

② Bredlkamp, S.（Ed.）. *Developmentally Appropriate Practice in Early Childhood Programs Serving Children from Birth through Age 8*. Washington, DC: NAEYC, 1987, p. 5.

③ ［美］Bredekamp, S. & Copple, C.（Eds.）:《幼教绿皮书》，洪毓瑛译，台湾和英出版社 2000 年版，第 11 页。

二　内容：适宜儿童个别差异的主体性教育

1. 发展适宜性实践的内涵

在 1987 年，全美幼教协会声明中的发展适宜的含义主要是由两个向度来决定的：一是年龄的适宜（age appropriate）；二是个别差异的适宜（individual appropriate）。

适宜儿童的年龄，这一命题是依据人类发展的研究。在人生的早期，有普遍的、可以预期的生长和变化，这些预期的变化会出现在人的发展的方方面面，包括身体的、认知的、情感和社会性发展等方面。教师可以根据有关儿童在一定年龄阶段的普遍发展规律的知识，为儿童创设学习环境，促进其经验的发展。

适宜儿童个别差异，这一命题认定每个儿童都有自己的人格、学习方式和家庭背景等，都有独特的个人发展状况和成长历程，因而造成儿童之间的个别差异。课程和教育都应适合儿童的个体差异，激发儿童的兴趣和满足儿童的需要。

大卫·阿尔金德认为，发展适宜性实践的意义在于如何认识与理解儿童作为学习者的个别差异性和主体性上。[①] 我们看到，在发展适宜性实践的理论框架中，学习者之间的个别差异不是被理解为能力上的差异（大小、强弱），而是被理解为在生长与发展上的速度差异。这与传统上心理测量学所强调的把这个孩子与那个孩子相比较完全不一样，发展适宜性实践把每个儿童都看作发展着的学习者，能力上的差异不是能力大小之间的差异，而是在发展速度上的差异。这样来理解个别差异问题，可以说是教育上的一种革命，真正体现了教育要尊重儿童发展客观规律的基本原理。

2. 发展适宜性实践的计划和实施

《0—8 岁儿童发展适宜性实践》的内容分为四个部分：课程、成人和孩子的互动、家庭和学校的关系、儿童发展评量。

● 课程

课程应兼顾所有的儿童发展领域，而计划的基础建立在教师对孩子特别兴趣、发展的观察及记录之上。教师主要应依据以下这些原则：一个适

---

① David Elkind. *Developmentally appropriate practice*：*Philosophical and practical implications*. Phi Delta Kappan，1989，pp. 113—117.

合儿童发展的课程应该包含所有领域的儿童发展领域，并应以教师对儿童的观察为基础来计划课程的内容；课程中应能符合不同发展程度和兴趣的孩子的需求；这种课程将学习视为一个相互作用的过程，所有的学习活动和学习材料都要是具体和适宜的；成人应给儿童从多种活动、材料和设备中做选择的机会，还应给予足够的时间让孩子积极的探索；教师所提供的一切教材和经验需逐渐增加难度和复杂性，在孩子从事活动时、发展新的认知和技巧时，成人应不断给予孩子挑战；一天之中的动、静态活动应求平衡；户外活动经验应提供给所有年龄的孩子；多元文化的、无性别偏见的经验、教材和设备应包含在课程计划中。

● 成人和孩子的互动

在全美幼教协会的这份声明中，将师幼互动看作能否体现发展适宜性实践理念的重要指标，而师幼互动是否适宜儿童的发展，主要取决于成人对儿童年龄特点和个体差异的把握。对此，在师幼互动方面应关注以下几点：教师要为儿童提供各种交流的机会；教师要直接地、迅速地应对儿童的要求、愿望和其他信息，努力使自己的回应与儿童的个性特点和水平相适合；教师要通过各种方式注意儿童，鼓励和支持儿童，帮助儿童成功地完成任务。要认识到儿童通常是通过尝试错误进行学习的，要理解和鼓励儿童的试误学习；教师在任何场合下都要尊重儿童，接受儿童，提高儿童的自我认同感；教师要在所有的时间内对所有的儿童的活动负责，帮助儿童在活动中去获得技能，并逐渐提高他们的独立性；教师要留意儿童生活中的紧张事件，在活动中以适当的方式消除儿童的心理紧张；教师要促进儿童自我控制能力的发展。

● 家庭和学校的关系

在全美幼教协会的声明中，将教育机构与家庭之间建立的关系，看成能否使教育方案适合个体差异的重要方面。对此，在教育机构与家庭之间建立关系这一方面，应关注以下几点：教师、家长以及各方有关人员应相互交流，使各方都能全面了解儿童发展的状况；教师与家长要将共同讨论的关于儿童发展的知识、观点和对策等，作为他们定期进行交流的内容；要鼓励家长对教育机构的监督和参与，教师有责任与家长建立和保持经常的联系。

● 儿童发展评量

在全美幼教协会的声明中，把对每个儿童发展和学习状况的评估看成实施的依据之一。鉴于鉴别儿童的发展状况是非常困难的，因此，声明建议评估应更多地依赖于儿童发展的观察和描述材料。在对儿童发展进行评估时，应关注以下这些方面：对儿童的观察和评估，可以用于鉴别有特殊需要的儿童和高危状态的儿童，并能以此为依据，设计适合他们的教育方案；一些对儿童具有重大影响的决定，如升留级、分班等，不能只是建立在对儿童发展评估的基础之上，特别不能将学业测验成绩作为重大决定的主要依据，而要考虑其他各种因素；对每个达到法定入学年龄的儿童，都应为其做好一个发展适宜的计划；根据标准化的测验对儿童的发展做出预期时，要注意跟他们条件相似的儿童进行比较，不仅是年龄相同，而且是性别、文化和社会经济状况都要相似。

三　具体做法：适宜/不适宜二分法

在发展适宜性教育实践中，教育方案主要是针对0—8岁儿童的年龄特征而设计的，全美幼教协会将年龄划分为：0—3岁、3岁、4—5岁、5—8岁，共做了四个年龄层的区分。这个分段主要是依据儿童的认知发展一般规律进行的，强调对儿童发展的普遍性理解。

在全美幼教协会的这份声明中，分年龄对儿童的学习特征以及适宜儿童发展的教师的具体做法进行了罗列。下面以适合所有4—5岁儿童发展的高质量的教育方案为例，具体说明全美幼教协会的教育主张。声明以比较的方式列举了在4—5岁儿童早期教育方案中适宜的和不适宜的做法。

1. 基本观点

在《0—8岁儿童发展适宜性实践》声明中，主张4—5岁的儿童的学习是在做中学的。全美幼教协会的发言人认定，知识是不能像填充容器一样地灌输给儿童的。通过与物体和人的游戏式的互动，儿童能学习到其所处的关于物质环境和社会环境的知识。随着儿童年龄的增长，他们获得了更多新的技能和经验。例如，随着儿童身体的发育，他们能更好地控制和探索周围的环境。同时，随着儿童的成熟，他们也能更好地理解他人的观点。

儿童怎样学决定了教师应该怎样去做。教儿童的正确方法，不是给儿童讲课或靠语言传授什么东西。教师应该是引导者或促进者，他们要为儿童准备一种环境，这种环境能为儿童提供大量包含有各种刺激的、富有挑战性的材料及活动。教师应该是观察者，观察儿童能理解什么，并提出其他有启发性的问题以促进儿童思维的进一步发展。

2. 适宜 4—5 岁儿童发展的教育方案的做法

由于人们通常是从正反两个方面来形成概念，因此，对儿童的教育方案从适宜的做法和不适宜的做法两个方面去进行描述，会让人们看清楚如何去做。

适宜和不适宜 4—5 岁儿童发展的做法如表 3 – 1 所示。

表 3 – 1　　4—5 岁儿童发展方案中的适宜做法和不适宜做法
（具体见附录一）①

具体方面	适宜的做法	不适宜的做法
教学策略	教师准备环境，使儿童能通过积极探索以及与成人、同伴、材料的相互作用来学习	教师只采用一种高度组织与控制的上课的形式
	儿童从教师准备的许多学习领域中选择自己的活动，包括角色游戏、搭积木、科学活动、数学、智力游戏、图书、录音、美术及音乐等	教师指导所有的活动，决定儿童要做什么、什么时候去做。教师替儿童完成活动的一大部分，如剪出形状、在实验中一步步地演示等
	期望儿童的身体和心理都处于积极状态。儿童可以从教室预设的活动中去选择，也可以自发地进行活动	希望儿童一直坐着观看，保持安静或用纸笔进行活动。儿童的大部分时间都花在消极地坐、听和等待上
	儿童将大部分时间花费在自己或在非正式小组活动中	儿童大部分时间都用于教师指导的集体教学中
	为儿童提供具体的、用实物的学习活动，这些活动中的材料和人物都与儿童自身经验有关	练习簿、描摹纸、幻灯片及其他抽象的材料占据了整个课程
	教师在小组及每个儿童之间来回走动，通过提问、提出建议、根据情境变化活动的材料或想法等去鼓励儿童积极参与活动及使用材料	教师控制环境的方法主要是大部分时间与整个集体的儿童谈话，告诉儿童做些什么
	教师允许有不同的答案。认识到儿童能从自主地解决问题和实验中学习	希望儿童用一个标准答案回答问题。强调练习和死记硬背

四　批评与争论

虽然发展适宜性实践受到许多早期教育工作者的追捧，但是这个声明也受到了各方的质疑和批评，甚至是很严厉的批评。例如，1993 年，美国著名儿童教育家波纳德·斯波代克教授在他主持出版的《学前教育研究

---

① 转引自朱家雄《建构主义视野下的学前教育》，华东师范大学出版社 2009 年版，第 173—177 页。

手册》（该书的编委会由美、英、澳、加等国家的许多著名的儿童教育专家学者所组成）中，认为决定课程的目标与内容应当有三个方面的因素，即社会要求、知识体系和儿童发展。发展适宜性实践只考虑儿童发展这一个维度，忽视社会要求和知识这二个重要的因素。福韦尔和劳顿在《儿童教育研究》（*Early Childhood Research Quarterly*）期刊上，认为针对发展适宜性实践发展适宜/非适宜教育措施的区分，使多样化的课程模式狭窄化了（Fowell & Lawton，1993）。并强调提出，不应只以发展心理作为依据，这样过于狭隘，应当同时植根于学习上。科斯特尔尼克在文章中提到，发展适宜性实践所提的观念是[1]：第一，只有一个正确的方法去实施；第二，强调课程是完全没有结构性的、以孩子为中心、教师角色是被动的，若主动的话只是一种引导；第三，发展适宜性实践的观念里是期望孩子的学习和行为变低落的；第四，发展适宜性实践是没有理论背景的；第五，从文化的角度来看，发展适宜性实践并不适合社会经济背景特殊的孩子（Kostelnik，1993）。而更有研究者尤恩斯克将发展适宜性实践延伸成"发展和文化适宜实践"，强调文化的重要影响。研究结论提出，教师必须察觉每个儿童个别所处的家庭、社区、社会和文化背景（Eunsook，1994）。

面对种种质疑与批评，1992 年，全美幼教协会出版了《发掘潜力：发展适宜性儿童课程和评价》（第一卷），试图回答人们的诸多批评。其观点主要有，发展适宜性实践不是一种课程，也不是一套可以用于支配教育实践的僵化标准。它是一种构架，一种哲学，或是一种取向。它是为了让儿童工作者更多地去关注两个方面的信息：一是如何知道儿童是怎样发展和学习的；一是如何懂得在一个群体中每一个儿童的个别需要和兴趣。发展适宜性实践并不意味着教师不要去教儿童，也不是让儿童去控制教室活动。相反，一个良好的早期教育方案应该是并且必须是高度组织的和结构化的学习环境，由教师控制教室活动。不同的是，在发展适宜性实践教室中，儿童也积极地参与活动，并将学习看作他们自己的事情；发展适宜性实践并不排斥课程目标，课程也不能仅仅来自于儿童。全美幼教协会拒绝的只是为获得学业技能而制定的狭隘的训练目标，并没有主张课程不要目的或目标。任何行之有效的早期育教方案必须有陈述清楚的教育目的或

---

① Kostelink，M. J. Recognizing the essentials of developmentally appropriate practice. *Child Care Information Exchange*，1993，pp. 73—77.

目标，并要求教师与儿童一起去计划和实现；发展适宜性实践所提出的"适宜个别差异"，从根本上要求教育方案也应当包括适宜于儿童的家庭和文化背景，不过在这其中适宜所有儿童的个体需要和兴趣是必须首先关注到的。从全美幼教协会的申辩中我们可以看到发展适宜性实践的倡导者们的自省，"由于强调了儿童发展方面的知识对于教学实践的重要性因而掩盖了在课程决策过程中需要考虑的其他原则"[①]（NAEYC，1992）。这种努力"亡羊补牢，犹未为晚"。

第二节　发展适宜性实践方案的修订

全美幼教协会于1987年颁布《0—8岁儿童发展适宜性实践》的声明以后，曾受到许多早期教育工作者的追捧，但是，正如上面所提到的，这个声明也受到了来自各方的质疑和批评，全美幼教协会发言人承认，他们还"遇到了为课程制定标准的挑战"。[②]

国家课程标准是1989年布什政府提出的。1989年美国总统布什和各州州长聚集于弗吉尼亚州（Virginia）的夏洛茨维尔（Charlottesville），举行教育高峰会议（Education Summit），与会人士有感于美国教育现况无法达到多数人的期望，且比竞争国家落后许多，需要建立全国性的教育目标（National Goals）以改进教育成效，迎接公元2000年。1994年，美国国会通过了法规"目标2000：美国教育法案"，成立全国教育目标委员会，持续向国会报告各州和全国在教育改革方面的进步，以期能够符合"对所有的学生保持高期待"的教育理念。

美国2000全国教育目标共有八项，其中和儿童教育有密切关联的为目标一、目标四和目标五。

目标一：到2000年，所有美国孩子进入小学时要做好从事学习的准备。以使所有孩子都能进入高品质、适宜其发展的学前教育机构就读，以帮助孩子做好就学准备。

追求2000年所有儿童均能进入高质量、适宜其发展的学前教育机构

---

① Bredkamp，S. & Rosegrant，T.（Ed.）. *Reaching Potentials：Appropriate Curriculum and Assessment for Young Children*. Vol. 1. Washington，DC：NAEYC. ，1992，p. 3.

② Ibid. ，p. 3.

就读；然而此目标同时要求学前教育机构帮助孩子做好就学的准备，又模糊了学前教育的本质，把学前教育视为小学准备教育，似乎和全美幼教协会和幼教人士所努力的方向背道而驰。可预见关于"准备度"和儿童教育的课程质量之争仍会持续进行。

目标四：到 2000 年，全国的教师都能进入机构中持续的增进专业知识和能力，并且有机会学习到下一世纪美国学生所需的知识和技术。

强调教师的持续进修专业知识和能力，并且学习最新的知识和技术，此和全美幼教协会所强调的"教师为终身学习者"的理念是一致的。根据在《0—8 岁儿童发展适宜性实践》中所说，进入 21 世纪的孩子应具备的四方面能力，儿童教师培育和在职进修也需增强对新科技的知识和能力。

目标五：到 2000 年，美国学生的数学和科学成就成为世界第一。

标示出美国想在 21 世纪的科技时代追求领先，所以将学生的数学和科学成就列为所有学习项目之首。如果要成功达成此目标，儿童阶段的数学和科学的学习也会受到相当的关注。

总而言之，"目标 2000"虽然重视到学前教育的质量，并以发展适宜性实践为名，但本质上是在强调学业的成就，对于儿童教育游戏化、全人学习模式将造成很大的压力，尤其是幼儿园势必会面临就学准备的冲击。

面对公布的国家课程标准，坚持适宜儿童发展立场的全美幼教协会发言人处于两难境地，他们认为，"国家课程标准在许多课程领域的建立既是好消息，又是坏消息"[1]。"作为一种结果，国家课程标准受到包括全美幼教协会在内的 40 个教育组织的认同或支持，另一方面，国家课程标准会给早期教育带来很多负面的影响，包括对综合课程和生成课程产生威胁；存在不顾个体差异和社会文化差异，而将对儿童的期望变成标准的危险以及存在建立不适宜的课程操作性标准的可能。"[2]

在这样的尴尬局面下，全美幼教协会对 1987 年发布的声明给予了修正和调整。其发言人承认，他们在先前的声明中"没有预先把握住课程的

---

① Bredlkamp, S. & Rosegrant, T. （Ed.）. *Reaching Potentials：Transforming Early Childhood Curriculum and Assessment for Children*. Vol. 2. Washington, DC：NAEYC, 1995, p. 10.

② Ibid. , p. 11.

基本目标中与教儿童什么和什么时候教儿童有更为密切联系的那些问题"①。并对发展适宜性实践的概念以及内容多次做了重申和修正，具体体现在诸如 1992 年布里德坎普和罗斯格兰特（Rosegrant）主编的《达成潜能：适宜儿童的课程和评价》和 1995 年他们再次发表的《达成潜能：早期教育课程和评价的转换》。这些变化最终都体现在 1997 发布的声明《0—8 岁儿童发展适宜性实践》（修订版）中。

1997 年修订版声明中，一方面坚持他们原来持有的基本立场，"由于我们将'发展适宜性实践'界定为发展性教育，那么我们必须明白我们的目的是为了儿童的发展"②。另一方面，他们也认为教育要考虑"为儿童现在的生活和成年后的生活，我们应要求儿童一些什么，我们应培养儿童具有什么样的人格特征，而这些对于一个和平、繁荣和民主的社会有用"③。全美幼教协会发言人指出，"很明显，人们在未来的数十年中将比以往任何时候更需要掌握高水平的文字和数学技能，这些能力的培养是教育过程的关键性目标。儿童需要获得一个知识和技能的体系，而这个体系与科学、社会（包括历史、地理等）、音乐和美术、体育和健康等不同科学有联系"④。

一　理论基础：维果茨基及社会文化理论

在重申和修正的声明中可以明显看出，发展适宜性实践的理论基础，仍然对建构主义理论情有独钟，可以说建构主义几乎成了串联发展适宜性实践方方面面的一条主线。但是，其不再只是固守于皮亚杰的发展理论，1992 年全美幼教协会更是明确提出发展适宜性实践的理论是建立在皮亚杰、维果茨基和埃里克森等人的观点基础上（Bredekamp & Rosegrant，1992）。全美幼教协会除了将皮亚杰对知识的分类系统作为有用的理论框架之外，还指出维果茨基对知识的分类的重要作用。维果茨基将知识分为自发概念和非自发概念，前者是儿童无须成人指导而自己建构的，是儿童通过自己直接的经验而发现的，后者则是与学校教学有关的科学概念，他

---

① Bredlkamp，S. & Rosegrant，T. （Ed.）. *Reaching Potentials：Appropriate Curriculum and Assessment for Young Children*. Vol. 1. Washington，DC：NAEYC，1992，p. 3.

② Bredlkamp，S. & Copple，C. （Ed.）. *Developmentally appropriate practice in early childhood program（rev. ed.）*. Washington，DC：National Association for Education of Young Children，1997，p. 8.

③ Ibid. ，p. 8.

④ Ibid. ，p. 8.

们源于文化，源于代代相传的知识体。维果茨基的理论对于克服原有的"非此即彼"的思想方法是十分有用的，在儿童通过自发的活动而进行的建构式学习与教师指导为主的教学之间，并非是不可调和的。儿童在他们的"最近发展区"进行活动，来学习如何发挥他们作为群体成员的功能。成人在儿童能力的范围内为儿童提供学习经历，帮助儿童沿着他所处社会所重视的发展路径前进。因此，从维果茨基的观点来看，学习导致了发展。他认为成人能通过支持和拓展儿童的表现，使之超越自身的独立工作时所能完成的任务，这挑战了皮亚杰式的观点——儿童独立于文化之外，独立建构他们对于这个世界的理解。

这种对儿童学习和发展的社会属性的强调（而非强调儿童独自实现自己的发展），使人们开始关注儿童所有成长领域的社会关系的重要性：道德、与成人和同伴的互动以及智力。这种对儿童发展的社会本质的重视，凸显了根据各种社会关系和师生互动来思考教育实践的重要意义。儿童与他人合作的能力、解决问题的能力和设定个人目标的能力越来越被视为儿童学业成功必需的技能和性向，乃至必要的生活技能。

维果茨基理论越来越受到学前教育工作者的重视。与皮亚杰的理论一致，他也将儿童看成主动学习的个体，但是，他相信外在环境在儿童学习中扮演着重要的角色，知识不是具有普遍性的和标准化的，因为背景总是变化的，儿童应能在动态的过程中建构概念的多重同一性。维果茨基的理论批评了"儿童为中心"的观点，即将儿童当作孤立的和与背景无关的人，认为关系是最重要的，在成人的适当指导下，儿童可以使内在潜力发展得更好。

发展适宜性实践理论基础的这一悄悄变化意义重大。这不仅仅是因为开始重新把儿童看作一个"社会存在"（social being），认为儿童通过与其他人一起游戏和交谈，通过与父母、教师的互动来进行学习；而且是因为我们变得更加重视这一点——儿童通过社会生活获取一个他们解释自己经历的框架，同时学习如何用一种更加符合他们文化需求的方式来理解社会。① 由于受到皮亚杰认知发展理论的影响，儿童发展出他们对这个世界的理解常常被解释为是儿童独立建构自己的经验。美国著名学前教育专家

---

① Bruner, J., & Haste, H. Introduction. In J. Bruner & H. Haste（Eds.）, *Making sense: The child's construction of the world*. New York: Methuen, 1987, p. 1.

斯波代克在总结 20 世纪中期美国课程改革失败的经验时，指出，"其实，我们根本不清楚我们为儿童所提供的教育活动与儿童发展之间的联系是什么，却总是从儿童发展理论中去寻找课程的来源""课程应该超越儿童发展，……教师不仅要跟随儿童的需要和兴趣，还要选择那些应该培养的兴趣，并使儿童产生兴趣"①。布鲁纳也曾对自己的亲身经历和 20 世纪 50 年代末 60 年代初的课程改革运动的失败发表过意见，他说："离开了社会背景，课程争论的意义也就黯然失色了。"②

维果茨基的著作在美国出版促进了这种兴趣的出现，即成人在指导儿童参与该文化所重视的活动中所扮演的角色。维果茨基的理论把人的发展分为两个维度：生物学维度和文化维度。当儿童参与他们的文化活动并学习使用文化所重视的工具时，发展的文化维度就出现了。全美幼教协会对发展适宜性实践的重新修订，整合了对儿童发展的社会背景的新认识，如教师在师生互动中扮演更加错综复杂的角色，同时这次修订还整合了对家庭更具有复杂性的理解——家庭为儿童学习和发展提供了各种背景。③

二　内容：适宜儿童整体发展的社会化教育

1. 发展适宜性实践的内涵

1997 年的修订版中，对于发展适宜性实践的含义，重新做了更为全面的诠释，指出发展适宜性实践建立在两个基础之上：其一是儿童发展和学习的理论，即儿童是如何学习和发展的；其二是课程理论，即学什么和什么时候去学。教师在决定什么教育方法是对孩子最有益时，必须至少有以下三种重要知识④：

● 关于儿童发展与学习的知识

即与儿童的年龄特征相连的知识，这些知识帮助我们对不同年龄阶段的儿童特质有概括性的了解，知道什么样的活动、材料、互动或经验对他们是安全的、健康的、能引起儿童兴趣的、可完成的并对儿童有挑战

---

① 转引自朱家雄《幼儿园课程理论与实践》，华东师范大学出版社 2012 年版，第 120 页。

② ［美］布鲁纳：《布鲁纳教育论著选》，邵瑞珍译，人民教育出版社 1989 年版，第 7 页。

③ Bredekamp, S., & Copple, C. (Eds.). *Developmentally Appropriate Practice in Early Childhood Programs Serving Children from Birth through Age 8*. Washington, DC: NAEYC, 1997, p.13.

④ Bredlkamp, S. & Copple, C. (Ed.). *Developmentally appropriate practice in early childhood program* (rev. ed.). Washington, DC: National Association for Education of Young Children, 1997, p.36.

性的。

儿童教师必须具备孩子发展与学习方面的知识，然后才能采取适当的教学方式。这虽然是显而易见的道理，但是，这也是全美幼教协会自1987年发表立场声明以来最受争议的问题。这可能是因为1987年的立场声明中使用了"适龄"一词的关系。在1997年修订版中全美幼教协会强调：儿童发展的知识并不等于"年龄与发展"的知识。孩子的发展与学习很多都与年龄有关，然而，这种发展与年龄的知识并不是放之四海而皆准的，其实，这种误用可能是因为不了解以下两个观念而产生的：第一，所谓的"平均值"或"标准值"代表的不过是统计分布中的一小部分，真正具有参考价值的是整个分布范围。也就是说，许多人的成长表现在统计图上的分布方式；第二，平均值是一种统计工具，并不能完全准确无误地代表任何人。换句话说，虽然世界各地同年龄的孩子在某些方面可能很相似，但是，实际上，每个孩子都是独特的。此外，修订版中立场宣言也极力强调：除了年龄之外，教师还必须了解孩子的发展状况、学习状况，以及两者之间的相互影响。

● 个别差异的知识

关于团体里每个儿童的长处、兴趣及需要的知识能用于适合个体差异和对个体差异做出反应。1997年修订版中特别提到，1987年版的立场声明中，将适龄和个别差异并列，很多人以为这两者之间是互不相干的概念，认为适龄是对于正常的孩子，而个别差异是对特殊儿童而言，差异仅理解为"残障"，这种认识是有误的。修订版在幼教协会与特殊儿童评议会的共同努力下对其做了比较清晰而详尽的说明。"个别差异"应理解为充分交流孩子的个别发展，并顺应每个人的发展需要。目的是希望教师能鼓励并支持每一个孩子的发展与学习。每一个孩子都有权利接受符合身心发展的教育，这样的理念不仅适用于一般儿童，也适用于残障及发展迟缓的孩子。为了要顺应每个孩子的发展状况，教师必须运用各种方式、提供各种材料，并规划各种不同的学习机会。

● 社会、文化的知识

了解儿童所处的社会文化背景的知识，才能保证儿童的学习经验对儿童自己及其家庭是有意义的、有关联的和受到尊重的。

1997年版的立场声明中，对于在知识体中充分考虑儿童生活和学习所处的社会文化背景做了特别强调，并将这一点与修改前的另外两个方面并列，是其最大的变化。1987 年版对这个议题没有特别着墨，因而导致各方人士的批评。有学者站在文化的角度来看，认为"大部分从事发展适宜性实践研究的都是白人，这些研究将导致发展适宜只是适用于具有代表发展性的美国白人及中产阶级的孩子，同时觉得这是一个保护白人、中产阶级孩子的课程，对于从文化角度多样的团体及孩子在社会经济背景或特殊需要来看，发展适宜性实践是不适当的"①。1987 年版是将文化背景视为个别差异的一环。然而，总体文化的差异不能与个人的个别差异混为一谈。就如菲力浦所说："每个人的性格都受到成长过程的影响，同时也受到文化的熏陶，因为群体里的成员很容易认同自己文化群体的共同特质。"②

另外，在第二版中将"年龄适宜性"的概念努力用不那么教条的标签表示为"特有的发展（typical）"和"对不同年龄的普遍预期"来代替年龄这个概念，以回应人们对年龄这个概念的普遍性的质疑。

2. 发展适宜性实践的计划和实施

在修订版中，全美幼教协会指出，课程必须注重儿童整体的发展，其将整合性教育定义为"在儿童的经验范围内提供有组织的主题或概念，允许儿童在从一个或多个学科科目中抽提出教育目标的学习活动中去探索、去理解和去参与"③。所以，教师在进行教育决策时，必须考虑以下五个要素：

● 创造一个充满关怀的学习环境（Creating a caring community of learners）

符合儿童身心发展的教育必须在一个重视"互动关系"的环境中才能落实。这里的互动，不仅指成人与儿童的互动，也指让儿童之间、教师之间，以及教师与家庭之间有充分互动的机会。在互动活动中，可以丰富儿童的社会经验，促进其知识的建构。在课堂中，教师应重视每位儿童，了解并尊重儿童的差异，并欣赏彼此的特长。让儿童有许多机会与其他同伴一起玩、以小型群组的方式一起从事专题作业、与其他的儿童及大人交谈，以使儿童了解周围的人与事，并充分发挥其发展潜能。具体原则为：儿童是否能正常发展，要看他们是否能与周围环境中的成人与同伴发展出稳定而正面的关系；儿童学校是由一群学习者所组成的群体，群体中的所

---

① Bredkamp, S. & Rosegrant, T. （Ed.）. *Reaching Potentials*: *Appropriate Curriculum and Assessment for Young Children.* Vol. 1. Washington, DC: NAEYC., 1992, p. 5.

② Phillips, C. B. Culture as a process. Unpublished paper, 1991.

③ Bredkamp, S. & Rosegrant, T. （Ed.）. *Reaching Potentials*: *Appropriate Curriculum and Assessment for Young Children.* Vol. 2. Washington, DC: NAEYC., 1995, p. 168.

有成员都能帮助彼此的学习与成长；儿童感觉他们处于一个有序的环境中，每天的学习作息都很规律；社会关系是学习过程中相当重要的一环；学习环境的设计必须要能确保儿童的健康与安全。

● 增进儿童的发展与学习（Teaching to enhance development and learning）

教师应该尊重、关心及接纳儿童，并了解每个儿童，创造一个可以让儿童发挥潜能的环境，帮助儿童发展与学习。且透过计划制订，帮助儿童达成各个课程发展的预定目标。

在课程进行中，教师需要发展各式各样的教学方法，将之灵活运用于实际教学中，并引导儿童与同伴合作进行他们感兴趣且重要的群体活动及协助儿童发展责任感及自制力。

● 建构适宜的课程内容（Constructing appropriate curriulum）

良好的课程，能整合各层面的知识，辅助孩子融会贯通，还可以提升灵活运用的能力与学习的热诚。在课程内容及设计上，注重儿童的全面整合发展，具有真正的知识性是该年龄儿童可以理解吸收的知识，儿童在学习各种知识时需要的主要概念与工具，符合儿童社会能力与智能方面的发展需要，且需与儿童的个人生活经验相结合，并以儿童已经具有的知识及能力为基础，整合这些知识与能力，帮助儿童学习新的概念与技能，鼓励儿童肯定自己家庭的文化与母语、激励儿童学习认同学校与社区的文化。

● 评量孩子的学习发展（Assessing children learning and development）

评量是一种长期持续的过程，需讲究方法并了解评量的目的。建立整体的规划时，应将评量内容整合于课程规划中，并有系统地、多元地收集及运用这些评量资料，以观察、描述性的资料、代表性的作品以及儿童平时的自然表现为评量的依据等。在评量上，要考虑儿童的年龄和生活经验、学习上的个别差异，接纳儿童在学习形态与速度方面的差异，家庭的意见以及儿童对自己作品的评价。

评量是为了收集某方面的资料而设定，所得的资料只能运用于原先设定的目的中，并为他们规划适当的课程与教学。而评量不仅要清楚标示孩子可独立完成的事项，也要指出借助其他同伴及成人的帮助所能达成的事项，且不仅要研究孩子个人，也要观察孩子与其他人的群体关系。

● 与家庭建立双向的沟通关系（Establishing reciprocal relationship with families）

幼教教师与家庭需共同合作，并努力与父母建立双向的沟通、定期保持联系、欢迎父母参与相关的教育决策和课程规划与评量活动、尊重及体谅父母的心情与想法，以建立良好的亲师关系，并学习如何协调冲突。

教师与家长接触时，要彼此分享对儿童的看法及告知儿童发展与学习的状况，当家长遇到教育问题时，教师需尽全力帮忙，并提供各种服务与家庭连接。若儿童要深入进阶课程，或转到另一环境学习时，教师、父母、校方、社会服务人员、健康单位以及咨询专家等都应该一起协助儿童。

三 具体做法："既/又"态度转变

第一版声明的年龄阶段划分为0—3岁，4—5岁，5—8岁，其划分依据主要是皮亚杰的儿童认知发展的阶段论，其关注的是儿童的一般发展。修订版中将年龄划分为0—3岁，3—5岁，6—8岁，将0—3岁作为一个完整的婴儿童教育阶段，将3—5岁划分为一个完整的儿童教育阶段，看到其发展的一般性和差异性之间的联系。

在全美幼教协会的新版声明中，也分年龄对儿童的学习特征以及适宜儿童发展的教师的具体做法进行了罗列。以下以适合所有3－5岁儿童发展的高质量的教育方案为例，具体说明全美幼教协会的教育主张。在1987年版声明中的判断准则是两分法，即用适宜与不适宜来进行简单的划分。这也是后来受到质疑比较多的一个方面。修订版虽然是对各种质疑的回应，但是仍然坚持了与初版相同的两分法来进行划分适宜与不适宜，但为了避免人们的误解，特别增加了教师作为决策者的内容，强调教师做决定时运用知识来判断其是否发展适宜。并指出真实的教育实践不是简单的二选一，而是应该兼容并蓄。如对于低年级的孩童究竟应接受"全语文"教学，还是自然"语音"教学，教育界已经爆发了热门的争论。但是，事实上，这两种方式是可以并存的，而且融合使用的话，更能获得良好的成效。大部分的教育问题都不是黑白分明的，而是牵涉很多复杂的层面。问题并不是"孩子需要食物还是水？"，而是他们不仅需要水，也需要食物。[1]（表3－2）

---

① Bredekamp, S., & Copple, C. (Eds.) *Developmentally appropriate practice in early childhood programs* (*Rev. ed.*). Washington, DC: National Association for the Education of Young Children, 1997, p. 23.

表 3 - 2　　　　　3—5 岁儿童早教方案的适宜与不适宜的做法表

（具体见附录一）①

	适宜的做法	不适宜的做法
教学策略	●老师会观察每个孩子，并且会以各种方式与每个孩子与小型团体互动（包括由老师规划，而由孩子自行选择的活动），以充分了解孩子在有师长教导或协助下的能力表现，以及没有师长协助时的能力表现。为了帮助孩子学习新的技能或增进对事物的了解，老师会使用许多的教学技巧，如提出问题、给孩子一点提示或建议、以身作则、视情况添加一些比较难的教具或想法，或者是让他们有机会跟同伴合作	●孩子在游戏、探索及活动时，老师都没有参与，单纯地将自己定位于监督者的身份。在帮助孩子学习方面，教师无法担任一个积极主动的角色，以为孩子的技能与知识都是自然发展而来的。 ●大部分时候都让孩子在座位上自己做一些只有对与错两个答案的联系簿。因此，老师根本就不了解孩子是如何解答问题，或者是否有某些方面的困难等。于是，当孩子不了解或有挫折感时，老师不知道如何帮助他们。对于每题都会写的孩子，老师也不知道如何给予适当的挑战
	●老师会激励并帮助孩子投入游戏及他们自己选择的活动中。对于孩子自发性的活动，老师都会通过指出问题所在，问问题、建议，稍微提高难度，提供相关的咨询、素材，并适时给予协助的方式，扩展孩子的思考及学习领域，让他们能整合各种学习经验，朝下一个发展境界迈进	●老师没有帮助孩子合理运用选择活动的时间。当孩子一再重复地做某些活动而感到焦躁无聊时，老师很少设法解决。老师不帮助孩子寻找其他的游戏方式，反而滥用惩处控制孩子焦躁不安的行为。 ●孩子在游戏或选择自己想玩的活动时，老师担任的是一个被动的角色。对于孩子的游戏及学习活动，老师极少有所贡献或根本没有花费心思
教学策略	●老师提供很多机会让孩子可以自行规划、思考、表现及重现他们的生活经验。老师让孩子投入讨论以及表达性的活动，如陈述、画画、写字或捏黏土。这些活动可以加深孩子的概念与理解。比如说，如果孩子对事物的原理有自己的一套假设的话，老师可以顺势让他们想想如何解决某些问题或做些实验	●大部分的时间里，老师期望孩子回答一些只有一个正确答案的问题。当孩子提出一些天真的想法时，老师只会直指其误，却没有趁机了解孩子的想法。老师根本不了解孩子的潜能有多大，从来不把孩子的想法当真，也不鼓励孩子用其他方式（非语言的方式）表达自己的想法。 ●老是在赶课程进度，认为重复过去教过的主题或生活经验是浪费时间。因为同一个主题只会出现一次，所以，无法让孩子有机会重新回想或温习，达到更深入、充分的了解。 ●老师低估孩子的能力，且没有给孩子充分的学习时间帮助孩子发展概念及技能
	●老师提供很多机会让孩子学习跟别人合作，并经由这些社会性的互动建构知识及发展社交能力，比如说，合作、帮助别人、协商、询问相关的资讯以解决问题。老师经常通过亲身示范、引导、分组及其他的教学策略培养孩子的社交能力与合作解决问题的能力	●老师希望孩子乖乖地在自己的座位上做自己的事情。老师在进行解说或指示时，都是针对整个群体，很少跟个别孩子进行优质的互动。 ●老师很少运用孩子的人际关系帮助孩子达成学习目标。没有设计一些能帮助孩子发展社交能力的教学策略

---

①　［美］Bredekamp，S. & Copple，C.（Eds.）：《幼教绿皮书》，洪毓瑛译，台湾和英出版社 2000 年版，第 202—217 页。

四　批评与争论

在修订版中，全美幼教协会针对人们的批评和质疑，指出发展适宜性实践除了要关注儿童发展之外，还要关注更多的东西。不能不说是很大的转变。教师要活用社会文化的知识。教师应该学习文化的一些基本原则，并且要保持开放的胸襟，不断增进自己对文化的了解。文化和许多复杂难解的现象一样——你了解得愈多，就越觉得自己所知简直是渺如沧海一粟。

全美幼教协会在声明中强调了教师的作用。所谓的发展适宜性实践，是指儿童教育的专业人员，决定适合儿童福祉及教育决策的结果。声明中所提及的适宜与不适宜仅是提供教师做一个决策上的参考，而非僵化的判断标准。在教学过程中，所做的决定应该要视教师对于儿童实际的了解而定，而非照本宣科。[①] 教师应灵活运用发展与学习的知识。发展适宜性实践就是要求教师运用所学的专业知识为儿童设立能力所及又不失挑战性的目标。教师也要注重儿童的个别差异。日常生活中，教师需通过长期的相处与儿童培养恒久的情谊，并能建构出真正的专业判断，真正促进儿童的发展。

但是，尽管修订版的发展适宜性实践试图解决人们对其的质疑，对于"如何用最好的方法教育孩子""什么样的做法最能帮助儿童学习与发展"这些问题一直都是幼教界争议不断的。然而，这种争议也是当今儿童教育运作的特色之一。[②] 正如全美幼教协会指出的那样，声明最重要的贡献可能就是创造一个让幼教圈内外的人士都能针对专业幼教进行讨论的机会。1997 年修订版的目的不仅回应质疑，还在于鼓励幼教专家们不断地彼此质疑与讨论，因为这种辩论对于专业知识的成长是不可或缺的。但全美幼教协会也希望人们不要将精力浪费在对显而易见的问题进行无效的争论上，而是要花在对真正的不同观点的探讨上。[③]

---

① Bredlkamp, S. & Copple, C. (Ed.). *Developmentally appropriate practice in early childhood program* (*rev. ed.*). Washington, DC: National Association for Education of Young Children, 1997, p. V.

② [美] Bredekamp, S. & Copple, C. (Eds.):《幼教绿皮书》，洪毓瑛译，台湾和英出版社 2000 年版，第 21 页。

③ Bredlkamp, S. & Copple, C. (Ed.). *Developmentally appropriate practice in early childhood program* (*rev. ed.*). Washington, DC: National Association for Education of Young Children, 1997, p.4.

第三节　发展适宜性实践的再修订

"发展适宜性实践基于始终为儿童负责的承诺"①，这一理念反映了全美幼教协会所秉承的使命，即为儿童及其家庭开展优质的有益于儿童发展的教育实践。自从 1997 年改版声明的发表，美国儿童教育的境况已经发生了很大的变化，并且许多方面都取得了长足进步。但是却因对弱势婴儿童照顾的日趋缺乏受到批评。随着大量移民家庭和儿童的增加，婴儿童对于母语的掌握和第二语言的学习以及学校文化的适应问题也日益突出，更不用说有特殊需要的儿童的问题。对于教师而言，他们也仍然承受着多重压力，特别是儿童教师面对的高质量教学的压力。

展望未来，教育民主化趋势必然使越来越多的儿童能够得到教育，特别是对儿童文化和语言多元化的关注，并且除非条件改变，还有大量儿童生活在贫困的环境中。在这些当中，最大的问题是过去 20 多年增加的那些母语不是英语的儿童的教育。著名儿科医生、儿童权益倡导者 T. 贝利·布拉泽顿（T. Berry Brazelton）总结说，美国正在抛弃儿童。《美国儿童状况 2008》（*The State of America's Children* 2008）的报告显示，美国儿童中有 1/6 生活贫穷，非洲裔儿童和拉丁裔儿童的贫穷程度可能是白人儿童的 3 倍（Children's Defense Fund，2008）。

在关于美国儿童的状况的 2000 年年鉴中，儿童保护基金会（Children's Defense Fund）对大量的贫困儿童表示了深切的关注：

> "身处一个 9 万亿美元的经济体，当贫穷、多病、住房恶劣、教育机会欠缺、家庭解体和社会隔阂等问题掠夺我们千千万万的孩子的生命和未来；噬啮他们的腹胃；让他们的身体和灵魂都寒冷彻骨；削弱他们的适应能力；夺走他们的家庭和安全感；使他们中有的人甚至希望自己不曾来到这个世界的时候，我们还能无动于衷、袖手旁观到几时？难道现在还不是结束这不道德的儿童贫困、饥饿和无家可归，让美国成为让所有的孩子都感到安全、有爱的家园的成熟机会吗？"
>
> ——《儿童保护基金会》，2000，p. xi.

---

① Bredlkamp，S. & Copple，C. （Ed.）. *Developmentally appropriate practice in early childhood program*（*rev. ed.*）. Washington，DC：National Association for Education of Young Children，1997，p. 8.

鉴于此，儿童及其家人的需求已经成为全美幼教协会关注的焦点。幸运的是，不断更新扩展的早期教育知识使得早期教育领域重新定向或者对实践有更明确的理解。新知识的扩展一方面可以帮助儿童缩小学习差异和障碍，使儿童早期的社会和情感、认知、身体等各方面获得发展并充分发挥其潜能，还可以帮助那些基础薄弱的儿童进入学校并能取得成功，帮助那些随着时间被落下得越来越远的儿童——如他们中的有色人种、处境不利儿童和大量的非英语母语儿童。另一个关键方面是保证有学习困难或障碍的儿童接受他们所需要的早期干预并能在课堂上表现良好。

于是全美幼教协会邀请了早期教育和基础教育的 2006 名实践者和专家进行了探究。大范围的收集资料和访谈之后，决定应该修改已有的声明，特别强调当前的环境改变和新知识的运用。2009 年，全美幼教协会发布了第三版的《0—8 岁儿童发展适宜性实践》，这是该组织发布的全新声明。比较一下该组织前两次发布的声明，这次声明的内容似乎更贴近美国政府历来对学前教育以社会为导向的内容。应该说，这是该组织在与美国政府数十年来博弈的过程中，是在接纳了学界和实践者各种批评的过程中所做出的务实的调整和修正。①

相对于第二版修订主要是针对各种质疑而言，第三版的修订则主要是响应快速的变化，包括公立学校作用的显现以及越来越聚焦于速效学业成绩差距。其修订基于这样几个相互关联的主题：

优秀和公平。学习成绩差是因为儿童缺少学习的机会。尽管当前强调义务和学习差异导致了不适宜的实践，我们长期致力于提高儿童受教育的机会，如开端计划。我们知道优秀的早期教育能带来不同的改变，并且我们不能简单地将不公平与学校失败和我们许多儿童的消极生活相联系。

意向性和有效的。好的早教教师在做决定时是有计划的，但是他们也指向他们决策的结果。当前普遍认识到早教的价值，就如在州早教基金项目中所暴露出的那样，只关注有效性，即儿童短期或长期的积极结果。关注儿童学习和发展结果是我们对所有儿童的承诺。

连续性和变化性。就像人的一生的发展是不断变化而又有连续性一样，引导教育实践的文件也是这样。因此，修订声明一直坚持这样几点：

---

① 朱家雄：《对发展适宜性教育的反思》，《儿童教育》（教育科学）2009 年第 7 期，第 4—7 页。

致力于完整儿童，对游戏价值的再认识，尊重个体和社会的多样性，与家庭合作。同时，也响应变化和拓展有效实践的知识基础（提高课程，教学和评估的知识）。并且，声明使我们研究者更明确什么时候提倡或批判实践，从游戏到有机构的教学。

喜悦和学习。高质量的早期教育指向明天的成人，但是儿童应该有他们自己的生活。并且我们的责任是使得儿童愉快地探索和理解周围世界。儿童早期应该是一个愉快的、温暖的、游戏的和玩耍的时期。然而我们仍然认为玩只是为了玩，不足以成为一个教育任务，我们也强烈地认为健康的发展和学习不能不关注儿童的情绪和兴趣（二者相互影响，玩就是学习）。

一　理论基础：多元的学习理论

在理论基础上，发展适宜性实践一直受到学术界的广泛质疑，即便是1997 年修订版的《0—8 岁儿童发展适宜性实践》的理论基础已经发生变化，仍然受到学者的批评，如其修订版的声明中仍然沿用"适宜/不适宜"的二分思维来指导实践，并没有将维果茨基理论中对社会文化的影响落到实处。更有像斯波代克和凯斯勒（kessler，S. A.）等研究者认为，儿童发展理论不是幼儿园课程设计的唯一依据，哲学和社会学同样重要。柯尔伯格和梅耶（Mayer，R.）则批评发展适宜性实践仅仅植根于有限数量的儿童发展理论是偏狭的。针对这些各方面的批评，全美幼教协会对发展适宜性实践的理论依据以及基本理念加以改变，指出最好的实践是基于"儿童是怎样学习和发展"的理论知识，而不是推测和假设。许多研究都发现了人类发展和学习的主要原则，而这些原则就是做出儿童教育工作决定的坚实基础。[1]体现了其多元的理论基础，而不是固守于某一种理论，或某一个人的理论的改变。并且为了促进儿童的学习和发展，全美幼教协会指出学前教育工作者要正确理解儿童是如何发展和学习的。[2]

● 儿童学习和发展的各个方面都是按照一定的顺序进行的，儿童所

---

[1] Bredekamp, S. & Copple, C. (Eds.). *Developmentally Appropriate Practice in Early Childhood Programs Serving Children from Birth through Age 8 (Third Edition)*. Washington, DC: NAEYC, 2009, p. xii.

[2] Bredekamp, S. & Copple, C. (Eds.). *Developmentally Appropriate Practice in Early Childhood Programs Serving Children from Birth through Age 8 (Third Edition)*. Washington, DC: NAEYC, 2009, pp. 10—16.

获得的知识、技能和能力是建立在先前已有的知识、技能和能力的基础之上的。

● 儿童在体力、社会性、情感和认知等各个领域的发展和学习都是极其重要的，因为它们之间是相互联系的：儿童在某个领域的发展和学习影响着另外一个领域的发展和学习，同时也会受另外一个领域影响。

● 每个儿童在不同的阶段的学习速度、在不同的领域的发展速度都是大不相同的。

● 早期经验对儿童的发展起着很大的促进或阻碍作用，儿童的发展和学习具有最佳期。

● 儿童的发展和学习是其生理成熟和后天经验之间的动态的、持续的相互作用的结果。

● 儿童的发展导致了更为复杂的、自律的、代表性的能力的形成。

● 儿童的发展和学习根植于不同的社会和文化背景之中，同时也受到各种社会和文化背景的影响。

● 当儿童与照看他们的成人建立了安全的、稳定的关系时，当儿童与同伴建立了积极的、友好的关系时，他们的发展就进入了最佳状态。

● 游戏是提高儿童自律、语言、认知和社会能力的一种重要手段。

● 儿童总是主动地去探索周围的世界，通过多种方式来进行学习；各种教学策略和师幼互动方式都有助于儿童的学习。

● 儿童的经验影响着儿童学习的动机、方法和特质，如坚持性、主动性和灵活性，反过来，这些品质又会对儿童的学习和发展产生深刻的影响。

● 当儿童面临着达到更高成就水平的挑战时，当儿童有许多机会去尝试新的技能时，他们的发展和学习就得到了进一步的升华。

上述对儿童发展与学习的认识存在内在的关联性。当教师在他们的实践中进行决策时，这些重要的知识将发挥重要的影响。教师判断发展适宜性实践需要复杂的思考，涉及许多因素和知识来源。相对于快速地做出判断，更适宜的方法是评估实践过程时默念这句话："它取决于……"发展适宜性实践并非一个狭义的处方，它是为特定背景下的特定儿童选定发展适宜性行动方案。① 从中我们可以看到后现代理论和人类生态学理论的影

---

① ［美］卡罗尔·格斯特维奇著：《发展适宜性实践——早期教育课程与发展》，霍力岩等译，教育科学出版社 2011 年版，第 14 页。

响，甚或于后结构主义理论的影响等。总之，支撑其再次修订的理论基础是多元的，也有说法是针对儿童的发展与学习进行有效教学。

二　内容：适宜儿童发展的有效性教育

1. 核心问题

全美幼教协会在 2009 年版本的声明中特别提出了在新形势下的三个方面的问题：

● 降低学习差异，提高所有儿童的学习成绩

所有的家长，教育者和社会都希望儿童能够在学校获得成功，并且能有一个满意的、富有建设性的生活。但是，这种美好的未来不是每一个儿童都能获得的。最大的问题是低收入家庭和非裔美国人和西班牙语系儿童在学术成就上总是显著落后于其他儿童，并且他们在学校中所受到的待遇也非常不同。

在这些不一致的背后隐藏的是儿童早期经验的巨大不同。通常这也是学校文化和儿童文化背景不匹配的结果。一个最基本的不同表现在儿童早期对于语言的接触，这将直接影响他们之后在学校中语文的成绩以及其他需要借助于语言进行思维的课程的学习。一般而言，成长在低收入家庭的儿童有着非常不利的语言环境，他们的语汇贫乏，缺乏扩展性交流。到 36 个月时，这种社会地位的不利也会存在于他们的语法发展中。处境不利儿童或者家庭教育缺乏的儿童在学校教育中会表现出低的技能、低的语言阅读能力和低的数学能力。有研究表明，在幼儿园至一年级，处境不利儿童的认知成绩比处境优越的儿童低 60%。非裔美国儿童的数学成绩比白人儿童低 21%，西班牙语系儿童比非西班牙语系白人儿童低 19%。而且，这种差异在不断地加大而不是逐渐消失。

因此，必须逐步消灭已经存在的学习差异并且努力使所有儿童都能获得高水平发展，但是怎样达到呢？这个问题并不是一个新的问题，但在当前的时代背景之下，这个问题越来越成为核心问题。考虑到这种学习差异的存在，以及这种差异对于美国全球经济竞争的重要意义，美国兴起了标准化教育运动。在这些运动当中最深远的运动就是 2001 年通过的《不让一个孩子落后》法案，这个法案规定学校对消除存在于不同儿童群体之中的学习差异富有责任。随着人们对教育公平目标的追求，法律规定要分别衡量不同学生群体的成绩，也就是说，对于处境不利、少数民族、特殊需

要和需要进行英语学习的儿童要分开衡量。基于这样的理念，《不让一个孩子落后》法案规定学校对所有的学生进行有效教学是其责任。是否《不让一个孩子落后》法案和类似的责任授权能带来公平的结果人们有着热烈的讨论，并且许多批评者认为这些规定无意当中对儿童、教师和学校带来了负面影响。包括使得课程和测验变得更加狭隘。但是大多数美国人还是支持这个国家运动的，期望所有的儿童都能够获得高的发展水平。从这里可以看出，公众支持的是公平目标的达成，而不是方法——要求教育者努力提高儿童的学业成绩和消灭学习差异的方法。

学习标准和责任法案的制定已经直接引起了公共教育（包括儿童教育和初等教育）的变革。比如 2007 年，有大约 3/4 还多的州制定了早期学习标准，也就是幼儿园之前几年的标准。国家报告和公共政策都声称支持标准化基础的课程作为提高儿童教育和学习的重要组成部分。正是如此，全美幼教协会也对高质量早期学习标准以及课程和评价的特点进行了规定。

● 缩小幼小衔接问题

许多年以来，儿童教育和小学教育都有其各自的基础资源、基本结构、价值观和传统——它们之间有很大的不同。实际上，在已经建立起来的完整的教育系统当中还没有把学前教育作为美国公共教育一个有充分资格的组成部分。学前教育既不是广泛意义上的公共教育也不是义务教育。而且，学前教育是复杂多样的，教师的标准也是不一样的。许多的学前教育是为了满足父母工作时对儿童的照看。但是在最近几年，学前教育的目标和潜在价值越来越被人们所认识到，并且这种认识也导致人们开始关注到学前和小学之间的衔接问题。这两个系统有充分的理由应该保持其延续性和互通性。

一个重要的推动力就是强制责任的规定，特别是 3 年级毕业测试给学前两年的学校和教师施加压力以便于让儿童教师能帮助学生做好入学准备。最近的一个因素是州立先学前教育机构的增长，其肩负着为 300 多万儿童进行 4 年的学前教育。成千上万的儿童都得益于开端计划，并且适应了州先学前教育的需要。开端计划，使得全国 90 万名儿童得益，据统计这个数字代表了几近全国 1/2 的适龄儿童（Office of the Inspector General，2007）。现在他们需要公共小学教育的支持。大约有 35% 的 4 岁儿童受益于先学前教育项目的支持。

正是如此，世界范围内早期照顾和养育标准的制定在某些方面是与K12 教育系统紧密相连的。考虑到对于 5 岁以下儿童高质量教育的缺乏和早期教育者较低的待遇，提倡从 3 岁教育开始接受公共财政支持。然而，学前教育者也有一些担心吸收和包括了 3、4、5 岁教育的 K12 教育系统前景，因为公共教育的压力对于儿童教育是不适宜的。许多早期教育者也十分关心这样高风险、高压力的测验的环境会影响儿童（学前 3 年教育），并且他们担心这些影响对于还很年幼的儿童是不适宜的。即使是学习标准的制定，通常是依据儿童发展的原则，但是某些时候在实践当中也会受到质疑，因为他们可能会带来负面影响。

早期学习标准的制定仍然是相对较新的问题，已经得到 2002 年《良好开端，聪明成长》计划语言和数学领域的支持。同时一些州也已经全面的推广。这种标准是美好的期望，实际上，对于年龄较小的儿童，有效的简化评价应包含在年龄较大的儿童的评价标准之中。而不是依赖于相反的方向，早期小学教育的标准是建构于早期儿童教育标准的基础之上。其实，儿童在从一个年级到另一个年级的转变过程中必然遇到一个特定的问题——比起获得高深的和一些关键的词语的学习目标，他们更难以掌握的是在转入另一年级之前的适应。在学前和小学三年级之前，教师遵从具体的、严谨的学习计划。其实也需要关注儿童问题解决的能力、丰富的游戏、同伴的合作，户外体育活动和艺术发展。整个从学前到小学的教育者都要透视和加强彼此之间的合作和对话。幼小衔接不是让儿童学习小学的技能，它是要求教师采取一定的方法保证年幼的儿童的发展和学习，并且使得他们能在以后的学校中发展其需要的技能。通过日益增加的沟通和合作，这两个阶段能相互学习到更多提高所有儿童能力的教育经验，以及使得这些经验更加连贯。

发展适宜性实践一开始提出是为了反对儿童教育过度关注儿童学业，第三版转向关注儿童学业成绩，帮助儿童在儿童教育和小学教育之间建立较理想的连接，这并不矛盾而且是有意义的转变。这种转变的背后是对真实儿童个体发展之间的差异的尊重和关注。如美国俄亥俄州 2010 年修订的幼小衔接社会课程标准（见表 3－3），在四个版块之下，幼儿园和小学的主题设置大同小异，仅在具体标准的难度和要求上有区别。一年级和幼儿园的历史、政治课程标准变化不大；在地理和经济领域，一年级的内容也只是在幼儿园的基础上有所扩充而已。这样的安排考虑到儿童的幼小衔接特殊性。

●认识使得教师教育有效的知识和决策

在第三版发展适宜性实践立场文件中，全美幼教协会专门阐释了成为一名有准备的有效教师是教育实践成败的关键。

新版本指出："许多学校管理者缺乏早期儿童教育背景，他们有限的关于儿童发展和学习的知识意味着他们并不总是明白对于这一年龄段的儿童而言，什么是好的和不好的实践。那些已经学习过儿童如何学习和发展以及教育儿童的有效方法的教师，更有可能拥有这种专门化的知识。此外，儿童教师是在教室中每天与儿童相处的人。因此，是儿童教师（不是管理者或者课程专家）处在了解那个教室中特定儿童——他们的兴趣和经验，他们擅长和努力学习的东西，他们急切想学和准备好来学习的东西——的最佳位置上。如果没有这种特定的知识，要决定什么是最适合于全体和个体儿童学习的东西是不可能实现的事情。"① 由此可以看出，教师的知识结构和课程决策能力对于学前教育质量的提升至关重要。正如立场声明所说，"有效教学的核心是专家式的决策制定……如果教师拥有做出好决策的能力、知识和判断，并被给予实施这些决策的机会，那么儿童会从这些教师身上收益最多"②。教师教学的有效性成为优质学前教育的核心问题。

表 3 - 3　　　　　2010 年美国俄亥俄州社会课程标准体系与主题③

	幼儿园	小学
历史	历史性的思考能力，了解传统和文化遗产	历史性的思考能力，了解传统和文化遗产
地理	空间思维能力，人类生存体系	空间思维能力，人类生存体系，了解区域特征
政治	公民参与能力，学习规则和法律	公民参与能力，学习规则和法律
经济	了解资源短缺、生产和消费	了解资源短缺、生产和消费，市场和财政

---

①　Bredekamp, S. & Copple, C. （Eds.）. *Developmentally Appropriate Practice in Early Childhood Programs Serving Children from Birth through Age 8 （Third Edition）*. Washington, DC：NAEYC, 2009, pp. 9—10.

②　Ibid. , pp. 9—10.

③　Academic Content Standards Revision Social Studies：Pre-Kindergarten Through Grade Eight. http：//education. ohio. gov/GD/Templates/Pages/ODE/ODEDetail. aspx？page = 3&TopicRelationID = 1706&ContentID = 76598&Content = 91442. 2011 - 2 - 20. 转引自洪秀敏、崔方方《美国俄亥俄州社会课程幼小衔接的举措与启示》，《学前教育研究》2011 年第 9 期。

与此同时，第三版的声明还指出"至少是在课程的某些组成方面，许多教师自身缺乏为儿童提供高质量保育和教育所需的现代知识和技能""认识到有效的教师是好的决策制定者，但是，这并不意味着他们应当被期望来单独做出所有的决定。当教师缺乏做出好的教学决定所需的资源、工具和支持时，他们就没有得到很好的服务，自然也有损于儿童的学习"。而较为理想的情况是，"准备好精心设计的标准或学习目标，用于指导地方学校和项目来选择或发展综合性的、适宜的课程。课程框架是一个起始点，然后教师可以运用他们的专业技能来做出必要的调整，以最适合儿童的发展需要"。这份立场声明进一步指出，"好的教学需要专家式的决策，意味着教师需要拥有充分的专业准备，进行持续的专业发展并拥有经常与他人合作的机会"①。

2. 发展适宜性实践内涵

关于发展适宜性实践的含义，仍然是从三个方面的知识来进行论述，但第三版中特别指出发展适宜性实践既要求教师能了解儿童，满足儿童的需要，又要求教师能使儿童达到具有挑战性的且可以实现的目标。发展适宜性实践，并不意味着要使儿童的教育变得轻而易举，相反它却要求教育的目标和体验是适合于儿童的学习和发展的、具有挑战性的，能够推动儿童的进步，激发儿童的兴趣。②

为了能增强儿童学习和发展的最佳决定，教师应具备这三个领域的知识：

● 关于儿童发展和学习的知识——那些关于相关年龄特点的知识，即那些能够一般性预测什么经验能够最好地提高儿童的学习和发展的知识。

一个具备儿童发展和学习知识的教师能够做出关于哪一个年龄阶段的儿童是怎样的、他们能做什么和不能做什么、什么样的策略和方法最能提高他们的自主学习和发展的广泛性预测。在这些知识背景下，教师能做出初步的关于环境、材料、互动和活动的决定。同时，他们的知识也能告诉

---

① Bredekamp, S. & Copple, C. (Eds.). *Developmentally Appropriate Practice in Early Childhood Programs Serving Children from Birth through Age 8* (*Third Edition*). Washington, DC: NAEYC, 2009, pp. 9—10.

② Bredekamp, S. & Copple, C. (Eds.). *Developmentally Appropriate Practice in Early Childhood Programs Serving Children from Birth through Age 8* (*Third Edition*). Washington, DC: NAEYC, 2009, p. xii.

他们特定群体的儿童和处于任何群体当中的儿童在某种意义上总是会有相似的表现而在其他情况下则不同。

● 关于儿童作为独特个体的知识——每个儿童所蕴藏的不同个体最佳的适应方式的知识。

为了使教学有效，教师们必须知晓每个儿童的个性。他们通常使用多种方法，如观察、诊断调查、作品分析、个体评价以及家庭访谈。从这些信息和洞察中，教师可以做出尽可能提高每个儿童个体发展和学习的判断和计划。儿童的不同发展是一方面，另外一个儿童在不同的领域和方面，不同的环境中和时间表现也不一样。儿童在其他很多方面也不同，包括在他们的力量、兴趣和能力上；个性化的学习方法；之前的经历不同，之前的知识、技能和能力也不同；儿童也会有不同的学习需要。因此，教师需要了解儿童个体，并做出教育调整。

● 关于儿童生活于其中的社会的和文化背景的知识——指的是儿童生活于其中的家庭和社区环境对于形成其价值观、期望、行为和语言公约有影响，我们必须了解这些以便于更能明白地了解儿童在学校和课程中的已有经验，从而尊重每个儿童和家庭。正如我们在一个家庭中长大，并生活在更广泛的社会和文化的社会，我们必然会逐渐了解有关本团体的某些共同认识、价值观、期望、赞许。我们学习这些直接经验主要通过观察我们生活中的父母和其他重要的人以及我们周围的人。这些认识中，我们吸收行为的"规则"，例如，如何以示尊重，如何与我们已经熟识的和那些刚刚认识的人互动，如何看待时间和个人空间，如何装扮等态度和行动。我们会代表性从早期经验中较深刻地吸收这些规则，所以很少会有意识地思考这些。当年轻的孩子们在家庭以外，他们如何使用语言进行交互，他们如何体验这个新的世界取决于他们的社会和文化背景习惯。一个有经验的教师除了会考虑孩子们的年龄和个体差异外，会考虑影响儿童学习的所有环境因素。

再来看决策过程：一个有经验的老师会思考儿童的年龄和典型发育状况，这些知识提供了儿童行为、常规、互动和课程的总体思路，教师还必须考虑每个孩子，包括孩子个人和家庭的背景、社区、文化、语言规范、社会团体、过去经验（包括学习和行为）、目前的情况。只有这样，老师才能为他们每个人做出发展适宜的决定。

3. 发展适宜性实践的计划和实施

全美幼教协会认为，发展适宜性实践是一个框架，是对0—8岁儿童进行最佳教学实践的指导原则。教师需要做好以下几个方面的工作：

● 创建一个关爱儿童的学习环境。

发展适宜性实践要求教师在成人和儿童之间、儿童之间、教师之间、教师和家庭之间建立积极的、融洽的关系，为儿童打造一个良好的"学习者社区"，以支持、促进所有儿童的发展和学习。为此，教师必须注意以下几点①：认识到学习者社区中的和谐关系是非常重要的，因为儿童只有通过形成这种关系，才能得到成长和发展；务必使学习者社区中的每个成员都能被其他成员认为是有价值的人；确保学习者社区中的每个成员都能在心理上获得安全感；使学习者社区的每个成员都能相互尊重，共同成长；设计和维护班级的物质环境，以保证学习者社区中每个成员的健康和安全，满足每个儿童身心发展的各种需求。

● 增进儿童的学习与发展

在发展适宜性实践中，儿童的学习活动不论是成人指导的还是儿童主导的，都需要教师为他们提供相应的知识和经验，以支持、促进每个儿童的发展和学习。为此，教师应注意以下几点②：要了解幼儿园理想的教育目标，并知道如何设计幼儿园的课程来实现这些目标；要通过教学活动，促进关爱学习者社区的形成；要了解每个儿童，知道在他们生活中的一些重要人物；要为儿童设计学习经验，有效地实施综合课程，使儿童能够达到不同领域和学科所拟定的主要目标；要掌握多种技能和策略，并知道何时、如何从中加以选择运用，以有效地促进每个儿童的学习和发展；要设计环境、作息制度和日常活动，以促进每个儿童的学习和发展；要知道何时、如何去支撑儿童的学习；要知道何时、如何有效地去运用各种学习形式；要使班级经验对每个儿童来讲都是适宜的，并能满足他们各自的需要；当儿童错过那些对在校成功来讲是必需的学习机会时，教师要给他们提供更为丰富、深入的学习经验。

● 设计能够实现重要目标的课程

课程包括知识、技能和能力，教师在设计发展适宜的课程时，应注意

---

① Bredekamp, S. & Copple, C. （Eds.）. *Developmentally Appropriate Practice in Early Childhood Programs Serving Children from Birth through Age 8（Third Edition）*. Washington, DC：NAEYC, 2009, pp. 16—17.

② Ibid., pp. 17—20.

以下几点①：幼儿园要拥有一个全面的、有效的课程；要运用课程框架，以保证含有重要的学习目标，加强班级经验对儿童的持续影响；要确定预期的目标，并认识到这对儿童的学习和发展来讲是至关重要的；在给儿童提供学习经验时，要有意识地帮助儿童加强经验的前后连接，以保证每个儿童都能实现学习的最优化；要为婴儿、学步儿童设计课程，促进他们的学习和发展，使他们能达到理想的目标；要与儿童以后学习阶段的各种教学人员进行合作，和他们分享儿童的信息以增加不同年龄阶段教育的连续性和一致性。

● 评估每个儿童的发展和学习

评估儿童的发展和学习对教师来讲是非常重要的，因为它有利于设计、实施、评价班级环境的有效性。为了使这种评估能成为发展适宜的评估，教师应注意以下几点②：对儿童的评估主要是考察儿童在走向发展适宜的目标中的进展情况；对儿童的进步和成就的评估是持续的、有目的的，这样才能提高教育的有效性；收集、运用各种评估信息，为儿童设计课程和学习经验，这样才能提高教育学的质量；对儿童的评估要全面，这既包括来自教师本人的评估，也包括家庭对儿童的评估，此外还包括儿童对自己的评估；要意识到适宜的评估方法是考虑到儿童群体的发展现状和个体的发展水平的；在评估时，不仅要看儿童能够独立地去做什么，而且还要看儿童在成人或其他儿童的帮助下能够去做什么；可能因为某种特定的目的，来对儿童进行评估；要意识到对儿童有重要影响的决定从来都不是以单一的发展评估为基础的；要认识到当一个评估被用于去辨别有特殊的学习和发展需求的儿童时，还必须跟随另外一个评估，这样才能使评估变得恰当。

● 与每个家庭建立合作互惠的关系

如果幼儿园限制"家长参与"到日常活动中来，或者家园关系中表现出强烈的"家长教育"倾向，那么这种教育实践就不是发展的适宜的。当学前教育工作者把自己看作具有各种儿童知识和能力的人，而把家长看作缺少这些知识和能力的人时，就不会使家长感受到"合作伙伴关系"。为了与

---

① Bredekamp, S. & Copple, C. (Eds.). *Developmentally Appropriate Practice in Early Childhood Programs Serving Children from Birth through Age 8 (Third Edition)*. Washington, DC：NAEYC, 2009, pp. 20—21.

② Ibid. , pp. 21—22.

家庭构建发展适宜的关系，教师应该注意以下几点①：重视和家庭合作，与家庭建立并保持定期的、频繁的"双向"交往；认识到家园的"互惠关系"是一个相互尊重、合作、分享责任、解决冲突的关系；欢迎家庭成员来园，为他们提供多种参与的机会，和他们一起做出保育和教育儿童的决定；通过多种时机和方式，与每个家庭分享他们孩子的各种信息；了解家庭为儿童做出的选择、设立的目标，尊重家庭的偏好和倾向；把家庭看作获取儿童信息的一种来源，鼓励家长参与到儿童活动的设计中来；了解家庭的独特性，通过为家庭提供不同的服务，来与家庭保持联系。

三 具体做法：适宜/相应平衡法

再次修订版中，对年龄划分又进行了调整，重新划分为0—3岁，3—5岁，5—6岁，6—8岁四个阶段，特别将5—6岁单列。重点加入了幼儿园向小学过渡的内容。

在全美幼教协会的新版声明中，也分年龄对儿童的学习特征以及适宜儿童发展的教师具体做法进行了罗列。但明显的变化是将原来二分的"适宜/不适宜"的做法变为了"适宜/相应的（相反的）"这样不那么非此即彼的划分方式，并且强调举例并不是穷尽的，目标也不是去描述最完美的实践。我们试图捕捉一个优秀的幼教教师实践中的优秀方面，相对应的，哪些方面是还没有达到高水平质量的方面。全美幼教协会始终强调给出案例的目的是"旨在通过具体的要求让教师尽量在儿童自发学习和成人指导之间取得一种平衡，并通过教学促进儿童的学习与发展"②。

"相应地（相反地）"指在当前教育中非常普遍的现象。它们之中的一些行为是很危险或给儿童带来长期的伤害。还有一些是伤害不那么明显的但是也对提高他们的最佳发展没有多少益处的。对于"相应地（相反地）"案例，并不意味着这些不同的或有问题的行为必然是教师的错误。大多数教师是很努力工作的，并且努力做到最好。但是通常要面对非常具有挑战的环境，包括有限的培训、人员不够（不合理的师幼比）、低

---

① Bredekamp, S. & Copple, C. (Eds.). *Developmentally Appropriate Practice in Early Childhood Programs Serving Children from Birth through Age 8* (*Third Edition*). Washington, DC：NAEYC, 2009, pp. 22—23.

② 史大胜：《美国儿童早期教育的理念与实践探析》，《外国教育研究》2009年第5期，第64—68页。

报酬、高人员流动、贫乏的资源以及管理的约束等。

　　表3-4以适合所有3—5岁儿童发展的高质量的教育方案为例，具体说明全美幼教协会的教育主张。

表3-4　　　　3—5岁儿童早教方案的发展适宜性实践的做法
（具体见附录一）[①]

	适宜的教育方式	相应地
教学方法	为了参与儿童有多种多样的学习活动，教师要捕捉孩子的兴趣点并提供丰富的材料，依据活动的目标和儿童的兴趣和能力的知识来组织活动。材料包括积木、书、书写材料、数字游戏和操作活动、戏剧游戏、运动器械、艺术和造型材料、沙子和水，以及一些科学探索工具	学习材料只是书本、工作簿、动画卡片，以及其他一些不能引起孩子兴趣、不能提高他们的自我管理以及不能让他们解决问题和其他高水平思考参与的活动的材料。 同样的材料和活动日复一日。孩子很少有新的选择和缺乏多样性的材料和活动。 教师选择材料和活动只是好玩或娱乐（或满足家长要求）而不是去配合孩子们的能力、态度和知识
	教师使用各种形式，包括大的和小的群体，自由活动时间（在感兴趣的领域），以及常规。针对学习目标，教师选择适宜的（最佳的）方式	教师反复使用一到两种方法，很少使用其他方式。如，教师给予孩子们的自由活动时间很少或很少使用小组形式，虽然这种形式更有效。 教师倾向于说教，很少关注孩子的观点和意见
	为了帮助孩子获得新的技能和知识，教师要掌握大量的策略，选择和合并使它们更适合目标、孩子和环境并且提供信息。教师可以选择策略如提问、提供线索或建议，增加难度和支持同伴合作	教师的角色就是布置环境和旁观，因此，他们失掉了很多机会去增进孩子们的学习。除了在集体中谈论，师幼互动不外乎给予直接指导，对帮助的应答，调解争端等。 教师大量使用非结构性指导（如给予指导、提供信息），这对于一些目标是有效的，但是不能作为一种主要的教育儿童的方式
	教师通过支架增进儿童的学习和发展。也就是说，他们提供辅助或增加支持以使得每一个孩子达到最近发展区。当孩子们能独立加速发展时，教师逐步减少他们的支持	教师提供了太多或太少的支架。他们可能没有关注到孩子的户外表现，或者他们没有根据孩子的需要来调整他们的支持
	教师认为儿童主导和成人主导都重要。在支持儿童深层次参与游戏和其他儿童主导的活动时，教师寻找机会来提高儿童的思维和学习	教师很少安排成人主导的学习活动。他们很少参与，甚至当孩子的行为是无目的的或破坏性的。当孩子们正参与游戏和感兴趣的领域，教师的角色是消极的，不介入的。 教师没有认识到对儿童来说他们自主参与活动是多么重要。如游戏，他们经常打断和破坏孩子们的思维或他们自己的活动

---

　　① Bredekamp，S. & Copple，C. （Eds.）. *Developmentally Appropriate Practice in Early Childhood Programs Serving Children from Birth through Age 8*（*Third Edition*）. Washington，DC：NAEYC，2009，pp. 149—159.

续表

	适宜的教育方式	相应地
教学方法	教师经常参与到儿童的活动中，讨论他们的经验，尊重他们的工作（如画画、书写）。这些机会帮助教师学到了什么是孩子们想的，并使得孩子们的学习加深和明确他们自己的概念和理解	鉴于课程的实施的压力，认为对相同主题或经验的反复是浪费时间，教师呈现一个主题或活动只是一次，而很少回顾，其实回顾可以帮助孩子更丰富地理解。 当提问时，教师倾向于寻求唯一答案。没有意识到儿童的能力，教师并不把孩子的观点看重，他们也不鼓励孩子们努力分享他们的观点
	教师提供许多机会鼓励儿童与同伴合作学习和提高社会技能，如合作、相互帮助、协商以及与他们讨论解决问题等	儿童很少有机会有真正意义上的社会互动。 尽管教师意识到社会交往的重要，他们仍不把小组活动看成儿童认知学习和发展的方式。因此，教师很少使用儿童互动和合作来进行教学，达到目标

四　批评与争论

这个声明还有一个重要的目的是完善全美幼教协会其他声明在儿童学习标准和儿童课程评价上的实践，以及儿童道德行为的衡量和早期教育项目的评价和认证标准。所以在新版本的声明中，全美幼教协会开始认同了该组织以往并不认同的、甚至是某些反对的观点。这也引起了人们的另一种担忧，这是否会动摇发展适宜性实践原本的立场。有人提出质疑，担忧学前教育小学化，而忽视儿童的兴趣和需要，违反发展适宜性实践的适宜性原则。"因为儿童的发展是分散性的、不平均的，受到先前经历的极大影响，所以早期教育者一般认为没有哪一套与年龄相关的目标可以适用于所有的儿童。"[1] 更长远一些的担忧是学习成果被具体化以后，课程会随之缩小口径来达到这些目标。"长久以来，游戏一直在儿童教育中扮演中心角色，被看作推进儿童各方面发展的有效方式。众多的早期教育教师担心，标准运动和教育目标的狭隘化将把通过游戏进行学习的方式推至边

---

① Bredekamp, S. & Copple, C. (Eds.). *Developmentally Appropriate Practice in Early Childhood Programs Serving Children from Birth through Age 8 (Third Edition)*. Washington, DC: NAEYC, 2009, p. 261.

缘，而青睐于更为直白说教的教学方式。"① 当然，发展适宜性实践在此后的实践中也回应了这样的质疑。这将在后面的章节中详细论述。

第四节　发展适宜性实践的三版比较

第三版的发展适宜性实践，与前两版相比，发生了一些变化。所以，我们有必要对其变化进行梳理和把握，以便更好地了解美国幼教过去二十多年的努力成果和进一步促进实践反思。

三版内容既有连贯一致性，又有时代发展差异性，现将其对比如下：

一　教育目的——从教育质量走向质量、公平兼顾

1987 年版声明的核心问题是关注儿童教育的质量，改变儿童教育的小学化，提高儿童教育的发展适宜性。所以这一版本中的内容主题只有四个：课程、成人和孩子的互动、家庭和学校的关系以及儿童发展评量。而在 1997 年版的核心问题不仅是优质，还开始关注公平，其内容主题也相应地增加了教师的决策角色，指出早期教育实践是各种决策的产物，这些决策包括课程内容、学习过程、指导策略和评价，同时也离不开决策制定的基础，包括家庭、社区以及文化价值观和取向。在理论和家庭、社区的期望中寻求平衡是发展适宜性实践的重要内容。2009 年的核心问题是对第二版的进一步深化，尤其关注优质和公平的统一，成为优秀的教师成为核心问题。第三版中指出发展适宜性实践是一个描述优秀的早教教师复杂而具有应答性的工作的术语。尤其是随着不同文化背景儿童和处境不利儿童的人数逐年增加，儿童教师所肩负的教育教学任务越来越复杂，减少儿童学习机会的差异、提升所有儿童的学业成就，以及更好地解决幼小衔接问题等。正如戴维森（Davidson）所质疑的那样：真正的社会公平意味着提供富有挑战性的教育，发展所有学生的能力。②

从中可以看到，实现"教育质量"与"教育公平"的统一成为发展

---

① Drew, W. F., Christie, J., Johnson, J. E., Meckley, A. M., & Nell, M. L. Constructive play: A value-added strategy for meeting early learning standards. *Young Children*, 2008, 63 (4), 38—44.

② Davidson, J., & Davidson, B. *Genius denied: How to stop wasting our brightest young minds.* New York: Simon & Schuster, 2004, p.23.

适宜性实践未来的教育目的。教育质量与教育公平不再相互排斥，教育质量的追求不能以牺牲教育公平为代价，这样换来的教育质量也是得不偿失的，不可能是真正的教育质量的提高。[①] 美国现时的社会背景下，人们越来越关注的问题就是教育公平问题，这是与时俱进所必须遵循的路径。开端计划等早期教育项目将较多注意力放在教育资源的均衡分配方面，这其实是远远不够的。发展适宜性实践所倡导的教育公平的内涵较之更为广泛，还指儿童能够获得与其经济、政治、文化、社会等地位相适宜的教育，针对儿童之间的差异而对他们实施有针对性的教育教学。联合国教科文组织国际教育发展委员会曾指出："给每个人平等的机会，并不是指名义上的平等，即对每一个人一视同仁，如目前许多人所认为的那样。机会平等是要肯定每一个人都能受到适当的教育，而且这种教育的进度和方法是适合个人的特点的。"[②]

二　理论架构——从激进的建构主义走向温和的建构主义

正如上面背景中提到的，发展适宜性实践始终以"儿童发展"为核心，即儿童是怎么发展的以及他们是怎样学习的，所以其理论基础是儿童发展理论。但是在其发展过程中所依据的儿童发展理论不是唯一的。1987年版的声明中明确指出其理论基础是建立在皮亚杰的儿童发展心理学基础之上，强调对儿童发展一般特性的了解。皮亚杰认为儿童的认知发展过程都具有一定的普遍性，并将发展分为四个阶段，指出每个阶段都有一些儿童需要学会的关键经验。而在 1997 年的声明中，对其理论基础进行了扩充，还包括了维果茨基的发展心理学理论，强调了文化和教师的重要意义。但维果茨基的观点没有很好地反映在第二版中，却在第三版中予以重申，并特别强调"最近发展区"，指出早期教育需要为儿童提供有挑战性的学习。

从中可以看到，其所依据的儿童发展理论从个体建构主义理论（又称激进的建构主义）逐渐走向社会建构理论（又称温和的建构主义）。个体

---

①　朱家雄：《从教育公平的视角谈教学的有效性——八谈幼儿园教学的有效性》，《儿童教育》2010 年第 10 期，第 14～15 页。

②　联合国教科文组织国际教育发展委员会：《学会生存——教育世界的今天和明天》，教育科学出版社 1996 年版，第 105 页。

建构主义认为儿童是主动的，要求教育起始于儿童每天对其所处的环境的理解和建构。但是，个体建构主义理论将知识似乎看得过分绝对和不可变化，知识成为与儿童分离的、存在于文化和历史真空中的一些事实。个体建构主义理论避开了知识的社会建构性质。它基于自身的理论，让儿童通过解决问题的各种策略去内化知识。社会建构理论与个体建构主义理论在将儿童看成主动个体等方面是一致的。但是，社会建构理论要求儿童在与社会文化互动中形成和塑造自己对世界、对知识、对人格和生活风格的认识。所以，社会建构理论批评简单的"儿童中心"，将儿童看成自主的、独立的和与背景无关的人。它认为，没有一个人和一样东西能够存在于背景和关系之外。① 因此，发展适宜性实践并不是单一地倾向或支持某种发展理论，反对其他理论，而是尝试整合和吸纳多种理论中的可取之处，即既承认儿童是知识的主动建构者，又强调自发活动和同伴互动的重要性，同时肯定了成人指导的积极作用。在这里你仿佛能同时听到福禄贝尔、皮亚杰和维果茨基等人的声音，也能找到较为传统的影子。而这种多元的趋势在第三版声明中更为明显，甚至有人批评第三版的理论基础似乎发生了颠覆性的变化。特别表现在其 2003 年颁布和 2005 年修订的早期学习标准中。在新版本的声明中，开始认同了该组织以往并不认同的、甚至是反对的观点，主要表现为强调教师的决策作用。毫无疑问，来自敏锐观察和同儿童的互动中的开明思想和实用教学方法，与理论同样重要。所以，发展适宜性实践的理论基础并不像大家所熟知的单一的个体建构主义的支撑。但是发展适宜性实践也不是在搞大杂烩、无原则的调和，它有着自己的标准和原则，如在实现早期学习标准的过程与方法上始终立场鲜明，仍然以"儿童发展"为核心。

三 儿童形象——儿童作为自然发展者走向社会文化存在者

1987 年版的声明中，将发展适宜性实践定义为两个方面，其一是适宜儿童的年龄和适宜个体差异。在发展适宜性实践中，儿童启发、儿童主导、教师支持的游戏是最重要的成分。定义在 1997 年版中的变化比较大，较之第一版，将文化适宜性并列为基本要点。在 2009 年版的声明中，发

---

① Dahlberg, G., Moss, P. & Pence, A. *Beyond Quality in Early Childhood Education and Care*: *Postmodern Perspectives*. Routledge Falmer, 1999, pp. 42—61.

展适宜性实践的含义仍然强调这三个方面，并指出实践中并不是把内容变简单。相反，要确保儿童的目标和经验具有一定的挑战性以激发他们的努力和兴趣。强调发展要有目标、有挑战地学习。另外，特别强调这三方面的知识——儿童发展学习、个别特性及经验以及社会与文化环境——是交互关联、不断变迁的，因此教师必须在其专业生涯中终身学习，成为一个优秀的学习者和决策者。

从中，我们可以清晰地看到，对于概念的界定越来越尊重儿童发展的本来面貌，逐渐摆脱那种不切实际的普遍预期。最好的实践是基于"儿童是怎样学习和发展"的理论知识，而不是推测和假设。许多研究发现了人类发展和学习的主要原则，而这些原则乃是做出儿童教育工作决定的坚实基础。① 后现代思想的代表人物福柯认为规训的创造和运用的真正有效的场所是局部性的情境。② 研究者格斯特维奇在2007年论述发展适宜性课程时指出，全班集体上数学课看似是不适宜的，但是这堂课是在孩子们花了一个星期的时间通过数学教具来学习数学概念并主动以合作的方式解决难题之后，因此，集体的数学教学是帮助孩子们学习数学概念的一种发展适宜性方式。而自由游戏活动虽然提供了活动材料，却连续6个月没有更换，孩子们不是开小差就是玩一些不曾更换的游戏。这可以被视为不适宜的实践。

认识儿童在每一年龄发展阶段的关键性特征是非常重要的，这种了解有助于我们决定哪些经验对儿童的发展和学习是最有用的，这一点也是发展适宜性实践所应考虑的核心之一。但这并非是发展适宜性实践对儿童认识的全部，其对儿童的认识还有另一核心点，即儿童作为一个有着意义体验的人的社会性。如美国文化学家怀特曾指出，"每个儿童都降生于先于他而存在的文化环境中，当他来到世界，文化就统治了他，随着他的成长，文化赋予他语言、习俗、信仰、工具等。总之，是文化向他提供作为人类一员的行为方式和内容。"③ 因为"不顾教育过程的政治、经济和社

---

① Bredekamp, S. & Copple, C. (Eds.). *Developmentally Appropriate Practice in Early Childhood Programs Serving Children from Birth through Age 8* (*Third Edition*). Washington, DC: NAEYC, 2009, p. xii.

② ［美］冈尼拉·达尔伯格、彼得·莫斯、艾伦·彭斯：《超越早期教育保育质量——后现代视角》，朱家雄、王峥等译校，华东师范大学出版社2006年版，第36页。

③ ［美］怀特：《文化科学》，曹锦清、杨雪芳等译，浙江人民出版社1988年版，第6页。

会文化来论述教育理论的心理学家和教育家，是自甘浅薄的，势必在社会上和教室里受到蔑视"①。也如有研究者所指出的："我们对儿童和童年的意象是深深扎根在特定的历史、文化、地域、经济和政治的背景之中的，深深扎根在特定社会规范和价值体系之中的。虽然儿童期是一个生物学事实，但是人们对童年的理解方式却是具有社会文化决定性的。"② 联合国教科文组织在 2010 年的一份关于早期教育的政策短评中指出："在近些年，儿童的社会建构性已引起越来越多的关注，这一观点认为我们关于儿童的意象或者说我们对于儿童的理解，是在特定的背景中社会性地建构起来的。并且不同的建构会形成不同的学前教育政策规定和实践方式。"③

四　课程关注——从宏观方案走向微观过程

1987 年版的声明中对课程的论述，比较关注课程计划的设计，课程应包含所有的儿童发展领域，而计划的基础要建立在教师对孩子兴趣、发展的观察及记录之上。教师主要应依据原则来计划和实施教育方案。在这份声明中，分别阐述了每个年龄的儿童发展和学习特点以及为他们设计的教育方案的要求。第二版声明强调建构适宜的课程内容（Constructing appropriate curriculum），重视课程决定的思考和决策过程。全美幼教协会强调其适宜的课程内容应是整合各层面的学习知识，提升孩子灵活运用的能力与学习的热诚。在课程内容设计目的上，主要有三个：首先，为课程和评价的决策者提供有关早期教育的知识；其次，为幼教工作者提供选择和制定教育活动的原则（或标准）；最后，帮助幼教工作者评价现行的教育活动，并对之做出恰当的调整。

第三版的课程更关注目标的实现。教师要满足儿童的需要，要意识到自己所期待的教育结果，精心设计能够实现教学目标的课程体系，同时更强调学习的标准的确定。指出在某种程度上，课程的实施总是屈服于目标，但是相对于目标来说，如何达成目标的过程更为重要。2009 年版的

---

① ［美］布鲁纳：《布鲁纳教育论著选》，邵瑞珍译，人民教育出版社 1989 年版，第 92 页。

② Pamela Oberhuemer. International Perspectives on Early Childhood Curricula. *International Journal of Early Childhood*，2005，37（1）.27—37.

③ UNESCO（2010）. UNESCO Policy Brief on Early Childhood：What is Your Image of the Child？http：//211. 154. 83. 47/1Q2W3E4R5T67U8I9O0P1Z2X3C4V5B/www. waece. org/contenidoingles/notas/47eng. pdf.

指南中虽然以课程的目标实现为主题，但是仔细体味，其更关注的是目标的过程实现。与此同时，当年全美幼教协会还出版了一本《0—8岁儿童发展适宜性实践》的儿童教育工作者职业指导手册。这本手册的核心理念包括尊重完整的儿童，关心每一个儿童，把游戏作为发展的主要手段，尊重多样性，以及提倡家庭有意义的参与。在发展适宜性实践中，课程有助于年儿童童达成目标，这种目标是发展性和有教育意义的，课程包括游戏、小组活动、集体活动、兴趣中心和日常生活，这一类课程帮助我们了解一般意义上的儿童和特殊的个体差异的儿童，以及儿童的认知、技能和能力的形成。教师要有计划地做好每一项工作（如布置教室、设计课程、使用各种教学策略、评估儿童、与儿童互动、与家庭合作），要有意识地反思各种教育措施，以推动儿童走向既定的教育目标。[1] 而一直以来许多早期教育专业人士所担心的儿童早期学习标准与发展适宜性实践能否兼容的问题也迎刃而解，早期教育不在于寻找哪一套与年龄相关的目标可以适用于所有的儿童，而在于寻求营造生机勃勃的聚焦于人际关系和探索的课堂文化。

　　三版的发展适宜性实践，有坚持，有发展，逐步完善起来。全美幼教协会强调其发展的动力是：鉴于时代环境的变化这个框架是否需要修改，是否有新的研究可以支撑本研究，是否已经出版发行的文件在某些方面会引起人们的误解。

第五节　问题：是不是发展适宜性教育？

下列叙述中，哪些是符合孩子身心发展的教育方式？[2]

（1）面对着一群三岁的孩童，一个教师进行为时三十分钟的活动，而在这段时间内，孩子大部分都在观察、聆听及注视着老师。

（2）教师念故事书给一群四岁的儿童听。

（3）幼儿园的老师给孩子一小时的时间让他们自由选择活动，他们

---

① Bredekamp, S. & Copple, C. (Eds.). *Developmentally appropriate practice in early childhood programs serving children from birth through age 8. Washington*, DC：NAEYC. 2009, pp. 9—10.

② ［美］Bredekamp, S. & Copple, C. (Eds.)：《幼教绿皮书》，洪毓瑛译，台湾和英出版社2000年版，第60页。

可以玩积木、装扮自己、玩桌上的静态玩具及其他的儿童玩具。

（4）小学二年级的教师站在黑板前教全班数学。

许多早教工作者很容易就指出大声读故事书和自由时间属于发展适宜性实践，并对让3岁儿童长时间听讲和上集体数学课的适宜性提出质疑。其实，面对上述四个例子，需要深入了解更多的相关资讯才能做出正确的评判。

第一个例子中的教学方式让孩子长时间的听讲活动是为一些生活于边远地区的美国原住民社区的儿童提供的，教授者是他们社区中的成员。他们的文化认为相互依存的价值高于独立，孩童的学习多半透过观察、模仿及非语言的沟通。他懂得孩子的表达方式，而且很注意孩子们是否因为冗长的解说而感到疲乏。这位经验丰富的老师正在帮助孩子们发展有价值的技能，因此，这种教学不仅符合其文化内涵，而且也符合孩子的发展需要。

第二个例子中，阅读故事的背景信息显示大部分孩子的母语是西班牙语，而老师却在阅读一本孩子们听不懂的英语字母书，并且其中还有一位听力受损的儿童，但却没有任何人为他解释书的内容。任何具有幼教知识与双语背景的专业人士看到这种情况都会严厉指责该教师选书不当。

同样，第三个例子中，自由游戏活动提供了活动材料，却连续6个月没有更换，孩子们不是开小差就是玩一些不曾更换的游戏。教师扮演了一个消极的角色，只是纠正孩子的错误行为和按照昨天的工作表在工作。这位教师的做法只是流于形式，根本无法达到真正的教育目的。

乍看之下，第四个例子中，教师似乎正以十分典型的传统教育方式在教导二年级的学生，即教师在台上唱独角戏并且集体授课。但是，仔细观察之下会发现这是孩子们花了一个星期的时间通过数学教具来学习数学概念并主动以合作的方式解决难题之后才进行的其他课程。孩子虽然坐在位置上，但心里却一直在进行思考活动。因此，这个活动是发展适宜的方式。

所以，很显然，判断发展适宜性实践需要复杂的思考，涉及许多因素和知识来源。相对于快速地做出判断，更适宜的方法是评估实践过程时默念这句话："它取决于……"发展适宜性实践并非一个狭义的关于做什么和不做什么的处方，它是为特定背景下的特定儿童选定发展适宜性行动方案。

作为三个版本的理论基础的发展理论，其实证主义哲学做法，只关注应该怎样而不关注实际怎样。采用了自然科学的假设，即强调普遍性和理性。"发展心理学以其'发展阶段'的隐喻，对教育实践产生着重要影响。通过描绘一幅抽象的图像——例如，通过运用理论说某个特定年龄的儿童是自我中心的，不能采纳他人的观点；或者另一个年龄的儿童注意力集中不超过 20 分钟……从而把儿童的生活纳入了一个标准化的过程中，由此也建构了教师和儿童，以及他们各自的期望和社会实践。"① 这就不可避免地会给发展适宜性实践带来种种麻烦和问题。其实，发展理论是微观层次的理论，对于早期教育而言，主要是用于解决教育、教学技术层面上的问题。即解决教师如何实施教育、教学提供一些有益的启示，但是不可能解决"为什么教"和"去教些什么"的宏观问题。所以，在第一版的"发展适宜性"实践提出之后，受到各方的质疑，尤其是"文化适宜性"的质疑。"用于描述儿童发展的理论有一种倾向，好像它们描述的是现实的'真实模型'一般，由此成为涵盖儿童发展与养育的抽象地图……通过描绘和依赖这些儿童生活的抽象图画，而使儿童脱离其生活背景，我们对儿童及其生活视而不见：他们的具体经验，他们的实际能力，他们的理论、感受和希望。"② 当前，我们也很欣喜地看到，在第二版和第三版的修订中，发展适宜性实践已经做出了调整、修改，或者某种程度上我们称之为妥协，我们甚至看到了对其批评最为激烈的"重新构想学前教育运动"者们的影子，如后结构主义所强调的多元、平等、对话等。如对教师决策的关注和对案例描述分析的倾向，这些都更有利于我们了解真实的儿童及其教育背景。西摩·佩珀特甚至提出了另一词"construction-ism"来代替"constructivism"。他说，后者表达的是知识是由学习者建立的，不是教师提供的。前者表达了当学习者投入一些外部或至少是可分享的事情的建构时，如沙滩城堡、机器、计算机程序和书，特别适用这个思想。表达了一个把外部的内化、把内部的外化的循环过程。尽管这也招致一部分人认为这是其"败笔"，违背其初衷，但是笔者认为则不然，美国学者派纳认为，后结构主义是对结构主义的回击，又是对结构主义的扬

---

① ［美］冈尼拉·达尔伯格、彼得·莫斯、艾伦·彭斯：《超越早期教育保育质量——后现代视角》，朱家雄、王峥等译校，华东师范大学出版社 2006 年版，第 41—42 页。

② 同上书，第 42 页。

弃。我国学者杨大春认为，"后结构主义既是结构主义的对立面，同时实际上又是它的后继者。后结构主义对结构主义进行了批评，但同时又是对结构主义的继承和发展，可以说它是结构主义自我反思的一个环节"①。发展适宜性实践的理念看似发生了颠覆性的变化，但是正如我国学者朱家雄所说，其实质是该组织在与美国政府数十年来博弈的过程中所做出的务实的调整和修正。全美幼教协会正是以其自身这种兼容并包的态度体现了其追求"适宜"的强大生命力，也推动美国的早期教育的发展并带来更宽广的前景。

---

① 李克建：《追寻教育研究之道——结构主义、后结构主义与教育研究方法论》，光明日报出版社 2011 年版，第 165 页。

第四章

发展适宜性实践课程观

"课程不仅仅是许多活动的集合。它可以提供一系列连贯完整的学习体验，使儿童能够实现明确的目标。（课程）必须能够综合有效地应对儿童的所有发展领域及重要内容方面的问题。"[1]

"秉持'以人为本'和'可持续发展'的育人理念，为每一个儿童建构'发展适宜性实践'——不只是一个具体的课程模式，而是一套儿童教育哲学、理论框架、行动指南和评估标准——应成为今日学前教育改革特别是幼儿园课程改革的努力方向。"[2]

第一节　发展适宜性课程的基本原则

一般而言，早期教育方案是一个教育实施计划。它可以包含理念的陈述，却往往更关注该教育计划的实际运行过程。

全美幼教协会和各州儿童教育协会（NAEYC/SDE）对课程做了如下解释："课程是一种经过精心设计和安排了的结构，它包含了儿童要掌握的各项内容，儿童为达到规定的课程目标的系统过程。教师为帮助儿童实现这些目标应采取的行为以及教学环境等。"[3] 布雷德坎普和罗斯格兰特对课程进行了全面而综合的界定："课程是一个有组织的结构，阐述了儿

---

① Bredekamp, S. & Copple, C. (Eds.). *Developmentally appropriate practice in early childhood programs serving children from birth through age 8.* Washington, DC: NAEYC. 2009, p.42.

② Gestwicki, C. (Eds.) *Developmentally appropriate practice: Curriculum and development in early education.* United States: Thomson Delmar Learning, 2007, p.429.

③ NAEYC/NAESC/SDE (2003). Early childhood Curriculum, Assessment, and Program Evaluation: Building an effective, accountable system in programs for children birth through age 8. http://www.naeyc.org.

童将要学习的内容，儿童达成既定课程目标的过程，教师帮助儿童达到目标的所有行动，以及教育和学习的背景。"① 发展适宜性课程（Developmentally Appropriate Curriculum）或简称发展性课程，即把适应儿童的发展作为决定课程质量诸因素（如社会文化传统、家长要求等）中重要因素，重视儿童的年龄发展特点及个别儿童发展的差异。②

要特别指出的是，发展适宜性实践并未认可某一具体的课程，而是"为管理者、教师、父母、决策者以及其他需要在儿童保育和教育中做出决策的人，提供一份详细说明和描述了如何在早期教育方案开展'发展适宜性实践'所需要遵循的原则"③。这些原则有益于课程实施者根据该课程构架以及教育实际情况和条件设计自己的教育方案，它给予人们的是精神，是灵感之源，是一般意义的指引。

2003 年，全美幼教协会和各州儿童教育协会签署了确保发展适宜性课程的二十项指导原则。每项指导原则都以问题方式呈现如下④：①课程能帮助儿童达成社会性、情感、身体和认知方面的目标吗？②课程能促进儿童之间的互动性学习吗？能鼓励儿童建构自己的知识吗？③课程在引导儿童掌握知识和技能的同时，能有助于儿童获得积极的感受并主动学习吗？④课程对于儿童和教师来讲是有趣味的吗？⑤课程给儿童提出的期望切合实际吗？是儿童能达成的吗？儿童日后能更轻松、有效地掌握知识或技能吗？⑥课程对儿童有意义吗？与儿童的生活相关联吗？能更贴近儿童的个体经验或者儿童能经由课程轻松获得直接经验吗？⑦课程能够帮助儿童在有意义的情境中建构自己的理解，并借此获得概念上的理解吗？⑧课程基于儿童现有的知识和能力吗？⑨课程敏感反映并尊重文化和语言多样性吗？期望、允许并欣赏个体差异吗？有助于与

---

① Bredekamp, S., & Rosegrant, T. (Eds.). *Reaching potentials*: *Appropriate curriculum and assessment for young children.* (*Vol. 1*). Washington, DC: NAEYC, 1992, p.10.

② 黄人颂：《美国发展适宜性早期教育课程方案的述评》，华东师范大学出版社 1998 年版，第 9—15 页。

③ Bredekamp, S. & Copple, C. (Eds.). *Developmentally appropriate practice in early childhood programs serving children from birth through age 8.* Washington, DC: NAEYC. 1997, p.4.

④ NAEYC/NAESC/SDN (2003). Early childhood Curriculum, Assessment, and Program Evaluation: Building an effective, accountable system in programs for children birth through age 8. http://www.naeyc.org.

家庭建立积极的关系吗？⑩课程的内容值得儿童学习吗？现阶段的儿童能有效地学习这些内容吗？⑪课程教授的信息是正确的吗？达到相关单位的标准等级吗？⑫课程有利于传统学科内容之间的横向整合吗？⑬课程能促进儿童更高能力的发展吗？如思考、推理、问题解决和决策能力。⑭课程能促进儿童的调查和探究，而不是关注完成某项认为的"正确"答案或"正确"方法吗？⑮课程尊重儿童在活动、新鲜空气、感官刺激、营养、休息、排泄等方面的生理需求吗？⑯课程能促进并鼓励儿童和成人之间的互动吗？⑰课程鼓励儿童主动学习，并允许儿童进行有意义的选择吗？⑱课程给儿童和教师提供了弹性空间吗？⑲课程能提供经验，以提高儿童在学习上的成就感、效能感和愉悦感吗？⑳课程能提高儿童的心理安全感和归属感吗？我们可以看到，其提出的建议是：教师要实施"经过精心规划、富有挑战性、有吸引力、发展适宜性的、符合文化和语言背景的、综合的、使所有儿童都获得积极效果的"课程。文件并没有说要选出一个"最好"的课程，事实上，根本就没有最好的课程——而是要发现证明课程有效的成分。

参照发展适宜性课程指导方针，可以从课程的整合性、连续性、有效性及课程的意义性等有效成分方面入手，来探讨发展适宜性课程的基本原则。①

一 课程的整合性

整合性是对发展本身的综合性考虑，个体成长和发展的各领域之间都存在相互联系，儿童的社会发展（影响儿童与他人交往的能力）与语言发展（表达思想和情感的能力）、认知发展（明晰思想和观点并进行交流的能力）相互关联。当儿童学习时，各领域协同运作，帮助儿童发现世界的价值和获得控制感。课程是同全面地教育"完整儿童"紧密相连的，使儿童形成了没有人为分离的有意义的大脑联结，使儿童在从事感兴趣的和有意义的活动中能获得全面发展。"对儿童全面发展的关注是将儿童早期教育与教授年龄较大的儿童基本知识与技能的大多数教育形式区分开来

---

① 黄人颂：《美国发展适宜性早期教育课程方案述评》，《华东师范大学学报》1998 年第 2 期，第 9—15 页。并参见程妍涛等《0—8 岁儿童的发展适宜性方案》，《早期教育》2005 年第 8 期。

的重要的显著特征。"①

采用同样的方式去思考课程很有意义，整合的课程融合了各学科领域，并采用整体学习的方式，如主题教学法和方案教学法。强调从儿童的兴趣和经验出发；强调提供活动的具体情境，使得知识富有意义；提供将技能和知识应用于有意义的问题的机会，在一段时间内深入学习一个内容使得儿童发展真正的理解力。综合或整合课程通过为儿童提供连贯性的经验，达到儿童对意义的最佳建构。如教室里参与烹调的儿童，计算食谱卡片上的面粉是几杯时，他们就是在学习数学；读食谱卡片上、使用测量和烹饪的词汇时，他们在学习语言和读写；指出正在搅拌的面糊的变化时，做出要吃的食物时，他们学习了小组参与的社会交往技能……其他许多事情也都融入了这一个活动。

课程领域的孤立无法让儿童理解如何以较开放的方式来应用知识。只通过数学课来学习计数原理，无法帮助儿童理解数学在每日生活中的使用。与此不同的是，通过弄清楚有多少张卡片来知道我们是否邀请了所有的家长参加野餐，这就是一个与数学相关的问题，儿童可以在他们的活动环境中应用知识。

下面是主题教学法的一个范例。自我概念课程，它涵盖了4个主要方面，从儿童开始，然后转移到家庭、学校与朋友以及社区与社区援助者。在这个课程中，这4个方面又进一步细分为8个主题——身份、角色与关系、环境、运动、安全、健康、食物以及交流。在这4个主要方面与它们各自的8个分支主题共同形成了32个课程单元。自我概念课程提供了合乎逻辑的主题进展，从与儿童关系最近的主题开始，逐渐延伸、扩展到外部环境。

二　课程的连续性

课程的连续性指任何一种教育活动都必须与儿童入学前的个人生活经历相连接，同时也必须与他们未来的生活相连接——拓宽或加深他们的未来生活经验。这两个方向的连接同样重要，那些只强调一个方向的追随者都是有所偏颇的。譬如，只强调孩子们过去或现实的生活经历，却忘记了

① Feeney, S., Moravcik, E., & Nolte, S. *Who am I in the lives of children? An introduction to early childhood education* (8th ed.). Upper Saddle River, NJ: Prentice Hall, 2009, p.219.

教师应该对孩子们的成长和未来生活担负主要责任。还有一些人过分着眼于未来，却忽视孩子们目前的生活经验，这使得他们关于未来的设想与过去及现实都相互脱节。课程的连续性要求通过有意义的内容学习技能和知识，而不是将重点放在互不关联和分割的，对儿童来说常常是无意义的技能上。教师所面临的挑战是"回应和预测，追随和发起"①。如在主题活动中，教师确定从儿童游戏和生活经验中选取主题内容，并将其转化成材料和活动，激起儿童对新活动和问题产生好奇心，并持续对之进行探索。下面这个观察样例展示了教师确定主题和计划主要事件的过程。②

　　　　来自教师的笔记本：珍妮和拉蒙在玩沙子。拉蒙将沙子装到桶中，然后将桶倒过来。沙子流到地上。他看起来很失望，然后重新将桶装满，这次将沙子拍打得更为结实。他再一次将桶翻转过来。沙子又一次撒落在地上。之后，他把珍妮的桶抢过来，开始往里面装沙子。珍妮说"不行，拉蒙"并把桶夺了回来。拉蒙奋力想把它抢回来，说道："我想用这个桶，因为在这个桶里，沙子不会撒落。这是我昨天用的那个桶。"

　　　　解释：昨天一场雨过后，沙箱里的沙子变湿了，孩子们在桶里装满沙子后，可以形成桶的模子，然后将这些模子倒出来。拉蒙以为能让沙子保持固定形状的东西是某个特定的桶，而不是沙子的黏稠度。他打算测试一下自己的想法，但是非常沮丧的是别人正在用着这个桶。他把桶抢了过来，而不是请求借用一下这个桶。珍妮知道如何在拉蒙面前维护自己的利益。

在观察到拉蒙的兴趣和问题后，教师设计了一系列的活动来帮助拉蒙探索干沙和湿沙的属性，研究其他能够形成模型和印记的物质。思考哪些活动可能有利于儿童进行更深层次的探索，如称重活动等。

———————

　　① Pelo, A. Our school's not fair: A story about emergent curriculum. In D. Curtis & M. Carter, *Reflecting children's lives: A handbook for planning child-centered curriculum*. St. Paul, MN: Redleaf Press, 1996, p. 102.

　　② Ibid. , p. 102.

三　课程的有效性

有效的课程指经过精心设计的课程，无论儿童的年龄如何，课程目标都与重要的发展任务相关联，并且视野开阔。不符合儿童的理解水平、能力、需求及兴趣的课程毫无意义。设计适宜的课程要根据儿童的年龄、发展能力、语言和文化以及能力或缺陷。

看看儿童在实践什么样的发展性任务，关注各个领域和儿童在每一个方面的发展，教师利用支持发展的材料和活动促进儿童发展各项能力。比如注意到儿童正发展精细动作技巧的教师可以提供新的工具，如打孔器和蜡纸；看到出现了合作游戏，教师在表演游戏中增加支持的道具。下面举一个设计实例①：教师在班上表演游戏区提供了几个布娃娃和婴儿用品，如尿裤、爽身粉和奶瓶。这是为了回应班上儿童的大量对话和经历——一些儿童的妈妈又怀孕了或生了小宝宝。教师观察儿童扮演父母角色并仔细聆听他们的对话。当教师听到玩伴们讨论在婴儿睡前需要给他们洗澡时，教师就添加了婴儿浴缸和塑料的浴室玩具。精心设计的活动可以扩展学习，如看婴儿照、婴儿衣服，读有关婴儿的书，看望家里的新生儿，参观儿童保育中心的婴儿室。教师还可以从其他对话里得到一些灵感，添加一些别的材料来进一步丰富游戏。儿童陪伴妈妈去儿科医院给婴儿做检查，接着，一些年轻妈妈开始带婴儿去医生那里打针。教师紧接着添加了医生办公道具。后来又添加了婴儿坐便器，因为教师听到一个儿童说医生常常要检查婴儿的尿。教师还添加了医疗器械来扩展儿童对医生职业的认识。通过这种体验，儿童就会忙于谈论他们对小婴儿的想法和感情、他人在照料婴儿时的作用、成长和发展所必需的东西以及大量其他的理解，包括性别意识。这基于教师知道，儿童是通过与真实物体接触以及与环境中人们的互动形成世界观，并开始使用符号来发展思维。

四　课程的意义性

有意义的课程指如果儿童有不同的理解方式，那他们就应该采用不同的方式去感知某种概念、经历课堂或获得学科知识。在一群学前儿童中，

---

① Harris, T. , & Fuqua, J. D. To bulid a house：Designing curriculum for primary-grade children. *Young Children*, 1996, 51（6）, pp. 77—84.

我们很容易发现儿童学习时会运用几种不同的学习方式，有的儿童擅长拼图和操作性游戏，有的儿童则忙于讲故事，有的儿童喜欢用积木搭建工厂。加德纳的多元智能理论认为每个儿童都具有多种智能的不同组合方式，教师应该根据对儿童的了解，提供广泛而有意义的学习经验，使得儿童的学习更有效，并获得成功。让我们看一个例子①。某一天，教师设计了和面团的活动。在活动时间中，教师观察到克里斯特尔（Crystal）对事物如何改变表现出浓厚的兴趣并理解了测量的知识；拉颇彻（LaPorche）通过上周读的《小红母鸡》的故事记起了烤面包时要用到面粉；罗德尼（Rodney）能够全神贯注于活动中，这和他在大集体活动中表现一样；达蒙（Damon）仍然觉得等候轮流的时间很难熬。于是，教师设计了一次艺术活动，在这个活动中，教师鼓励达蒙与里卡多（Ricardo）合作，里卡多是一个很容易相处的孩子。当他们开展活动时，他与其他的男孩进行交流，评论他们共同的努力。达蒙为获得积极的认可而高兴并且按照里卡多的要求等着他们要用的红色涂料。其他孩子们也很喜欢这一活动，通过这一活动帮助达蒙加强了社会技能训练。考虑到克里斯特尔的情况，另一个计划就是做比萨——将整个比萨切成足够多的块数，使得每个孩子都有一份。教师希望培养她对数字和整体与部分关系的兴趣，也希望这个活动是适宜的。有意义的课程就是要以儿童的兴趣为基础，让每个儿童真正进行他们感兴趣的探究和游戏。传统上将计划作为中心，儿童是活动和意象的消费者，而不是创造者。（教师）提供了提前计划、制定的项目……忽视了为儿童提供自己进行认知探索和思考项目合理性的机会。这里没有与儿童生活的"真正"联系，甚至更没有关注儿童的积极探索和参与。

表4-1是摘自全美幼教协会和美国州教育部早教专家协会的文件中的"不同年龄的发展适宜性实践课程实施原则举例"，从中也可以看出其所强调的课程原则。

---

① Carter, M., & Curtis, D. *Spreading the news: Sharing the stories of early childhood.* St. Paul, MN: Redleaf press, 1996, p.12.

表 4 - 1　　　　　不同年龄的发展适宜性实践课程实施原则举例①

面向婴儿、学步儿童、学前儿童、学前班儿童和小学生的课程	立场声明建议： 实施经过精心规划的、富有挑战的、有吸引力的、发展适宜性的、符合文化和语言背景的、全面的并且可能会促进所有儿童获得积极结果的课程	
婴儿/学步儿童	学前儿童	幼儿园/小学生
经过精心计划的课程：无论儿童的年龄如何，课程目标都与重要的发展任务相关联，并且视野开阔。根据儿童的年龄、发展能力、语言和文化以及能力或缺陷调整教学策略。当儿童进入幼儿园和小学后，课程的最大转变是聚焦于学科领域，但也不忽视儿童的发展基础		
●目标集中于儿童的发展，如学习认识自己和他人，学习交流、思考和使用肌肉。 ●针对婴儿的目标关注安全感、与看护者的回应性互动以及探索。 ●针对学步儿童的目标关注独立、对控制的需要、发现以及开始社会互动	●目标集中于儿童的探究、探索和扩展词汇。 ●目标着重于儿童的身体健康和运动技巧、社会和情绪发展、学习方法、语言发展以及认知和常识。 ●可供学习读写、数学、科学、社会和视觉及表演艺术方面的相关知识和技能的经验	●目标集中于儿童在所有学科领域中自然生成的知识和技能，包括语言和读写、数学、科学、社会、健康、体育以及视觉和表演艺术。 ●目标继续着重于所有发展领域，包括社会情绪发展和学习方法
充满挑战和吸引力的课程：所有年龄的课程都引导儿童从他们现有水平发展到新的高度，同时维护他们的兴趣和主动参与。对所有年龄的儿童都具有吸引力的课程需随着发展能力和新的经验而改变，这要求仔细地观察和调整		
●儿童可以使用整个身体和所有感觉来摆弄玩具和其他安全的东西，单独游戏或与看护者一起游戏，有时与其他婴儿一起游戏或在其他婴儿旁边游戏。 ●儿童对于探索的热情受到与他们的兴趣相匹配的课程的支持。 ●对于学步儿童来说，课程也集中于发展他们与其他儿童一起游戏的新能力	●课程通过儿童与材料、儿童彼此、儿童与成人的互动来促进儿童的知识建构。 ●课程提升儿童的经验，由此使儿童的思维从简单到复杂发展，从具体到抽象发展。 ●课程为儿童提供发起活动的机会，也为教师提供发起活动和搭脚手架的机会。 ●课程引导儿童发现他们自己的成就	●课程提升儿童作为"学习者"的态度——发挥他们的好奇心、创造力和主动性。 ●课程提供各种经验，儿童在这些经验中使用口语和书面语、数学和科学思维以及调查技能，获得跨学科的知识，扩展技能。 ●课程引导儿童发现他们自己的能力
发展适宜性以及对文化和语言具有回应性的课程：无论儿童的年龄多大，课程都很好地适合于他们的发展水平、能力和缺陷、个人性格、家庭和社区以及文化背景。课程支持学习第二语言的儿童的教育公平。年龄较小的儿童的课程通过人际关系、生活常规和"仪式"实现文化上的连接；年龄较大的儿童受益于文化相关性材料的整合以及以主题为中心的综合的学习机会		

---

① ［美］卡罗尔·格斯特维奇：《发展适宜性实践——早期教育课程与发展》，霍力岩等译，教育科学出版社 2011 年版，第 54—56 页。

●课程考虑到了儿童从婴儿阶段到学步儿阶段，其兴趣、脾气以及成长和发展的模式所发生的大幅变化。 ●课程的计划和实施强调理解和尊重家庭文化、努力地吸收家庭的价值观和行为、与家庭讨论他们的期望与项目的期望之间的不同	●跨学科领域的整合程度很高，而设计一些"主题"是适宜的（例如儿童专心致志地学习印刷和数字）。 ●计划和实施课程——包括游戏时对"道具"的使用——重视反映儿童文化和文化价值观的经验	●课程致力于主题领域的连续学习和跨学科的。课程也对有困难的儿童和需要不断的挑战的儿童给予适当调整。 ●儿童学习与他人发展建设性关系的方法，学习尊重个别差异和文化差异

全面广泛的课程：无论儿童的年龄多大，课程致力于多领域的发展和学习结果，并包括了儿童非暴力行为和冲突消解的经验。对于稍大些的儿童，课程将更多的注意力放在了特定内容领域上，但也从不为了获得某些狭窄的结果而忽视一些领域

●课程把儿童与他们的看护者之间的关系以及他们的日常生活（例如睡觉、换尿布/上厕所）也吸收进来，并把这些作为学习的机会，儿童在此过程中摆弄物体、与看护者玩，并（逐渐）与其他儿童一起玩。 ●课程提供了一个环境，教师在这个环境中根据自己对每个孩子的了解来设计跨领域的学习机会——身体健康和动作能力发展、社会和情绪发展、学习方法、语言发展、认知和常识	●课程通过个别活动、小组活动和集体活动来促进儿童的学习，这些活动经验促进身体健康和动作能力发展、社会和情绪发展、学习方法发展、语言包括第二语言的发展、认知和常识。 ●课程提供了一个环境，儿童在这个环境中通过富于意义的活动包括游戏每日获得经验来学习。这个环境重点提到了各学科，包括数学、识字、科学、社会知识和艺术	●课程和相关的指导日益将重点放在了帮助儿童深入理解学科知识和技能上（例如语言和识字、科学、数学、社会知识以及视觉和表演艺术），当然是在全面发展的前提下。课程能帮助儿童认识到各学科和领域内部以及相互之间的关联。 ●以课程为基础的经验涉及大量的主动策略，儿童个体和小组在这些经验中探索、调查、发现、演示并解决问题。

促进积极结果的课程：无论儿童的年龄多大，课程都要经过选择、改编和修订以获得积极结果，这包括当下的快乐和培养，也包括长期的益处。针对年幼一些的儿童的课程特别关注了那些被证明对将来成功至关重要的关键发展——而并不单单聚焦于早期所重视的特定的学业技能

●课程促进那些会引发下述已经被证明的证据的经验：婴儿和学步儿童在了解自己和他人，向反应灵敏的成人传达他们的需要，理解基本概念，并发展与其年龄相符的动作和协调能力。 ●结果也包括证明每个儿童正在发展一种信任感、安全感和不断增长的独立感的证据	●课程提供的经验会引发下述已经被证明的证据：儿童学习并应用有关身体健康和动作发展、社会和情绪发展、学习方法、语言发展以及认知和常识的知识和技能——以及更多对他们将来在学校的成功具有重要意义的特殊技能。 ●儿童学习和他们日益增长的能力表现出积极的态度，以多种方式展示他们的经验（例如通过绘画、口述/写作以及戏剧游戏）	●课程提供的经验会引发下述已经被证明的证据：儿童正在识字、数学、科学、视觉和表演艺术以及其他学科领域获取重要的能力，并继续发展认知、身体和社会情绪能力。这些结果是适合儿童的年龄的，也适宜于他们的兴趣、他们所处的社会。 ●儿童表现了对学习的积极态度，表现了对日益增长的对关键概念、技能以及探索学科领域的工具的理解的积极态度，表现了对将这些理解应用于各种情况、对跨学科的关联的理解的积极态度

案例一：公立幼儿园的发展适宜性教育①

应该怎样来协调儿童早期教育发展适宜性理念与公立学校体系的学业要求呢？在学习儿童早期教育课程时，我与我的同学就这一问题进行了深入探讨。现在我已经在美国一所一级公立 K6 学校工作了两年，在创建课程计划及与班里的儿童互动时，这一问题比以往任何时候都重要。

我的校区有一份名为"关键内容"的概念与技能清单，列出了一年的授课过程中要完成的任务。关键内容以州及学区的标准为基础，被视为小学预备阶段的必修内容。我的课程也在重要内容之列，需要确保学生掌握读写、阅读、写作、数学、科学及社交学习等方面的一系列技能。当结束幼儿园的学业时，我的学生应该能够达到规定的阅读水平，表现出特定的写作技能，以及能够理解加、减法运算。听起来不太像是发展适宜性课程，是吧？幸运的是，我的校区懂得用多种方式来教授这些技能，而不仅仅运用规定好的方法照本宣科。

作为教师，我可以自由决定如何实施关键内容的教学。活动方案是允许儿童运用现有技能，同时促进其他领域学习的方式。比如，最近我们隔离了几个患有严重呼吸道疾病的孩子。幼儿园孩子之间的关系非常重要，当他们的朋友缺席一天以上的时间时，几个孩子表现出对该病菌的兴趣，于是我们制订了一个短期的活动方案。在倾听了一段相关的朗读材料之后，孩子们决定用各种各样的材料来表现他们自己心目中的呼吸道病菌形象。我们决定制作一本"病菌手册"，利用一节互动协作课来创建文本。运用数学技能来决定每一页上放置"病菌"的位置。这些任务需要团队合作与沟通。这本手册已经汇集成册，压膜，现在就放在我们班的阅览室里。

通过这种整合课程，孩子们从读写、数学、科学及沟通等方面，接触到了关键内容，发展了创造性再现技能、社交互动技能及小肌肉动作技能。切记，该课程的驱动力源自儿童的兴趣及班里的人际关系。

有时，关键内容的要求会使作息安排成为一种挑战。因为5—6

---

① ［美］伊萨：《儿童早期教育导论》，马燕、马希武、王连江译，中国轻工业出版社2012年版，第216页。

岁孩子的注意力持续的时间很短，我让孩子们从桌面活动转移到地毯上活动，过一段时间再返回，然后如此反复多次。通过频繁地安排运动与活动的变化，降低了孩子们烦躁不安的状况，促进了学习。

与高一些的年级不同，幼儿园没有规定大段的授课时间，允许教师有灵活支配时间的自由。因为我照看的这组儿童生活经历多种多样，所以一日常规必须非常灵活，这样我可以满足班里的多种需求。我的儿童早期教育背景使我可以借助发展的观点更好地理解孩子。我觉得，我正在以一种积极的方式将发展适宜性教育与本学区的要求及期望成功地结合起来。

（凯瑟琳，幼儿园／一级延时日托幼儿园教师）

案例二：关于波士顿马拉松比赛的课程①

这是塔夫斯大学埃利奥特—皮尔森儿童发展部学前班开展的活动课程。活动的开展刚好是吻合了准备给孩子进行的户外活动主题，马拉松比赛是一个很好的活动内容。波士顿马拉松比赛世界闻名，并且参加的人数众多，有很多马拉松比赛的故事，如第一个跑马拉松比赛的是一个女的，参加比赛者都是经过长期训练的，他们要向人们展示只要努力什么事情都是可以做到的。"如果我能做这个，那么我能做所有的事情。"希望马拉松参加者能告诉孩子他有能做任何事情的自信。很快教师（瑞卡）和专家商定，这个活动不可能是个体进行的，而是要小组进行的。首先对每个孩子的特点和家庭背景进行分析［如艾蒂（中国、一个名叫恩正的男孩很耐心）］，同时了解每个孩子对于马拉松比赛的认识（一个大型的展示活动卡蒂说道）。了解了这些，我们准备开始了。

因为这个内容对孩子来说是新的。首先，我们与孩子一起讨论关于马拉松比赛孩子们真正想知道些什么。"你们认为学习马拉松比赛的事情是一个有意思的事情吗？""是的，是的……""我喜欢""我也是""我也是"。接着我们来考虑对于马拉松比赛来说，什么是学前班的孩子能做的。"如果我们学习小组，准备进行20.2英里的马拉松跑步。"因为对于他们来说跑得再长一些会比较困难。

---

① Bredekamp, S. & Copple, C. （Eds.）. Developmentally appropriate practice in early childhood programs serving children from birth through age 8. Washington, DC: NAEYC. 2009. 随书光盘内容.

第二天，我们给孩子播放波士顿马拉松比赛的录像。考虑到孩子的兴趣，我们决定让孩子试一试（10 分钟路程）。孩子们参与的兴趣很高，当孩子们跑完了一圈之后，告知他们真正的马拉松比赛要跑这样的 100 圈。"你们能相信吗？""你们还想尝试吗？""是的"孩子们说并再次开始跑，但很快孩子们就累了，但是孩子们对马拉松比赛有一个比较感性的认识了。

下一周的内容是关于训练和比赛的讨论。如教师扮演参赛者，一边跑一边喝水，然后做出不断跑的动作。教师将跑马拉松比赛的线路画出来，有的孩子对距离感兴趣，一英里一英里地数，有的孩子对终点和起点感兴趣。看残疾人马拉松比赛图片，让孩子感知马拉松比赛的形式多样。

再接下来，我们讨论出分组的不同主题活动。马蒂卡组探索跑步者的第一天、吉米组找到一些对跑步者有益的事情（找资料）、盖尔组为马拉松比赛者设计 T 恤。

最后是邀请家长与孩子们一起分享关于波士顿马拉松比赛的创作。

从以上案例可以看出，发展适宜性课程，由于强调满足儿童的各种需要，而不是期望儿童去适应某一特殊计划的要求，成为一个具有生成空间的课程架构。

第二节　基于儿童：发展适宜性课程理念

特别需要说明的是，在美国没有为幼儿园提供的统一的国家性课程，因而形成了多种源于儿童发展理论或学习理论的课程。严格意义上说，不可能存在一种有效的课程或方案适宜于所有的社会文化背景，但是，理解每一种课程所提供的东西，并思考每一种课程理念如何完成从课程理论到教育实践的转化，以及可以怎样与发展适宜性实践课程原则相适应是非常重要的。对课程的关注，其重点并不是寻找哪种课程最为优质，而是分析已有的各种课程，并从中得到启发和提示。如我们会发现，无论哪一种课程都强调教师要根据儿童发展的、文化的特点采用合适的教育，强调要立足儿童本身以及其经济价值和意识形态价值。下面就美国具有代表性的几个课程作一简单分析并将其与发展适宜性实践课程原则比较。这里分别选取了蒙台梭利教育法、银行街课程、高瞻方案以及瑞吉欧教育法来进行比较，一是因为这几种课程在美国幼教界广为人知，并且影响广泛。二是各种课程维度不同，但是每一个课程都被认为是发展适宜性实践课程的重要组成部分。所有这 4 个课程都将儿童描述成对世界具有浓厚兴趣的积极探索学习者，也都认为人们应尊重儿童，满足儿童的需求。"没有一个真正的方法去掌控它，你只能近距离地看并相应地做出回应。你必须预期什么可能发生，试着先行一步，并且在发生后遵循它们的指引。"①

一　蒙台梭利教育法的适宜性分析

以蒙台梭利（1870—1952）名字命名的蒙台梭利教育法（Montessori Method）在当今世界儿童教育体系中占有非常重要的地位，其观点和方法在美国被越来越多地接受。现在，有多种多样的蒙台梭利课程，有些严格遵循当初的教学方法，而有些则在方法上进行了调整，以便更好地适应当前的社会环境。②

蒙台梭利既是一位伟大的教育理论家，又是一位伟大的教育实践家。就像某些研究者提出的那样，蒙台梭利教育法不能被简化为一种教育技巧的集合体或者一揽子的课程目标或者一整套教具。相反，蒙台梭利教育法的实践关注儿童参与的高度连贯一致性及活动的高度组织化和结构化环境。③

1. 童年的秘密：独特儿童观的理论基础

蒙台梭利的教育思想受法国启蒙思想家卢梭、瑞士教育家裴斯泰洛齐、法国心理学家塞根（E. Seguin）和伊塔（J. M. G. Itard）的影响很深，其教育思想深刻体现了这些教育家和心理学家的思想和观点。④ 其思想集中体现在蒙台梭利的儿童观认识上。

---

① Carter, M., & Curtis, D. *Spreading the news：Sharing the stories of early childhood.* St. Paul, MN：Redleaf press, 1996, p.12.

② Chattin-McNichols, J. *The Montessori controversy.* Albany, NY：Delmar, 1992, p.21.

③ Cossentino, Jacqueline. Ritualizing Expertise：A Non-Montessorian View of the Montessori Method. *American Journal of Education*, 2005, 111（2），212.

④ 缪胤、房阳洋：《蒙台梭利教育和瑞吉欧教育之比较研究》，《学前教育研究》2002 年第 5 期，第 3 页。

●儿童的发展具有阶段性以及相应的敏感期

和皮亚杰一样，蒙台梭利也主张儿童发展的阶段论。她认为，儿童心理发展呈现出阶段性，每一阶段都有独有的特征，并且前一阶段是后一阶段的准备，强调儿童心理发展的自然顺序。蒙台梭利曾以蝴蝶生长变化的阶段性来加以说明。她指出，与仅仅呈现出形体茁壮成长的松树、杉树不同，松树、杉树仅是形体长高、变粗的直线性变化，而儿童的心理发展是类似于蝴蝶的生长变化，即由卵到幼虫到蛹到成虫（蝴蝶）的阶段性变化，每一阶段都有着明显的不同，但同时又是下一阶段发展的准备，如蝴蝶在毛虫时和蛹的时期，在体态、体色、活动方式和进食方式上都完全不同。[①]

同时，她观察到了被称为"敏感期"（sensitive periods）的特殊时期，敏感期的重要意义在于儿童会对特定的学习刺激特别敏感。因此，教师要为儿童在敏感期内某种重要特征的发展提供一个有准备的教育环境。

●儿童具有吸收性的心智（absorbent mind）

蒙台梭利认为："存在一种神秘的力量，它给新生儿孤弱的躯体一种活力，使他能够成长，教他说话，进而使他完善，那我们可以把儿童心理和生理的发展说成是一种'实体化'。"[②] 0—6 岁儿童最突出的特点就是具有"吸收性的心智"，也就是说，儿童都有着强大的学习能力。具体而言，0—3 岁阶段，儿童处于无意识的吸收阶段，儿童通过感官和运动去探索周围的环境，同时吸收周围环境中的语言；3—6 岁阶段，儿童处于有意识、有目的的吸收阶段，儿童成为实际的探索者，开始注意周围事物之间的联系并进行比较。曾经有学者指出，蒙台梭利的观点和皮亚杰的观点有类似之处，蒙台梭利所定义的儿童无意识吸收的阶段大概和皮亚杰的感觉运动阶段相似，而儿童的有意识吸收阶段则和皮亚杰的前运算阶段吻合。[③]

儿童具有"吸收性的心智"为教育提供了无限的发展可能性，教育就是要创设一个丰富而且适合儿童发展阶段的教育环境，以最大限度地帮

---

① 霍力岩：《蒙台梭利教育法》，北京师范大学博士学位论文，1996 年，第 19 页。

② 蒙台梭利：《童年的秘密》，马荣根译，人民教育出版社 1990 年版，第 30 页。

③ Torrence, Martha, & Chatin-McNichols, John. Montessori Education Today. In Jaipaul L. Roopnarine, & James E. Johnson（Eds.）, *Approaches to Early Childhood Education（4th Edition）*. Upper Saddle River, New Jersey: Pearson Education, Inc., 2005, p.370.

助儿童汲取营养。他"吸收其环境,从中获取一切他想要的东西,并且把它变为自己的一部分"①。

2. 培养身心均衡发展的人的教育目标

我国有学者曾总结了相关研究指出,蒙台梭利教育法的教育目标和蒙台梭利本人希望通过教育创造"新人类",从而建设"新社会"的理想是一致的。创造"新人类"是蒙台梭利教育法的直接目的,而建设"新社会"是蒙台梭利教育法的最终目的。②

蒙台梭利在其著作中明确提出:"一般来说,我们的教育具有双重目的:一是生物学的目的,二是社会学的目的。从生物学上讲,我们希望教育能帮助个体自然地发展;从社会学上讲,我们教育的目的是培养个人适应环境。"③ 蒙台梭利主张儿童的教育要遵循的原则是帮助孩子身心自然发展,同时也要注意培养个体适应环境,实现社会化的发展。从这里我们可以看出,蒙台梭利"一方面强调儿童有内在主动学习的动力与潜力;同时,指出其发展的目的是为了成长,儿童不断地、努力地创造'未来'的他——成人"④。

3. 操作性活动的教育内容和方法

蒙台梭利教育法被划分为四个基本的学习领域:日常生活练习、感官教育、语言教育、数学教育。⑤ 我国有学者曾经把蒙台梭利教育法的教育内容总结为以使用教具为主的教育内容(日常生活练习、感官教育、语言教育、数学教育、文化科学教育)以及不以使用教具为主的教育内容(动作教育、道德教育、美的教育、社会教育、想象力和创造力的培养)。⑥

●日常生活练习

日常生活练习指培养儿童独立生活能力和学习实际生活技能。主要有

---

① Montessori, M. *The absorbent mind*. New York: Dell, 1967, p. 66.

② 霍力岩:《蒙台梭利教育法》,北京师范大学博士学位论文,1996 年,第 23—25 页。

③ [意] 蒙台梭利:《蒙台梭利儿童教育科学方法》,任代文主译校,人民教育出版社 2001 年版,第 207 页。

④ 简楚瑛:《学前教育课程模式》,华东师范大学出版社 2005 年版,第 15 页。

⑤ Torrence, Martha, & Chatin-McNichols, John. Montessori Education Today. In Jaipaul L. Roopnarine, & James E. Johnson (Eds.), *Approaches to Early Childhood Education (4th Edition)*. Upper Saddle River, New Jersey: Pearson Ecudation, Inc., 2005, p. 375.

⑥ 霍力岩:《蒙台梭利教育法》,北京师范大学博士学位论文,1996 年,第 26—31 页。

基本动作、照顾自己、照顾室内环境和室外环境、社会性行为四个方面。① 例如，打扫、扣扣子、切胡萝卜、整理花草和为班级摆桌子等工作。随着时代的发展，在美国的蒙台梭利教室中，现今日常生活练习还可以包括更复杂的烹饪工作、修理自行车、急救、计算机技能、电话用语以及简单的机械知识等内容。②

●感官教育

感官教育是蒙台梭利教育法中的特色内容。指通过各感官（视、听、触、味、嗅等）训练，增进儿童的经验，提高儿童的思维能力。为了对儿童的感官进行训练，她设计了16套教具。教具的颜色、材质和高品质的工艺技术，不仅能吸引儿童的目光，也能吸引儿童用手操作。儿童操作感官区的工作材料的时候，一开始是遵照教师的示范进行比较和排序，但是随后教师可以鼓励儿童去实践其他的可能性以发现不同的变式，以探索材料多种不同的组合方式，帮助儿童发现不同材料之间的相关性。③ 所以说，蒙台梭利设计的教具也是允许儿童去探索和创造的。即使她规定了某种玩法，也是为了能够发展儿童的自我修正能力。

●初步知识学习

初步知识的学习指让儿童学会阅读、书写和算术。数学方面，蒙台梭利坚信，数学是人类心灵中自然而充分的功能。对数学间的关系有了系统联系后，儿童就成为了一名数学思考者和问题解决者。④ 但从严格的意义上来说，她过分注重儿童数概念的培养，而忽视了皮亚杰所重视的那些逻辑和推理能力的发展。在阅读和写作方面，前者是口头语言教育，后者是书面语言教育。她主张教育必须顺应儿童内部的规律，即给儿童提供有准备的语言环境，在有准备的环境中，循序渐进地学习。同时，为了最大限度地扩充儿童的词汇，蒙台梭利还设计了一种三段式练习法，即命名（这

①　霍力岩：《蒙台梭利教育法》，北京师范大学博士学位论文，1996年，第26页。

②　Torrence, Martha, & Chatin-McNichols, John. Montessori Education Today. In Jaipaul L. Roop-narine, & James E. Johnson（Eds.），*Approaches to Early Childhood Education（4th Edition）*. Upper Saddle River, New Jersey: Pearson Education, Inc., 2005, p.375.

③　Ibid., p.376.

④　Torrence, Martha, & Chatin-McNichols, John. Montessori Education Today. In Jaipaul L. Roop-narine, & James E. Johnson（Eds.），*Approaches to Early Childhood Education（4th Edition）*. Upper Saddle River, New Jersey: Pearson Education, Inc., 2005, p.378.

是）— 确认（哪一个是?）— 记忆（这是什么?），还有三段式学习卡。让儿童在操作教具的过程中通过听觉练习、口语练习、动作指令、视觉差异练习等练习来促进语音、书写和阅读能力的发展。[①]

4. "导师"型的教师角色

蒙台梭利"儿童之家"的教师称为"导师"（directress）。他们的角色是帮助儿童进行独立学习，即在一个有准备的环境里，儿童自由地根据自己的时间表和速度发展，成人更多的是儿童学习的促进者。因此"教师的工作并不是人为地'教导'那些儿童所缺乏的东西，相反教师要仔细地观察每一个儿童的发展，为儿童提供有利于学习者自我发现的材料，同时以教学、前后一致的组织结构以及适当的鼓励这些形式来对儿童进行引导"[②]。教师的观察是至关重要的。她认为教师的观察应着眼于了解儿童的成熟程度，并发现每个儿童的差异。"导师"的工作不是直接指导儿童，而是创设一个有准备的环境，以满足他们内在自我建构的需要。因此，有研究者把蒙台梭利教育法中的教师角色概括为：环境的提供者、自由的保障者和儿童发展的协助者。[③]

5. 围绕观察记录的评价

在蒙台梭利教室里，所谓教育评价是以教师观察为基础，通过观察让儿童去动手操作学习材料来对儿童的发展以及课程的进度进行评价。她强调对儿童进行细致的耐心的观察，并进行及时的指导。我国有研究者总结蒙台梭利教育法中以观察法为基础所进行的教育评价有五个步骤：设定明确的观察目标；明确地列举观察项目；做好充分的准备、计划；持续地观察；配合观察项目，做出摘要或备忘录式的客观性整理记录。与其他观察者的比较检讨，当然少不了综合性的判断。[④]

一言以蔽之，"蒙台梭利教育法的实践与结构，如混龄分组、同伴指导、学习的个性化和儿童中心、有机整体的教育观、有准备的和互动的环境创设、教师作为观察者和引导者、运用可以动手操作的材料作为学习的

---

① 霍力岩：《蒙台梭利教育法》，北京师范大学博士学位论文，1996年，第29页。

② Torrence, Martha, & Chatin-McNichols, John. Montessori Education Today. In Jaipaul L. Roopnarine, & James E. Johnson（Eds.）, *Approaches to Early Childhood Education（4th Edition）*. Upper Saddle River, New Jersey: Pearson Ecudation, Inc., 2005, p.380.

③ 霍力岩：《蒙台梭利教育法》，北京师范大学博士学位论文，1996年，第39—40页。

④ 简楚瑛：《学前教育课程模式》，华东师范大学出版社2005年版，第33页。

工具、尊重每一个个体内在的潜力等，这些都是蒙台梭利教育哲学的核心"①。

6. 蒙台梭利教育的适宜性思考

蒙台梭利的一个重要思想是儿童理应得到尊重并获得独特的发展。其能引起我们共鸣的思想是：儿童本质上是自我教导的，通过自己的活动来学习并不断适应。以及提供有准备的、具有吸引力的环境，使得儿童可以自由、自主的活动。而这也是发展适宜性实践中一直都强调的。所以，当发展适宜性实践开始风靡全美的时候，蒙台梭利教育法重新得到儿童教育界主流的审视，很多人相信它有助于扩展发展适宜性实践这个概念。例如，有学者认为蒙台梭利教育法证明了"发展适宜性的多元文化和多感官学习的课程，它教育学生进行批判性思维、解决问题和对决策进行评价，那些按照个人的学习步伐所提供的'工作'、合作学习以及整合的课程方案使个人在智力、情感、社会性和身体方面都得到了发展"②。正如谢利·林道尔（Shelley Lindauer）所说："随着人们对'发展适宜性实践'的广泛接受和持续的兴趣，许多教育工作者开始意识到我们今天所谈论的'教育改革'实际上不过是几十年前蒙台梭利实践的一部分而已。"③

但是，在传统的蒙台梭利教育中，教师严格规定活动程序以及教师对空间、时间和材料的严格控制，强调工作，不进行想象（至少6岁以下儿童是这样）。这看起来似乎和我们在发展适宜性实践中所看到的游戏的重要性和中心地位是不相容的。因为儿童没有对材料进行探索的自由，必须按照老师提示的方式来使用某种材料，这样的模式将如何发展儿童的独立解决和思考问题的能力？虽然每一个儿童在他（她）的座位上进行特定工作，会呈现出一种富有秩序的景象，但儿童之间有限的社会互动机会让人忧虑。

长期以来，蒙台梭利教育法都独立于其他的教育模式，但随着 发展

①　Torrence, Martha, & Chatin-McNichols, John. Montessori Education Today. In Jaipaul L. Roopnarine, & James E. Johnson (Eds.), *Approaches to Early Childhood Education* (*4th Edition*). Upper Saddle River, New Jersey: Pearson Ecudation, Inc., 2005, p. 390.

②　Epstein, P. A republic schools ready for Montessori? Principal, 1990, 70, 2.

③　Lindauer, Shelley L. K. Montessori education for young children. In Jaipaul L. Roopnarine, & James E. Johnson (Eds.), *Approaches to Early Childhood Education* (*2nd Edition*). New York: Macmillan Publishing Company, 1993, p. 252.

适宜性实践的盛行以及越来越多的蒙台梭利课程开始进入公立学校，美国蒙台梭利协会已经把如何让蒙台梭利教育法进入公立教育系统，以及如何帮助蒙台梭利教育法成为主流的教育思想与实践的一部分，进而推进蒙台梭利教育法与其他教育思想与实践的对话乃至融合作为这个组织在 21 世纪的新目标。① 可以说，逐步走向开放与融合是美国蒙台梭利教育法在新世纪面临的机遇和挑战。

二   银行街课程的适宜性分析

银行街课程（Bank Street Approach）现在已经改名为"发展—互动课程"（Developmental -Interaction Approach），其发展历史和美国儿童研究运动以及进步主义教育运动的发展是一脉相承的。露西·斯普雷格·米切尔（Lucy Sprague Mitchell）和卡罗林·普拉特（Caroline Pratt）以及哈丽特·约翰逊（Harriet Johnson）一起创建了游戏学校（Play School），这所学校被称为"美国第一批可以被称为'发展适宜性'的儿童教育学校之一，2岁、3岁、4岁的儿童通过游戏来学习"②。这所学校就是后来的银行街学校（the Bank Street school）。这印证了其与发展适宜性实践的密切关系。改名为"发展—互动课程"，顾名思义这个课程的核心词是"发展—互动"。这个术语能够让人立刻注意到中心词"发展"，是指儿童（成人也是如此）随着他们生活经验的不断增加，他们了解、理解世界以及对这个世界做出反应的方式在不断变化和不断成长。而"互动"就是指思维和情感是两个互相联系、互相作用的发展领域，是该课程基本的理论特征，它强调关注在环境中人与人之间的互动以及人与物质世界互动的重要性。③ 因此，改名更能够体现这个课程在今天的理论和实践定位。

---

① Dugan, Marie M. Meeting the Centennial Challenge: Achieving Montessori's Vision in the 21st Century. *Montessori Life*, 2004, 16（2）, 4.

② Greenberg, P. Lucy Sprague Mitchell: A major missing link between early childhood education in the 1980s and progressive education in the 1980s—1930s. *Young Children*, 1987, 42, 70—84.

③ Cuffaro, H. K., Nager, Nancy, & Shapiro, E. K. The developmental-interaction Approach at Bank Street College of Education. In Jaipaul L. Roopnarine, & James E. Johnson (Eds.), *Approaches to Early Childhood Education* (*4nd Edition*). Upper Saddle River, New Jersey: Pearson Education, Inc., 2005, p.290.

1. 围绕"发展—互动"概念的理论基础

和蒙台梭利教育法不同的是，银行街发展—互动课程既不是一个人经验的总结，也不是某一种理论指导下的实践。该课程的理论来源可以分成三类[1]：心理动力学理论，包括弗洛伊德和他的女儿安娜·弗洛伊德（Anna Freud）、埃里克森（Erik Erikson）、哈特曼（Heinz Hartmann）和沙利文（Harry Sullivan）等人的观点，特别是他们对于动机以及自发性自我过程的看法；格式塔心理学和发展心理学，包括沃特海姆（Max Wertheimer）、勒温（Kurt Lewin）、沃纳（Heinz Werner）和皮亚杰等人关于认知发展的观点；教育理论家和实践工作者，包括杜威、哈丽雅特·约翰逊、苏珊·伊萨克斯（Susan lssacs）、露西·米切尔和卡罗琳·普拉特（Caroline Pratt）等人的理论和实践。近年来，维果茨基的思想也开始对银行街"发展—互动课程"产生影响，维果茨基及其追随者强调儿童学习和发展的社会背景以及学习的互动本质，这些都对这个课程的发展起到了一定的推动作用。[2] "认知能力的发展……不能与人际关系发展的过程割裂开。"[3] 实际上，蕴含的理念是儿童是主动的学习者、实验者、探索者和艺术家。发展不仅是主动发生的，而是儿童通过与环境进行互动进行学习。他们的儿童发展观表现为以下6条基本的原则[4]：个体是在一定范围的可能性之内发挥作用的。个体的发展不能仅被限定在一条直线上或一个平面之内。个体早期组织安排经验的方式会与更高级的系统整合在一起。个体可以在可能的最高级水平上发挥作用；发展应包括个体组织安排经验，以及应对这个世界的各种方式的转变，即从简单到更复杂、从单一到多元乃至到整合的反应方式的转变；发展的过程实质上是一个稳定性和不

① Goffin, S. G, & Wilson, C. *Curriculum models and early childhood education: Appraising the relationship* (2nd ed.). Upper Saddle River, NJ: Merrill/Prentice Hall, 2001, pp. 83—84.

② Cuffaro, H. K., Nager, Nancy, & Shapiro, E. K. The developmental-interaction Approach at Bank Street College of Education. In Jaipaul L. Roopnarine, & James E. Johnson (Eds.), *Approaches to Early Childhood Education* (4nd Edition). Upper Saddle River, New Jersey: Pearson Education, Inc., 2005, p. 283.

③ Shapiro, E., & Biber, B. The education of young children: A developmental-interaction point of view. *Teachers College Record*, 1972, 74, 61.

④ Nager, N., & Shapiro, E. (Eds.). Revisiting progressive pedagogy: The developmental interaction approach. Albany. NY: SUNY Press. Cited in Bank Street College of Education. *Bank Street School for Children Curriculum Guide*. New York, the Author, 2000, pp. 2—3.

稳定性共存的混合体。教育工作者应该在帮助儿童巩固新知识和提供促进他们成长的挑战之间寻求平衡；儿童的自我形象是对那些来自物理世界和社会世界的经验而建构起来的。这种对自我的认识是以那些重复性的意识以及对这些互动进行验证而得来的知识为基础的；成长和成熟都有赖于冲突，这些冲突既来自自身也来自他人。冲突对于儿童发展来说是必需的，如何解决冲突有赖于儿童独特的本质、儿童生命中主要的人物以及儿童所处文化的需要三者之间的相互作用；儿童对自己以及他们周围的世界天生就具有好奇心，这种好奇心是儿童学习以及建构意义的动机力量。人类总渴望积极参与到环境中，以期接触世界、影响世界以及让他们的经验有意义。当儿童慢慢长大，他们有多种的方式与世界互相作用。一般来说，儿童的成长从用身体反应过渡到通过概念、符号方式来与世界互动。

2. 培养"整个儿童"的教育目标

"发展—互动课程"的教育目标关注以下几个方面的发展①：

● 整合（integration）。其目标在于帮助儿童整合他们那些异质的经验，"儿童不应被看作需要训练的或被割裂发展的特殊能力的总体。儿童应被视作一个人、一个有机体，他作为一个整体反应经验"②。这个整合的过程对于创造性和最大限度地参与学习是至关重要的。

● 能力（competence）。与发展建构过程紧密联系在一起的学习涉及帮助儿童把自己的潜能发挥到极致，也就是成长为一个身心方面都很有能力的个体。从功能上说，这包括关注儿童在与环境互动及与他人互动中是如何使用他们的知识和技能的。

● 社会化（socialization）。以教育目标来定义发展过程，这就涉及帮助儿童学习控制自己的冲动以参加课堂生活，使儿童调整自己的行为以适应一个控制的系统，同时让儿童能够自我调整。

● 个性（individuality）。个性关注的是促进儿童对自我独特性的认识。"发展—互动课程"高度重视自主性的发挥，主要是指儿童有能力进行决策，能够做出优先选择，有行动力，有冒险精神，面对问题解决有自己的一套方法，接受别人的帮助的同时不丧失自己的独立性。

---

① Goffin, S. G. & Wlison, C. *Curriculum models and early childhood education: Appraising the relationship* (*2nd ed.*). Upper Saddle River, NJ: Merrill/Prentice Hall, 2001, pp. 87—88.

② Mitchell, L. S. *Our children and our schools*. New York: Simon & Schuster, 1951, p. 189.

比伯等人将上面宽泛的教育目标细化为 8 大培养目标：通过认知策略提升儿童分类和排序经验方面的潜能；让儿童通过亲身经历和动手操作满足其探索环境的需要；提升儿童对于周围环境中有关功能性的知识；支持儿童在游戏中整合各种经验；满足儿童解决这个发展阶段内在的冲突；帮助儿童建立互动过程中互相支持的模式；帮助儿童将冲动的控制内化；帮助儿童发展出一个肯定的自我形象。①

因此，其教育目标应包括：促进儿童的整体发展，发展儿童的能力及其运用各种能力的动机，培养儿童的自主感与个性，关爱他人和关心生态背景，培养创造力，促进整合和练习。

3. 以"社会学习"为核心的教育内容

"社会学习"是该方案的核心。社会学习是关于人与人之间，以及人与环境之间的关系的学习，也包括对人生存于其中的环境的认识等。现在银行街发展—互动课程把地理、文化人类学、历史、经济学、政治和技术整合成为"社会学习"这个核心的学习领域。对于 3—6 岁的儿童来说，在初级学校所进行的"社会学习"包括两大主题：研究人类的生活，如分享、合作和解决冲突；研究儿童周围世界中的联结和关系。② 具体来说，针对 3 岁儿童的社会学习关注的是从家庭到学校的转换历程，针对4—5 岁儿童的社会学习则重点研究家庭、学校与社区三者之间的联系，针对5—6 岁儿童的社会学习重视拓宽儿童对工作世界的认识，帮助他们认识社区、城市以及他们周围环境中的各种职业。它并没有把这些教育内容看作一系列活动的"菜单"，而是把教育内容看作提供儿童获得和加深对世界的认识和理解经验的机会。课程是经验的总和。以"社会学习"为核心开展的课程整合了四个方面的内容③，即身体、社会、情绪情感和认知等儿童发展的各个方面；围绕社会学习主题的音乐、阅读、数学、书写、戏剧和美术等不同的课程经验；儿童在家庭和托幼机构的经验；第一

① Biber, B. , Shapiro, E. , & Winsor, C. , *Promoting cognitive growth from a developmental-interaction point of view*. Washington, D. C. : National Association for the Education of Young Children, 1971, pp.10—11.

② Bank Street College of Education. *Bank Street School for Children Curriculum Guide*. New York, the Author, 2005, p.5.

③ Mitchell, A. & David, J. *Explorations with Young Children—A Curriculum Guide from the Bank Street College of Education*. Gryphon House Inc. , 1992, p.146.

手经验以及重新建构这些经验的机会。

4. 开放的教学策略

银行街"发展—互动课程"被认为是开放式教育的同义语,该术语基于这样的前提:儿童只要有了精心布置的环境,就能从合适的活动中进行选择和学习。教室中,儿童的活动材料大多是开放式的:积木、木头、水、纸、艺术材料和泥土。儿童可以自由选择想要使用的活动材料,并可以自己或与小组一起进行操作。他们被鼓励用自己的方式进行学习。哈丽雅特·库法罗(Harriet Cufaro)曾经说过:"材料就是儿童课程的教科书。"① 当然,游戏也因此成为"发展—互动课程"教学的核心。游戏是帮助儿童建构和重建认知经验的较有力的方法之一。教室通常被分成许多常规的游戏区域,如音乐区、科学区、绘画区、戏剧表演区等,这样可以不同程度地满足儿童独特和具体的游戏需要。

5. 民主平等的师生关系

教师在"发展—互动课程"中常被置于无比重要的位置。"教师是'发展—互动课程'中的关键人物,因为正是教师营造了课堂的气氛、创设了儿童在学校生活中物理的和心理的学习环境。"② 教师们必须对每个儿童的发展、个性以及如何布置环境以鼓励儿童充分发展潜能有着敏锐的理解。教师在教学和指导上的作用就是运用他们的洞察力,发现儿童身上的细微差异,以在适当的时候做出调整。芭芭拉·比伯曾提出了19条之多的对教师角色的要求。例如,当儿童不成熟的话语可能被曲解时,要聆听儿童以便理解他们潜在的思想;帮助儿童较准确地表达和启发他们不太成形的想法,以形成一个现实的行动;根据各个发展阶段的特征来理解儿童的行为;教师要和每一个孩子建立起个人化的、具有个体差异的相互关系,……③这些原则

① Cuffaro, H. K., Nager, Nancy, & Shapiro, E. K. The developmental-interaction Approach at Bank Street College of Education. In Jaipaul L. Roopnarine, & James E. Johnson (Eds.), *Approaches to Early Childhood Education (4nd Edition)*. Upper Saddle River, New Jersey: Pearson Education, Inc., 2005, p. 286.

② Shapiro, E., & Biber, B. The education of young children: A developmental-interaction approach. *Teachers College Record*, 1972, 74, 68.

③ Biber, B.. A developmental-interaction approach: Bank Street College of Education. In M. C. Day& R. K. Parker (Eds.), *The preschool in action: Exploring early childhood programs (2nd Edition)*. Boston: Allyn & Bacon, 1977, p. 431.

从根本上说就是要教师在建构和培养师生关系中承担理论建构和行动执行的责任。教师是儿童行动的反应者和催化剂。今天，教师除了拥有扎实的关于儿童发展的基础知识、了解每一个儿童的个性以及牢固掌握课程内容之外，教师的任务还有就是思考、分析教室日常生活的内容、途径、时间和空间等问题，同时对这些问题进行有意义的综合。教师要考虑这些因素是由教育目标所决定的。这也就是杜威的理念，希望建立民主的课堂并以此作为民主社会的奠基石。[①]

6. 注重过程表现的评价

"评价是'发展—互动课程'一个有价值的组成部分。评价为教师了解儿童如何学习和成长提供了途径，同时也为课程决策提供了指导。这与真实性评价以及以学习者为中心的评价是一致的。"[②] "发展—互动课程"主张宽泛的评价方法，而不是只追随高水平学业成就的评价，这种评价要求立足于理解儿童如何了解自己的世界。正如银行街课程的研究人员总结的那样，评价需要严格、系统和反思性的观察，以及记录儿童一直以来的工作表现和行为。具体的数据包括教师对儿童表现和行为（如阅读、操作材料、数学、与他人互动）的观察；儿童工作的档案袋（如写作、艺术工作、计算和建构活动）。这个过程使教师了解每个儿童的特征性的强项和需要、儿童的所作所为和所知所想。评价和教学就是以一种建构主义的和动态的方式互相"通知"对方。于是，评价为教师和家长沟通以及进行下一步的课程决策提供了基础。[③]

（7）银行街课程的适宜性思考

银行街的"发展—互动课程"具有鲜明的进步主义色彩，也是美国儿童教育主流的课程模式。甚至有专家扬言说："'发展—互动课程'是美

---

① Cuffaro, H. K., Nager, Nancy, & Shapiro, E. K. The developmental-interaction Approach at Bank Street College of Education. In Jaipaul L. Roopnarine, & James E. Johnson (Eds.), *Approaches to Early Childhood Education (4nd Edition)*. Upper Saddle River, New Jersey: Pearson Education, Inc., 2005, p. 285.

② Cuffaro, H. K., Nager, Nancy, & Shapiro, E. K. The developmental-interaction Approach at Bank Street College of Education. In Jaipaul L. Roopnarine, & James E. Johnson (Eds.), *Approaches to Early Childhood Education (4nd Edition)*. Upper Saddle River, New Jersey: Pearson Education, Inc., 2005, p. 290.

③ Ibid., p. 290.

国儿童教育领域最具有综合性的、历久弥新的课程模式，因为它不仅关注儿童的社会性和情感的发展，同时还关注儿童的智力发展。同时它还是最具有灵活性的课程。"[1] 其主要理论依据是儿童发展理论。1997 年美国国家研究委员会（National Research Council）邀请了 17 名教育和心理学界的权威人士组成了儿童教育委员会（Commitee on Early Childhood Education），经过 3 年的系统研究出版了《渴望学习》（*Eager to Learn*）的研究报告。在这样一本具有时代意义的研究报告中，旗帜鲜明地表示"儿童教育委员会支持'完整儿童'这个概念"。而且 1997 年版的发展适宜性实践也全面阐述了自己坚守"完整儿童"的价值观。毫不夸张地说，所谓发展适宜性实践实际上就是以"发展—互动课程"为摹本的。当然，"发展—互动课程"模式的原则和实践与今天发展适宜性教育所提倡的理念有着直接的历史联系。它们之间有一些明显的共同要素，如认为通过与环境和材料及他人的互动，儿童能主动建构他们对世界的认识；强调游戏；认为儿童是一个完整的个体；教师担任观察者和学习促进者的角色；认识到家庭参与和交流的重要性。

但是它较少顾及儿童生活所处的文化背景，这点一直以来都受到批评。"'发展—互动课程'声称是一个综合性的教育方法，实际上这种方法的知识基础局限在发展心理学的范围之内。"[2] 近年来，发展心理学不断遭到学科内外的挑战，要求"重构"的声音一直不绝于耳，这也如早期的发展适宜性实践一样。所幸后者在修订过程中有所补充和强调。该模式的研究人员已经开始探索"让这种课程模式获得新生"的道路。

三　高瞻方案的适宜性分析

高瞻方案（High/Scope Curriculum）是由戴维·韦卡特（David P. Weikart）在美国密歇根州的伊普西兰蒂市（Ypsilanti，MI）的海斯科普（高瞻）基金会上提出的。这一方法最早设计于 20 世纪 60 年代，是为贫困儿童而制订的佩里学前计划的一部分，随后开始推广。所谓"High/

---

[1]　Goffin，S. G. & Wlison，C. *Curriculum models and early childhood education*：*Appraising the relationship* (*2nd ed.*)．Upper Saddle River，NJ：Merrill/Prentice Hall，2001，p. 92.

[2]　Sillin，J. U. Psychology，politics，and the discourse of early childhood educators. *Teachers College Record*，1956，87，615.

Scope"一词用于表明基金会高远的目标和远大的使命，顾名思义是指高度的热情（high aspirations）和广泛的兴趣（a broad scope of interests），其思想集中体现在他们精心编制的名为《教育儿童：学龄前儿童的积极学习实践和儿童保育项目》①的课程手册。

1. 基于"主动学习"（active learning）的理论基础

高瞻方案研究者们声称，该课程的主要理论基础是皮亚杰的儿童发展理论。但是与其他旗帜鲜明地打着皮亚杰理论旗号的课程方案不同，高瞻方案并不愿意自己被认为是一种纯粹的"皮亚杰课程"。正如高瞻方案的设计者所说："我们强烈希望我们的课程不会被大家认为仅是一种狭隘的皮亚杰课程，相反我们更愿意把皮亚杰理论看作我们的一个理论框架，这种框架指导教育应该强调儿童和成人的问题解决能力和决策能力。"②尽管如此，其理论中仍然体现皮亚杰的发展原则，如人类的智力发展是以一个可以被预知的顺序前进的；逻辑推理的发展是儿童潜在的思维结构变化的结果等。或准确地说，高瞻方案更多的是学习和运用皮亚杰的"结构论"，采纳的更多的是皮亚杰的"建构论"。其实，高瞻方案对于其他的发展理论是持开放态度的，更能反映其理论基础的是主动学习这个核心概念的确立。

高瞻方案主张，教育就是为儿童提供一个主动学习和建构他们自己知识经验的环境。韦卡特等人认为："儿童的知识来自他们与各种思想的互动，来自他们与物体和事件的直接经验，同时也来自他们把逻辑思维应用到这些经验的过程中。"③主动学习即"在这种学习中，儿童通过操作物体，通过与他人、思想以及事件产生互动，建构新的理解"④。主动学习有四个方面的内涵⑤：把儿童的学习兴趣作为学习资源；儿童个人的兴趣、探索问题和

① Hohmann, M., Weikart, D. P., & Epstein, A. S. *Educating young children*: *Active learning practices for preschool and child care programs* (3rd ed.). Ypsilanti, MI: HighScope Press, 2008.

② Hohmann, M., Banet, B., & Weikart, D. P. *Young children in action*: *A manual for preschool educators*. Ypsilanti, MI: The High/Scope Press, 1979, p. vi.

③ Weikart, D. P., & Schweihart, L. High/Scope curriculum for early childhood care and education. In Jaipaul L. Roopnarine, & James E. Johnson (Eds.), *Approaches to Early Childhood Education* (4nd Edition). Upper Saddle River, New Jersey: Pearson Education, Inc., 2005, p. 237.

④ Hohmann, M., & Weikart, David P. *Educating Young Children*: *Active Learning Practices for Preschool and Children Care Program*. Ypsilanti, Michigan: High/Scope Press, 1995, p. 17.

⑤ Ibid., pp. 17—18.

意图都可以成为探究、发明和建构新知识的催化剂；儿童直接操作物体，直接操作物体的身体活动给儿童提供了某些"真实的"东西让儿童去思考以及和别人进行讨论；儿童对引人注目的问题有所发现。儿童在直接操作物体以及与他人互动中会遇到真实生活中的问题，儿童需要在他已有经验与新的经验之间取得平衡，这就刺激了学习和发展的发生。从本质上说，这就是儿童解决问题的能力，儿童能对自己的行动结果进行反思。主动学习必须涉及儿童这些心智活动：解释结果，同时把这些解释整合到一个对于儿童直接经验世界来说更复杂的理解之中。

2. "皮亚杰式技能"（Piagetian skill）的教育目标

既然高瞻方案的理论基础是皮亚杰儿童发展的建构理论，也将皮亚杰的研究结果看作课程目标直接来源，其总目标便是教"皮亚杰式技能"，即其目标是认知性的，虽然后来有所变化，但认知发展作为其总目标基本保留。之后强调了主动学习，即将结构化的目标隐含在儿童活动的背景之中。高瞻方案的设计者曾这样总结道：该课程最重要的教育目标就是为儿童成功的"生命模式"（life pattern）打好基础，通过促进儿童的自我意识、社会责任感、独立而有目标的生活从而把儿童培养成为自立的、守法的公民。[1] 也有研究者指出其直接目的就是为儿童进入幼儿园和小学一年级做好准备，特别是为那些经济处境不利的儿童做好入学准备。[2]

3. 围绕"关键经验"组织的教育内容

高瞻方案的编制者们提出了围绕"关键经验"（key experiences）的课程内容。这些教育内容描述了58条关键经验，可分成10个领域：语言和读写能力（Language and Literacy）、创造性表征（Creative Representation）、主动性和社会关系（Initiative and Social Relations）、音乐（Music）、分类（Classification）、运动（Movement）、排序（Seriation）、数概念（Number）、空间（Space）和时间（Time）。从本质上说，这些关键经验都是以儿童的认知发展为主，后来才考虑了儿童的社会性发展和情绪发展。

高瞻方案设计者特别强调，关键经验仅提供了一种经验框架，教师可

---

① Hohmann, M., & Weikart, David P. *Educating Young Children: Active Learning Practices for Preschool and Children Care Program.* Ypsilanti, Michigan: High/Scope Press, 1995, p. 299.

② Goffin, S. G. & Wlison, C. *Curriculum models and early childhood education: Appraising the relationship (2nd ed.).* Upper Saddle River, NJ: Merrill/Prentice Hall, 2001, p. 156.

借此扩大和丰富儿童的兴趣，切不可把其看作特定的程序刻板执行。"采用'关键经验'的内容，高瞻方案的教师是要强调儿童操作新材料和面对挑战性情况等各种不同情景下的思维能力，而不是为了让儿童从发展的一个阶段走向下一个阶段，教师进行准确定时的干预。"① 关键经验还可以"拓展成人对于儿童所作所为、所思所想和他们所享受一切的理解。这种对儿童追求的复杂性的欣赏，可以帮助成人通过适宜的材料和互动来支持儿童那些慢慢生成的能力，而不是总是关注儿童的错误和不足"②。所以说，关键经验可以被看成透视儿童能力的"三棱镜"，是教师指导儿童活动以及评价儿童发展的框架。

4. "计划—工作—回顾"（plan-do-review）程序化的教育方法

程序化的教育方法是由"计划—工作—回顾"三个环节以及其他一些活动组成的，并且渗透到一日活动之中。

"计划"环节是给儿童一个机会表达他们的想法和意图，让儿童做他们自己想做的事。对儿童来说，这有助于他们勾勒出自己脑海中的想法，注意到计划实施的过程。对成人来说，与儿童一起讨论如何开展一个计划，鼓励儿童的想法并对此做出回应、给出合理的建议、强化计划、促使儿童成功，将有助于教师理解和判断儿童思维方式的发展。③

"工作"环节是这个活动的实施阶段。在这段时间中，儿童对材料进行探究，学习新的技能，尝试自己的想法。高瞻教室被划分为包括沙水区、娃娃家、艺术区、积木区、玩具区、书籍和书写、艺术区、木工区、音乐运动区和计算机区等工作区。这个时间内，教师不是"袖手旁观"，而是要观察儿童是如何实施自己的计划，通过鼓励、指导和支持儿童的活动，参与到儿童的活动中。

"回顾"环节是最后一个环节。通过这个环节，儿童与教师一起回忆做过的活动。儿童可以通过各种方法再现相应活动经验，这使儿童更清楚

---

① Hohmann, M., & Weikart, David P. *Educating Young Children*: *Active Learning Practices for Preschool and Children Care Program*. Ypsilanti, Michigan: High/Scope Press, 1995, p. 300.

② Ibid., p. 304.

③ Weikart, D. P., & Schweihart, L. High/Scope curriculum for early childhood care and education. In Jaipaul L. Roopnarine, & James E. Johnson（Eds.）, *Approaches to Early Childhood Education* (*4nd Edition*). Upper Saddle River, New Jersey: Pearson Education, Inc., 2005, p. 238.

他们的计划和行动，提供表达经验和想法的机会。①这个环节意义重大，"让儿童去回顾和反思他们最初的意图，把那些行动计划和活动结果联系起来，同时和别人交流这些对他们来说有意义的经验，这样的经历不仅仅对于儿童来说非常有意义，而且对于我们所有人的智力生活和情感及社会性生活也有着重大的意义。这些心智和社会性的发展过程能够让我们仔细搜索到过去、现在和将来之间的蛛丝马迹。对事件和经验进行回顾将会是一种让儿童受益终身的技能"②。

除了"计划—工作—回顾"这个程序化教学以外，高瞻方案还强调主动学习教育环境的重要价值。高瞻方案主张为儿童创设一个具有丰富刺激而又井然有序的学习环境。

5. 参与活动的"合作者"教师角色

高瞻方案在强调儿童主动学习这一前提下，也指出教师是儿童学习的支持者、协助者与引导者。具体来说，其对教师的要求有：与儿童形成可靠的关系；积极的互动策略；支持儿童提出的游戏点子；关注儿童的长处；选取一种问题解决方案来帮助儿童学习处理社会性冲突；发展提问的技巧，以促进儿童的学习、反思和交流。

6. 基于儿童观察记录的评价

"儿童观察记录"（Child Observation Record，COR）这个评价工具已经两次改版，是高瞻方案较核心的内容之一。这个评价工具曾经扬名海外，1998 年英国教育与就业部（Ministry of Education and Employment）就利用高瞻"儿童观察记录"结合另外一些评价工具在英国学校中评估新的国家标准下学生的学习进度。③

"儿童观察记录"测量的是 2.5—6 岁儿童的发展状况，教师要花好几个月的时间追踪记录儿童以下 6 个方面的行为：社会关系；主动性；创

---

① Weikart, D. P., & Schweihart, L. High/Scope curriculum for early childhood care and education. In Jaipaul L. Roopnarine, & James E. Johnson（Eds.）, *Approaches to Early Childhood Education*（*4nd Edition*）. Upper Saddle River, New Jersey: Pearson Education, Inc., 2005, pp. 238—239.

② Hohmann, M., & Weikart, David P. *Educating Young Children: Active Learning Practices for Preschool and Children Care Program*. Ypsilanti, Michigan: High/Scope Press, 1995, p. 228.

③ Weikart, D. P., & Schweihart, L. High/Scope curriculum for early childhood care and education. In Jaipaul L. Roopnarine, & James E. Johnson（Eds.）, *Approaches to Early Childhood Education*（*4nd Edition*）. Upper Saddle River, New Jersey: Pearson Education, Inc., 2005, p. 241.

造性表征；语言和读写能力；音乐和运动；逻辑和数学。因为1995年重新修订了儿童的关键经验，评估指标也发生了相应的变化，现在这6个方面下属总共有32个评估指标，每个指标底下有5种从低到高排序的儿童发展水平供教师选择。[1]

7. 高瞻方案的适宜性思考

高瞻方案的理论框架是有说服力的，也是有生命力的。截至2003年，高瞻教育研究基金会已经在加拿大、印度尼西亚、英国、墨西哥、爱尔兰、新加坡和荷兰开设了全国性的教师培训中心来推广高瞻方案。高瞻方案的基本教材和评估工具已经被翻译为阿拉伯语、荷兰语、汉语、韩语、法语、挪威语、葡萄牙语、西班牙语和土耳其语。[2] 高瞻方案被有些人认为是发展适宜性实践的一个例证。它为早期教育做出了理想的陈述，并取得了明显的成效［Berrueta-Clement, Schweinhart, Barnet, Epstein & Weikart,（1984）；Oden, Schweinhart & Weikart,（in press）；Schweinhart, Barnes & Weikart,（1993）；Schweinhart & Weikart,（1997）］。但它所面对的最大的挑战也是来自其在全球范围内传播这种课程模式。有人批评高瞻方案对文化因素视而不见，宣称关键经验"不考虑国籍和文化背景，它们对于全世界儿童理性思维的发展是同样重要的"。[3] 这也如银行街课程一样，应该说这也是皮亚杰理论一直以来所受到的批评。

但当思考高瞻方案和发展适宜性实践的原则时，至少下列这些基本原则是两者的共同之处：以理论家皮亚杰的观点为基础（尽管后者之后有所拓展）；核心是主动学习；强调动手操作材料；成人在将儿童的注意力和语言聚焦于学习方面发挥作用；强调选择和活动区；强调观察和评估的重要性。

四　瑞吉欧教育方法的适宜性分析

瑞吉欧教育法（Reggio Emilia Approach, REA）是意大利北部的一个

---

① High/Scope Educational Research Foundation (2003). *The child observation record* (2nd ed.). Ypsilanti, MI: High/Scope Press.

② Weikart, D. P., & Schweihart, L. High/Scope curriculum for early childhood care and education. In Jaipaul L. Roopnarine, & James E. Johnson (Eds.), *Approaches to Early Childhood Education* (4nd Edition). Upper Saddle River, New Jersey: Pearson Education, Inc. , 2005, p. 237.

③ Ibid. , p. 241.

名叫瑞吉欧·埃米利亚（Reggio Emilia）的小城市市立儿童教育和保育系统所采用的教育方法。在世界教育中，其教育方法引起了大家的关注。莲琳·凯兹曾经说："在 20 世纪 90 年代，世界各国在学前教育中所进行的一个最大的运动，是增进了对意大利北部城市瑞吉欧·艾米利亚感动人心的学前教育的兴趣。成千上万的教育工作者从世界各地赶赴瑞吉欧·艾米利亚去访问；还有无数的讨论会、结构化的观摩访问、由底特律韦恩州立大学麦若利帕莫研究中心发起的国际时讯'改革'以及不断增加发行的图书，等等。"① 瑞吉欧教育法的创始人和推行者洛里斯·马拉古兹（Loris Malaguzzi，1920—1994）被"多元智力理论之父"霍华德·加德纳（Howard Gardner）称为与福禄贝尔、蒙台梭利、杜威和皮亚杰齐名的伟大思想家。② 其实，在 1987 年瑞吉欧教育法越过大西洋进入美国之际，正好是美国儿童教育协会颁布发展适宜性实践之时。这不仅仅是巧合，更表明其紧密相关性。

1. 兼容并蓄的理论基础

瑞吉欧教育法与上面所提到的美国儿童教育课程模式不同，瑞吉欧教育法经历了一个从实践到理论的发展历程，这是一个自下而上、螺旋式上升的过程。当勒拉·甘蒂尼向马拉古兹请教影响瑞吉欧教育法的理论及思想流派时，马拉古兹认为瑞吉欧教育法的理论源泉来自杜威、皮亚杰、维果茨基、埃里克森、布朗芬布伦纳、布鲁纳、戴维·霍金斯（David Hawkins）和约翰·加德纳（John Gardner）等人的思想。③ 所以说，瑞吉欧教育法的理论来源是多元化的，突破了发展心理学的局限。正是由于瑞吉欧教育法有着如此多元的教育哲学，所以瑞吉欧教育法从来不认为自己是一种模式，而认为自己是一种不断更新的教育方法。"瑞吉欧·埃米利亚的教育工作从来没有

---

① 朱家雄主编：《国际视野下的学前教育》，华东师范大学出版社 2007 年第 6 期。

② Gardner, Howard. Forward: Complementary perspectives on Reggio Emilia. In Carolyn Edwards, Lella Gandini & George Forman（Eds.）. *The Hundred Languages of Children: The Reggio Emilia approach: advanced reflections*（*2nd Edition*）. Greenwich, NJ: Ablex Publishing Corporation, 1998, pp. xv—xvi.

③ Malaguzzi, Loris. History ideas and basic philosophy: An interview with Lella Gandini. In Carolyn Edwards, Lella Gandini, & George Forman（Eds.）. *The Hundred Languages of Children: The Reggio Emilia approach: advanced reflections*（*2nd Edition*）. Greenwich, NJ: Ablex Publishing Corporation, 1998, pp. 58—62.

成为一种套路和固定程序，而总在不断地重新审视，不断地尝试。正因为这个原因，瑞吉欧·艾米利亚的教育者在谈到他们的教育方法时，拒绝使用'模式'一词，而说'我们的方案'或者'我们的经验'。"①

2. 建立新儿童形象的教育目标

从实践上说，瑞吉欧教育法主要还是基于杜威、皮亚杰和维果茨基的思想，另外还有瑞吉欧教育工作者几十年如一日的反思历程，从而建立了新儿童形象。瑞吉欧教育法在世界各地的成果巡回展有一个意味深远的名字"儿童的一百种语言"（the hundred languages of children），马拉古兹认为，儿童有强大的不可估量的力量；儿童应受到尊重；教师在教儿童之前，必须先了解儿童。"儿童的一百种语言"指儿童有权利也有能力运用除口头、文字语言以外的多种方式，用各种材料去认识他们周围的世界，表达自己的思想、情感。② 这里的语言泛指文字、图形、动作、建筑、绘画、雕塑、拼贴、皮影戏、戏剧或音乐等多种活动形式以及丰富媒介材料。瑞吉欧教育法鼓励儿童运用各种符号系统，创造性地表现和表达自我。

3. 以辅助性情境为资源的弹性教育内容

关于瑞吉欧教育法的课程内容，马拉古兹直言不讳地说："我们确实没有什么计划和课程。如果说我们靠的是一种值得让人羡慕的即席上课的技巧，那也是不正确的……我们确实知道的是，与儿童在一起，三分之一是确定的，三分之二是不确定的或新的事物。三分之一确定的东西使我们了解或可以帮助我们了解。"③ "我们可以相信的是，儿童随时准备帮助我们，他们可以为我们提供想法、建议、问题、线索和遵循的路线……儿童所有的帮助，加上我们对情境的付出，形成了一种十分完美的宝贵资源。"④

---

① Gardner, Howard. Forward: Complementary perspectives on Reggio Emilia. In Carolyn Edwards, Lella Gandini & George Forman (Eds.). *The Hundred Languages of Children: The Reggio Emilia approach: advanced reflections (2nd Edition)*. Greenwich, NJ: Ablex Publishing Corporation, 1998, p. 12.

② 屠美如主编：《向瑞吉欧学什么——〈儿童的一百种语言〉解读》，教育科学出版社2003年版，第67页。

③ Gardner, Howard. Forward: Complementary perspectives on Reggio Emilia. In Carolyn Edwards, Lella Gandini & George Forman (Eds.). *The Hundred Languages of Children: The Reggio Emilia approach: advanced reflections (2nd Edition)*. Greenwich, NJ: Ablex Publishing Corporation, 1998, p. 82.

④ Ibid., p. 82.

在瑞吉欧教育法看来，环境是儿童的"第三位教师"。曾经有研究儿童学习环境的学者深刻地指出，"环境是一个活生生的、时刻变化着的系统。环境并不仅仅是一个物理空间，它还包括对时间的组织方式以及社会期待我们在其中所扮演的角色。环境不但调节着我们情感、思维和行为的方式，而且还强烈影响着我们生活的质量。当我们生活于其中时，环境既可以为我们服务也可以妨碍我们的生活"[①]。瑞吉欧学校为儿童提供多样的材料，让儿童将其作为媒介而自由表现和表达，如黏土、绘画、影子游戏、建构游戏等。马拉古兹进一步指出，儿童创造性潜能的发展与教育环境不可分离，应当为儿童提供充分的机会与材料互动，并有所发现和发明。并且在瑞吉欧教育法中，教育环境的创设还特别关注社会化环境。例如每一所学校都有一个中心广场（piazza），在这里，不同年龄段的儿童可以自由交谈、分享自己的工作成果。教师相信，在团队中工作能让儿童理解交流的节奏和方式。同伴活动中发生的矛盾冲突——反对、协商、重构思想和假设——被看作儿童社会化学习的机会。

弹性教育内容则体现在对儿童兴趣的尊重上，瑞吉欧教育法的精髓就是根据儿童的兴趣来设计教育项目。教育项目可以由多种途径生成，如从教师的计划中来，或从儿童的一些自发事件中发展来，比如儿童偶然的想法或是对教师所提问题的回应。应该说，几乎任何可以引起儿童兴趣的经验都可以成为项目开展的基础，且每个项目都会非常深入且细致地展开。如教师计划了一次去瑞吉欧·艾米利亚历史中心出游活动，教师最初的目的是带领儿童了解市场，但儿童却立即迷上了市场上到处可见的古老的石狮子雕像，儿童抚摸这些狮子、爬到狮子身上，从不同角度来进行探索。随后，回到学校后，教师为儿童提供了相互讨论石狮子的机会，并将所拍摄的照片挂于墙上，供儿童探究。曾经和马拉古兹一起工作的，瑞吉欧教育法的第一位教育协调员卡琳娜·里纳尔迪（Carfna Rinaldi）在一次教师会议中向参与成功策划和组织"恐龙方案"的艺术教师指出："如果教师有 1000 个假设，那么他们就比较容易接受还有第 1001 个或第 2000 个不同的假设。只有当教师自己设想过足够多的可能性时，才更容易接受未知

---

① Greenman, J. *Caring spaces*, *learning spaces*: *Children's environments that work*. Redmond. WA: Exchange Press, 1988, p.5.

和对新的想法更加开放。"① 因此"弹性课程"被形象地叫作"外出旅行时的指南针,而不是有固定路线和时刻表的火车"。

4. 合作探究的方案教育活动

瑞吉欧教育法在世界各国巡回的教育展览中最引人注目的就是使用合作探究方案,方案活动是瑞吉欧教育法的主要特征之一。何谓"方案活动"在儿童教育家凯茨那里表示为:"方案活动就是对某个主题进行广泛深入探究的活动,这个主题是理想的值得儿童注意和花时间进行探究的。通常是班级中一组儿童、有时是整个班级、偶尔会是某个儿童进行的探究活动。就算是整个班级都参与某个方案活动,但是儿童也会典型地以小组或者个人的形式参与大主题下特定的分主题的探究活动。儿童通过与教师进行讨论,他们会针对主题的各个具体方面提出问题,而主题也就成为了儿童探究活动的主要攻克点。"② 甘蒂尼在观察了瑞吉欧教育法中诸多学习方案后表示,"各种方案为儿童和教师学习经验提供了支柱。这些方案是基于以下这些强烈的信念形成的:做中学是非常重要的,小组讨论、改造我们的想法和经验是获得更深入的理解和学习的首要途径"③。由此可见,在瑞吉欧教育法中,"方案活动"主要是通过小组活动来实现的,强调民主参与和经验改造。其探究目标指向建立"知识共同体"和"文化共同体"。这种合作探究,让每个孩子都意识到自己的观点与其他人的观点是不同的,从而意识到自己的独特想法,产生自我认同感;同时在与同伴的交往中,也让孩子们意识到世界的多样性。这样,他们获得的不但是友谊和情感,亦有认识上的满足。

当然,游戏在瑞吉欧教育法中有重要地位,如幼儿园中常见的角色扮演游戏活动、故事活动、户外体育活动等。凯茨提醒我们,"应当注意的

① Gardner, Howard. Forward: Complementary perspectives on Reggio Emilia. In Carolyn Edwards, Lella Gandini & George Forman (Eds.). *The Hundred Languages of Children: The Reggio Emilia approach: advanced reflections (2nd Edition)*. Greenwich, NJ: Ablex Publishing Corporation, 1998, p. 218.

② Katz, L., & Chard, S. The project Approaches: An overview. In Jaipaul L. Roopnarine, & James E. Johnson (Eds.), *Approach to Early Childhood Education (4th Edition)*. Upper Saddle River, NJ: Merrill/Prentice Hall, 2005, p. 296.

③ Gandini, L. Foundations of the Reggio Emilia approach. In J. Hendricks (Eds.), *First steps toward teaching the Reggio way*. Upper Saddle River, NJ: Merril/Prentice Hall, 1997, p. 7.

是，瑞吉欧的儿童特别是年龄较小的孩子除了进行方案活动外，还从事许多其他的活动。积木游戏、角色游戏、户外活动、听故事、烹调、家务活动以及穿衣打扮等自发性的活动，还有许多'一次成像'（one-shot）的活动，如颜料画、拼贴画和黏土手工，等等，都是所有孩子们司空见惯的日常生活中的活动"①。

5. "倾听"和"沟通"作为教师角色的中心

在瑞吉欧教育法中，教师的角色是儿童的伙伴、养育者和指导者。费利皮尼（Filippini, T.）论述瑞吉欧教育法体系中教师的作用时，将"倾听"作为其角色的中心。"成人最重要的作用是倾听、观察并理解儿童在学习环境中所使用的策略……我们必须能够接住儿童抛给我们的球，并以能够让儿童想要继续以与我们游戏的方式把球掷回去，或者在这一过程中，我们可以设计出其他的游戏。"② 在任何时候，教师都是倾听者和观察者，问儿童问题，反思儿童的回答，从中了解儿童可以运用哪些材料和概念来拓展他们的认识。即指对儿童全心全意的关注，引导儿童主动学习。例如，教师记录儿童的活动过程，分析儿童的行为表现，并在与儿童共同的商议、讨论、合作和妥协的过程中寻求教育契机。肯尼迪（Kennedy, 1996）认为瑞吉欧教育法之所以如此不同，与他们提出的"和塑造儿童一样，塑造教师"有着很大的关系。教师对自己所要培养的儿童和建构的发展适宜性实践有着极为清晰的理解，认识到建构是持续发展的。③

沟通则指的是，教师必须与家长建立平等的伙伴关系。马拉古兹强调，教育必须围绕三个重要的参与者而进行——儿童、教师和儿童家长。教育要取得良好效果，需使三者都有幸福感。家长参与（parent engagement）成为家校联系的关键词。接替马拉古兹的瑟吉欧·斯帕贾里（Sergio Spaggiari）表示，"把家庭引入学校的想法和做法，可能更重要的是，家长和教师之间

---

① Katz, L. What can we learn from Reggio Emilia? In Carolyn Edwards, Lella Gandini, & George Forman（Eds.）. *The Hundred Languages of Children：The Reggio Emilia approach：advanced reflections*（*2nd Edition*）. Greenwich, NJ：Ablex Publishing Corporation, 1998, p. 35.

② Edwards, Lella Gandini & George Forman（Eds.）. *The Hundred Languages of Children：The Reggio Emilia approach：advanced reflections*（*2nd Edition*）. Greenwich, NJ：Ablex Publishing Corporation, 1998, p. 134.

③ Kennedy, D. After Emilia：May the conversation begin. *Young Children*, 1996, 51（5）, 24—27.

的思想交流可以促成发展一种新形式的教育，同时帮助教师不是把家庭的参与看作一种威胁，而是把它看作一种不同智慧的交流融合"①。

6. 记录成为评价、反思和建立联系的桥梁

前面三种课程中，都谈到教师利用观察手段对儿童的发展进行的评价。但是，都没有瑞吉欧教育法中的"记录"（documentation）让人震撼，其所达到的深度是令人难以置信的。记录指的是对教育过程及师生共同工作结果进行系统总结，是儿童学习的一部分、弹性课程的一部分和教师专业发展的一部分，还是学校与家庭及社区沟通的一部分。这些记录有助于教师关注儿童思想和问题的不断转变，是他们每周与其他教师进行数小时讨论的基础。同时，这些记录还能有助于教师产生一些想法，成为日后家庭沟通的经验基础。瑞吉欧儿童中心和哈佛大学"零点方案"研究小组，历经几年的合作研究出版了两本书，一本名为《让学习可视化》（*Making Learning Visible*），另外一本名为《让教学可视化》（*Making Teaching Visible*）。这两本书都围绕着记录展开。记录使教与学的过程变得可视化，使整个教育过程可视化，这在以往任何的儿童教育课程都做不到。

7. 瑞吉欧教育法的适宜性思考

瑞吉欧思想和课堂实践持续吸引着对优质早期教育感兴趣的人们的注意。1991 年，美国《新闻周刊》将艾米利亚市立幼儿园——戴安娜学校（Diana School）评选为世界上最先进的儿童教育机构。同样在评选"世界十佳学校"时，瑞吉欧·艾米利亚亦名列榜中。1992 年马拉古兹还被授予乐高（LEGO）奖。此后其他奖项也接踵而至。

其实，瑞吉欧教育法就像是一面多棱镜，不同的人对它有着不同的解释。我们分析的前三个美国有代表性的儿童教育课程，都是突出儿童发展具有普遍性，不注重儿童发展的文化差异。1987 年瑞吉欧教育法越过大西洋进入美国之际，正好是全美幼教协会颁布发展适宜性实践之时。这在一定程度上影响了美国儿童教育课程的发展方向。因为起初各种课程都希望通过对发展适宜性实践的解释和运用来捍卫自己所偏好的课程。而瑞吉欧教育法则证明了发展适宜性实践中那种两分法的错误是多么荒谬，如把

---

① Edwards, Lella Gandini & George Forman (Eds.). *The Hundred Languages of Children：The Reggio Emilia approach：advanced reflections（2nd Edition）*. Greenwich, NJ：Ablex Publishing Corporation, 1998, p. 104.

"教师主导的活动"和"儿童主导的活动"截然对立起来。① 因此，1997
年全美幼教协会在其修订的发展适宜性实践中明确表示，在瑞吉欧的所见
所闻深深地震撼了她们一些固有的想法和实践。② 他们开始将维果茨基的
社会建构主义的思想纳入其理论基础、抛弃了原来简单的两分法的哲学
观，1997 年重新修订的发展适宜性实践，倡导互动与交融（both/and）。
全美幼教协会表示，"对全美幼教协会 1987 年版的关于'发展适宜性实
践'的立场声明的批评反映了美国教育界话语的一种循环性倾向：那就是
把对很多问题采取的不是/就是（either/or）这种极端的两分法的选择正
在转向更加富有成效的既/又（both/and）的全面考虑。实际上，这两种
方法是相容的，而且结合起来是最有效的"③。如 1997 年版发展适宜性实
践指导儿童发展与学习的原则中，第 7 条原则明确表示"儿童是积极的学
习者，他们既利用直接的身体和社会经验，也利用经过文化所传递的知识
来建构自己对于周围世界的理解"④。所以，瑞吉欧教育法则作为支持新
版发展适宜性实践的一个最佳案例，受到美国主流教育界的追捧。美国学
者毫不掩饰地表示，"瑞吉欧教育法为我们提供了新的方式来思考作为学
习者的儿童的本质，教师、学校组织者和管理者的角色，物理环境的设计
和利用，思考那些能够引导共同的、开放性的发现的教育经验，以及如何
建设性地提出问题并解决问题。正是因为这些特征，瑞吉欧教育法在美国
人看来才如此重要而且令人兴奋"⑤。

　　甚至在思考瑞吉欧学校的优势时，休·布里德坎普认为瑞吉欧的实践
"已经超越了发展适宜性实践，至少其目前的实践是这样，尤其是在对知
识的社会建构的强调、对教师作为儿童经验的共同建构者和儿童学习过程

---

　　① Edwards, Lella Gandini & George Forman （Eds.）. *The Hundred Languages of Children：The Reggio Emilia approach：advanced reflections*（2nd Edition）. Greenwich, NJ：Ablex Publishing Corporation, 1998, p.316.

　　② Bredkamp, S., & Copple, C. （Eds.）. *Developmentally appropriate practice in early childhood programs*（rev. ed.）. Washtington, DC：National Association for the Education of Young Children, 1997, p.33.

　　③ Ibid., p.23.

　　④ Ibid., p.13.

　　⑤ Edwards, Lella Gandini & George Forman （Eds.）. *The Hundred Languages of Children：The Reggio Emilia approach：advanced reflections*（2nd Edition）. Greenwich, NJ：Ablex Publishing Corporation, 1998, pp.7—8.

记录者的清晰描述方面"①并指出了美国早期儿童教育者所要应对的挑战：进一步完善我们对发展适宜性的定义；重新建立有足够能力的儿童新形象；促进项目中概念的整合，增强儿童和家长的体验；拓展我们对教师角色的理解；平衡标准的制定与质疑；反思专业发展。

如上所述，美国幼教界对于瑞吉欧教育法已经有些"顶礼膜拜"的味道了，甚至许多研究者将其作为发展适宜性实践的发展趋势和发展方向。然而，这种崇拜的趋势本身就违背了瑞吉欧的思想。美国心理学家加德纳提醒，瑞吉欧团队并没有声称这个方案可以被其他人所使用。并进一步说，这个团队并不关心美国研究的取向问题、评价的标准或者在儿童离开瑞吉欧后对这些儿童进行后续评价。加德纳表示"他并不想暗示说，瑞吉欧教育在其他地方是不可以再造的，至少从部分上说瑞吉欧教育是不可以再造的"②。因为儿童至少部分上是历史和文化的产物。也不要忘记，马拉古兹也一直告诉人们，瑞吉欧项目不应该被看作可以在其他背景或国家中进行复制的一种教育模式或课程，"相反，瑞吉欧的工作应当被视为一种教育实验，在不断更新和不断调整的教育项目中反思、实践和再反思"③。也许这点才是发展适宜性实践可以从瑞吉欧教育法中秉承的课程原则，不断的反思、实践和再反思。而发展适宜性实践已然有两次的修订，还会继续地不断修订。

综上，尽管各种课程维度不同，但是每一个课程都被认为是发展适宜的教育课程的重要组成部分。这些课程都坚信，对儿童的认识与回应是课程的出发点。为了进一步理解每个儿童及其体验，所有的四个课程都非常重视对反思型教师的需求，重视教师的能力。这四种课程具有相同的价值观念与目标，旨在为儿童提供一个良好的生活开端。对这些课程的分析也强调对这些课程中的儿童会成长为何种成年人的认识。无论是通过间接还是直接的方式，这些课程都希望儿童长大成为能够对社会有所贡献的民主公民，懂得如何与他人相处，并且能够终身学习。

但四种课程也有不同程度的差异，他们看待儿童的方式有所不同。瑞吉

---

① Bredekamp, S. Reflections on Reggio Emilia. *Young Children*, 1993, 49（1），pp. 13—17.

② Gardner, Howard. *The disciplined mind. What all students should understand.* New York：Simon & Schuster, 1999, p. 92.

③ Gandini, L. Foundations of the Reggio Emilia approach. In J. Hendricks（Eds.），*First steps toward teaching the Reggio way.* Upper Saddle River, NJ：Merril/Prentice Hall, 1997.

欧的课程认为，儿童很有能力，可以相互合作，并且可以与教师合作；而银行街课程则认为，儿童在不同年龄阶段具有不同的需求和可能性，教师可以通过课程来满足这些需求与可能性。同样地，他们在教育过程中看待教师的方式也不同。瑞吉欧的课程认为，儿童非常有能力，知道如何学习，教师则努力支持儿童的学习；高瞻课程则认为由于与教师的互动，儿童的能力才得到发展。对环境的重视程度是这四种课程的另一个不同点：他们都承认环境的作用，其中蒙台梭利课程仅提及了理念，没有提供进一步的详细说明；而银行街课程强调，环境的安排与组织非常重要；高瞻课程强调儿童的潜能与环境挑战的相互匹配；瑞吉欧课程则认为环境是儿童的"第三任教师"，对儿童的学习具有巨大的影响。最后，各个课程的评估方式也不同。比如，高瞻课程包含较强的评估成分，瑞吉欧课程则对评估持强烈的反对态度。

因此，当你开始思考适宜儿童的课程时，你会注重什么？切记，儿童是具有强烈的学习愿望的吸收性学习者，对学习及周围世界保持强烈的好奇心与兴趣。儿童具有探索与发现的动力，具有亲自去看、感觉及听的强烈愿望，以及获得身体与社交领域新体验的渴望。这表明，不能强迫儿童接受我们认为他们应该学习的内容。相反，设计课程时我们可以相信，如果有合适的学习环境与有学识的成年人的指导，儿童对世界的兴趣会带给他们适宜的知识。卡罗莱纳·里纳尔迪（Carlina Rinaldi）是瑞吉欧婴儿童中心和学前学校的教学主管，他曾经说过，瑞吉欧模式不是一种可以教授的教学方法，而是一种思考儿童、学校、教育和生活的方式。这句话对我们不无启示。而这也正是发展适宜性实践一再强调其不是一个课程模式的原因。

同时，在四种课程模式中除了蒙台梭利教育法之外，其他几种课程模式都强调游戏成为促进儿童在所有领域获得适宜性发展的媒介。但蒙台梭利其实是第一个指出"游戏是儿童的工作"的研究者。科斯特尔尼克在《发展适宜的儿童教育课程》（*Developmentally Appropriate Programs in Early Childhood Education*）一书中，将发展适宜性课程区分为八大领域（domains）：美感的、情感的、认知的、语言的、身体的、社会的、假想游戏的和建构的领域。从中可以看到，其将假想游戏和建构游戏与其他领域并列作为重要的课程内容（Kostelnik，1993）。[①] 强调了游戏在发展适宜性实

① Kostelnik, M. J., Soderman, A. K., & Whiren, A. P. *Developmentally appropriate programs in early childhood education*. New York: Macmillan, 1993.

践课程中的重要地位。

第三节　基于游戏：发展适宜性课程设计

游戏是个体主动的、自发的、愉快的自由活动。儿童需要游戏，就如需要安全和食物一样。儿童之所以自愿地、积极地投入到游戏中去，就是因为游戏是儿童发展过程一种内在的需要。"热爱游戏是幼小动物——不论是人类还是其他动物——最显著的易于识别的特征。对于儿童来说，这种爱好是与通过装扮而带来的无穷的乐趣形影相随的。游戏与装扮在儿童时期乃是生命攸关的需要，若要孩子幸福、健康，就必须为他提供玩耍和装扮的机会。"[1] 也如霍尔所说，游戏能以概括和简化的方式排练我们祖先过去的习惯和精神。年儿童童必然会从事游戏，就像其祖先必然要经历启蒙年代一样。[2] 儿童离不开游戏，这是其需要——生命成长的需要决定的。"游戏，是儿童生活和儿童文化的一个自然而重要的组成部分，并不仅仅意味着'玩'，甚至也不仅仅是儿童用以理解他生活于其中的世界的手段，它实际上是儿童存在的一种形式，是儿童生存的一种状态。"[3] 按照帕克的见解，价值有两类，一类是"真实的生活价值"，另一类是包括游戏价值在内的"想象的价值"，而游戏价值是欲望的想象性满足。[4] 其潜藏着这样两层含义：游戏对于儿童具有内在的、别的活动无法取代的价值；儿童的整个生活领域（道德的、认识的、审美的）都充满着游戏。[5]

游戏是促进儿童认知发展的最佳方式。这个观点半个世纪前的早期教育者就提出了。约翰·杜威、帕蒂·史密斯·威尔（Patty Smith Hill）和苏珊·艾萨克（Susan Isaacs）都持这一观点，认为游戏为儿童探索活动材料、发展认知、提高问题解决能力以及发展社会性提供了机会。当然，现在这个观点仍然受到重视。全美幼教协会的立场声明认为"游戏是发展

---

[1]　胡伊青加：《人：游戏者——对文化中游戏因素的研究》，贵州人民出版社 1998 年版，第 173 页。

[2]　同上书，第 1 页。

[3]　刘晓东：《儿童精神哲学》，江苏教育出版社 1999 年版，第 8 页。

[4]　胡伊青加：《人：游戏者——对文化中游戏因素的研究》，贵州人民出版社 1998 年版，第 37 页。

[5]　黄进：《儿童游戏文化引论》，南京师范大学出版社 2012 年版，第 9 页。

自我规范能力，以及促进儿童的语言、认知及社会能力的重要手段"①。
"儿童的自发游戏是他们最大的成就。儿童在游戏中构想了一个自己的世
界，并在这个世界中创造了自己的位置。当他们将自己此时此刻的生活置
于现实和想象中时，他们就是在重塑他们的过去和想象中的未来。教师用
自己的话重现儿童的游戏，表现了对游戏完整性的尊重，在这一共同经验
的基础上，集体文化得到成长。为了实现这个目标，也同样是为了游戏之
于儿童的价值，教师必须重视游戏。② 游戏使人各个方面的发展互相联系
并帮助儿童发展起来应对未来需要的技能和态度。一个愉快的游戏可以产
生一个完美的学习循环，儿童是充满好奇心的，她在游戏中探索和发现，
发现带来了愉悦的情绪，愉快的情绪又导致重复操作和实践，操作又带来
好奇，好奇又带来愉快的情绪和再次行动的自信。所有的学习——情感
的，社会的，操作的和认知的都通过愉快的游戏加速和丰富。③

一 作为儿童的一种学习方式的游戏

游戏作为儿童的一种学习方式，意味着游戏被作为使儿童达到某一或
某些学习与发展目标的手段、途径和方法。在课程上突出强调游戏对促进
儿童学习与发展的价值，以实现教育培养人的目标，是在情理之中的，也
是符合儿童发展规律的。

儿童教育国际协会（ACEI）和全美幼教协会这两个著名的专业协会
的指导方针都认为，游戏对所有年龄、地区和文化背景的儿童的健康发展
和学习都是至关重要的。游戏具有以下功能：使儿童理解周围的世界，建
立对社会和文化的理解，使儿童能够表达他们的思想和情感，培养变通能
力与发散思维，提供面临与解决真实问题的机会，提升语言能力、读写技
能和思想。④

---

① Bredekamp, S. & Copple, C. (Eds.). *Developmentally appropriate practice in early childhood programs serving children from birth through age 8*. Washington, DC: NAEYC. 2009, p. 14.

② Jones, E., & Reynolds, G. *The play's the thing*. Teachers' college Press, 1992, p. 129.

③ Bredekamp, S. & Copple, C. (Eds.). *Developmentally appropriate practice in early childhood programs serving children from birth through age 8*. Washington, DC: NAEYC. 2009, p. 50.

④ Isenberg, J., & Quisenberry, N. Play: Essential for all children. *Childhood Education*, 2002, 79 (1), 33—39.

1. 身体发展和游戏

儿童期是一个人生长发育十分迅速和旺盛的萌芽期，游戏让这一阶段的发展更充满生机和无限可能。儿童在进行跑步、爬山和跳跃游戏时发展了身体的控制能力。绘画、切割或搭建东西时，他们的手眼协调能力得到发展。他们喜欢在运动中试验自己的身体。同时，在进行游戏时，儿童总是伴随着非常愉快的情绪。这种愉快的心情，又保证着孩子身体的健康，保证着机体的正常发育。游戏就是操作，能够转化为身体发展、技能提升和积极的自我认知。

虽然所有儿童都需要活跃的游戏来促进身体健康，但对于关节或肌肉有损伤的儿童来说，活跃的游戏具有特殊的价值。这些儿童不能参与剧烈运动，但可以参与活跃的游戏。活跃的游戏帮助他们积聚和维持精力、促进关节的灵活和肌肉力量的发展，还能帮助他们发展社会技能并不断提高承受压力的能力。[①]

2. 认知发展与游戏

游戏是儿童喜爱的活动，为儿童提供了从不同方面来认识外部环境的途径。在游戏中，儿童可以充分发挥主动性和积极性，通过扮演各种角色，通过使用各种玩具或材料，通过观察、感知、比较、分类、回忆、想象、思维，通过对已有知识理解的更新、对生活经验的重组、对已掌握的能力的运用、对动作和情节的实践，去接触、感受、探索新的事物，去了解玩具（物体）的性能，了解事物之间的关系，于是，其感知能力、注意力、记忆力、想象力、思维能力、解决问题的能力和创造能力都会得到发展。同时，在游戏中儿童需要与同伴沟通与交往，有了很好的语言锻炼机会，儿童语言也得到了发展。因此，游戏对儿童的认知发展具有很大的教育意义。

约拿、迪伦和萨丽娜都是学前儿童，他们最近听了埃里克·卡尔（Eric Carle，1993）的《今天是星期一》。现在他们正在戏剧表演活动区根据这本书创作自己的版本。他们假装成餐馆里不同的员工，讨论着各自的角色——厨师、服务员和收银员，自发地形成并扮演着他们所熟悉的餐馆主题游戏。一开始，约拿宣布："我想我们还是玩餐馆游戏吧。"然后他就和萨丽娜、迪伦玩起了餐馆游戏。迪伦当厨师，

[①]　Majure, J. It's playtime. *Arthritis Today*, 1995, 9 (1), 46—51.

他负责做汤。他们的语言、动作、手势表明他们理解一个餐厅需要什么，这些理解是他们通过自身经验、媒体和游戏情境获得的。①

儿童在假装游戏中创造他们的故事版本时，他们通过符号表征他们的理解，建构他们对事物的认识。游戏中运用的认知技能对其学业成就至关重要。同时，许多研究者如波卓娃和利昂（Bodrova & Leong，2004）指出，他们的研究证实对游戏的强调不会削弱学业学习，事实上，这使得儿童能够学习。"游戏不与基础性技能对抗：通过成熟的游戏，儿童学习基础技能，从而为迎接学业挑战做好准备。"② 特别是很多研究者指出，读写能力的发展对儿童的学业成就至关重要。游戏为儿童提供了安全的社会情境中的交谈机会。在与他人游戏时，儿童经常运用语言来索取材料、提问、搜索信息、为他人提供信息、表达想法、探索语言、发起并维持游戏。③

3. 社会性和情感发展和游戏

游戏增强了儿童的社交能力和自信心，有助于儿童与同伴及成人关系的建立，并促进了儿童情感的成熟。

游戏是一种积极的情感交往方式，儿童在游戏中能够意识到自己的和他人的情感，并能够考虑到他人的想法。当儿童游戏的时候，他们凭直觉来了解自己的情绪感觉，通过具体而假想的方式处理这些情绪感觉，从而减轻来自真实世界的压力、痛苦和恐惧感。游戏也为儿童获得了树立自信的机会，游戏相随的快乐也为儿童养成坚持不懈的性格提供了一个积极的情感环境。④ 游戏加强了儿童对个人能力的感知，并帮助他们树立"我

---

① ［美］伊森伯格、贾隆戈：《创造性思维和基于艺术的学习——学前阶段到小学四年级（第5版）》，叶平枝、杨宁译，高等教育出版社2012年版，第65—67页。

② Bodrova, E., & Leong, D. *Chopsticks and counting chips: Do play and foundational skills need to compete for the teacher's attention in an early childhood classroom? In Spotlight on young children and play.* Washington DC: NAEYC, 2004, p.10.

③ Christie, J. Play as a learning medium-revisited. In S. Reigel (Ed.), *Theory in context and out.* Westport, CT: Ablex, 2001, 3, pp.357—366.

④ Singer, J. L. Epilogue: Learning to play and learning through play. In D. Singer, R. Golinkoff, & K. Hirsch-Pasek (Eds.), *Play = learning: How play Motivates and Enhances Children's Cognitive and Social-Emotional Growth.* New York: Oxford University Press, 2006, pp.251—262.

能"的信念。同时，心理学家弗洛伊德等人对此做了大量的研究指出，通过游戏转换角色，也具有宣泄的作用。当儿童在他们控制的情境下表演生气、难过或焦虑等情绪时，游戏也有益于帮助他们学会管理自己的情绪。有一个很好的例子——4岁的学前儿童亚历山大，他的狗最近被车撞了。在戏剧游戏中，教师听到他在宠物医院对其他儿童说"我很伤心，因为汽车撞了我的狗"。这时，他试图平复可怕的情境所带来的不愉快的感觉。游戏使亚历山大得以表达不愉快的情绪而缓解了他对狗的担忧。①

同时，游戏是儿童进行社会交往的起点，为儿童融入社会、融入群体提供了大量的训练交往的机会。玩游戏过程必须执行一定的游戏规则，包括游戏角色的行为规则和游戏计划的程序规则，对游戏规则的遵守必然促进其社会性发展。进行游戏时，儿童一方面要表达自己的意愿，采取行为；另一方面要理解别人的意愿，做出反应。所以，在游戏交往中，儿童不仅懂得了分享、合作、协商、谦让、讲礼貌等人际关系的准则，而且培养了帮助人、同情、友好、安慰等亲社会行为。游戏通过以下方式促进儿童社会性的发展：儿童在商定角色与责任、加入正在进行的游戏、感受他人情感时，练习了言语和非言语的交流技能；在游戏轮替以及分享彼此的材料与体验时，对同伴的感受做出回应；通过合作学习和游戏，在了解他人的需要和想法时体验家庭、学校和社区中人们的角色；通过积极地解决有关空间、材料、规则或责任的冲突来感受他人的观点。② 正如维果茨基所指出的那样，游戏给儿童提供了学习和练习社会习俗的机会。全美幼教协会指出，游戏促进儿童的认知发展之外，更潜在地促进了社会性交往能力的发展，并为儿童以后的学习成功打下基础。③

4. 创造力的发展与游戏

游戏中，每个儿童都是一位具有创造力的作家，他们创造着自己的世

① Landreth, G., &Homeyer, L. Play as the language of children's feelings. In D. P Fromberg & D. M. Bergen (Eds.) *Play from birth to twelve and beyond: Contexts, perspectives, and meanings.* New York: Garland, 1998, pp. 193—193.

② Singer, J. L. Epilogue: Learning to play and learning through play. In D. Singer, R. Golinkoff, & K. Hirsch-Pasek (Eds.), *Play = learning: How play Motivates and Enhances Children's Cognitive and Social-Emotional Growth.* New York: Oxford University Press, 2006, pp. 251—262.

③ Copple, C. and S. Bredekamp, eds. *Developmentally Appropriate Practice in Early Childhood Programs Serving Children from Birth through Age 8, 3d ed.* Washington, DC: NAEYC. 2009, pp. 14—15.

界，或者说是以一种他喜欢的方式重新布置世界中的一切……具有创造性的作家同游戏中的儿童做着一样的事情，他认真地创造着一个幻想世界——他在其中投入了大量的情感。儿童具备以假扮真、创造活动和材料以及游戏的能力。

许多相关性研究显示游戏和创造力之间的关系，游戏中的创造性特点是十分明显的，与创造力相关的思维品质都能在儿童游戏过程中得到良好的发展。"和成人通过'讨论'解决问题的过程和可能的结果一样，儿童会把'讨论'替换为游戏，以游戏的方式来解决自己的问题。"[1] 创造力可以视为问题解决的一部分，它来源于游戏。如果儿童在游戏中善于发挥想象力，他们就会更有创造力，还能学会通过解决问题来学习。美国创造学研究专家罗杰在《当头棒喝》一书中指出，游戏是打开阻碍创新能力发展心智枷锁的重要方法。他举了一个喜欢建造的工程师的例子，积木曾是其童年时最喜爱的玩具和游戏，后来进入企业界工作时，发现工作的每个领域都与创造性的游戏有相通之处，不管用积木搭桥，还是设计集成电路，还是创办一个新公司，都需要许多新创意和新点子。

另外，最近有大量的研究特别关注了游戏对于有特殊需要的儿童的重要性。应该为他们提供一个能够使其尽可能充分参与的游戏环境。"构建游戏常规是为了促进互动、沟通和学习，这是通过界定戏剧性游戏的角色、促进参与、促进小组游戏活动和使用专门的道具来实现的。"[2]

总之，游戏促进所有领域同时发展并互相影响。当儿童游戏时，他们参与到多种重要的任务中，如发展和练习新获得的技能、语言运用、轮流、交朋友，以及根据情境需要管理情绪和行为。这就是为什么游戏是儿童一日生活有意义的组成部分，是发展适宜性课程重要组成部分。[3]

---

① Monighan-Nourot, P. Playing with play in four dimensions. In J. Isenberg & M. Jalongo (Eds.), *Major trends and issues in early childhood education: Challenges, controversies, and insights* (2nd ed.). New York: Teacher's College Press, 2003, p.135.

② Sandall, S. Play modifications for children with disabilities. *In Spotlight on young children and play*. Washington, DC: NAEYC, 2004, pp.44—45.

③ Bredekamp, S. & Copple, C. (Eds.). *Developmentally appropriate practice in early childhood programs serving children from birth through age 8*. Washington, DC: NAEYC, 2009, pp.328—329.

二　作为儿童一种活动形式的游戏

作为活动形式的游戏，有许多不同的类型。研究者已从认知和社会性这两个主要方面对各年龄段的游戏进行了研究。了解不同年龄儿童游戏的特点有助于教师给儿童提供合适的学习机会，同时也给教师提供了参与和鼓励适龄游戏的途径。

1. 认知为主线的儿童游戏活动类型

皮亚杰、斯米兰斯基（Smilansky，1968）和舍法提亚（Shefatya，1990）指出，随着儿童认知的发展，儿童游戏的特点和类型也发生变化。儿童的认知游戏包括机能游戏、象征游戏、建构游戏和规则游戏。尽管每一个年龄都以某类游戏为主，但这些游戏在其他年龄段仍以某种形式存在，具备独有特征，有利于儿童理解自身、他人和周围的世界（见表4－2）。

了解每种游戏的性质，将帮助教师通过游戏进行有意义的学习课程。

象征性游戏反映了儿童不断发展的心理能力——用物体、动作、姿势或言语来代表其他的人或物。经常参与象征性游戏，有助于儿童深入理解概念、解决问题，通过创造新事物、增强同伴关系和学会自我调节获得控制感。[①]

在自由的表演游戏时，梅尔老师指导学生如何使用兽医诊所。她提醒儿童阅读等候室里的重要讯息、填写宠物就诊表格、跟护士预约看诊时间，或是请兽医写下适当的治疗方法或处方签。这个游戏区的设置发挥以下几项功能：利用书籍和文字提供一个丰富的读写环境；通过老师的示范，让儿童观察和模仿阅读和写作的方式；提供儿童在有意义和有目的的真实情境中，练习读写的机会；通过有意义的合作阅读、写字活动，鼓励儿童与同伴有社会性互动。以下是梅尔老师的观察。

杰西卡（Jessica）正在等着看医生。她告诉她的玩具狗萨姆（Sam）不要害怕，医生不会伤害它。她问同样在等候室的珍妮（Jenny），她的玩具猫穆菲（Muffin）有什么不舒服的地方。这两个小女孩对她们宠物的生病，感到很烦恼。过了一会儿，她们停止交谈，杰西卡拿起《你是我妈妈吗?》的书，假装念给她的狗狗听，顺便给萨姆看书里的图片。

---

① Elias, C. L., & Berk, L. E. Self-regulation in young children: Is there a role for sociodramatic play?. *Early Childhood Research Quarterly*, 2002, 7 (2), 216—238.

表4－2　　　　　　　　　　认知游戏的类型、特征和例子①

类型	特征	例子
机能游戏	学习新技能时不断地重复动作，有时会使用到物体	婴儿与学步儿：抓或拉玩具汽车
		学前儿童：在插孔游戏板上重复某一行为模式
		学龄儿童：练习扔、抓或进行技巧运动
象征游戏	为满足需求运用想象和角色游戏将自己或物体进行转换	婴儿与学步儿：假装从奶瓶中喝奶
	早期的象征游戏：将某一物体转变为另一物体的心理表征	学前儿童：将一个木块儿想象成一辆坏了的汽车，并假装对其进行维修
	后期的象征游戏：将自己或物体进行转换的心理表征	学龄儿童：运用密码或假装的语言进行交流
	儿童操作物体或材料来制作某物	学前儿童：为生病的动物建造病房
	将机能游戏的重复活动与观念的符号表征结合起来	学龄儿童：为一个项目举办展览，或者是用电子图标设计虚拟游戏或人物
规则游戏	为实现某一目标而预先制定游戏规则，通常会伴有个体间的竞争	婴儿与学步儿：与成人玩拍手游戏
		学前儿童：唱简单的歌谣或玩圆圈游戏
		学龄儿童：玩追踪游戏、玻璃球、跳房子或接力比赛

珀斯特（Perston）检查了克里斯托夫（Christopher）的泰迪熊，并填写病历资料。然后他大声念出随便涂写的病历报告："这只泰迪熊的血压是29点。他每个小时要吃62颗药丸，直到病情好转为止，并请记得保暖和多休息。"在他大声念出报告的同时，他还给克里斯托夫看他所写的东西，让他知道该怎么做。②

在这个表演游戏中，需要儿童的自我管理、交流、比较、计划、问题解决、协商、评价等方面的能力，成人可以观察到儿童可能会尝试各种角色和情境，会站在他人的立场上看问题，会和其他儿童互动。

2. 以社会性为主线的儿童游戏活动类型

社会性游戏反映了儿童与人交往的能力，它和认知游戏一样随时间的推移而逐渐发展成熟。

米尔德丽德·柏顿（Mildred Parten，1932）的研究发现，以伙伴交往

---

① ［美］伊森伯格、贾隆戈：《创造性思维和基于艺术的学习——学前阶段到小学四年级（第5版）》，叶平枝、杨宁译，高等教育出版社2012年版，第48页。

② L. M. Morrow. *Literacy Development in the Early Years：Helping Children Read and Write（5th ed）*. Needham Heights，MA：Allyn & Bacon，2005.

为特征的儿童的社会性游戏行为因年龄而不同：从最低水平社会性（独自游戏）向最高水平社会性（合作游戏）发展分为六类（见表4-3）。柏顿所划分的"水平"是根据游戏类型而非社会性成熟度，因为随着儿童成长他们会重复进行多种社会性游戏。

表4-3　　　　　　　　　　社会游戏的分类①

游戏类型	儿童特征
偶然的行为或无所事事	没有参与游戏，行为缺乏目标。玩自己的身体，在椅子上爬上爬下，无目的地四处走动
旁观	旁观他人游戏，偶尔和他人交谈，有时候会提出问题，但自己并不介入游戏。与无所事事不同的是，旁观时儿童会站在一旁看和倾听，兴趣和参与意识比偶然的行为更加积极
独自游戏	儿童独自玩自己的游戏，而不和旁人交谈。独自游戏是2岁和3岁儿童中最为典型的游戏。年长儿童通过独自游戏获得个人空间，并逐渐发展为更加复杂的个体戏剧游戏
平行游戏	儿童在其他儿童附近独自玩耍，但不和他们交谈或分享玩具。平行游戏在年幼学前儿童中比较常见，通常被认为是集体游戏的开端
联合游戏	儿童和其他儿童一起玩，进行相似但不一定相同的活动，组织松散。交谈中会涉及相互提问、分享玩具等。有些儿童会试图领导游戏，这是平行游戏与合作游戏间的过渡
合作游戏	几个儿童在一起围绕一个共同的主题和目标采取分工合作的方式游戏，活动有协商、分工和角色互补。活动的目的是制作某个产品、模拟某个情景或参与集体游戏

艾米丽、波尔舍和伊丽莎白选择在积木区玩耍。她们决定根据参观了的华盛顿纪念馆建造杰斐逊纪念堂。为了建造这个纪念堂，她们得考虑为大门挑选合适的积木、将挑出来的积木摆放在哪儿、怎样建小河、哪块积木作为雕像等。搭好杰斐逊纪念堂这座建筑之后，她们便开始了象征游戏。②

在这个建构合作游戏中，教师与女孩一起谈论围绕一个共同的主题组织游戏，游戏过程中教师为了确保游戏的构造性，提示儿童必须保持游戏的态度，如应该把关注点放在"如果我这样做会怎么样呢"，而非"为什

---

① Mildred Parten. Social Play Among Preschool Children. *Journal of Abnormal and Social Psychology*, 1933, 27, 243—269.

② Froman, G. Constructive play. In D. P. Fromberg & D. M. Bergen (Eds.), *Play from birth to twelve and beyond: Contexts, perspectives, and meanings*. New York: Garland, 1998, pp. 392—400.

么不那样呢"，以增强其合作游戏的愉快体验。

应该说，每个年龄的儿童都会为了不同的目的以不同的形式进行各种各样的游戏。这些研究为教师促进儿童游戏及游戏技能的发展提供了一个参考框架。教师的主要职责是通过制订有吸引力的课程方案让所有儿童都能参与进来。

三　作为儿童课程方案的游戏

"美国的发展适宜课程中的游戏由强调'儿童本位'的活动，转向强调早期数学与读写知识的教学。早期数学与读写知识教育被看成为儿童将来进入小学的学习成绩奠定了坚实的基础，并为使他们成为成功的学习者提供了良好开端。因此，强调在幼儿园游戏活动中教师的精心设计。"①但这并不是说游戏不再重要了，在当前提高学习效果和缩小学习差距的需求下，游戏仍然是课程的重要组成部分，且在 2009 年版的声明中关于游戏的论述比以前更多了。但我们需要思考，游戏在满足了儿童兴趣的同时，如何与知识学习相融合。在今天信息化社会背景下，教师还应思考如何开展能满足所有儿童达到高水平的，能提高儿童自我管理和其他方面发展的游戏。②

（1）通过游戏进行学习的儿童课程方案

关注游戏与学习和发展之间的密切关系是发展适宜课程方案设计的关键。③ 教学是一项有计划的专业，需要教师的精心设计，尤其是要关注基于探究的学习、问题解决活动以及合作游戏活动在课程方案中的体现。学前课程的编制从一定意义上说是一个广泛的游戏循环的展开，即不断发现儿童的游戏愿望，不断提供资源，让儿童投入其中，用多种感官去获得经验，实现发展。"游戏是学前课程内容经验化的重要形式，同时，还应该通过特定领域的课程内容来支持和丰富相应的游戏。如通过科学领域、社会领域、语言领域、艺术领域及健康领域的课程内容，

---

① Staggs, L. Curriculum Guidance for the Early Years. *Early Years Educator*, 2000, 2 (1), 21—23.

② Bredekamp, S. & Copple, C. (Eds.). *Developmentally appropriate practice in early childhood programs serving children from birth through age 8*. Washington, DC: NAEYC. 2009, pp. 328—329.

③ Isenberg, J., & Quisenberry, N. Play: Essential for all children. *Childhood Education*, 2002, 79 (1), 33—39.

来支持和丰富游戏。"① 没有儿童游戏，就没有真正意义上的或者说与儿童发展适宜的学前课程。与儿童最贴近的不是学科知识，而是游戏及相应的活动经验。

主题活动为教师提供了一个用道具和材料布置一系列的游戏中心，来吸引和促进儿童学习的方法。表4－4 是一个围绕"感官探索"的主题所做的儿童课程举例。

表4－4　　　　　　通过游戏进行学习的1岁半儿童课程②

感官刺激		
目标：帮助学步儿开始探索，理解五官		
	活动	小组重点	可选择活动
星期一	肥皂画	猜猜看游戏：质地 区分软硬相近的物体	两三个儿童一起玩捉迷藏
星期二	玩水游戏	猜猜看游戏：气味 分辨瓶子里相似的气味	吹泡泡
星期三	指引画	猜猜看游戏：重量 区别重量相似的物体，如书或娃娃	散步去收集不同质的材料
星期四	用昨天收集的材料制作拼贴画	猜猜看游戏：形状 采用形状拼图和形状配对盒	用不同乐器发出声音
星期五	玩面团	手抓食物：感受不同的质地、大小、形状	在大海报上印手足画

美国得克萨斯州针对4岁儿童的《学前课程纲要》（2008年修订版）对游戏中教师指导提出了明确的要求。③ 以下是德州拉马克（La Marque）独立学区儿童学习中心奥斯汀（Deborah Austin）校长的访谈记录④：

我们相信儿童透过游戏来学习，而且游戏应该有重点。老师可以让儿童在游戏中所做的每个动作都有学习意义，比如说，儿童与他人交谈

① Judith Van Hoorn et al. *Play at the center of the curriculum*. NY：Prentice Hall，1999，p. 3.

② ［美］安·迈尔斯·戈登、凯思林·威廉·布朗：《儿童教育学导论（下册）》，梁玉华等译，四川少年儿童出版社2010年版，第145—146页。

③ Texas Education Agency（2008）. Revised Texas Prekindergarten Guidelines. http：//ritter. tea. state. tx. us/curriculum/early/.

④ Copple，C. and S. Bredekamp，eds. *Developmentally Appropriate Practice in Early Childhood Programs Serving Children from Birth through Age 8*，3d ed. Washington，DC：NAEYC，2009，p. 131.

时所用的单词和句子是否适当？你也可以将数学融入布置餐桌的游戏中，例如你可以问有多少人要来吃午餐？需要多少餐刀、叉子和汤匙？我们的老师同心协力，致力透过真实生活发展儿童的学习能力。举例来说，在我们中心走廊上每个教室的出席记录表，一棵圣诞树代表一个班级一天的全体出席，一个雪人代表五天的全体出席。经由这个出席表，我们的学生可以找出出席率第一、第二、第三和最后的班级。这个有趣的活动涵盖二、三年级程度的数学能力，但因为我们用有趣的方法来呈现，并将它应用到日常生活中，所以孩子自然就学到了这些技能。

对老师而言，帮助儿童学会连接事物的意义是很重要的。你不能只是将一群儿童放在一起，然后就希望他们学习到需要学习的事物。

游戏渗透到整个幼儿园一日生活中，这也就是游戏的课程价值。

2. 通过支持提高儿童游戏水平

研究表明儿童主导教师辅助的游戏对儿童多方面的发展是有益的。有效的教师指导可以提高儿童的游戏和学习。他们介入游戏与儿童一对一互动，支持假装游戏的主题、角色、规则，建构游戏中引入数学谈话——这些都促进儿童的语言、艺术、数学和社会以及情感发展。[①] 所以，并非所有的游戏都是发展适宜的，需要有教师的有效介入，才能更好地促进儿童游戏的发展。请看下面两个游戏场景[②]。

游戏一：两个2岁的孩子在相互投球，当然两个孩子都接不住，旁边站着六个大人，大概两个是双方父母，还有两个是祖父母。他们在旁边聊着天，偶尔会看一眼两个投球的孩子，然后说一句，"很棒"，就又自顾自地聊天了。

游戏二：三个孩子在一起玩角色游戏，一个大一点的女孩很显然处于领导地位，她不时地分配着另外两个孩子做事情，接着就看到两个孩子被分配去摘树叶（因为她们正在玩婚礼扮演，所以需要花，大的女孩决定用树叶拼成花），这时旁边的女孩的妈妈走了过去制止了她们，并且告诉她

---

① Bredekamp, S. & Copple, C. （Eds.）. *Developmentally appropriate practice in early childhood programs serving children from birth through age 8*. Washington, DC: NAEYC, 2009, p.47—48.

② Gaye Gronlund. *Developmentally Appropriate Play: Guiding Young Children to a Higher Level*. St. Paul, MN: Redleaf Press, 2010, p. xi.

们树上的树叶和落下的树叶的区别，大点的女孩决定用落下的树叶来拼花了，于是两个孩子被分配捡起树叶来……

游戏一和游戏二中哪一个父母的指导是适宜的呢，哪一个是发展适宜性游戏呢？很显然是第二个。

发展适宜性的游戏不仅仅是自由玩耍，它是复杂的、长时间延续的和孩子们都自主参与的。这种游戏需要教师引导和促进。它需要周密的安排，提供环境和材料，在教师的辅助之下发生和延续。然而很多的教师很难做到这些。所以全美幼教协会做出如下宣言："儿童自发的、由教师提供支持的游戏是发展适宜性实践的关键要素。"[1] 在第三版的发展适宜性实践中，也有许多关于游戏的重要意义和教师在提高儿童游戏中的作用的论述。比如：如果儿童要发展持久的、成熟的戏剧性游戏，戏剧性游戏对于儿童的自我管理和其他方面认知、语言、社会和情感的发展都有显著作用，需要教师积极的辅助。优秀的教师知道，学习和游戏是在一起的，通过他们动手操作。教师知道有效介入这些自然的孩子喜爱的游戏比将其游戏与工作分离有效得多。就像有些教师指出的那样，儿童更喜欢"有困难的玩耍"。[2]

德州的纲要引用了一项针对 65 名教师所做的调查研究，指出许多被调查教师仅仅把自己在儿童游戏中的角色定位为观察者和儿童安全的照看者，其中仅仅有四名教师把游戏和读写教育联系起来。指出："一直以来在学前教育领域中，直接的游戏指导往往与高结构的读写教育联系在一起而不被提倡。其实指向读写活动的直接指导教学对支持儿童的学习是非常有价值的。在游戏中，教师应注意观察并充分利用各种时机，对儿童展开直接指导教学。但考虑到 4 岁儿童的年龄和注意力特点，直接指导的时间要相对较短，并鼓励儿童通过提问、动手操作和肢体运动来积极参与。"[3]

当教师对儿童游戏进行干预或指导时，他们要采取一些方法，包括帮助儿童设计和组织游戏、激发儿童提出新想法、示范说明游戏行为和提供小道具等（具体见图 4-1）。

---

①　Bredekamp, S. & Copple, C. (Eds.). *Developmentally appropriate practice in early childhood programs serving children from birth through age 8*. Washington, DC: NAEYC, 1997, p. 14.

②　Ibid. , p. p. 50.

③　Texas Education Agency (2008). Revised Texas Prekindergarten Guidelines. http：//ritter. tea. state. tx. us/curriculum/early/. 转引自李召存《论游戏观的三种政策取向：基于学前课程纲要的国际比较》，《当代教育科学》2010 年版，第 7 页。

归纳起来，教师的六种角色可以给儿童游戏提供支持。

●观察者

儿童游戏，促进了儿童经验的意义建构。所以，观察儿童游戏为教师提供了一个了解儿童的窗口。[1] 教师必须是一个好的观察者，这样他们便可以明确地知道：儿童是否遇到了问题而需要帮助；游戏中的玩具和材料是否足够；游戏是否促进了儿童的社交技能、动作技能和认知技能的发展。有经验的观察者会注意到哪个孩子扮演了什么角色；哪个孩子选择了比较特殊的游戏主题；儿童是如何进入和退出游戏场景的；哪个孩子在主题游戏中"陷入僵局"，不能将游戏进行下去；哪些孩子需要"一对一"的指导；哪些孩子正在发展协作游戏的技能等。他们同样注意到什么时候不能干预儿童的游戏，如当儿童在进行协作游戏时，或者儿童没有表现出让成人参与游戏的意愿时。仔细观察和讲解是教师促进儿童游戏发展的基础，也是教师所担任的所有角色的基础。[2]

●计划者

帮助儿童设计和组织游戏。在成熟的游戏中，儿童能够彼此描述游戏的情节是什么、每个人扮演哪个角色以及游戏活动将如何进行。教师对游戏进行观察之后，最适宜的做法就是帮助儿童界定他们的游戏重点和目标。这种做法在游戏没有扩展为复杂的情节时显得更加必要，因为在这种情况下儿童在单独发展自己的游戏片段或没有明确地把他的目标告诉其他参与者。教师可以通过一个提问帮助儿童在心理上组织他们的假装游戏，并更多地用言语与其他游戏者进行互动，从而引起更加复杂的游戏。

●合作者

儿童有时候会不断重复某些动作，并在游戏的角色、主题或观点中犹豫不决。教师就需要通过增加新玩家、游戏材料或者提问等来激发儿童提出新想法。教师可以通过提问题、暗示或直接提建议——提示的方式扩展游戏，教师的角色就像导演。这一方面能够激发儿童表征客体、邀请其他儿童参加游戏，另一方面能够拓展游戏。这种游戏指导可能是教师在游戏

---

① Copple, C. and S. Bredekamp. *Basics of Developmentally Appropriate Practice*: *An Introduction to Teachers of Children 3 to 6*. Washington, DC: NAEYC, 2005, pp. 17—18.

② Singer, J. L. Epilogue: Learning to play and learning through play. In D. Singer, R. Golinkoff, & K. Hirsch-Pasek (Eds.), *Play = learning*: *How play Motivates and Enhances Children's Cognitive and Social-Emotional Growth*. New York: Oxford University Press, 2006, pp. 251—262.

之外进行的（外部干预），也可能是教师参与到游戏中进行的（内部干预）。后者是更加直接的干预，教师在心里想好具体的策略来促进游戏发展。一位幼儿园教师在主题游戏中设计了一个快餐店。一周以后，她增加了一个"汽车穿梭餐厅"的招牌和一个纸板窗口，以便儿童能往游戏里添加新的创意；她同时建议增加收银员的角色。这样一来，教师在没有改变儿童原有意愿的情况下拓展了儿童的思维和想象力。[①]

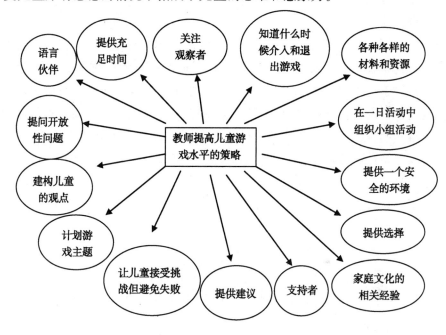

图4－1　教师提高儿童游戏水平策略图[②]

●示范者

示范说明游戏行为。当教师做示范的时候，他们实际上是在形象地展示游戏角色的假装行为该如何进行。他们可以只是在一旁做示范，并不与正在游戏的儿童发生互动，也不直接指导游戏，而是做孩子们正在游戏中做的事情，但是以更加熟练的方式。当儿童邀请教师参与游戏环节时，教师可以进行模拟示范，并加入新的想法和信息。在布卢姆女士的学前班级

①　Copple，C. and S. Bredekamp，eds. *Developmentally Appropriate Practice in Early Childhood Programs Serving Children from Birth through Age 8*，*3d ed.* Washington，DC：NAEYC，2009，p. 200.

②　Gaye Gronlund. *Developmentally Appropriate Play*：*Guiding Young Children to a Higher Level*. St. Paul，MN：Redleaf Press，2010，p. 163.

里，两个 4 岁的小女孩在家居活动区玩耍。布卢姆女士注意到，一个小女孩在摇晃洋娃娃的时候，另一小女孩在不停地开关烤箱的门。她走了过去，在桌子旁坐下来，说道："吃饭的时间到了。烤箱里是什么呢？味道棒极了！"随后又问："我能帮忙布置餐桌吗？"布卢姆女士对家庭角色和行为的示范鼓励了儿童去实践这些技能，而且他们会自动地将所学技能运用到其他游戏背景中。

●应答者

当教师描述儿童的言行举止，或者对角色与主题提问题时，他们对儿童的所言所行提供了反馈。如果对年儿童童说"我看到你买了一大包东西"或"我感觉那个塔和你一样高"等类似的话，儿童就会得到细化他们所选择行为的机会。提问、建议以及帮助儿童与同伴合作都是教师回应儿童游戏的方式。这些策略关注的是儿童在游戏中的角色而非儿童本身。为了给儿童的游戏提供反馈，教师需要了解儿童所能展示的主要思想和技能。而且，教师所采取的诠释、提问或陈述所见等形式的反馈有助于发展儿童进一步探索新观点的能力。[①]

●中介者

儿童对某一概念或事件会有一个最初的理解，通过亲身体验后又会形成更深入的理解，教师作为中介者，应该通过游戏在这两者之间搭建一座桥梁，从而帮助儿童建构意义。例如，儿童教师经常会遇到儿童关于玩具、空间、游戏角色和游戏规则的冲突和争论。作为中介者，教师会希望通过有效的策略帮助儿童找到一个和平的解决办法。这些策略包括理解儿童的意图，帮助儿童用语言表达自己的需要和感受，创造游戏空间以及提供足够的游戏材料让儿童分享，同时给儿童足够的时间来互相协商解决问题。[②]

需要注意的是，注重对儿童游戏进行适宜性干预的教师会发现，教师应该在儿童需要支持时给予干预。当儿童游戏进行得很好时，教师的最佳角色是做一个观察者，通过游戏了解儿童。当教师进行干预时，他们使用的方法不应打断儿童游戏，而是应该保护游戏并使其持续进行（见表 4-5）。干预应该是简洁的，教师应该尽快地撤离。当儿童表示他们更想

---

① Copple, C. and S. Bredekamp, eds. *Developmentally Appropriate Practice in Early Childhood Programs Serving Children from Birth through Age 8*, 3d ed. Washington, DC: NAEYC, 2009, p. 269.

② Ibid. , p. 269.

自己游戏时，教师应该尊重他们的意愿。

表 4 – 5　　　　　　游戏到非游戏的行为连续图与学习类型①

	儿童自发的游戏	成人协助的游戏	有指导的游戏	假装成游戏的工作	工作（非游戏）
游戏的焦点	儿童对情境、事件或其他游戏者有最大程度的选择权。能够自由地互动与选择	儿童在一个社会规则可变通的环境中游戏，要求游戏者专心于外界强加的控制。成人监督游戏的进行，并经常改变游戏的方向、对游戏提出异议、为游戏增加材料	成人强加游戏元素于其中，并经常主导游戏的进行。儿童对游戏的发起、内容、方式和时间等通常是没有选择权的	活动本身不具备游戏性质并以任务为导向，但如果内在控制、动机和现实的潜力能被挖掘，那么这种游戏就可以转变为有指导的游戏	为达到外在目标而设计的活动，它的动机是外在的，不可以扭曲事实。成人的期待是主要的且经常被评价
例子	儿童自由地选择游戏进行的时间、方式、内容及玩伴。高水平的社会游戏与假装游戏出现	儿童只有有限的选择权，或者是在特定的时间玩某种特定的游戏	小组游戏、手指游戏、有指导的故事表演	唱字母歌、拼字游戏、加法口诀比赛等机械记忆活动	成人决定工作的时间、方式、地点及内容。目标导向性任务，如工作记录、模仿以及其他枯燥的练习活动
学习类型	发现式学习	引导、发现式学习	接受式学习	机械式学习	重复式学习

　　总之，教师应对儿童游戏予以尊重，将游戏视为儿童能够做的最重要的事情。支持和提升游戏是教师在发展适宜性教学中的最好的工作。当然，需要指出的是游戏不是发展适宜性实践课堂中儿童做的唯一的事情。儿童也和小组一起工作，听故事，集体活动，解决问题，制订计划，参与常规性活动等其他许多的学习经历。②

---

　　① ［美］伊森伯格、贾隆戈：《创造性思维和基于艺术的学习——学前阶段到小学四年级（第5版）》，叶平枝、杨宁译，高等教育出版社2012年版，第35页。

　　② Copple，C. and S. Bredekamp，eds. *Developmentally Appropriate Practice in Early Childhood Programs Serving Children from Birth through Age 8*，3d ed. Washington，DC：NAEYC，2009，pp. 328—329.

第四节　基于文化：发展适宜性课程取向

文化适宜（culturally appropriate）也是一种发展适宜性课程的重要内容。儿童具有文化取向，他们渴望在准备参与日益全球化的社会时，以尊重他们个人生活的方式进行学习。所以，形成一种既能反映美国当代社会的多元化，又能运用于普通课堂的课程，尤其是采用敏锐而相互关联的方式将其呈现出来，是一大挑战。但这并不表示要设计一种全新的课程。发展适宜性教育"号召教师注意儿童生活的社会和文化环境，并在塑造学习环境以及与儿童和家庭交往时把这些环境考虑在内"①。即多元文化与当前实践的融合，是发展多元文化课程的方式之一。这种方式能让教师持续实施发展适宜性课程，并能综合多方面的观点、参考资讯和来自不同群体的知识——这些都是有助于拓宽儿童对当前社会理解力的内容。

一　多元文化认知

多元文化认知（multicultural awareness）是对文化、社会经济状况和性别的欣赏与理解，包括对自己文化的认识。可以帮助儿童了解自己和他人、学会珍惜和对自己有自豪感、学会尊重他人。这包括传达儿童对于自己种族和文化群体的正确知识和对这些群体的欣赏，以及对种族主义和怎样抵制种族主义的理解。再举一个简单的例子，很多教师会在假期之后，让孩子谈谈假期去哪里玩了，这就容易导致一些经济状况不是很好的家庭的儿童无话可说，感觉自卑。而一个强调多元文化认知的教师则不会询问儿童都去哪里完了，而是请每个孩子谈谈假期都有哪些收获，这样所有的孩子都有可以交流的内容，并为自己的进步或收获而自豪。其关键在于把每个儿童作为个体来重视。关注每个儿童的优点和能力，并且帮助儿童发展其自我认知。

多元文化认知活动的目的，在使儿童了解自己文化的内容、本质和价值，也关注其他文化。同时学习其他文化与自己的文化，孩子能整合文化的共通性，欣赏差异，不会评断文化的优劣。在学前课程中推动多元文化精神（multiculturalism），还会影响儿童以后的工作习惯、人际关系，以及

---

① Copple, C. and S. Bredekamp, eds. *Developmentally Appropriate Practice in Early Childhood Programs Serving Children from Birth through Age 8*, 3d ed. Washington, DC: NAEYC, 2009, p.331.

对生活的看法。多元文化认知教育的一个重要方法是将多元文化精神融入儿童教育的活动和实践。

太平洋橡树学院的教育活动中，鼓励儿童和成人去探究那些组成我们个性和群体身份的不同点和相同点，并且发展区分关于他们自己和他们同伴的偏见的负面影响的技能。他们指出，儿童很小就开始注意并建构类别和评价种类。课程必须发展一个儿童基本的信任感，并使其掌握它，这样儿童就能学习理解他们自己，变得对别人有耐心和富有同情心。一个学步儿教师为清洗儿童玩水游戏的桌子，选择代表不同种族和民族群体的玩偶，并邀请儿童去给它们打肥皂和冲洗。一个两岁的儿童开始洗教师的胳膊，然后用力去擦。"你是想知道我皮肤的颜色会不会洗掉，对吗？"教师问，这名儿童点点头，其他的儿童抬头看着。"你是想要洗掉它吗？继续来，试一试……看，一个人的肤色是他（她）自己的，和他（她）永不分离。也试试你自己的。这是人们寻找不同的一个方法。我们都有皮肤，然而我们每个人都有自己的颜色。"①

多元文化认知教育，是一个包容、持续的多元文化认知过程。一个有趣的例子，幼儿园教师向儿童展示一张关于"美国新娘"的杂志照片，照片上的女人都是白人，她问："你们怎么看这张照片？"索菲亚回答说："这是一张愚蠢的照片，我妈妈也是一个新娘，她是墨西哥人。"

发展适宜性实践"号召教师注意儿童生活的社会和文化环境，并在塑造学习环境以及与儿童和家庭交往时把这些环境考虑在内"②。

案例：文化与环境③

在我的上午班和下午班里，大多数孩子来自英语非母语的家庭。我的班上有 35 个孩子，只有 3 个人以英语为母语。我乐于尊重他们的文化，并且使环境反映孩子及其家长的文化。教室环境对发展孩子的思维很重要。他们需要能够发现与自己熟悉的事物之间的联系，并

①　[美] 安·迈尔斯·戈登、凯思林·威廉·布朗：《儿童教育学导论（下册）》，梁玉华等译，四川少年儿童出版社 2010 年版，第 61—62 页。

②　Copple, C. and S. Bredekamp, eds. *Developmentally Appropriate Practice in Early Childhood Programs Serving Children from Birth through Age 8*, 3d ed. Washington, DC: NAEYC, 2009, p. 331.

③　[美] 伊萨：《儿童早期教育导论》，马燕、马希武、王连江译，中国轻工业出版社 2012 年版，第 199 页。

且他们的本族文化是其中的一大部分。

　　每学年之初，在我认识孩子及其家长之前，我会把外界环境的元素带到教室里来创设室内环境。自然环境可以提供孩子们所熟悉的事物。我把室外的石头、木头、树叶、树枝、植物与土等材料带到教室里，并把它们布满整个房间，我发现，孩子们很快也会把大自然的物品带来分享。

　　同时，我也开始更多地了解孩子们的兴趣爱好。比如，孩子们开始把戏剧表演游戏区域当成杂货店来使用。当我注意到它们的兴趣时，我们讨论商店里还需要些什么东西，很快，我们开始收集盒子、食品罐以及其他物品作为商店的组成部分，我与孩子们的父母讨论孩子们的活动，他们也开始把与杂货店有关的材料带到教室里来。孩子们也开始在教室里的其他区域寻找物品。比如，他们用书写区域的材料来标识食品盒。通过将学习融合在环境中，孩子们开始通过杂货店等活动在许多方面获得技能，如读写能力与数学能力等。

　　随着我对儿童家长的进一步了解，我开始邀请他们与全班的孩子在特殊的场合一起分享他们本民族的文化。圣诞节的时候，有一位父亲与孩子们一起制作了彩饰陶罐，并解释为什么彩饰陶罐是墨西哥节日庆典的一部分。其他家庭贡献了小玩具及糖果来填满陶罐。还有一次，父母们做了一个陶罐，里面装满了画着不同图画的折纸。在接下来的一次活动中，孩子们就来分享及讨论他们的图画。另外一位来自厄瓜多尔的母亲围绕钢笔和铅笔缝制图案，向孩子们展示了装饰这些东西的方法。那一年，我们给每个孩子一支装饰好的铅笔作为圣诞礼物。这位母亲解释说，在大街上叫卖装饰好的钢笔和铅笔是她在厄瓜多尔时的谋生手段。另外一位来自日本的母亲与孩子们一起制作了风筝，风筝是日本文化传统的一部分。她带来了闪亮的布料，孩子们用它来制作自己的风筝。

　　很久之后，我们在教室里还时常回忆这些活动。我们在教室里张贴了特殊活动的照片作为纪念。此外，我们还在美术区保留了制作彩饰陶罐的材料，在积木区保留了日本风筝，孩子们可以把它们融入其他活动。我们也把其他东西放在教室里，比如，把墨西哥流浪乐队的乐器放在音乐区。我们也在墙上张贴关于每个孩子及其家庭的海报，上面有对这个家庭、它们的祖国以及他们最喜爱的食品等类似东西的描述。食品是孩子们的文化组成部分的另一个重要方面。父母们经常与孩子们一起进行烹饪活动。在一个情人节，一位父（母）亲帮助孩子们制作了一个特色菜——西红柿玉米饼卷。父母们喜欢与孩子们一起准备和分享他们喜欢的食物。

教室环境让孩子及其家人感到舒适至关重要。环境所反映的关于孩子以及他们所熟悉的东西越多越好。

（马里查，开端计划双语教师）

以下是一张多元文化环境检核表，可以供教师在创设适宜的教室环境渗透多元文化认知时参考。

多元文化环境检核表①

整体环境

总体上看，教室气氛是热情友好的吗？

●墙上挂的是什么？如果挂有儿童完成的作品，它们看起来像样吗？比如，你剪出小兔子或其他动物的形状让儿童来涂色，或是这些艺术作品完全是由孩子们自己完成的？挂在墙上的人物照片或海报代表的是多元文化社区吗？即使照片确实代表了不同的人群，但它们是否刻板呢？例如，是一张字母表中用"indian"来代表字母"I"，或者用一个穿着裙子的小姑娘牵着小男孩参与到活动中作为特征的日历？是穿着绿裙子的夏威夷人或者是脸部涂着油彩手拿长矛的从南美洲来的人？

●为儿童提供的所有的相片和艺术品是挂在儿童的眼睛视平线上的吗？

●儿童的父母或其他家庭成员参与到创设一个充满热情的教室环境这项工作中去了吗？如果是，你是如何吸纳他们的？你是如何让他们感觉到做这项工作是他们参与孩子的幼儿园生活的一部分？

各活动区

●各活动区的装饰物代表了各种不同文化群体和家庭结构吗？把

---

① ［美］安·迈尔斯·戈登、凯思林·威廉·布朗：《儿童教育学导论（下册）》，梁玉华等译，四川少年儿童出版社2010年版，第58—60页。

它们列在下面，从而确信没有漏掉主要的文化群体或家庭结构。

●各活动区的装饰物具有性别角色刻板印象吗？如果是，你如何改变它们？

社会性学习

●作为一个整体的课程是否能帮助儿童增加对其不熟悉的态度、价值和生活系统的理解和接受？如果是，是怎么实现的？如果不是，你将改变你当前的课程的什么内容来反映多元文化的价值？

●材料和游戏有种族性或性别刻板印象吗？例如，黑人掷骰子或男孩玩战争游戏。当男人做很多有趣的工作时，女人只能是看护者吗？如果是，你将会从你目前的陈列品中去掉什么？你会增加避免刻板印象的材料游戏吗？

角色表演游戏

●角色游戏区里有大量的包括各种文化群体的服装吗？如果有，都是些什么东西？如果没有，你需要增加什么？

●墙上的照片和角色游戏区里的道具是否代表了多元文化？如果是，都包括什么？如果不是，你需要增加什么？

●角色游戏区里的玩偶是否代表了广泛的种族群体？如果不是，你需要增加什么？

●白皮肤的玩偶是否需要改变肤色？如果是，哪一个需要替换？

语言艺术

●教室里是否有适宜儿童年龄的不同文化的图书以及语言艺术材料？哪些方面是空白的？

●在图书区，是否有关于下面不同群体的故事？

——美洲印第安人文化

——亚裔美国人文化

——黑人文化

——白人伦理文化

——西班牙语系文化

——黑白人种混血人或多人种混血人文化

——组合家庭文化

●是否有些书具有对不同文化人群带有刻板印象或贬低的内容？比如，把拉丁美洲人描述成"懒散的"或把日本人描述成"呆板"

的。如果是，都是些什么内容？你要用什么新的主题来替换它们？

音乐和游戏

●课程里的音乐内容是否加强了儿童对不同文化的肯定？如果是，是什么样？

●在教室里是否使用来自不同文化群体的手指游戏、竞赛活动和歌曲？

●教室里是否有多种音乐器材，包括儿童自己做的？

烹饪

●教室里的烹饪体验是否鼓励儿童去尝试，而不仅仅只是展示他们熟悉的食物？

●是否设计烹饪体验让儿童共同关注文化遗产，了解准备烹饪和吃食物过程之间的关系？如果是，是什么样的内容？如果不是，你能做什么来让儿童建立这些联系？

二 多元文化融合

多元文化融合是指多元文化教育普遍存在于课程中，以改变或影响儿童和教师思考差异的方式。从宏观的角度看，融合策略用来确保多元文化精神成为学校和家庭的一部分，包括培养文化认知，使用合适的主题与活动，训练儿童的学习行为，鼓励家长与社区的参与等。比如典型课程路易斯·德曼—斯帕克斯（Derman-Sparks，1989）提出的儿童教育反偏见课程。一种用来挑战偏见、陈规旧习和"主义"的活跃的/活动价的方案。[①]

全美幼教协会的反偏见课程（Anti-Bias Curriculum），即一种主张尊重差异的综合性课程作为指导，努力使每个儿童建构起关于自我身份认同的知识，发展儿童对多样性的移情和适宜能力，发展儿童的批判思维和技巧去维护自己和他人在面临不公正待遇时的正当权利。儿童还经常会在日常的课堂生活中提出很多复杂的话题，如收养、死亡、残疾、不公平、隔离、老套、性倾向、奴隶制和战争等。教师通常通过开展适宜儿童发展水平的讨论活动来帮助儿童理解这些问题。当儿童获得充足的经验并积极地

---

① Derman-Sparks, L. How well are we nurturing racial and ethnic diversity?. *Connections*, 1989, 18 (1), 3—5.

参与到讨论和研究当中时，就开始学会批判性地思考这些问题。[①] 全美幼教协会在其所确认的课程标准和它的基础和高级教师培养标准中都有对多样性和反偏见的要求。

反偏见课程促进了客观的自我概念。好奇和创造来自能影响环境和存在于其中的事物。当孩子说他的宝宝的头发像他的那样毛茸茸时，他的微笑告诉我们他对此的感觉是多么美好（意识）。所有的人都有自己的兴趣和感觉，包括对他们自己的和对别人的。你可能注意到有的孩子跑过去伸开双臂拥抱爸爸，而有的孩子却较少情感流露的问候（尊重差异）。这源于区分并欣赏相似点和不同点的能力。儿童在班级里给图书做自画像时选择不同颜色的纸来做封皮，但他们都用同样的标记来标注它们的特点（沟通和问题解决技巧）。学习如何表达想法和感觉，包括倾听他人和寻找和平的方式解决冲突。

帕特里夏·拉姆齐（Ramsey）提出的儿童多元文化教育对于我们很好地理解和尊重种族、性别、文化和身体差异，进行了文化敏感性的探讨，并提出了一些策略。下面这些策略有助于教师向儿童提供对其他种族和文化的发展适宜性的理解：[②]

第一，当儿童提出种族/文化差异时，真诚地与他们讨论。帮助儿童认识到人们之间存在差异，但这些差异不会使他们比别人优越或卑下。强调每个人的独特个性；

第二，鼓励儿童对自己的种族/文化持积极态度，帮助他们发展自豪感。儿童的自我概念，与其对自身存在的所有方面的良好感觉是有关系的。承认不同颜色的皮肤、头发和眼睛的美并进行积极评价，对发展自我价值感非常重要；

第三，帮助儿童形成对其他种族的积极态度。儿童需要获得其他种族的正确信息。教师必须引导他们去欣赏别人。对接受和欣赏所有种族做出表率是很重要的；

第四，帮助儿童把肤色差异看作普遍的现象。让儿童在比色图表上找

---

① 陈时见、何茜主编：《幼儿园课程的国际比较——侧重幼儿园课程设置的经验、案例与趋势研究》，西南师范大学出版社 2011 年版，第 35 页。

② Ramsey, P. G. , & Myers, L. C. Salience of race in young children's cognitive, affective and behavioral responses to social environments. *Journal of Aplied Developmental Psychology*, 1990, 11, 49—67.

寻自己的肤色，可帮助他们认识到每个人都有点褐色；

第五，张贴儿童及其家庭的照片。教师通过指出家庭成员之间的相似性（以及差异性），帮助儿童开始获得种族稳定性的概念。如果你班上有的儿童的养父母是不同种族，要做好回答问题的准备；

第六，保证环境里面有代表许多种族和文化的道具。书籍、玩偶、图片、海报、戏剧表演道具、操作材料、谜语和其他道具都应该以非常积极的方式，刻画所有肤色和文化的人们。如果你的班是种族/文化混合班，这一点尤其重要。但是，通过环境使同质班的儿童接触不同的种族和文化群体，也是很重要的。婴儿和学步儿的教师也要有这些道具；

第七，与儿童讨论种族主义事件和种族偏见。通过应对种族主义事件或种族偏见，为反种族主义行为做出榜样。如果儿童互相争论时使用种族主义的诋毁语，帮助他们找到其他正确的词语；

第八，课程材料注重人们之间的文化相似性，而不是文化差异性。儿童能够认同自己与其他文化的人们有一些共享的经历。所有人都吃饭、穿衣、住房、共享特殊场合、珍视家庭活动。关注一种文化的"异质"方面，只是指出了这些方面的差异，剥夺了他们共享的人类特征。关注差异会引发偏见，而关注相似性则促进理解；

第九，关于文化的教学活动要避免"走马观花"。教儿童其他文化时，不要脱离语境。比如，关注文化这个主题时，不要只讲述其他文化所庆祝的节日或举行一次性的"文化"周（周一墨西哥，周二日本，周三非洲，周四德国，周五法国）。也要避免在这些场合把其他文化的烹饪活动或礼仪服装的展示作为主要内容。这种方法脱离了日常生活，使文化多样性无足轻重，只把多元文化看作一种象征，而不是真实地反映世界各地的生活；

第十，使文化多样性成为日常教学活动的一部分。把儿童所处文化的各个方面整合到所教班级的日常生活，强调文化是遍及所有群体的；

第十一，保证教室环境反映诸多生活方式。许多早教机构的教室里的家务区传达着单一文化：中产阶级白人模式。教室应该反映诸多生活方式，比如，放置不同种族的玩偶，张贴不同民族的图片，在家务区碗橱内放入反映文化偏好的食品包装，或者放置一些儿童所处文化使用的家用或烹饪器具；

第十二，通过共同的主题传达文化的多样性。阅读不同文化的材料，找出各种文化群体是如何满足其身体需求、从事庆祝活动、适应所在环境的。比如，尽管美国人在万圣节把南瓜刻成杰克灯，但其他文化在某些场合也同样会雕刻水果和蔬菜；

第十三，对庆祝节日所涉及的复杂性予以考虑，因为庆祝仪式可能违背甚至冒犯一些家庭的信仰或文化。如果你的项目中有儿童来自非基督徒家庭，庆祝圣诞可能会冒犯这些家庭。感恩节对美国少数民族家庭来说是痛苦的事情而不是值得庆贺的事情。应该庆祝节日，但应周密考虑和要顾及儿童、家庭和职员的态度、需求和情感。节日庆祝活动应注重对文化仪式的尊重和理解；

第十四，挑选少数民族儿童时要注意方式，不要让这名儿童感到"与众不同"。了解一名儿童的文化时，应在了解所有儿童的文化的背景下进行。帮助这名儿童和班里的其他人认识到一种特定的文化在世界上有许多其他人共享；

第十五，让儿童的家庭参与。家庭是文化多样性的主要信息来源。邀请家长加入课堂，对所有儿童如何才能更多地了解他们独特的文化背景这一问题，各抒己见。尤其是在儿童保育中心，家长可能没有时间加入课堂，但他们应该一直感觉到随时被欢迎加入。

有研究者将主流文化课程和多元文化课程的特质进行了比较，表4-6呈现了两者的差异之处。

反偏见课程秉持尊重差异的教育哲学与价值观，不容许不公平的信念与行为，并要求教师与孩子勇于面对多元性所带来的争议与难题。教室内的教学与例行事务，都反映反偏见的观点。反偏见课程开展的资源来自于三种：儿童和他们的活动、教师对发展性需要和群体学习体系的意识、社会性事件。

表4-6　　　　　　主流文化课程和多元文化课程的特质比较①

主流文化课程的特质	多元文化课程的特质
孤立地看待各种族的历史和文化	整体地描述各种族的历史和文化
认为种族历史和文化没有价值和意义	将种族历史和文化描述为一个动态变化的整体

---

① ［美］安·迈尔斯·戈登、凯思林·威廉·布朗：《儿童教育学导论（下册）》，梁玉华等译，四川少年儿童出版社2010年版，第113页。

续表

主流文化课程的特质	多元文化课程的特质
从主流视角呈现事件、话题和概念	从多元种族视角呈现事件、话题和概念
欧洲中心论——显示了美国的发展主要是由欧洲扩展至美国而来	多元视角、以世界为中心——显示了无数人民和文化（包括亚洲、非洲）从世界各地来到美国，以及他们在美国社会发展中的重要作用
有关种族的内容被作为常规课程的附加部分	有关种族的内容是常规课程的必要组成部分
将少数民族文化描述为贫困或者缺乏内涵	认为少数民族文化与主流文化不同，但同样丰富而具有内涵
注重民族的英雄、节日	注重思想、综合结论和理论
强调掌握知识和认知成果	强调知识结构和作决策
鼓励接受现存的种族、阶级和人种的阶层化	注重社会批判和社会变迁

案例：音乐的语言①

每年我们中心都有一个新的婴儿班。在开始的几周，家长都聚在一起把他们的孩子引入到一个新的环境，教师也和孩子们共同度过所有的时间，建立起了生活常规。我们发现新组建的婴儿班有英语、土耳其语、立陶宛语、西班牙语和汉语之后，我们就不可避免地想在该班融入多元文化。怎样才能做得既有价值又有趣，是个挑战。此外，儿童对音乐和运动具有不同寻常的浓厚兴趣和兴奋感。他们的快乐在日常活动中尤其明显，他们在活动中加入了唱歌和跳舞。经过教师和家长的共同努力，在接下来的一次文化活动中，我们把音乐和文化融合到了一起。

在与婴儿进行早上的例行音乐时间时，随着一首中国歌曲"捉迷藏"，教室里各种语言就开始合并。这首歌需要我用汉语从一数到七，毫不夸张地说，这对我是个不小的挑战。一开始，我觉得这首歌很难学，也很难记。记住不同的声音和节奏不是件容易的事，但经过一遍又一遍地练习演唱后，最终效果很好。此外，看到孩子们在那摇摆、跳跃、晃来晃去的样子，更加坚定了我学歌、练歌的决心。我们一个学生的爸爸，把我们已经很有趣的唱新歌活动，变成了送儿子来园的

① ［美］伊萨：《儿童早期教育导论》，马燕、马希武、王连江译，中国轻工业出版社2012年版，第392页。

一个例行活动，而这项活动又成了家和学校之间的过渡环节。现在，整个班都跟着那对父子一起唱歌。

通过父母的音乐贡献，其他歌曲也被添加了进来。课堂上的音乐和文化成分，成为连接家庭和幼儿园的独特工具。在课堂上学习和演唱这些大相径庭的歌曲，成为分享文化差异的新渠道。在音乐活动时间，手指游戏、手或胳膊的运动，现在已经是我班上的不变程序。儿童要求唱歌时，通常的方式是及时转向那首歌的节拍，如有固定节奏地拍腿。我班上的儿童现在也通过哼哼和语音，模仿各种音调，表示要唱学过的诸多歌曲中的一首。

通过学新歌这种多元文化经历，我和孩子们已经认识和体会到了班里的个体差异。乐趣来源于与别人一起学习和获得知识或经验。同他人合作和分享文化这种技能是很宝贵的。我知道，不仅孩子们，还包括我，在今后的生活中，如果遇到来自不同文化或语言背景的人，或者与他们一起共事，这些技能都是有用的工具。（艾瑞儿，婴儿和学步儿的教师）

美国正逐渐变得更加多样化，文化价值观对儿童早期具有深远影响。"更好地理解其他文化的关键可能是从儿童家长那里了解文化脚本的能力以及更加清楚我们自身的文化脚本如何影响自己的工作的能力。"[1]

案例：阿拉斯加当地雕刻艺术的传统为主题线索所进行的课程[2]

美国阿拉斯加的安克雷治（Anchorge）城作为一个移民城市，有着不同文化背景的人。尽管如此，雕刻艺术成为该城的传统，人们都很喜爱。

这里介绍福禄贝尔幼儿园的特色——以当地雕刻艺术为主题的课程。弗比斯女士是该园的园长，她倡导的课程是要为儿童提供建构自己的观点和兴趣的机会。她认为，课程必须关怀儿童在园的一日生

---

① Maschinot, The Changing Face of the United States: The Influence of Culture on Early Child Development. 2008. 3. 0—3 岁组织（Zero to Three）的一篇报告。

② 何峰：《美国幼儿园课程的实录——以阿拉斯加福禄贝尔幼儿园为例》，《教育导刊》2006 年第 3 期。

活，同时，课程也要在幼儿园的一日生活中显现出来。她总是把儿童的不同文化、家庭传统以及兴趣融合进幼儿园课程。

一天，她看到一名叫作卡维克的儿童拿着一本旧的雕刻艺术品的书正向其他儿童讲述他的爷爷和父亲（两人都是当地比较有名的雕刻艺术师）的雕刻故事。而且之后，这本书被放在幼儿园长达几周，孩子们都对这本书相当感兴趣，经常自发谈论关于雕刻艺术品的故事。于是，她非常有心地记录了儿童对这本旧的、但很特殊的书的不同的观点。在一系列细致观察的基础上，她以小组的形式邀请儿童进行讨论，以便进一步获知儿童对这本书的不同的想法和兴趣。不久，以当地雕刻艺术传统为主题的课程产生了。

在教室里，教师布置了一个可供儿童亲自制作和展示雕刻艺术品的环境。并适时地增加一些蜡制品和塑料工具，邀请和鼓励家长积极参与该课程的设计和实施。在这样的环境中，儿童自发产生的自主地表达愿望，开始对雕刻艺术进行探索。儿童首先利用塑料小刀等"假"的工具，教师则在旁边亲自示范操作但不干预。几周练习之后，儿童尝试使用真正的雕刻工具。教师认真观察并记录儿童的探索过程。

阿拉斯加的这个雕刻艺术课程很好地将发展适宜性课程基于儿童、基于游戏和基于文化的内涵相整合。其选题来自于儿童的兴趣，是从儿童一日生活中的偶发性活动生成的；其活动的过程是游戏化的自主探索，教师的辅助指导提高了儿童的操作技能；其活动贯穿始终的是对儿童家庭文化的关注和家庭成员的尊重。

第五节　问题：发展适宜性课程是一种单一的课程吗？

发展适宜性实践"不是课程，也不是一套可以用于支配教育实践的僵死的标准。相反，它是一种构建，一种哲学，或者说一种与儿童一起工作的方法"[1]。卡罗尔·格斯特维奇也在《发展适宜性实践：早期教育课程与发展》一书中始终强调"发展适宜性标准并不是要成为一个严格的处

---

[1] Bredekamp, S., & Rosegrant, T. *Reaching Potentials*: *Appropriate curriculum and assessment for young children*. Washington, DC: National Association for the Education of Young Children, 1992, p.4.

方，而是要成为为决策制定提供信息和反思问题的哲学指南"。① 即发展适宜性实践并不是要求所有的教育实践都遵循同样的模式，而只是试图为教育工作者提供一种思想和方法上的指导，让教育工作者可以设计出更加适宜儿童发展需求的课程方案。

全美幼教协会只是提供了组成好的课程的原则（通过三版声明），特别是在 2009 年版的。课程实施对儿童来说是适宜的和有效的当然是实践所关注的关键方面，但是没有哪一种课程被称为发展适宜性实践。事实上，发展适宜性实践认为所有的教育实践都是处在"适宜"与"不适宜"这个连续体的某一点上。发展适宜性实践的实施方式不是僵化不变的，没有绝对的"适宜"或"不适宜"的教育实践，在不同的文化背景下，面对不同特点的儿童，对于不同的教师而言，最适宜的教育实践也应是不同的。发展适宜性实践为教育工作者提供了评估儿童需求及进行课程设计的方法和策略，所有教师都可依据发展适宜性实践的原则对自己的教学实践进行评估，并不断地改进自己的工作。"我们并不是将发展适宜性实践作为一份确定的声明或一份绝对的行动计划——我们假设对于成人来说没有一份发展适宜性的声明——希望可以激发问题，启发人们检查当前的实践，并帮助早期儿童阶段的实践者为儿童创造出最具支持性的学习环境。"②

甚至，直接教学模式研究者也支持和拥护这个立场声明。有人认为，在发展适宜性实践课堂中没有或很少有结构这是一种误解。实质上恰恰相反，发展适宜性实践必须是结构化的才能提高儿童健康和能力各方面的发展。发展适宜性实践的组织有其时间表和物理环境，并且教师引导儿童达到学习目标需要实施有计划的课程。发展适宜性实践的结构也表现在满足和适应个体的不同需求方面。教师希望能够做出调整以满足儿童兴趣的需求和推动儿童的进步。在发展适宜性课堂中，有一个基本的但不是严格的结构，有明确的行为法则。在课堂实施过程中，儿童有机会可以从大量的学习主题进行选择以及参与各种各样其他的学习内容，如大组和小组时间。在所有的内容中，教师都有意识地使用环境、材料和教育策略去满足

---

① Gestwicki, C. (Eds.) *Developmentally appropriate practice*: *Curriculum and development in early education*. United States: Thomson Delmar Learning, 2007, p.429.

② Ibid., p.29.

儿童获取重要知识和技能。

　　就像全美幼教协会声明中所定义的一样，高质量的课程的大部分特征有很多相通的地方，有多重早教课程框架和方法。大量的课程反映了多样的关于学习与发展的理论视角，这提供给教师不同的结构和可变性。作为决策者、制定者的教师能参考发展适宜性实践的原则实施这些课程或选择适宜的课程模式。记住，无论什么课程，只要教师有足够的专业发展去帮助他们加深对课程的理解，知道儿童如何学习和发展，提供适宜的教学材料，学习经验和满足每一个儿童的需要，这个课程就是有效和发展适宜性的实践。但是，课程不能代替一个好的老师。这就给了早期儿童教育实践者很大的自主权和机动权，使广大的教师都能从班级的儿童和家庭实际情况出发，进行恰当的教育，体现了针对性和灵活性。

第五章

发展适宜性实践教学观

"无论何时，当你看到孩子们在一间漂亮的教室里学习和成长，你可以确定教师非常用心。优秀教师所做的每一件事——创设环境、思考课程、因材施教、设计学习经验以及与儿童及其家长互动——都目的明确，经过了深思熟虑。无论在做什么决定时，他们谨记自己所追求的结果。"[①]

第一节　教师是落实教育信念的舵手

发展适宜性实践并不是刻在花岗石上的，也不是优质早期儿童计划的唯一标准。[②] 发展适宜性实践和教师的行为方法不是敌对的，而应将教师的行为方法渗入到发展适宜性实践的计划中。所以，成为一个优秀早教工作者是发展适宜性实践的核心。发展适宜性实践是建立在对儿童发展和学习研究的基础上以及有效教育的知识基础之上的。从这些知识基础，我们知道儿童在各个年龄段是如何发展和学习的，什么方法和环境对他们的学习最好。"教师必须深入了解儿童是如何学习的以及对于儿童来说学习什么最重要。"[③]

这些知识是教师做出教育决策的前提，例如，如何组织环境帮助儿童更好地发展，如何设计课程帮助儿童达到目标，对于群体和个体的不同需

---

① Copple, C. and S. Bredekamp, eds. *Developmentally Appropriate Practice in Early Childhood Programs Serving Children from Birth through Age 8*, 3d ed. Washington, DC: NAEYC, 2009, pp. 33—34.

② Johnson, J., & Johnson, K. Clarifying the developmental perspective in response to Carta, Schwartz, Atwater, and Mcconnell. *Topics in Early Childhood Special Education*, 1992, 12 (4), pp. 439—457.

③ S. Bredekamp & T. Rosegrant. *Appropriate curriculum and assessment for young children*, eds. Washington, DC: NAEYC, 1992, pp. 159—166.

求如何调整教育策略等。但是对于这个问题"这些决策是否是发展适宜性的?"的回答总是要看教师的实践或策略是否符合发展适宜的要求:这些决策的对象是儿童个体还是群体,是针对什么样的家庭,在什么样的背景下,是要达到什么样的目的。

> "我们的最新记录中关于序列(seriation)学习的内容很少,"教师皮特(Peter)在一次小组课程计划例会上这样说,"让我们来设计一项活动,鼓励儿童按某一顺序或规律来排列物品。"
>
> 随后,皮特给小组的每个孩子提供三种宽度和多种颜色的丝带,还有纸和胶棒。他问孩子们:"你们能用这些丝带做什么呢?"艾米(Amy)以红白交替的规律在纸上画出了丝带的边界,但丝带的宽度是随机的。纳门(Namen)做了一个"野人","野人"的头发是交替的绿色细丝带和蓝色粗丝带。迈克尔(Michael)没按照什么特定规律,他把丝带粘成一个长条,说:"这是蛇。"
>
> 乔希(Josh)宣布他也要做一条蛇。他用三条红色细丝带来做蛇的头,三条中等宽度的红色丝带做身体,三条红色宽丝带做尾巴,因为"它的尾巴要能发出很大的声音"。

皮特在活动中不是简单地告诉孩子们或向孩子们展示不同宽度的实物,也不是给儿童提供作业单让他们复制表上的图例。相反,他给儿童提供材料,引导儿童以某个顺序或模式排列这些材料,并探索这些材料。在早期教育中,教师引导不是简单的教师做,儿童跟随,而应该是儿童的自我管理和社会情感能力等包含在其中的课程目标的实现过程。这些能力帮助儿童学习和成功(McClelland, Acock & Morrison 2006;Hyson 2008)。同样重要的是,这些对于儿童的当前和未来生活有着不可估量的作用。优秀的早教教师能仔细倾听孩子说些什么,典型问题的解决,耐心地提醒纪律(并解释原因)等。

一　广泛使用各种教学策略

一名优秀的教师会根据具体情境来使用教学策略。他会考虑什么是儿童已经知道的和能做的,具体的学习目标是什么。通常他会尝试一种策略,看其作用,然后尝试另外一种。他有各种策略经验能弹性地决定何种情况下使用什么策略。这里提供了一些优秀教师使用的策略：

教师关注儿童做什么和说什么（旁观）。让儿童知道老师已经注意到他们了，通过肯定的关注，不是通过评说，也不是仅通过在旁观察（旁观）。

教师持续的鼓励比只是简单地赞扬有效（你想到用许多词语来描述这只狗，让我们来继续）。

教师给予具体的反馈比只是笼统地评说更好（这个装了豆子的袋子没有完全被箍住，吉米，你可以试着使劲甩一甩）。

教师展示给儿童看处理问题的态度，解决问题的方式或对待别人的行为，比只是告知儿童好（那个不管用，我需要仔细想想原因，对不起，本，我没有听清你所说的，请再告诉我一遍）。

教师演示解决问题的正确方式。这通常发生在需要儿童严格按程序来解决问题的时候。（如写信）

教师增加任务难度，即提高要求但儿童也是能够达到的。（如，当教师拿走几个小块，然后问还有多少剩下，发现儿童能准确地点数剩下的小块时，他可以增加难度，通过把一部分的小块藏起来。这样计算剩下多少就只能通过知道多少被拿走了来增加难度）。在另一个案例中，教师降低难度来适应儿童（如使任务简单化）。

教师提出引起儿童思考的问题（如果你不能跟你的伙伴谈谈，还有什么别的方法能让他知道你是怎么做的？）。

教师提供辅助（如一个线索或暗示）来帮助儿童解决问题。

教师提供信息，直接给儿童事实，表格和其他信息（这个看起来像一只短尾大老鼠，叫作野鼠）。

教师给予直接的行为指导（当你数的时候，用手指摸每一块砖，你想移动那个冰块到那边吗？好的，坚持敲击，然后拖动到你想要去的地方）。

这些策略中的一些是很少进行行为干预，而另外一些则是成人更积极或主导。这两种策略在任何一个情境下都能使用。儿童的主动学习有助于促进教学，儿童在课程设计中发挥着积极作用。但这并不排除而是需要教师计划好的学习活动，以便更好地实现儿童教育的目标。阿尔塞（Arce）认为如果材料相对复杂，或要学习的概念是儿童不知道的，教师主导就是一种适宜的教学策略。教授给儿童某种技能，如在使用其他颜料之前先将画笔清洗干净，就需要教师的指导。表5-1是一个教师指导行为的连续体，包括教师指示和提建议的行为。表中所有指导策略都适用于某个时间，或适宜于某个儿童、某种活动或情境。

表 5-1　　　　　　　　　教师教学行为的连续体①

非主导性教学行为	关注	关注儿童，并积极鼓励其继续投入活动
	示范	通过暗示、提醒或其他指导方式，向儿童展示某种技能或者教师期望的行为方式
	促进	提供短暂的协助，帮助儿童达成下一阶段的任务（如儿童骑自行车时，教师扶着自行车的后面）
居中的教学行为	支持	提供物质上的协助，如一个自行车辅助轮，帮助儿童完成下一个任务
	搭支架	设置挑战，或者支持儿童去做"接近能力边缘"的事情
	一起完成	与儿童一起学习，或共同解决问题、完成任务，如搭建一个模型，或者用积木搭建建筑物
主导性教学行为	演示	主动演示某种行为，或投入到某项活动，让儿童观看教师的行动结果
	指示	对儿童行为提出具体而详细的指示，不允许儿童行为有大的偏差和失误

以下是一个课堂实例，展示了教师如何使用多种策略，以期扩展儿童的游戏，然后是跟随他们的游戏兴趣来提高他们的读写学习。

马里卡（Marica）教师教授 4 岁儿童的开端项目。起先，她观察到尽管儿童喜欢在娃娃家游戏，他们除了堆叠盘子、倾倒垃圾或者开关橱柜之外很少做其他的。他们的游戏缺乏主题和交流，并且经常被争论打断。她想介入其中帮助儿童提高游戏水平。

一天当艾希莉、伊丽莎白和约书亚在娃娃家时，马里卡参与进他们的游戏。选择一个"生日"主题她知道这三个孩子都有经验，她进入娃娃家开始扮演过生日的人。"嗨，我打算为我的生日举办一个派对，你们能帮助我吗？"当她问问题"我们需要为生日派对准备些什么时？"孩子们回答："一个蛋糕！""我们需要气球！""客人！"

马里卡带来购物车，孩子们抓住它，绕着房间推着走，假装在找寻各种派对物品。当儿童进入购物的游戏时，教师退出。当购物结

_____

① ［美］安·迈尔斯·戈登、凯思林·威廉·布朗：《儿童教育学导论（下册）》，梁玉华等译，四川少年儿童出版社 2010 年版，第 143 页。

束，她问："现在我们要邀请谁？"儿童开始喊出名字，教师说："我不能记住那些名字。我们需要列一个单子。"她创设了一个挑战——一个针对不同层次发展孩子的任务，她问"谁能写下他们的名字"。

他们找到纸，孩子们开始轮流"写下"他们的名字或者他们朋友的名字。对于伊丽莎白，教师给予辅助，通过提供一个可以抄写的名字卡片。对于艾希莉，她演示了如何书写她的名字的第一个字母。对于约书亚，他至少能书写一些他自己名字的字母。"你想知道你朋友达里斯克（Dariska）的名字是如何写的？"当儿童书写时，教师鼓励他们。"你写了一个 N，就像你名字的第一个字母，农西奥（Nuncio），"她告诉约书亚，我知道你已经每天在练习书写了。当她看到两个儿童继续拼写他们的名字时，教师提供信息，告诉他们的名字的下一个字母是如何书写的。[①]

尽管游戏是一个开放性和儿童主导的活动，教师可以直接提供信息，创设挑战，提供语法，以及其他提高儿童在游戏中的发展。就如，在一个安排好的小组中，教师可以通过提问题和使用其他技巧的方式参与儿童解决问题。

即使对于特殊儿童或有特殊需要的儿童，所有这些策略都是有效的。教师可以使用更系统的知识来帮助儿童获得技能或改变一个行为。如，当教师与孩子们一起面临挑战时，对教师来说有效的策略是明确环境条件以推进相应的行为和结果产生。接着，教师预测和分析先前的错误行为，明确错误的行为没有达到目标，冲突使得另一个孩子放弃玩具。同时，教师能"捕捉到他们正确的行为"，当他们做出教师期望的行为时，给这些儿童肯定的关注和鼓励。

二　为孩子的学习搭建支架

发展适宜的目标既是挑战也是可达到的。最有效的学习是建立在儿童已经知道和能做什么的基础之上，但也要鼓励他们去挑战一个新水平的任务。其理论来源于维果茨基的"最近发展区"理论。"最近发展区"的形成取决于成人和儿童的相互作用和交互影响。以"教"与"学"的双方

---

① Copple, C. and S. Bredekamp, eds. *Developmentally Appropriate Practice in Early Childhood Programs Serving Children from Birth through Age 8*, 3d ed. Washington, DC: NAEYC, 2009, p. 37.

互动为基本过程引导着儿童的发展。"儿童的教学可定义为人为的发展。"①

当然，儿童不能将时间都浪费在"最高点问题的解决上"，他们也需要经常实践他们刚刚已经获得的技能，他们需要通过牢固地掌握和不断巩固获得成就感，而不是总是感觉不断面对挑战。儿童通常将新获得的知识或者通过游戏发展出的技能付诸实践。当他们还是一个学步儿时就不断重复填满和清空一桶玩具，或当他们是儿童（3—5岁）时他们不断地数每一个木钉或木块，一旦儿童掌握了新的技能或概念，他们就准备接受新的挑战。

当孩子面对一个新的挑战时，他可能需要教师的一些支持来帮助他应付。一个有经验的教师不会过分介入帮助。我们的目标是提供最少的儿童不能自己单独完成的帮助。如，如果目标是走平衡木，教师可以在旁边站着，以便于当他需要保持平衡时，能将手放在教师的胳膊上。如果，相反教师牵着男孩的手通过，而不管他是否能保持平衡，他将不能学会自己保持平衡。

当儿童开始获得新的技能或知识时，教师要逐步减少辅助。这样，接受帮助的孩子将能够独立处理任务。因为教师提供帮助仅仅是当他们需要时，这就是我们称之为的"脚手架"。如，一个孩子总是被其他孩子拒绝，教师可以先直接指导他如何成功进入游戏（尝试说，我能作为杂货店的顾客吗？）。如果孩子的提议成功了，他的新行为被其他孩子认同，教师就能退出了。

优秀的教师使用支架帮助孩子在各个领域取得学习和发展的进步。他们的支架有多种形式，他们也许问问题，指出一个偏差，给予一个暗示，增加一个线索或支持性图表，牵起孩子的手或让孩子与同伴一起使得两个孩子能成功地合作。

　　汤米是一个五岁的唐氏综合症儿童。两年来，他一直在一所公立学校的幼儿园（3—4岁）就读。现在，他升上幼儿园（5—6岁），班上也有其他状况特别的孩子。汤米与其他孩子的社会关系一直都还不错，有些同学是与他一起从幼儿园升上来的，汤米与这些同学的感

① 余震球选译：《维果茨基教育论著选》，人民教育出版社1994年版，第400—406页。

情犹笃。但是，近来，汤米的父母与教师同时都注意到其他的同学会嘲笑汤米，而且除非他扮演小婴儿，否则那些以前的老同学也比较不喜欢跟他玩了。有一个玩伴还说："因为汤米还会尿裤子，所以他必须要演小婴儿。"

汤米的老师爱凡丝女士固然接受过幼教训练，但是在特殊教育方面的知识与经验却有限。她很努力提供孩子有趣的课程，引导他们自动自发地参与课堂的活动。然而，她不喜欢用贴纸或满面堆笑等外在的手段鼓励孩子学习，深信激发孩子内在的学习动机才是真正的教学之道。

汤米加入爱凡丝女士的班上已经有好几个月了。这期间爱凡丝女士也与汤米及其父母建立了情谊，并且也一起讨论如何帮助汤米，让同伴顺利接纳汤米。父母与教师都认为汤米已经会自己上厕所了，连小儿科医生都认为如此。所有的大人都希望汤米自己完成这项成长的里程碑。但是，师长们面临一个两难的情况：如果他们再耐心地等下去，汤米可能还会继续受到同学的排挤。因此，汤米可能会变成要依靠外在形式的鼓励才肯自己上厕所。另一方面，他们也越来越担心同伴的排挤及汤米退化性的行为会对汤米自身造成极大的影响。因此，教师与家长和特教专家商谈之后，决定使用比较具体的物质以鼓励汤米如厕（如汤米可以自选贴纸），然后，慢慢地用比较抽象式的鼓励作为奖赏，如可以在电脑室玩久一点。

施行这个方法之后，汤米逐渐知道自己有想上厕所的感觉时，他该如何做。在此教导方式之下，汤米不仅对自己产生信心，同时在班上的社会地位也提高了——他再也不用每次都扮演小婴儿的角色了。①

这个例子中，教师爱凡丝虽然一直深信好的幼教课程是不太需要用外在鼓励方式的，但是，以汤米的情况，弹性施教，起到了很好的支架作用，帮助汤米摆脱了困境。

三　灵活安排一日活动流程

教师的工作目标是在一日活动流程框架下给儿童提供丰富多样的学习

---

①　［美］Bredekamp, S. & Copple, C.（Eds.）：《幼教绿皮书》，洪毓瑛译，台湾和英出版社2000年版，第83—84页。

机会。

1. 建立一致而灵活的一日活动流程

一日活动流程能让儿童情绪稳定并获得安全感。他们知道将要发生什么，什么时候发生，教师对他们有什么期望。常规安排，如晨间问好活动能够平复儿童与父母分离时可能产生的焦虑。"这可能看起来像是一个仪式，但是真诚的问候能够让每个孩子以积极的情绪开始每一天的生活。"[1]

一日活动流程中各环节的数量和性质应该精心设计，同样，区域和材料在数量上应该努力达到平衡——不至于太多或太少。把每天分成几个有意义的时间段，这样就能够避免活动的频繁转换。频繁转换会让儿童感到混乱。活动的顺序和长度也让儿童体验一种临时关系，帮助儿童发展早期数学概念。教师需要根据突发的教学情况灵活地调整活动，也可以以此激发和拓展儿童的兴趣。

最后，重复一日活动流程能够让儿童再次使用原有材料进行重复活动。虽然我们热衷于拓展儿童兴趣的经验，但是有时我们忘了儿童也需要通过重复加深对熟悉材料和主题的理解。

当教师思考如何整合每天各环节的内容时，有一个完整一致的活动流程安排也能为教师制定规划提供框架。比如通过一对一的问好时间（点数到校儿童的数量）、区域活动时间（计算各活动区有多少儿童在活动）、小组活动时间（图画说明多少儿童一起用一种颜料），儿童可以探索数字。一日活动流程的结构也促使教师思考内容的广度。因此一日活动内容本身包括认知领域（如通过活动介绍不同的主题）和社会领域（如改变小组规模和组成，创造分享不同兴趣和经验的"群体"）各个方面。

一日活动流程的某些部分应该让儿童进行选择，允许儿童和教师一起参与安排。即使在教室主导的活动中，儿童也应该有选择的权利，比如选择运用什么材料或者和谁做搭档。

2. 允许多种类型的活动

教师设计的一日活动流程应该能为儿童提供选择的机会，让儿童有机会自主游戏（包括提供时间让儿童制订计划）、解决问题、整理物品与满

① Evans，B. Bye Mommy! Bye Daddy! Easing separations for preschoolers. In N. A. Brickman，H. Barton，& J. Burd. *Supporting young learners 4*：*Ideas for child care providers and teachers*，*eds.* . Ypsilanti，MI：High/Scope press，2005，pp. 49—57.

足个体的需要（包括自我服务技能），还应包括小组活动以介绍关键概念与技能，包括室内与室外游戏，包括与成人和同伴交往、分享零食或食物以及睡眠的时间（取决于儿童的年龄和一日活动时间的长度）。各活动之间的过渡以及复习和反思学习内容的时间也应该被包括在其中。多种学习活动允许儿童以不同的模式学习并且建立有意义的联结。

连贯一致的一日活动流程计划意味着活动的各部分的顺序是既定的，但是每天各部分的内容是不同的，需根据儿童的兴趣和教学目标而定。以多样化的内容来满足儿童的兴趣和学习方式非常重要，这样所有儿童每天都能找到自己感兴趣的事来做。同样，多样化也允许儿童与成人一起决定一日活动。

同时，一位好老师懂得过分的多样化会压制儿童。多样化的一日流程并不意味着试图把每种可能的经验都硬塞进去。相反，每周、每月重复执行的一日活动流程已经形成了一个结构框架，在这个框架基础上，内容是多样的、有顺序的、重复的、支持性的和具有延展性的。

3. 使用多种方式分组

大多数早期儿童环境（对于3岁或3岁以上的），至少有三种学习形式：大组，小组，游戏/学习中心。

大组（集体）。集体教学的功能是分享经验，一起唱歌，欢迎一个新同学，为一个仓鼠的名字出谋划策，等等。进一步，集体给予儿童机会实践技能如与群体交流，倾听同伴，对问题或评论做出适宜性应答，合作学习，以及实践新的信息。这些技能和实践在初级年级尤为重要，并且集体时间是一个很大的年儿童童开始学习的时间。对于年龄大些的儿童，教师利用集体时间来介绍一个概念或技能，然后儿童接下来应用新的知识，或实践新的技能独立或小组的形式。

就像上面提到的集体教学，没有严格的规范。最重要的原则是给予儿童线索和当儿童失去兴趣时不要继续。如果儿童觉得无聊，他们通常不会从集体教学中获益。改变为其他的活动或者变为小组或中心将更有效。

小组。3—6个儿童一起学习能使得教师提供更集中的经验，也许介绍一个新的技能或概念，参与儿童解决问题，或应用一个已经介绍过的概念。在小组中，教师能给予每一个儿童更多的关注，能提供适宜每个孩子发展水平的支持和挑战。他能给予支持，并关注每一个儿童能做什么和每个人的困难在哪。给予儿童机会去参与同伴的交流和合作解决问题是小组的一个很大的益处。如小组互动读书，已经被证实是非常有效地提高儿童语法学习的方式，尤其对于低收入家庭的孩子和正在进行英语学习的孩子。

在保育中心，一天的某些时候，小组有代替学习中心的趋势。在一个两个教师的教室里，一些儿童可能与一个教师工作于一个小组而另一些孩子参与第二个老师指导和支持的学习中心。在小班，教师可能与小组一起工作，而另一些孩子在杂志上书写或安静地阅读或合作。

游戏/学习中心。在保育中心和幼儿园，部分教室被分隔成学习中心或兴趣区，这些提供给孩子大量选择参与的机会。教室建立积木，戏剧表演游戏，美术和阅读中心。也有些地方，有时是分隔成中心，有时则不，孩子能找到数学操作或游戏，科学材料（包括沙土或水），书写辅助和一两台电脑。

对于儿童的学习和发展，选择他们自己想要做的，和其他人一起，指导他们自己的行为有很重要的意义。这时，包括户外游戏，需要一个教师一定程度的支持和参与。教师的想法通过布置材料等行为来支持教育目标的达成。观察儿童将使教师与儿童的现场互动更有效。当孩子投入到他们自己的各种活动中时，教师与他们交流，给予他们信息或反馈，开拓他们的思维。儿童按他们自己的兴趣和主意来进行他们的游戏，教师不时提供支持和与他们互动。

4. 保证为每种类型的活动提供充足的时间

分配给每个活动的时间不要太短，以免儿童因不能实现目标（不论这种目标是探索性的还是生产性的）而产生挫败感，但也不要太长，以免儿童失去耐心或感到厌烦。每个儿童的爱好和发展水平是不同的，比如在自由区域的活动时间段，学步儿不能像学前儿童那样坚持很长时间。容纳多样性的另一种方式是灵活利用时间，如允许活动时间的重叠，即同一时间段允许不同的儿童进行不同的活动。比如一个儿童还需要几分钟来完成一项自由选择的艺术活动，这时可以让其他儿童去洗手，准备吃零食。吃得比较快的儿童可以先整理完，然后和一个老师到户外去活动，而吃得比较慢的儿童就可以和另外一个老师留在教室里。这种灵活的安排可以使过渡变得平缓，避免让儿童过于兴奋而失控。当班里儿童出现行为问题时，通常是因为一日活动流程存在某些问题需要进行调整而不是因为儿童自身，或者是教学内容需要调整而非因为活动长度。也许是要求儿童完成的任务太多了，或者这项任务没有抓住儿童的兴趣。

星期一，菲莉西亚（Felicia）的班上异常活跃。许多儿童看起来玩得非常累，他们在自由选择时间从一个活动跑向另一个活动。45分钟之后，她决定给出信号让这些儿童收拾玩具，之后他们转向地毯上的集体区域。第二天，自由游戏时间仍继续开展复杂的建构游戏和戏剧游戏，将自由游戏时间延长至75分钟，略微缩短集体时间和户外游戏时间。

班上一位同学的爸爸是一个乐队的吉他手，并且喜欢和孩子们一起唱歌，星期三他到来时，这一事件将集体时间延长至将近40分钟。

一个好的日程表将会为儿童提供大段不被打扰的时间，并让儿童拥有知道下一步要做什么的安全感（见表5-2的样例）。但非常重要的一点是，当日程表的功能不是提供可预测的活动顺序，而变成僵化的时间计划表时，日程表对儿童来说就是一种强加和干扰，忽略了儿童的需要。

表5-2   体现时间块灵活性的学前项目日程表样例①

活动	灵活性
儿童入园，进行自选活动	在以下情况下缩短时间： ●儿童对活动不投入 ●后面计划开展实地考察活动或有来访者 在以下情况下可延长时间： ●儿童深度参与到活动中 ●天气不好
室内，教师指导的活动，例如清理活动、吃点心和小组时间	在以下情况下缩短时间： ●儿童异常活跃 ●需要更多的室内或室外活动时间 在以下情况下可延长时间： ●有特殊的来访者或活动 ●有需要讨论的事项
户外，儿童自选活动	在以下情况下缩短时间： ●天气恶劣（开展室内大肌肉活动以代替） ●其他活动的时间块被延长 在以下情况下可延长时间： ●需要时间去往特定的户外环境 ●操场上的项目为儿童带来了特别的乐趣

---

① ［美］卡罗尔·格斯特维奇：《发展适宜性实践——早期教育课程与发展》，霍力岩等译，教育科学出版社2011年版，第137页。

第二节　促进儿童身体动作发展

一　内容：身体技能

发展适宜性实践认为，儿童全天都必须有机会自由地活动，运用大肌肉以及参与充满活动的运动。婴儿童阶段的主要任务之一是身体的成长和发育。人生中其他的阶段都不会产生如此迅猛的身高、体重和身体比例的变化，以及如此快速的身体部位控制力的提高和使用完善（Allen & Marotz，2007）。并且运动不仅刺激生理上的发展，也有助于儿童体验"运动"这一概念并加深理解。教师要提供给儿童机会，让他们解决身体运动方面的相关问题，鼓励儿童自己发现应对挑战的方法，通过亲身经历把抽象的概念具体化。[①] 有效的内容应该为儿童提供适当的机会，促进他们在运动技能和运动概念这两个相互独立但彼此相关的领域获得发展。儿童在学习技能的同时进一步了解概念，因此在儿童的运动中，教师要将运动技能和运动概念结合起来。[②] 其具体内容包括：

1. 运动技能

●移动性技能——身体在以水平或垂直方式从空间的一个点移动到另外一个点的能力。这是儿童最先要发展的运动技能，包括走、跑、单脚跳、双脚跳、快跑、滑步、跨跳、攀登、爬、追赶和逃跑等。

●平衡性技能——身体在原地做水平或垂直方向的转动，或在重力下保持平衡，这是儿童第二步要发展的技能，主要包括转身、扭动、弯腰、急停、翻身、平衡、重心转移、跳起/下落、拉伸/延展、蜷缩、旋转、摇摆和躲闪等。

●操作性技能——运动身体以接受或传递物体，此技能发展最迟，包括投掷、抓握、踢、踢球、运球、用球拍击球、用长柄击球。操作技能在许多比赛中都很重要，如足球比赛中带球和抢球等。另外，写作和绘画等任务中所需的精细运动技能同样也属于操作技能。但对于比赛，需强调的

---

① Pica，R. June. Beyond physical development：Why young children need to move. *Young Children*. 1997，52（6）：4—11.

② Sanders，S. W. *Active for life*：*Developmentally appropriate movement programs for young children*. Washington，DC：NAEYC，2002，p.130.

是自我提高、参与、合作，而不强调竞争。即活动聚焦于肌肉的锻炼而不是大型比赛。"很少有教育者支持在儿童早期或幼儿园的体育课程方案中采用类似于竞技的教师主导的活动，因为这些活动被认为是不适宜儿童发展的……简言之，集体比赛、体操、传统的舞蹈，或其他的健身锻炼不应出现在幼儿园体育课程方案中。"[1]

2. 运动概念

如果说运动技能是指身体能够做什么动作，则运动概念就指身体在哪里做、如何做及由哪一部分肢体来做。换句话说，如果运动技能指的是身体的"动词"，那么运动概念就是指身体的"形容词和副词"。学习运动概念不仅有助于确定或丰富运动技能的范围，也能够增强儿童运用技能的效果。[2] 其主要概念有三类：

●空间意识——反映身体和空间的联系的概念，包括距离、方向、高度和动作路线。

●作用力意识（effort awareness）——身体在空间运动的方式，包括时间意识（指动作的速度、节奏）、力量意识（指动作的力量大小、创造性、专注程度）和控制意识或称动作的流畅程度意识。

●身体意识（或关系意识）——身体构建的各种关系，涉及自我意识（对自己身体部位、体型和身体部位的作用的意识）与他人及环境的关系（位置）。

当然，运动也与心理健康问题有关。[3] 运动提供了许多发展的机会和表现创造性的机会。儿童随着音乐做出类似舞蹈的动作，进行有关投掷的方向与速度的实验，等等。这些自由表达的运动能够促进儿童自尊和自信的发展。

二　目标：健康生活

案例：荡秋千[4]

一次户外活动中，教师杰西（Jessie）在推四岁的蒂米（Timmy）

---

① Sanders, S. W. *Active for life: Developmentally appropriate movement programs for young children.* Washington, DC: NAEYC, 2002, p. 40.

② Ibid., p. 91.

③ Ibid., p. 31.

④ Weikart, P. S. *Round the circle: Key experiences in movement for young children.* Ypsilanti, MI: High/Scope Press, 2000, p. 138.

荡秋千。她注意到蒂米的腿随着秋千的晃动开始做伸直和弯曲的动作。于是，她就用语言来强化蒂米的这种自然动作：当蒂米的腿弯曲时，教师就说："回"；当他的腿伸直时，就说："去"。当蒂米感觉到要说这个词的时候，他的动作幅度就更大也更明显，动作的节奏逐渐固定。从那天起，蒂米就会自己荡秋千了。

成人的适当鼓励和支持不仅能使儿童学会运动，而且能深化他们对许多运动概念的理解，从而获得成功体验。[①]

身体动作技能和概念需要教，这个观点似乎有点奇怪。通常人们会认为只要获得充足的营养，有可以自由活动的安全环境，儿童的身体就能自然而然得到发展。当然，在大肌肉动作技能和精细动作技能的发展方面，儿童的确受生理成熟因素的影响，儿童的身体确实要经历从初步的发展到更健壮的发展过程。[②] 然而，把儿童身体技能的发展看成纯粹是童年时期生理成熟的结果这种观点是错误的。

研究证实，儿童仅仅通过游戏是不可能习得基本的身体运动技能的[③]，正如让儿童独自听音乐，他们是不会伴随音乐做出各种动作的。3岁的儿童一般只听而不做动作，4—5岁儿童听的时候动作要多一点，但他们的动作也只是局限在重复几个模式。[④]

2000年，美国儿童体育委员会（The Council on Physical Education for Children）发布《3—5岁儿童体育课程的适宜性实践》（Appropriate Practice in Movement Programs for Sport and Physical Education，NASPE）中指出，早期体育课程应该关注基本技能的形成，且儿童运动技能的发展是有顺序

---

① Weikart，P. S. *Round the circle*：*Key experiences in movement for young children*. Ypsilanti，MI：High/Scope Press，2000，p. 28.

② Copple，C. and S. Bredekamp，eds. *Developmentally Appropriate Practice in Early Childhood Programs Serving Children from Birth through Age 8*，2d ed. Washington，DC：NAEYC，1997，pp. 102，105.

③ Manross，M. A. Learning to throw in physical education calss：Part3. *Teaching Elementary Physical Education*，2000，11（3）：56—129.

④ Stellaccio，C. K.，& M. McCarthy. Research in early childhood music and movement education. In C. Seefeldt，*The early childhood curriculum*：*Current findings in theory and practice 3d ed.* New York：Teachers College Press，1999，pp. 179—200.

的，"如果获得中包含的一些基础性的运动技能还未被掌握，儿童就不能成功地参与到此项活动中。"① 比如一个不具备跑、停、踢和躲闪能力的儿童不会踢足球。因此，运动领域的课程设计应该是有顺序的，从每次关注一个教学领域的不连续的单元教学（如先是三周的投掷练习，然后是三周的蹦跳练习），到全年坚持练习和不断积累掌握多样化的运动技能。前面的学习是后面学习的基础，后面的学习依赖于前面的经验和技能。

良好的运动技能的发展能促进儿童其他领域的发展，例如两岁的珊曼莎喜欢画画和剪东西，在区角活动时她每天都选择美工区。对于该年龄段的儿童而言，她的精细动作技能属于发展良好水平，因而她对自己的作品引以为豪。她的良好的动作技能增强了她的自信心。相应的，当她围绕自己的作品与成人或其他小朋友进行交流时，她也从别人那里获得了赞赏和关注。设计一个有助于提高儿童运动技能的课程方案，有助于儿童成为"完整儿童"。

综上，运动领域课程方案的目标是"让儿童体验运动内在的乐趣和满足感……激发其对身体运动、自我、体型的积极态度，增强运动技能"。②

三 策略：辅助示范

儿童在活动中变得更熟练、更协调、更富有技巧，这得益于他们随着成长和成熟而萌发的身体机能与在成人的指导（体育）下和各种机会（休息、自由玩耍等）中锻炼而来的新技能之间的相互作用。儿童可以通过游戏发展很多的身体能力，但他们也需要有计划的体育活动、显性的指导（既包括口头的也包括示范的）以及规定性的身体技能发展机会，来引导他们走上终身享有健康的身体的道路。③

教师应采用直接和间接的教学方法。直接的教学方法是指为儿童提供示范，使其能够进行模仿。间接的教学方法是指鼓励儿童探索和发现可能

---

① Gallahue, D. L. Transtorming physical education curriculum, In S, Bredekamp & T. *Rosegrant, Reaching potentials. Vol. 2：Transforming early childhood curriculum and assessment, eds. .* Washiongton, DC：NAEYC, 1995, pp. 125—144.

② Sanders, S. W. Physical education in kindergarten. In D. Gullo, K. *today：Teaching and learning in the kindergarten year, ed. .* Washington, DC：NAEYC, 2006, pp. 127—137.

③ Copple, C. and S. Bredekamp, eds. *Developmentally Appropriate Practice in Early Childhood Programs Serving Children from Birth through Age 8, 3d ed.* Washington, DC：NAEYC, 2009, p. 117.

的运动范围。教师要为儿童提供机会，以使其能够在主动探索环境的多项任务中进行选择。教师作为支持者，要为学生提供充满挑战性的刺激环境。①

以下的互动策略能够促进儿童学习各种运动。

（1）提供广泛的探究机会，鼓励儿童进行探索。为儿童提供一定的材料、空间和时间以便他们探索各种运动。对运动的感觉做出反馈有助于儿童发现自己的运动能力，并适当地做出调整。一个孩子在庭院中大喊："我被卡住了！"这时，教师与其跑过去把他抱下来，不如走过去说："你的脚可以放到哪儿？""你想想有什么方法可以从树丛里出来？"。再如，一个孩子说："我试过了。"教师肯定了孩子努力的结果："雪伦，这一次你的手已经碰到最上面了，我敢说你一定为自己感到骄傲。"

（2）教师为儿童示范动作，以展示如何通过身体或借助器材实现目标动作。这种示范对于不善于理解口头指令的儿童或者词汇量有限的儿童来说尤为重要。示范的目的不是要他们精确地模仿教师或能力更强的儿童的动作，而是帮助他们获得动作概念，然后自己练习。教师也要运用动作示范来预防和纠正儿童的常见错误，并示范正确的动作，如单脚跳、双脚跳等。教师"应当注意儿童的常见错误，即使是像行走、立定跳这样的简单动作也需要注意。因为动作技能的错误或发展滞后是不会自动消失的"。因此，教师和其他专业人士（如体育专家、职业治疗师等）的干预非常必要。

（3）运用描述性语言。描述动作有双重目的：一是让儿童更专注于自己的动作，并关注自己的身体，体会神经和肌肉的变化；二是增加儿童的词汇量，当儿童从教师口中听到了运动词汇后（如上和下、快和慢、弯和直等），他们将在体育以外如读写、数学等领域使用和辨别这些词汇。这两种能力有助于儿童以后的学习，应对新的挑战。比如当教师说（在两个方向之间暂停）"向前迈一步，身体前倾，双臂伸向两侧……"，儿童只要学习了这些身体技能并理解这些词的含义，就能完成投掷或平衡的动

---

① Sanders, S. W. Active for life：*Developmentally appropriate movement programs for young children*. Washington, DC：NAEYC, 2002, p.13.

作。再如儿童喜欢玩速度方面的游戏——越快越好。他们认为慢就是不快。[1] 教师描述性的语言"这些甜饼烤得真慢，我都饿了"。或"杰米放水比苏西快些，他的小桶会满得快"。帮助儿童比较和评价速度的快慢。

（4）儿童在练习一项新的技能时，教师可以提供一些关键的小提示以帮助他们更快、更准确地学习。及时地提示能够阻止坏习惯的形成（体育教师认为这种"及时提示"同样适用于其他课程领域）。关键的提示主要有三种形式：口头的提示、视觉的提示（即演示）、手把手指导式的提示。口头提示如告诉儿童"把手放在身体的前方来接球"。视觉的提示可以代替或补充口头提示，比如提醒儿童丢沙包要注意看准目标时，可以指着自己的眼睛来示意。就手把手的提示来说，教师可以在儿童许可的情况下轻轻转动其身体到恰当的位置，比如扶着儿童站到平衡木中间。有经验的教师能清楚知道每个儿童需要什么样的提示等，因此能够提供个性化的指导。

（5）设置技能方面的挑战。挑战是指教师设置的可测量的任务或活动。为了使任务更易测量，教师往往要求儿童尽量用不同的方法来完成同一项任务[2]。比如教师问："我想知道你能用几种方法使皮球弹回来？"或"你能从这里跳到墙那儿，然后再跳回来吗？"挑战可激发儿童的兴趣，鼓励他们较长时间地专注于一项任务。挑战也能促进儿童运动能力的发展，并有助于儿童将这种技能运用到其他领域。

在"林中行走"活动中，儿童假装进行穿越树林的旅行，行走在泡沫树桩、锥形物体、大苏打瓶子组成的树林中。儿童首先要"植树"，即自己将物体摆放好，教师可把树放得更分散，然后儿童来练习不同的位移技能，如走、双脚连续跳或单脚跳过树林。[3]

（6）将技能训练融合到日常生活的不同方面。如将接球和传球的技能结合起来，"我要把布袋扔给穿红裙子的女孩，她接到后就可以传到小桌子那边"。远足时收集一些能够投掷的或可以踢、打的东西，如橡树果、鹅卵石和贝壳等。可让儿童将东西分类放进篮子里以备日后在户外活

---

① Hohmann, M., & D. P. Weikart. *Education young children: Active learning practices for preschool and child care programs. 2d ed.*. Ypsilanti, MI: High/Scope Press, 2002, p.414.

② Sanders, S. W. *Active for life: Developmentally appropriate movement programs for young children.* Washington, DC: NAEYC, 2002, p.55.

③ Ibid., p.22.

动练习中使用。

（7）让儿童来领导体育活动。作为领导者，儿童要提供口头建议，或演示动作供别人模仿。担任领导能提高儿童的自信心和独立性，使他们理解运动名称和动作本身，因为他们需要将这些告诉别人。大部分儿童希望成为领导，但不要强行要求儿童担任领导，要让他们自愿。在自愿的情况下，教师会发现在小组中通常不大说话的儿童会在领导方面发挥自如，即使不善言谈的儿童也能领导体育活动。如果只是教师直接展现自己的动作，就会给儿童一种印象：教师的方法是更好的方法。①

总之，在体育活动中，教师是让儿童去发现自己体能的极限，而不是限制或禁止儿童去尝试活动。在经验丰富的教师的指导下，发展儿童的身体技能"对实现让所有儿童过上积极健康生活的这一目标来说是根本的也是关键的"②。

第三节　促进儿童数学和科学发展

一　内容：理解世界

儿童的思维能力的发展是很令人惊讶的。在出生后的短短几年里，他们就已经获得了大量的信息和认知技能，成为一个有能力进行思考、交流、推理、解决问题与探索的儿童。研究人员已经积累的大量证据表明：年龄在3—5岁的儿童能够在日常经验中主动地建构各种重要的、基础的、非正式的数学概念和策略。③但在儿童的认知发展方面，我们更多的应是关注认知的过程，而不是儿童具体认知到的内容（是如何认知而不是认知了什么）。格尔曼和布伦尼曼（Gelman & Brenneman）指出："科学就是进行预测、检验、测量、计数、记录、安排自己的工作以及进行合作和交

---

① Sanders, S. W. *Active for life*: *Developmentally appropriate movement programs for young children*. Washington, DC: NAEYC, 2002, p. 35.

② Ibid. , p. 58.

③ Baroody, A. J. Does mathematics instruction for three to five-year-olds really make sense?. *Young Children*, 2000, 55（4）, 61.

流。"① 例如通过观察儿童在自由游戏中的表现，我们得知，儿童热衷于进行数学的探索和应用，且有时候这些探索难度惊人。② 这里主要是以数学和科学为主来探讨，但是其实，几乎所有的活动都涉及认知。儿童进行积极的学习，运用解决问题的策略，并从活动中建构新的知识，这些活动可以是科学、数学，或其他美术、音乐、运动、操作、故事或者表演游戏等。人生的最初几年的主要任务是"在不同的水平上理解世界：语言、人际交往、计数和量化、空间推理、事物间的因果关系、问题解决及范畴化"③。具体来说，包括：

1. 探究技能

儿童提问、倾听、了解他人的想法并提出自己的观点、收集和使用资源以及实验验证的能力。儿童具有强烈的好奇心，3 岁以前的婴儿童主要是能够认真观察周围世界，并能关注到有趣的事物或现象，提出问题。3 岁以后的儿童不仅能观察到现象，还能将所见所闻组织起来，对其进行分析，通过探索和实验来初步解决问题。当儿童测量并绘制豆苗每日生长的曲线图时，当他们注意到墙上影子不断变化的形状时，或当他们预测还要用多少杯沙子才能填满那个洞并进行实际计数时，他们就在运用数学，但同时也在运用科学。所以，探究这项基本的认知技能是思维的基础。

2. 物理、社会知识

探究和学科内容都很重要，它们是密不可分的……如果儿童探究的内容是有趣的，它们的探究技能就会得到发展，并在运用探究的过程中建构有关学科内容的理论。④ 通过探究，儿童逐渐了解周围的物质世界。儿童

---

① Gelman, R., & k. Brenneman. Science learning pathways for young children. *Early Childhood Research Quarterly*, 2004, 19 (1), 156.

② Ginsbury, H. P., N. Inoue, & K. H. Seo. Young children doing mathematics：Obvervations of everyday activities. In J. V. Copley, *Mathematics in the early years*, ed.. Reston, VA：National Council of Teachers of Mathematics；and Washington, DC：NAEYC, 1999, pp. 88—99.

③ Shonkoff, Jack P., Phillips, Deborah A. *Committee on Integrating the Science of Early Childhood Development. From Neurons to Neighborhoods：The Science of Early Childhood Development.* Washington, DC, USA：National Academies Press, 2000, p. 147.

④ Worth, K., & S. Grollman. *Worms, shadows, and whirpools：Science in the early childhood classroom. Ports mouth.* NH：Heinrmann；and Washington, DC：NAEYC, 2003, p. 156.

观察自己行为的结果，发现自己行为和自然界以及他人的关联，并学会预测自己行为的结果的技能。婴儿搜寻可以吸吮的物品，抓握物体，然后放开。学步儿会捡、扔物品，或从高脚椅上把物品扔下去，看看会发生什么事情。儿童会观察自己的行为的结果，发现自己行为和自然界的关联，并学会预测自己行为的结果。6 岁大的儿童拿着气球和水，会探索如何把水灌进气球里，如何滚动和抛掷装有水的气球，如何将气球弄破等。同样，通过探究，儿童也逐渐了解了周围的人际关系。婴儿开始区别朋友和陌生人。学步儿学会使用"我的"这一语句后，也学会了叫他人的名字。再长大一点，儿童开始扩大社会知识范围，了解自己在家庭、幼儿园、社区中应扮演的角色。4—5 岁的儿童有机会与他人合作、互助，并调整自己的需要和愿望。他们逐渐掌握社会规则，发展自身社会意识。在这些活动中儿童得到了有关科学的知识和理解，理解了科学家是如何研究自然界的。① 儿童必须能够在动手探索周围世界的同时想象它们的样子，然后发明、批判和改造它们，以此来构建他们的知识。②

3. 分类

根据某种特性、将物体分组的能力。2009 版发展适宜性实践的观点指出，儿童最重要的发展目标之一是通过将世界组织成有意义的范畴而理解世界。儿童会进行自发的分类，如，能把一个东西放在这一堆里，把另一个放在另一个堆里。他们还经常以自己作为社会性分类的基础，将男孩、女孩分开，将大一些的孩子和"小宝宝"分开，将玩积木的孩子和不玩积木的孩子分开。当然，随着年龄的增长，儿童 4 岁以后，可以逐渐掌握多种方式对物品进行分类，诸如颜色、形状、大小、材质、样式和纹理等特征进行分类。儿童甚至开始以更加抽象的共同点为依据对物品进行分类，如物品的功能（用于烹饪的，用于演奏音乐的等）。

4. 序列

根据物体的特性，用合乎逻辑顺序的方式摆放一个物体或一组物体的

---

① NCSESA（National Committee on Science Education Standards and Assessment），*National Research Council. National Science Education Standards.* Washington，DC：National Academy Press，1996，p. 23.

② Conezio，K，& French，L. Science in the preschool classroom：capitalizing on children's fascination with the everyday world to foster language and literacy development. *Young Children*，2002，9，12—18.

能力。早期儿童的排序涉及具体的事物，如将物体从最长到最短，或从最宽到最窄。随着年龄的增长，儿童甚至可以将排序与时间顺序相联系，比如什么事情第一个发生，哪些第二个、第三个发生等。

5. 数概念

数字是对数量的一种理解，是促成儿童形成日趋复杂的数概念的基础。数概念的理解不仅涉及计数，还涉及理解计数，即将数词与一组物体中的每一个准确联系起来的能力。在最初的形式中，数字理解能力涉及的是对数量的粗略比较，确认多和少。年幼的学龄前儿童开始通过一一对应进行更为确切的比较，如将袜子与鞋或盘子与餐巾进行一一对应。学龄前儿童还习得了大量的词汇来标注他们对数量的理解，如大小、多少、高矮等。到4岁时，儿童理解了添加或取走某个群组中一些的物体会引起数量的变化，并逐步理解运算守恒。

6. 时间概念

时间概念是儿童逐渐意识到时间是连续统一体的认知能力。处于感知运动阶段的婴儿还不具备在心理上再现事件和经验的能力，仅仅生活在现在的时间框架中。在学龄前阶段，儿童对时间关系有了越来越多的认识，如事件的顺序和因果之间的关系。但学龄前儿童的时间感仍然是任意的，而且是和具体的经验相联系的。较大的学龄前儿童及学龄儿童开始认识到钟表和日历能够帮助我们标记时间，并且逐渐建立了时间延续性的概念。

7. 空间概念

空间概念指理解物体和人如何进入、占据以及使用空间的认知能力。空间概念关注人和物的空间关系，儿童在婴儿期最初的学习很大程度上是以自身的运动为基础的。比如站在椅子后面，朝老师跑去，或者将三角形积木放到方形的积木上。儿童经常通过自己的肢体运动、活动和同他人的远近来感受空间关系。并且，这种学习方式继续贯穿了学龄前和小学阶段。

二　目标：开拓思维

儿童在日常生活中自然地、毫无意识地发展认知能力。比如在幼儿园中，我们无意间观察到儿童的游戏行为，这其中就反映出他们对一些问题的兴趣，如有关空间和位置的概念等。

公共汽车游戏①

小组成员迅速做出决定——这辆公共汽车太小，所以他们多加了几个座位，让它变得更大一些。这些儿童更加努力地工作，他们一块接一块地放积木，使这辆车变得更长。他们在最前面做了一个"驾驶座"，并在"仪表盘"上面装了一个"方向盘"。他们还打算在这辆所谓的公共汽车后面加一个"冰箱"。特雷说："冰箱应放在后面的墙上，但是得放在通道的中间。"

诚如上面所写的那样，儿童对世界的理解始于直觉性的和经验性的内容。事实上，儿童被形容为"游戏中的科学家"。发展适宜性实践强调儿童需要在形成和实验自己关于世界如何运作的观点或认识时成为积极的参与者。"一个优质的科学项目会为儿童提供通过行动和语言来表达思想的多种方式。新的经历不是用来纠正先前的思想、传授信息或者提供解释的，而是为儿童提供开拓思维和形成新的理解机会。"②

教育内容要通过教学过程才能为儿童所接受，教学过程……使得儿童接受知识内容成为可能。这些教学过程随时间而发展，并借助于精心设计的学习机会来提供支持。数学教育中最深远、最重要的成就是儿童掌握并运用这些教学过程。当儿童对经验和直觉做出反应，用不同的方式来表征它们，并把它们同其他知识联系起来时，经验和直觉就变成了真正的数学的东西。③

早期数学教育的目标是为儿童发展"数学能力"而不是局限在计数方面，"学生应当理解地学习关键的数学技能和能力"。④ "不强调理解的

---

① Tompkins, M. Spatial learning: Beyond circles, squares, and triangles. In N. A. Brickman, *supporting young learners 2: Ideas for child care providers and teachers*, ed. . Ypsilanti, MI: High/Scope Press, 1996, p. 221.

② Copple, C. and S. Bredekamp, eds. *Developmentally Appropriate Practice in Early Childhood Programs Serving Children from Birth through Age 8*, 3d ed. Washington, DC: NAEYC, 2009, p. 140.

③ NAEYC & NCTM (National Council of Teachers of Mathematics). Early childhood mathematics: Promoting good beginnings. Joint Position Statement, adopted April 2002. Washington, DC: NAEYC. www. Naeyc. org/about/positions/pdf/psmath. pdf.

④ NCTM (National Council of Teachers of Mathematics). 2000. Principles and standards for school mathematics. Reston, VA: Author. P. ix. Also http: //standards. Nctm. Org/ document/ index. htm.

死记硬背对于体会数学的精髓——学习推理、检验规律、进行推断以及感受不规则之美——作用很小，并且往往可能使儿童在更小的年龄就讨厌数学。"[1] 美国数学教师协会在其标准的修订稿《从幼儿园到八年级数学课程的焦点》(Curriculum Focal Points for Prekindergarten through Grade 8 Mathematics, 2006) 中，进一步强调了在每一发展水平上都要重点关注的几个关键概念和技能。这种能力包括三个部分：学习及运用数学的积极态度，对数学重要性的理解和欣赏，全身心投入数学探究的过程。将儿童早期自发的数学游戏转变为对数学概念和技能的认识是这一领域的核心目标。同样，在科学中，我们想让儿童从"了解世界的自然倾向"中获益。[2] 我们向儿童展示在日常生活中进行科学探究的益处，让他们参与到科学探究当中。同时，鼓励儿童自发地探究他们周围的环境，教师需要提供给儿童一个丰富的环境，他们就会从兴趣和问题、材料以及教师所定目标之间的动态作用中获得真正的学习。[3]

美国马萨诸塞州 2003 年的《学前学习经验指导纲要》就肯定了儿童的好奇心与探究欲望在学前科学教育中的重要性。其中提到"儿童天生就充满好奇，他们想知道各种东西的名字、这些东西是怎么生长或运作的、事情为什么会发生，等等。因此，科学学习的基础就在于儿童的探究和探索——这是积极学习的基本方式。在儿童早期发展阶段就培养他们对周围世界的好奇心，可以使他们在以后人生发展中保持这种兴趣"[4]。

三　策略：引导探究

在早期数学和科学中，自由探索十分重要，但仅有自由探索是不够

① Ginsbury, H. P., N. Inoue, & K. H. Seo. Young children doing mathematics: Obvervations of everyday activities. In J. V. Copley, *Mathematics in the early years*, *ed.* . Reston, VA: National Council of Teachers of Mathematics; and Washington, DC: NAEYC. 1999, p. 88.

② Landry, C. E. & G. E. Forman. Research on early science education. In C. *Seefeldt*, *The early childhood curriculum: Current findings in theory and practice*, 3d ed. , *ed.* . New York: Teachers College Press, 1999, p. 133.

③ Worth, K., & S. Grollman. *Worms, shadows, and whirpools: Science in the early childhood classroom.* Ports mouth, NH: Heinrmann; and Washington, DC: NAEYC, 2003, p. 158.

④ Massachusetts Department of Education. Guidelines for Preschool learning Experiences. 2003. 39. http: /211. 154. 83. 45: 83/1Q2W3E4R5T6Y7U8I9O0P1Z2X3C4V5B/www. eec. state. ma. us/docs1/ curriculum/20030401_ preschool_ early_ learning_ guidelines. pdf.

的。他们还没有掌握那么多的词汇和概念，尚不能把他们直觉性的认识或把他们的知识与学校学习联系起来。"因为课程的深度和连贯性很重要，所以未经计划的经验显然是不够的。高效率的教学还包括有意识地组织那些随时间推移而能促进学生理解力的学习经验。"① 克莱门茨建议教师要看儿童的思维是发展的还是停滞的。"当儿童的思维处于发展过程中，教师要继续观察。如果儿童的思维出现停滞，教师的干预就变得十分重要了。"②

所以，教师需要弄清楚什么是儿童已经知道的，并帮助儿童从认知的角度来理解这些内容。如果能充分认识到儿童天生的求知欲和理解世界及获得新技能的愿望，教师就会始终如一地为儿童设计让他们感到有趣、有吸引力和惬意的学习经历。③ 因此，以下的互动策略能够促进早期儿童的数学和科学发展。

（1）鼓励探索和操作——为儿童提供一些具有多种感知特点的材料，如积木、建构材料或拼图，以及沙子、水等可变化的连续性材料，并给儿童充足的时间和空间去发现它们的属性。而且，"儿童使用物品的方式与我们所想和所规定的都不一样"④。查鲁福（Chalufour）和沃思（Worth）在《与儿童一起学建造》（*Building Structures with Young Children*）中分享了一个故事。

　　阿比盖尔（Abigail）很难想象如果建塔时将积木垂直而不是平行放置，塔会变成什么样子。亚当（Adam）不仅给他看了一副垂直建造的他的图画，还指着靠近画顶端的一块积木说他认为这块积木和它底下的那块是不平衡的。然后他和阿比盖尔开始模仿这幅画来建塔。

① NAEYC & NCTM（National Council of Teachers of Mathematics）. Early childhood mathematics: Promoting good beginnings. Joint Position Statement, Washington, DC: NAEYC. 2002. www. Naeyc. org/about/positions/pdf/psmath. pdf.

② Soe, K. H. January. What children's play tells us about teaching mathematics. *Young Children*, 2003, 58（1），28—34.

③ Copple, C. and S. Bredekamp, eds. *Developmentally Appropriate Practice in Early Childhood Programs Serving Children from Birth through Age 8, 3d ed.* Washington, DC: NAEYC, 2009, p. 158

④ Soe, K. H. 2003, January. What children's play tells us about teaching mathematics, *Young Children* 58（1）：28—34.

我带了白纸板和记号笔走过去。你瞧，亚当是对的！明天我会请他把这个经验与其他小组成员分享。我们可以问问亚当他是如何知道垂直搭建的塔是不平衡的。①

（2）观察和倾听——要留意儿童问的问题。儿童向自己或成人提出的问题为他们数学和科学思维的发展打开了一扇窗。"当儿童发现或创造出诸如水平或奇偶数概念时，教师要帮助他们给这样的概念命名，这有助于儿童表达他们大脑中一闪而过的想法。教师可引导儿童在大组活动、小组活动和区域活动中介绍和探索这些概念。"②

（3）示范、挑战和指导——示范儿童能够模仿和调整的动手操作活动。提供能够拓展儿童思维的经验。与儿童讨论什么起作用或什么不起作用，提出问题，并提出解决问题的可选途径。如"我在你的塔中看见了一个规律，先用两个三角形，然后用了一个圆柱。"或"这使我想起了埃菲尔铁塔，它底部很宽，到上面就变窄了。"③

（4）鼓励反思和自我修正——一旦儿童陷入或得出错误的数学结论或科学解释，不要急于解决问题或更正他们的推理。相反，要提供线索来帮助儿童重新思考他们的答案，并让他们自己得出结论或做出另一种解释。如卡米认为5加2一定是6。她的老师没有告诉卡米算得不对，而是问："你觉得5加1是几呢？"卡米在回答说是"6"以后，开始重新计算5加2是几。很明显，她意识到这可能存在问题。科普利（Copley）在她的《儿童和数学》一书中指出："我们应该及时纠正儿童数学方面的错误观念吗？我们能期望所有的儿童都用相同的方法解决问题吗？我们能期望小组中的所有儿童同时'得到答案'吗？……答案是'不能'！作为教师，我们要记住，儿童是运用不同的方式，在不同的时候，使用不同的材料，

---

① Chalufour, I., & K. Worth. *Building structures with young children. The Young Scientist Series.* St. Paul, MN: Redleaf Press; and Washington, DC: NAEYC, 2004, p.45.

② NAEYC & NCTM (National Council of Teachers of Mathematics). 2002. Early childhood mathematics: Promoting good beginnings. Joint Position Statement, adopted April 2002. Washington, DC: NAEYC. Online: www. Naeyc. org/about/positions/pdf/psmath. pdf.

③ Chalufour, I., & K. Worth. Building structures with young children. *The Young Scientist Series.* St. Paul, MN: Redleaf Press; and Washington, DC: NAEYC, 2004, p.38.

来建构他们对于数学的理解的。"①

（5）提供有关数学和科学特点、过程及关系的术语——引入术语，以便儿童说出观察到的东西，描述变化，分享结论背后的推理过程。例如，帮助他们理解加法的最基本的概念——一种改变，能够使集合变得更大。同样，减法的最基本概念——一种让集合变得更小的转变。②

（6）进行一些包含数学元素的游戏——成人设计或儿童自发的游戏能够为儿童提供很多学习的机会，如能够提出一些与等价或不等价、空间和时间关系以及与测量有关的问题的游戏。掷骰子的桌面游戏可以锻炼儿童的计数能力。心理学家加德纳指出："儿童将世界看作一个计数的竞技场。儿童想数一切事物。"③

（7）介绍数学和科学内容——儿童喜欢有关计数的图书，尤其是那些他们可以参与其中的书。故事书和非小说书籍也能提供有关解决实际生活问题的好办法，而这些问题要依靠数学推理才能解决。同样，儿童也喜欢观察大自然，如物体的沉浮、不断变化的云、动植物的习性等。因此，"科学可以被看作是有关数学和读写经验的内容"④。

（8）鼓励同伴交流——有时儿童能够比成人更有效地为同伴解释数学和科学观点。分享观点，尤其是有争议的观点，能够促使儿童表达自己的理解并在必要时做出修正。"当教室环境能够让学习者觉得他们是一个集体时，学习质量会得到提高。"⑤

一般来讲，探究的方法比纯说教的方法效果好很多。"以一个有意义的任务开始。这个任务要有趣，还要有些复杂，并且能产生学习和练习的真正需要。对于儿童来说，比起单纯地学习数学，在一定的情境中体验数

---

①　Copley, J. V. *The young child and mathematics.* Washington, DC: NAEYC, 2000, pp. 8—9.

②　Baroody, A. J. Does mathematics instruction for three to five-year-olds really make sense?. *Young children*, 2000, 55（4）, 61—67.

③　Gardner, H. *The unschooled mind: How children think and how schools should teach.* New York: Basic Books, 1991, p. 75.

④　Gelman, R., & K. Brenneman. Science learning pathways for young children. *Early Childhood Research Quarterly*, 2004, 19（1）, 150—158.

⑤　Gambrell, L. B., & S. A. Mazzoni. Emergengt literacy: What research reveals about learning to read. In C. *Seefeldt, The early childhood curriculum: Current findings in theory and practice, 3d ed., ed.* New York: Teachers College Press, 1999, p. 87.

学不仅更有趣，而且更有意义。"① 这也能使数学和科学领域内的学习变得更有趣、更持久。

第四节　促进儿童语言和读写能力发展

一　内容：表现自我

语言和思维的发展密不可分，同样，儿童早期的语言发展历程也是惊人的。一般的学龄前儿童已经习得了大量词语，基本掌握了语法规则，可以理解在交流时音调方面的细微差别。儿童几乎没有接受成人的指导就获得了一些非常了不起的成就。此后，儿童开始发展复杂的读写过程中所需要的技能，并在小学阶段逐步掌握这些技能。在探讨语言发展时，也像思维发展一样，不要忘了，几乎在参与的每一项活动中，儿童都会使用和拓展语言。"儿童在语言和交流上的学习与发展对儿童在其他课程领域中的学习以及儿童社会性情感的发展至关重要。学前期儿童良好的语言发展可以促进他们入小学后读写学业上的成功。"② 对于儿童来说，语言是一种表现自我的能力。包括两个方面：一是发音、字词、语法的接收，如倾听、理解；二是回应，如表达。换言之，语言是有意义的、令人喜悦的沟通方式。具体包括：

1. 发音

这一技能领域被广泛解释为对声音的意识（包括非言语声音），也被视为最简单水平的语音意识。在婴儿童阶段，这一技能的发展是从婴儿童意识到人和物品发出来的声音开始的。它包括区分不同个体发出的声音（比如不同照料者的声音，通过说话者不同的音调来判断说话者的心情），动物发出的声音，日常活动的声音（烹饪、打扫），交通工具发出的声音，其他物体发出的声音。早期频繁地接触声音，特别是语音，对婴儿童听说读写技能的发展至关重要。

---

① Baroody, A. J. Does mathematics instruction for three to five-year-olds really make sense?. *Young children*, 2000, 55 (4), 61—67.

② Early Childhood Advisory Council to the Massachusetts Board of Education. Guidelines for Preschool Learning Experiences. 2003. 7. http://www.eec.state.ma.us/docs1/research-planning/guidelines4preshool.pdf.

婴儿和学步儿也能自然地发出声音。他们喜欢咿呀学语，并玩味自己的声音。儿童喜欢构造无意义的词语，或是将不同声调和音高的词组合在一起。另外，发音错误在儿童身上很常见，也是正常现象，尤其是 5 岁以下的儿童。儿童教师可以在日常对话中矫正其错误发音。

2. 词汇

词汇就是一个人理解或使用的单词的数量。接收或者说出听到的词汇，是儿童能理解的单词量。在进入小学之前一个孩子能运用的词汇量可高度准确地预测其以后的阅读成绩。一个 3 岁儿童的词汇量可以达到 900—1000 个词语，一个 4 岁儿童的词汇量通常包括 1500—1600 个词语，一个 5 岁的儿童已经习得 2100—2200 个词语（Owens，2007）。词汇量的迅速增加会持续到学龄阶段。一个 6 岁的儿童每天可以学会 5—10 个新词，词汇量可以达到 10000—14000 个词语。[①] 让儿童倾听成人对其言行的评论、回答成人的问题，都可以扩充儿童的词汇量。当儿童与词汇量非常丰富的人进行交谈时，儿童能学到更多单词。

3. 语法

随着儿童不断习得词语和理解词语的意义，他们也可以学习适用于这些词语的规则。学步儿甚至都能在他们建构的句子中表现出对这些规则的掌握。如"我的汽车"而非"汽车我的"或者"多汁"而非"汁多"，表明他们对句子中常规词序的敏感。但是年龄较小的儿童通常使用简单的名词和动词来表达意义，稍大一些的儿童则详细描述它们的意义，不断创造更加复杂的名词短语和动词短语，使之成为长句的组成部分。除此之外，2—4 岁的儿童开始在一个复杂句中组合一种以上的想法，而非说出两个简单句，如介词、关系词、比较等的使用。并且，儿童不仅仅是在模仿他们所听到的成年人讲话的内容，而且还是在建构自己的紧凑的语言系统。

4. 会话技能

会话是就有关信息、观察结果、思想和感觉进行口头交流。会话技能包括倾听、理解和表达。会话是使用语言的自然方式。它开始于婴儿阶段早期，随着年龄的增长，儿童很快就能接收语言，并成为能准确回应文

---

① Allen, K. E., & Marotz, L. R. *Developmental profiles*：*Pre-birth through twelve*（4th ed）. Canada：Delmar Learning, 2003.

字、声音的专家。采用不同的说话方式，儿童能理解多种含义？"你终于吃完午餐了。"（替你喝彩）与"你终——于——吃完午餐了？"（你的动作真慢）之间的不同含义。会话是一门艺术，"谈话应该包括对非此时此地的事件、经验或人的讨论——来自于过去、未来或想象的事件。此类互动要求儿童与成年人更多地使用解释、描述、叙述以及想象的语言"①。

5. 图书阅读

阅读是理解书面描述的观点及观点之间的联系的能力，"是意义建构过程中有意识的思考"②。儿童通过将他们要学的知识与已经知道的知识进行联系来理解事物。学步儿开始认识他们最喜欢的书，并且假装读书。2岁儿童可能会指着书上的一个词说，"这是我的名字。"到了4岁或5岁的时候，他们逐渐明白，在故事中需要读的就是图符，他们开始在环境中认识图符。阅读可以从各个方面丰富儿童的语言体验，强化他们的概念，启发思维和提供情感支持。阅读也是促进和认可儿童文化的绝妙方式。文字作者和插图作者真实地刻画各种文化和背景的文学是建构教室社区的重要部分。

6. 书写

事实上，语言的各个方面——听、说、读和写相互交织，同时发生，而非按照一定的顺序进行。书写的技能，是儿童知道一个人的想法可以被记录下来，并传达给别人的意识，将语言变为符号的能力。对儿童来说，书写就是简单的"点、线和涂鸦"。全美幼教协会和国际阅读协会（TRA，2005）确认了以下关于儿童阅读与书写发展阶段：

第1阶段，婴儿期至学龄前：意识与探索

第2阶段，学前班：实验性阅读与书写

第3阶段，一年级：早期阅读与书写

第4阶段，二年级：过渡性阅读与书写

第5阶段，三年级：富有成效的独立阅读与书写

---

① Copple, C. and S. Bredekamp, eds. *Developmentally Appropriate Practice in Early Childhood Programs Serving Children from Birth through Age 8*, 3d ed. Washington, DC: NAEYC, 2009, pp. 144—145.

② NRP (National Reading Panel). *Teaching children to read: An evidence-based assessment of the scientific research literature on reading and its implications for reading instruction.* Washington, DC: National Institution of Child Health and Human Development, National Institutes of Health, 2000, p. 14.

我们可以将书写的根源追溯到婴儿时期最早的手势，将其描绘成"在空中书写"。在学龄前期，儿童逐渐意识到绘画与书写之间的差别，并在3岁左右，开始模仿式书写，这是一系列随意模仿成人书写的波浪线、圆弧或垂直线条。在接下来的几年中，模仿式书写逐渐变成真正的字母和创新性符号的混合体。儿童借助于他们的经验，通过绘画和书写来组织思想和构建意义。除此之外，如果成年人仔细听清并且认真记下儿童口述的故事，这会促进儿童的书写兴趣。这一经验为儿童的语言和读写学习增加了新的维度。①

二　目标：阅读兴趣

"阅读是一个建构式的、交互式的过程，阅读的目的是获取意义，阅读发生时要实现读者、文本、语境的融合。"② 换句话说，儿童学习读写与学习其他任何技能一样，是因为想要了解其生活的世界，并且最好的学习就是儿童在真实的情境中操作真实的材料。儿童真正需要的是可以支持其读写能力发展的丰富的语言环境。儿童通过教师提供的信息进行此方面的大量学习，同时也通过游戏以及同伴的交流，发展有关知识和技能。

所谓的"阅读准备"（reading readiness）已经发生了重大转变。以前，教师不会对一年级之前的儿童进行阅读教学，但是在过去的30年中，早期教育界已经吸取了读写萌发（emergent literacy）的思想。从读写萌发的观点看，读写技能不是一蹴而就的，它是一个发展过程，始于婴儿时期，整个过程都伴随着语言和读写活动。但是，我们也不能因此而将小学阶段正规教学照搬到幼儿园。"当给儿童认知、语言和社会性发展提供最佳支持时……也要将足够的注意力放在那些可以预测未来阅读成就的技能上，尤其是那些已经被证实存在因果联系的技能上。"③

---

① Isbell, R. Telling and retelling stories: Learning language and literacy. *Young Children*, 2002, 57 (2), 26—30.

② Gambrell, L. B., & S. A. Mazzoni. Emergent literacy: What research reveals about learning to read. In C. *Seefeldt*, *The early childhood curriculum: Current findings in theory and practice*, 3d ed., ed. New York: Teachers College Press, 1999, p.80.

③ Snow, C. E., M. S. Burns, & P. Griffin, eds. *Preventing reading difficulties in young children. A Report of the Committee on the Prevention of Reading Difficulties in Young Children*, *National Research Council*. Washington, DC: National Academy of Sciences, 1998, p.5.

以下是来自全美幼教协会和国际阅读协会（NAEYC & IRA，2005）的关于促进儿童读写能力发展的建议，"通过建立儿童学习读写技能的内在动力来提高他们的阅读与书写兴趣，这应该是促进儿童读写能力发展的目标"。

美国阅读小组（2000）报告指出，教育者必须将最终目标牢记在心，并且要用适合阅读者年龄和能力的方法进行教学。例如，系统的语音教学不能止步于解码（单词的发音和结构）练习，而是要儿童能够理解意思，并能顺畅地完成读写活动。同样，词汇教学的主要目的不是建立随机的词语知识，而是要让儿童理解口头语言和书面语言。对儿童来说，他们想掌握词汇和语法的最初动机，就是与他人交流的欲望。读写方面进展快的儿童，"他的老师都会强调将词汇学习放入阅读的上下文脉络中去，也就是放在整个内容背景中。"①

总之，要拥有读写知识和能力，儿童必须认识到读写不仅是有用的，而且是令人愉悦的。美国幼教协会为新教师入职制定了专业标准（NAEYC，2003），而且还根据研究成果列出了期望教师做的事。这些标准提出，如果想要帮助儿童成为阅读者和写作者，一线教师就需要一些经验来帮助儿童发展以下能力：交谈、使用和理解大量的词汇，享受阅读和写作并发现其妙用，理解故事和文章，对文字有一个基本的概念，理解语音和字母及其相互关系。

三　策略：鼓励交谈

穿鞋②

（孩子递给成人一只鞋）成人："啊，这是你的鞋，你想干什么呢?"

（孩子没有回答）

成人（边做动作边说）："嗯，我可以把它放在我的头上……或者放在我的脚上。"

---

① Genishi, C., & C. R. Fassler. Oral language in the early childhood classroom: Building on diverse foundations. In C. Seefeldt, The early childhood curriculum: Current findings in theory and practice, 3d ed., ed. New York: Teachers College Press, 1999, p.62.

② Ranweiler, L. Preschool readers and writers: Early literacy strategies for teacher. Ypsilanti, MI: High/Scope Press, 2004, p.28.

（孩子咯咯地笑）

成人："好，我们应该怎么处理这只鞋呢？"

孩子："放在我的脚上。"

成人："哦，放在你的脚上？好的，我明白了，你想穿鞋子，让我来帮你把鞋穿上。"

"教师可以做许多事情来丰富和拓展儿童固有的语言兴趣，可以通过认真的倾听和愉快的、长时间的交谈、大声读书和讨论或者在教室里提供书籍或书写材料等读写材料。"①

与所有其他领域一样，在儿童语言和读写能力的发展方面，没有成人的支持，儿童的学习也不能有效地发生。国际阅读协会和美国幼教协会在1998年发表了一份联合声明指出，"儿童的读写技能并非不需要细致的计划和教学就能自然发展的"②。没有成人的支持，儿童主导的学习就不能有效地发生。

以下互动策略可以促进儿童的语言和读写能力的发展：

（1）丰富的语言环境。包括那些为教室设计好的和自发的口头和书面语言互动活动提供的许多材料、机会和体验。这意味着要为儿童参与语言活动提供适宜的材料和时间安排。如能够嘀嗒作响的钟表、录音机和磁带等声音材料，各种文字材料以及没有字母的线段、符号等。

（2）交谈时，示范主动倾听。当和儿童交谈时，要提醒自己在交谈中不主导谈话。儿童在交谈时语言表达不是很流利，当他们形成并且表达自己的想法时，教师要耐心等待。教师要弯下腰来保持与儿童在同一高度，与他们进行眼神交流，停下其他活动来安静地听、重复或确认他们所说的内容，概括他们的想法，接受他们的思想并加以扩展。

（3）向儿童提出适当的问题，但问题不要太多。用连珠炮似的问题来围攻儿童会导致对话终止，而做些评论则可以引发深入的交谈。当你提出问题时，要用开放性的问题来引导儿童做出经过深思熟虑的、拓展性的

---

① Copple, C. and S. Bredekamp, eds. *Developmentally Appropriate Practice in Early Childhood Programs Serving Children from Birth through Age 8*, 3d ed. Washington, DC：NAEYC, 2009, p. 144

② IRA（International Reading Association）& NAEYC. Learning to read and write：Developmentally appropriate practices for young children. Position Statement, Washington, DC：NAEYC. 1998. ：www.naeyc. org/about/position/pdf/PSREAD98. PDF.

答案。减少使用那些答案唯一的问题，或答案仅是一个简短的"对""错"这样的问题。

（4）向儿童提供不同经验，以便他们学习新的词语。实地考察是很好的经验来源。角色扮演游戏能够帮助教师向儿童解释各种各样的词语。幽默是鼓励儿童探索语言并从中获得快乐的另外一种方式。儿童喜欢笑话和让人发笑的名字和童谣。另外，当使用的词语对儿童来说是陌生的时，要提供同义词解释。请看这个案例。

> "关于在哪里展示这些石头我们有不同意见，发生了争论。当人们之间有了 争论时，他们将说出他们想做或不想做某事的所有原因。"
>
> "我们讨论了在哪儿放这些石头以便大家都能够看得见它们，并表达了各自的观点。"
>
> "我们就哪是存放石头的最佳地点交换了各自的意见。"①

（5）让儿童接触各种形式的文本，不仅仅是故事书，也可以是报纸、杂志、纪实文学以及写给编辑的信。当儿童寻找各种问题的答案时，知识类书籍和纪实类参考资料可以吸引儿童的特殊兴趣。最好要有一个存放那些为儿童精心选择的高质量的图书馆。优秀的童书可以吸引儿童的兴趣，从而让他们经常挑选童书来浏览或让教师为他们朗读。

（6）用儿童熟悉和喜爱的书中的观点来组织小组活动时间和过渡环节。如到书中描述的场地（农场、超市、宠物商店、博物馆等）参观。再如情节中有特定的场景（蛇在地上滑行），从阅读活动过渡到下一个活动时，可以让儿童模仿这种动作。

（7）引导儿童理解书面语言和口头语言之间存在的相互关系。如果有人经常为儿童朗读某一个故事，通常他们会对故事内容十分熟悉，指导哪些词语对应图书的哪一页。这些经验有助于儿童将口头语言与文字联系起来。并且可以和儿童一起进行故事写作。尽管儿童可能不会使用常规的字母和词语，但是他们的故事仍然富有意义。邀请孩子们在小组中大声地

---

① Hohmann，M. Vocabulary-building strateages. In *Supporting young learning 4*：*Ideas for child and child care programs. 2d ed.* Ypsilanti，MI：High/Scope Press，2005，p.250.

"读"出他们的书，谈谈自己是如何创作每一部分的。

（8）当儿童说话时犯了语法和句法方面的错误，要使用规则的语言重复儿童的观点，而不是纠正他们。

最后，发展适宜性实践强调，"运作良好的学前双语教育项目在缩小英语学习者与英语为母语者之间的成绩差距方面效果突出，而且这些收获会具有长期意义"①。

总之，儿童学习读写的动机来自于内心对交流的渴望，但是他们需要成人的引导和支持去开启这趟发展读写能力的旅程。

第五节　促进儿童社交和情感能力发展

一　内容：积极关系

社会性——情感能力是指"理解、管理和表达生活中有关社交和情绪情感的能力，这种能力能够帮助人们掌握生活中诸如学习、社交、日常问题解决的技能，同时也能帮助人们适应成长和发展方面的复杂要求。"②换句话说，"具备社交能力的儿童能够与成年人和同伴顺利进行互动，并能够在此过程中进一步提高自己的能力"③。从定义上我们可以看到，强调儿童的社会性发展是所有其他领域学习与发展的基础，影响其他领域的学习和发展，是早期课程的重要组成部分。其内容具体包括：

（1）情绪情感的自我调节。即用适当的直接情感和延时情感来表达对各种经历的反应。在儿童阶段，此能力主要表现在以下方面：儿童关注和管理自己行为的能力不断增强，预见能力和对冲动的控制能力逐渐增强，遵守规则、礼节和常规的意识和能力不断增强。儿童的语言发展和表征能力使其能够延迟满足，预测其最终需求的满足感，更灵活地选择目标

---

① Copple, C. and S. Bredekamp, eds. *Developmentally Appropriate Practice in Early Childhood Programs Serving Children from Birth through Age 8*, 3d ed. Washington, DC: NAEYC, 2009, p.146.

② Elias, M. J., J. E. Zins, R. P. Weissberg, K. S. Frey, M. T. Greenberg, N. M. Haynes, R. Kessler, M. E. Schwab-stone, & T. P. Shriver. *Promoting social and motional learning: Guidelines for educators*. Alexandria, VA: Association for Supervision and Curriculum Development, 1997, p.2.

③ Katz, L., & D. McClellan. *Fostering children's social competence: The teacher's role*. Washington, DC: NAEYC, 1997, p.1.

和解决问题的方法。儿童阶段的另一个发展内容就是自我意识，即理解自己作为个体而存在，认识到自己与别人的不同，有自己的思想和感情。儿童的独立性和主动性对理解个人行为的控制能力来说很重要。科里（Curry）和约翰逊（Johnson）发现，早期的几种关键经验有助于形成和巩固儿童的自我意识。对于年龄较小的儿童来讲（0—2岁），自我的发展萌芽于婴儿和他人的关系。当婴儿学会控制自己，并与他人互动时，婴儿的依恋和情感都得到了发展。当学步儿逐渐产生自我意识，他们对他人的好奇心也发展起来。对于学龄前儿童而言，接下来是开始自我测查和自我评估。他们会具有一定的威信，但仍然依附于成人，非常尊重成人。儿童在角色扮演游戏中测试自己的能力极限，并在交朋友的过程中拓展自身能力。对学龄前儿童来讲，塑造一个有能力、能自我控制、善良的自我，开始变得重要起来。学龄儿童开始运用社会的道德价值观来审视自己，并在"善良"和"坏"之间犹豫挣扎。

（2）社会知识和理解力。即关于社会规范和风俗习惯的知识。儿童早期获得这种知识的过程被称为"社会化"，即成为集体成员的过程。教室即集体，教师的作用是建立一个支持性的团体合作环境（同时也与学校之外的家庭和社区建立联系）。要成为团体的一员，为了集体的更大利益，儿童需要放弃一些个人需要，从学步儿期的"我"的概念转换到儿童期的"我们"的概念。同伴交往是帮助这种转换，获得公民能力的重要技能。同伴交往在婴儿期就已经开始。早在两个月大时，婴儿就对同伴表现出兴趣。半岁左右时，他们就会对着其他婴儿微笑和发出声音。成为婴儿全部本领之一的模仿，也被融入到了同伴游戏。之后的早教环境为儿童发展同伴交往技能提供了理想的机会。同其他任何技能一样，同伴交往也正是儿童通过真实情景下的实践，在与同伴的交往中发展起来的。日常生活中自然发生的许多机会，使儿童能够给予同伴同情和帮助。这些包括帮助儿童发起和继续交往、协商以及解决冲突的策略。随着儿童年龄的增长，其自我中心主义倾向日益减少，儿童会在社会性游戏中逐渐发展出分享和合作等交往技能。

（3）社交能力。即与其他人交往互动的策略。认知的发展，尤其是采纳并领会别人的意见、发展移情能力理解他人，能够促进儿童社交能力的发展。

如：每个人都知道"布鲁诺不会和别人分享东西"。珊迪想要玩布鲁诺正在用的消防车。她决定用布鲁诺最喜欢的救护车来和他换。布鲁诺接受了这个交换协议，珊迪也得到了自己想要的消防车。

在儿童期，儿童在各个发展阶段，其社交能力不断成熟。从出生到 3 岁间，最初的几个月（从出生至 8 个月），儿童对他人的凝视和社会性微笑，表明其社会兴趣的出现；之后在爬行阶段（8—18 个月），儿童对他人进行探究，出现陌生人焦虑；接下来学步期至 3 岁，儿童乐于与成人和同伴相处，并能意识到他人的权利和感受。而到了学前期，儿童逐步学会控制自己的攻击冲动，替他人着想，拒绝做他们认为不应该做的事情。这种学习蕴含了四种基本的社会期望：展现对他人的兴趣，学会辨别对错，学会与他人相处和学会考虑自身的独特性。这期间，教师在帮助儿童尊重彼此之间性别、种族、语言、能力和观点等差异方面起着决定作用。发展适宜性实践号召教师注意儿童生活的社会和文化环境，并在塑造学习环境以及与儿童和家庭交往时把这些环境考虑在内。[①] 5—8 岁时，儿童对同伴的兴趣越来越浓厚，社交能力愈加提高，团体规则的影响力更为明显。社会意识和公平意识的发展，成为儿童在学龄期社交能力发展的里程碑。

（4）社会性向。即长久的性格特征，包括好奇、幽默风趣、慷慨大方等积极的个性，也包括心胸狭窄、争强好胜、自私自利等消极个性。儿童生来性情各不相同，这种差异使他们成为独立的个体，并且一直影响到他们成人。尽管如此，儿童的这种性格差异是否以积极的方式表达出来（如毅力及其相关的表达——固执等），环境在其中扮演着至关重要的角色。我们必须引导儿童适宜地表现自己，让他们发挥自身不断增长的能力，但同时也使其承担相应的责任。

二　目标：社会参与

根据美国国家社会学习委员会（National Council for the Social Studies，NCSS）1984 年的观点，儿童社会学习的目的是"增进对社会的理解，积极有效地参与到社会中去"。虽然美国国家社会学习委员会没有制定全国性的儿童早期社会学习标准，但许多州都制定了各自的学习标准。各州社会学习标准的具体内容各不相同，但它们都强调社会性发展和社会探究两

---

①　Copple, C. and S. Bredekamp, *Developmentally Appropriate Practice in Early Childhood Programs Serving Children from Birth through Age 8*, 3d ed. Washington, DC: NAEYC, 2009, p.331.

大主题。

美国的乔治亚州就特别强调社会性发展的重要目标。其中"社会性与情感发展"领域，聚焦安全与积极关系的建构，具体涉及发展自信和积极的自我意识，比如能够认识到自己是独特的，也因此能意识到别人也是独特的；发展好奇性、主动性、自主性和坚持性；逐步提升自我管理能力，比如能够以适当的姿势、动作和语言来表达情绪，感到沮丧时，可以用语言来表达，而不是去攻击其他小朋友；发展人际交往互动的社会技能，和学习集体中的其他小朋友建立起关系。[①]

美国得克萨斯州2008年颁定的《得克萨斯州学前教育纲要》中指出，社会探究是儿童生活的一个有机组成部分，也是他们非常感兴趣的。主要涉及以下方面：①探究人、过去与现在的能力。能确认不同人物形象的相似性和不同点，能确认不同家庭之间的相似性和不同点，能按着事件、时间和常规来组织自己的生活。②经济技能。能理解人的生存需要食物、衣服和庇护所。参与一些活动，以帮助自己理解消费意味着什么，讨论周围社区工人的作用和职责。③地理技能。能够辨认周围环境的常见特征。④公民技能。能够辨认美国的国旗和得克萨斯州的州旗；对着美国国旗和得克萨斯州旗宣誓，并行注目礼；参与小组投票决定；能够辨识自己和同学，以及自己和来自其他文化背景的人之间的相似点。[②]

也有研究者总结到儿童的社会学习包括下列几个主题：①民主班级共同体中的成员；②定位、地点、空间关系、迁移和地区；③个人特征和家庭特征的相似性和区别；④与儿童生活相关的基本经济概念；⑤对本民族和其他民族文化的欣赏。这些主题包含着一个共同的主线，即发展儿童的社交能力和理解力。在早期教育中，教师需要以促进负责任的公民参与为准则，帮助儿童应用并整合各种社交能力和理解力，鼓励他们积极参与到课堂和学校活动中，继而将这种参与扩大到更广阔的社会之中。正如明兹（Mindes，2005）所言：在幼儿园和小学阶段，社会学习为广阔的、基于主题的内容提供鼓励一个结构——这些内容围绕某一话题（或项目）展

---

① Georgia Department of Early Care and Learning. Georgia's Pre-K Program Content Standards. 2011. 50. http：//decal. ga. gov/documents/attachments/content_ standards_ full. pdf.

② Taxas Education Agency. Revised Taxas Prekindergarten Guidelines. 2008. 101. http：//www. tea. state. ts. us/edinit/pkguidelines/index. html.

开，提供多种切入点和探索的机会。对儿童来说，这些内容为其获得问题解决技能提供了平台，同时也是他们发展人际交往技能和策略的实验室。"教师帮助儿童学习如何与他人建立积极的、有建设性的关系。教师支持儿童建立友谊，为儿童一起游戏、学习提供机会。"①

然而，社会性——情感发展也面临着种种挑战，因为社会环境中充斥着毒品、暴力和青少年犯罪等不良影响因素，孩子们也频繁接触危害身体的活动，在很小的年纪便要承受来自学校的极端压力。教师需要了解这些情况，为此做好准备。

三　策略：互动合作

我恨你！你这个笨蛋！②

莎莉（Shari）正在用小瓶子给她的玩具娃娃喂水。丹尼拉（Daniella）一把抓过瓶子，扔下一句"我要用！"就跑开了。当莎莉又拿回瓶子时，丹尼拉捶打莎莉的胳膊，并说："我恨你！你这个笨蛋！"

老师过来了，在两个孩子之间蹲下来。

老师（对丹尼拉）：你生气，因为你想用瓶子喂你的玩具娃娃。但你不能打莎莉并叫她笨蛋。

老师（对莎莉）：让我拿着这个瓶子，我们来谈谈这件事（老师把瓶子拿在手里）。

莎莉：这个瓶子是我先用的。

老师（对莎莉）：你生气是因为你正在用瓶子时丹尼拉抢走了它。（莎莉点头）

老师（对莎莉和丹尼拉）：因为你们俩都想要这个瓶子，我们怎么解决这个问题呢？

当两个孩子都平静下来后，老师按照问题解决的步骤引导他们：首先两个孩子都用自己的话说出发生的事情，老师重述并验证他们的

---

① Copple, C. and S. Bredekamp, *Developmentally Appropriate Practice in Early Childhood Programs Serving Children from Birth through Age 8*, 3d ed. Washington, DC：NAEYC, 2009, p.150.

② B. Evans. *You Can't Come to My Birthday Party! Conflict Resolution with Young Children.* Ypsilanti, MI：High/Scope Press, 2002, pp.117—118.

话，然后问他们解决的办法。两个孩子决定再做一个瓶子。莎莉拿着木块，丹尼拉帮着给它安上一个红色的奶嘴。莎莉还用原先的瓶子，而丹尼拉则用他们一起制作的瓶子。丹尼拉很高兴，因为她的瓶子更大。当老师再来查看时，玩具娃娃都在玩具车上休息，两个孩子正在为娃娃做摇篮呢！

在儿童早期社会性发展中，究竟是以儿童主导的学习经验为主还是以教师主导的学习经验为主，教育者的观点不一。一方面，许多教育者赞成凯茨和麦克莱伦（Katz & McClellan，1997）的观点，即"在幼儿园及低年级学校教育阶段，儿童并不能通过直接教学的方式——课堂教学、演讲、魔法圈（magic circles）、作业或建议和告诫获得社会性方面的发展……（尤其）是不能通过班级教学"。相反，儿童是通过在相互交往的过程中得到的指导而获得社会性发展的，因为这种指导是"个性化的"，能够最大限度地激发儿童参与创造新知识的活动。教师应为这种互动提供支持。

另一方面，研究者和一线教师也承认成人在解决冲突和阻止暴力等外部干预方面发挥重要作用。此外，儿童还能习得如何通过合作来解决问题。"集体活动时间提供了特别的社会交往的机会……在小组活动时间，所有儿童都使用共同的活动材料时，儿童常常可以分享和讨论各自的工作，互相学习和互相帮助。"[1] 那么，教师在集体活动、小组活动、个别活动中可以使用以下互动策略来促进儿童的社会性发展：

（1）榜样示范。榜样示范既可以面向小组，也可以直接面对单独的个体。"通过例子或榜样师范进行教学是教师们常用的最有效的方法。"[2] 例如，儿童通过观察教师表达同情、解决问题、承担风险和承认错误等行为学习到积极的行为。当儿童能够在观察积极行为的过程中自己获得知识和技能时，教师若能经常外化自己的行为则有助于强化儿童的学习（教师如果能够清晰地表达他们自己正在做什么，如指出他们正在倾听每个孩

① Hohmann，M.，& D. P. Weikart. *Educating young children*：*Active learning practices for preschool and child care programs. 2d ed.* Ypsilanti，MI：High/Scope Press，2002，p.246.

② Elias，M. J.，J. E. Zins，R. P. Weissberg，K. S. Frey，M. T. Greenberg，N. M. Haynes，R. Kessler，M. E. Schwab-stone，& T. P. Shriver. *Promoting social and motional learning*：*Guidelines for educators*. Alexandria，VA：Association for Supervision and Curriculum Development，1997，p.56.

子，那么，儿童通过对此进行观察，就能提高自己的学习效果）。

（2）指导。这要求教师适时中断一种积极的行为，明确地指导儿童如何继续做下去，给儿童提供练习的机会，并对他们的努力做出反馈。这种对社交能力的指导就类似于对识字或体育方面进行的指导。与榜样示范一样，这种指导既可以是针对小组的，也可是针对个体的。指导练习对于那些不合群的儿童来说尤为重要。如指导那些通常试图采用攻击性手段参与到小组活动中的儿童，建议其采用非攻击性的策略加入到同伴中来。教师可以说："如果你帮助他们搬积木，他们就会让你一起搭房子了。"再比如一种"说话棒"的游戏（拿到棒的人才可以说话，没有拿到棒的其他人则必须倾听），可以使害羞矜持的儿童也参与进来。

（3）提供实践机会。在任何学习领域，重复和实践对掌握恰当的行为都非常关键，在有些领域更是如此。社会性——情感的学习"不仅包括学习新的技能，也要求掌握非习得性思维和行为习惯模式"。[1] 在早期教育阶段，"去习得性"也许比以后改变他们的习惯更容易。然而，幼儿园和其他环境中的规则可能会不一致，如"倾听别人说话"在家中就没有训练机会，而在学校训练的机会就很多。正是因为儿童在家庭中缺乏锻炼，因此教师要为其提供锻炼机会，将社交能力的训练整合到日常行为中，直到技能达到自动化水平。儿童早期阶段获得的自动化技能可以保持到学前班甚至以后的学校教育阶段。

（4）创造友好的、相互支持的氛围，使用诸如"我们班""我们大家""我们组""大家一起"等词汇。教师可表达自己成为集体一分子的快乐情感。"儿童像其他人一样，当他感兴趣时学习得最好。如果你允许他选择，他将选择他所感兴趣的。如果对某事有兴趣，他将积极主动地发展认知，而不是成为知识的被动接受者。"[2]

（5）建立一贯的一日生活流程。当每个儿童在一天同一时段内做同样的活动时，就形成了集体意识，但是参与同一种活动并不意味着每个人都必须做同样的事情。如在自由选择区域活动时间，所有儿童都参加但可

---

① Elias, M. J., J. E. Zins, R. P. Weissberg, K. S. Frey, M. T. Greenberg, N. M. Haynes, R. Kessler, M. E. Schwab-stone, & T. P. Shriver. *Promoting social and motional learning*: *Guidelines for educators*. Alexandria, VA: Association for Supervision and Curriculum Development, 1997, p. 55.

② Hohmann, M., & D. P. Weikart. *Educating young children*: *Active learning practices for preschool and child care programs. 2d ed.* Ypsilanti, MI: High/Scope Press, 2002, p. 38.

以进行不同的活动；小组活动时，他们可以用不同的方法使用同样的材料。在每个活动中，不要限定活动的进度，不要让儿童感到有完成任务的压力，而是使他们能够愉快地合作。

（6）创造互动合作的机会。允许儿童有充足的时间精心准备他们的游戏、安排同伴进行角色扮演。在某些活动中，通过建议儿童自己选择搭档并共同工作，从而鼓励儿童成对合作。设计需要两人或三人合作的小组集体活动，如运动和音乐活动、建构活动，或者进行问答式的谈话、数据收集活动。鼓励儿童必要时向同伴寻求帮助。"如果儿童要发展持久的、成熟的社会戏剧性游戏，早教项目中就需要有积极的鹰架式假想游戏。这些社会戏剧性游戏能极大推动儿童的自我约束，还能带来其他的认知、语言、社交和情感方面的发展。"①

（7）与儿童一起研究冲突的解决办法。让儿童提出自己的想法，并确定运用哪种办法来解决问题。如果某个儿童自己不能提出解决问题的方法，教师可以提供一两种方法来引导他们。有时，如果该儿童不能提出冲突解决办法，他们会向其他儿童寻求帮助或将问题在班会上提出来。在民主社会中参政和在民主的教室中参与活动所需的技巧相似。二者都需要"反思性的问题解决方法和决策方法，对个人情感的适当控制，从多种角度看问题，对既定目标的持久关注和持续的精力"②。

（8）对多样性和差异性持积极态度。儿童对差异有好奇心，所以不要羞于提及和讨论有关差异的问题。礼貌地与他们谈论差异，如性别差异、肤色差异、宗教仪式差异和家庭构成的差异等，只要语气是可接受的，内容是基于事实的而不是带有论断性的，那就是令人信服的，就具有教育意义。

（9）鼓励家庭成员参与儿童的活动。除了母亲以外，父亲、祖父母、其他成员都应该参与儿童的活动。可提供多种角色以便家庭成员能够做出适当选择，如作为志愿者分发材料，参加家长会和工作坊，为项目写知会家长的信件，为家长咨询委员会提供服务，与教师交流，讨论学习方案和儿童进步情况，提供扩展儿童学习的资源等。有条件的话，为家庭参与有

---

① Copple, C. and S. Bredekamp, *Developmentally Appropriate Practice in Early Childhood Programs Serving Children from Birth through Age 8*, 3d ed. Washington, DC: NAEYC, 2009, p.15.

② Elias, M. J., J. E. Zins, R. P. Weissberg, K. S. Frey, M. T. Greenberg, N. M. Haynes, R. Kessler, M. E. Schwab-stone, & T. P. Shriver. *Promoting social and motional learning: Guidelines for educators.* Alexandria, VA: Association for Supervision and Curriculum Development, 1997, p.8.

关教育活动提供交通服务和儿童照看服务。

（10）与社区建立联系。社区成员愿意也能够抽出时间帮助看护和照顾儿童，为儿童提供指导，做榜样示范，邀请儿童参观他们的工作场所或在教室里与儿童互动。社区成员可以包括艺术家、商人、企业家和老年人以及社区生活的其他人员。社区成员之间的联系越是多样化，儿童就越能更好地与各种背景的人士交流互动。

在帮助儿童发展社交能力的过程中，我们必须明确一点，那就是社交能力的缺乏并不意味着儿童态度或行为是不好的或是淘气的。正如很多学步儿因为没有学习过阅读和算术，表现得无知、淘气，他们只是不知道而已！通过儿童或教师主导的学习经验，儿童就能获得增进个体和集体幸福的社会技能和知识。随着社交能力和知识的积累，儿童的积极互动、好奇心等社会性对他们在其他领域的学习也会产生积极的影响。

第六节　促进艺术创造力发展

一　内容：审美欣赏

创造力就是个体产生新的想法，有独创性和想象力，能对旧的观点进行新的调适。发明家、作家、设计师等都是富有创造力的人。这里探讨的是艺术创造力。儿童的艺术创造性活动对儿童的情感和认知具有双重价值。儿童学习和艺术工作小组（Task Force on Children's Learning and the Art）指出："在参与艺术活动的过程中，儿童发现他们能观察、组织和解释他们的经验。他们能够做决定、采取行动并监控这些行动的结果。"[1]通过艺术教育，"儿童开始从多个角度来观察这个丰富多彩的世界"[2]。婴儿童努力去触摸事物和移动身体，这表现了一种创造力。学步儿开始涂鸦、搭建积木，进行纯粹的身体感官活动。年幼的学前儿童的创造力，可从他们尝试自我控制的活动中体现出来，如有目的地涂鸦，伴随音乐跳跃舞动等。年龄稍大的学前儿童对于自己的成熟感到喜悦。他们在跳舞时会

---

① The Task Force on Children's Learning and Arts：Birth to Age Eight. *Young children and the arts：Making creative connections*. Washington，DC：Arts Education Partnership，1998，p. 2.

② Dobbs，S. M. *Learning in and through art. Los Angeles*. CA：The Getty Education Institute for the Arts，1998，p. 12.

故意重复动作，他们的绘画具有一定的基本形式。随着自我控制能力的提高和手眼协调能力的发展，学龄儿童绘画时更具表征性，他们的戏剧表演更具有内在凝聚力。即当一儿童拥有好奇心、灵活性等品质，以及对研究和探究有兴趣时，创造力就显现出来了。

有创造力的儿童非常乐于用绘画、跳舞、唱歌或解决问题来在日常生活中表现创造力。在这里，儿童创造力的培养主要指借助于美术、音乐这两种形式。

1. 美术的内容

●二维图形艺术

在儿童从涂鸦期逐渐向更为具象的绘画发展过程中，他们创作图画时最为常用的便是图形艺术的介质。发展适宜性实践认为这种图形艺术不仅是使教师可以深入了解儿童的一种创造性表达形式，而且"是儿童进行书写的第一步"[①]。其内容又包括素描、颜料画、版画等形式。

●三维模型艺术

当儿童使用三维介质的时候，他们创作出的作品除了颜色和形状外，还会有深度、高度和硬度。游戏用面团和黏土、拼贴画以及木工制作等都是三维模型艺术。施尔马赫和福克斯（Schirrmacher & Fox，2008）提出了儿童在使用面团和黏土时经历的四个阶段，这与儿童在绘画中所经历的阶段不无相似。两岁儿童处于"黏土是什么"的阶段，他们通过多种感官方式探索黏土的特性；3 岁儿童处于"我可以用黏土做什么"的阶段，他们开始用手操作这些材料——搓团、拉扯、拍打等。第三个阶段是"看我做了什么"，4 岁的儿童会将黏土造型创造性地组合起来，做成粗糙的具象作品。最后，5 岁儿童进入了"你知道我打算用黏土做什么吗？"的阶段，在这个阶段中，他们开始制作时头脑中已经有了最终成品的样子。

2. 视觉认知能力

玛格丽特·约翰逊（Margaret Johnson，2008）提出，视觉认知能力是创作视觉信息和"解读"视觉交流中所蕴含的信息的能力……包括能够创作并讨论美术作品的能力。谈论和对儿童的美术作品提出问题很重要，这可以帮助他们对自己的作品进行反思。约翰逊进一步指出，针对儿童的

---

① Copple，C. and S. Bredekamp，*Developmentally Appropriate Practice in Early Childhood Programs Serving Children from Birth through Age 8*，*3d ed.* Washington，DC：NAEYC，2009，p. 177.

美术经验所提出的适宜的问题可以分为五类：

想法：邀请儿童告诉教师更多想法。

过程：询问儿童是如何制作作品的。

材料：讨论使用的材料和工具。

知识：将儿童的作品同概念、词汇或者美术研究相联系。

未来：问儿童接下来准备制作什么或者想学习什么。

3. 音乐的内容

音乐是一种强有力的交流方式，儿童对音乐有一种内在的、自发的亲切感。自婴儿期，儿童就对环境中的音乐有了意识并做出反应。自出生起，婴儿就从生理上做好了准备，会对人类的声音做出愉快的回应。当他们参与音乐活动时，他们的大脑"像圣诞树一样整个地亮了起来"。2 岁的儿童已经开始对唱歌时的声音有了初步的控制，并喜欢简单的歌谣、律动、手指游戏以及试着演奏简单的节奏乐器；配有简单肢体动作的歌谣是这个年龄的儿童最喜欢的活动。到了三岁的时候，由于肌肉控制能力、注意力持续时间、记忆力、概念认知能力以及独立性等方面的增强和提高，儿童开始注意到声音之间的异同，能掌握更多的歌谣，并将特定的音乐和肢体动作联系起来。四岁的儿童开始乐于自创歌词和歌谣，并尝试演奏乐器。到了五六岁时，随着各个发展领域的能力的持续完善，儿童开始能够跟随特定的节奏模式，并能从乐器演奏中辨别出简单熟悉的曲调。七八岁时在校儿童尤其喜欢规范的音乐，开始比较音色和音高，喜欢那些融合了音乐的更为复杂的集体活动。音乐的内容又包括：

●聆听

聆听是理解和运用音乐的前提。如果儿童不是首先学会听音，他们就不能辨识环境中的声音、学会新的歌谣或者跟随音乐的节奏来运动。在一定的帮助下，儿童可以培养起对包括音乐在内的各种声音的注意力和敏感性。

●歌唱

儿童通常乐于参加歌唱活动。不过，儿童进行歌唱的主要目的并不是掌握音乐的准确性，而是享受音乐带来的快乐，并为音乐的欣赏打下基础。应鼓励儿童自发的歌唱活动，并教会他们一定数量的新歌谣。

●演奏乐器

从最早的叮叮当当地敲击碗盆开始，儿童就喜欢上可以演奏音乐的机会。儿童经常使用自己的身体部位，尤其是手和脚来打出节奏。适宜儿童演奏的乐器分为三类：节奏乐器，没有音高的区分，用于击打和摩擦；旋律乐器，可以表现特定的音高；伴奏乐器，同时发出几种音调，尤其是用于为某个旋律伴奏的和弦。应为儿童提供优质的乐器以及制作乐器的机会。

●动作

儿童可以随着音乐中的情绪来运动。许多的歌词可以引发欢乐或悲伤的感情，它们可以引发儿童晃动、弯腰、打滚、摇摆、旋转或伸展等。让儿童跟随音乐带给他们的感觉来运动就成为一系列有创新性的舞蹈。

二　目标：自我表达

近20年来，艺术教育一直在强调其自我表达的价值，这一点也成为各方的共识。美国艺术基金会（National Endowment for the Art，1988）的教育目标包括培养儿童的创造力，促进交流技能，帮助儿童在批判性评估的基础上做出选择并学习世界文明的重要成就。这一广泛的要求在1994年的《艺术教育国家标准：美国儿童在艺术领域的应知应会》和《2000年目标：美国教育法案》中也得到了反映。

美国马萨诸塞州2003年的《学前学习经验指导纲要》中指出：学前阶段艺术教育的基本目标就是发展和维护儿童经常表现出来的自然的好奇心、表达的意愿和创造性。儿童常常会以艺术的形式来表达他们的感觉，表达他们对真实世界和想象世界的理想。①

美国乔治亚州2011年的《乔治亚州儿童教育内容标准》中指出，创造性发展需要"儿童探究和使用各种材料，以发展艺术表达。其中包括尝试探究各种艺术材料，以获得相关的感觉体验。使用一些材料创作能表达自己想法的作品草稿。分享自己的作品细节。懂得欣赏他人的作品"②。

另外，艺术教育不是个独立于其他领域单独发展的领域，一个有影响的运动"基于学科的艺术教育"（discipline-based art education，DBAE）的

---

①　Massachusetts Department of Education. Guidelines for Preschool learning Experiences. 2003. 39. http：/211. 154. 83. 45：83/1Q2W3E4R5T6Y7U8I9O0P1Z2X3C4V5B/www. eec. state. ma. us/docs1/curriculum/20030401_ preschool_ early_ learning_ guidelines. pdf.

②　Georgia Department of Early Care and Learning. Georgia's Pre-K Program Content Standards. 2011. 45. http：//decal. ga. gov/documents/attachments/content_ standards_ full. pdf.

提出也使得综合艺术教育受到重视。当我们问及儿童在艺术领域的发展时，会涉及以下问题："儿童的肌肉为建构和雕刻固体材料做好准备了吗？""他们具备精细动作能力和手眼协调能力来操作工具吗？""他们能区别线条、颜色和形状吗？""他们能够用语言描述所看到的东西及他们的感受吗？"，等等。这隐含着不仅要发展儿童的一般艺术能力，还要发展儿童的综合表达、创造和欣赏的能力。

近年来，艺术教育有被删减的趋势，这引起发展适宜性实践研究者的关注，其强烈主张，艺术需要成为儿童在成长经历中的有机组成部分。"艺术带来的欢乐在教师同儿童分享的经验中占中心地位。"[1]

三　策略：观察体验

那是我妈妈![2]

一年级教师艾伦（Allen）对玛利亚（Maria）说："我在你的画里看见了一只狗。"玛利亚用一种沮丧的语气回答说："那不是一只狗，那是我妈妈。"艾伦意识到了他的错误，接着说："给我讲讲更多关于你妈妈的事吧。"这就给了玛利亚更细致地描述这幅画的机会。

表扬还是鼓励[3]

马丁（Martin）正在一个画架上画画。他画的是一系列颜色和一些不能辨认的图形。教师向马丁走来，然后她停住了，不确定应该做什么或说什么。她应该说诸如"很漂亮，马丁，你在很努力地画画"这样的话来表扬他的努力吗？她应该就画中看到的颜色和图形提问吗？她应该问马丁是否愿意与她交谈吗？还是应该等他画完再开始讨论他的作品？

……

①　Copple, C. and S. Bredekamp, eds. *Developmentally Appropriate Practice in Early Childhood Programs Serving Children from Birth through Age 8, 3d ed.* Washington, DC：NAEYC, 2009, p.320.

②　Althouse, R., M. H. Johnson, & S. T. Mitchell. *The colors of learning：Intergrating the visual arts into the early childhood curriculum.* New York：Teachers College Press; and Washington, DC：NAEYC, 2003, p.55.

③　M. Tompkins. A partnership with young artists. In N. A. Brickman. *Supporting young learners 2：ideas for child care providers and teachers.* Ypsilanti, MI：High/Scope Press, 1996, pp.187—189.

　　成为儿童艺术中的同伴，良好的第一步就是停止说那么多、停止考虑那么多关于说什么的问题。相反，在儿童忙于艺术创作时密切观察他们。坐或蹲在儿童旁边，仅仅是看他们在做什么。很多时候，观察是开启对话的最好方式——儿童自然会就他们正在做的事情与你展开讨论。

　　成人必须尊重儿童的愿望和表达。

　　但没有教师的支持，儿童的艺术创造力发展就会受到限制，并会显得肤浅。儿童的日常生活为儿童提供了灵感，教师可以帮助儿童深入探索日常经验——通过讨论、小组活动和远足——儿童表达这些经验的作品就会越精细。同样，只要教师的指导建立在兴趣之上，那么教师介绍的材料和展示的具体技能就能够被儿童接受。然而，太过直接的方法，如通过临摹去叫儿童画画，是没有效果的。"只要体验学习处于儿童早期课程的中心，教师就有用武之地。"① "教师要为儿童提供进行创造性表达和审美欣赏的日常机会。儿童需要探索和欣赏各种形式的戏剧表演游戏、音乐、舞蹈以及视觉艺术。不管是否有专业的艺术教师，教师在课堂上都应该将艺术以富有意义的方式融入儿童的学习。"② 以下的互动策略有助于促进儿童艺术创造力的发展：

　　（1）建立一个宽敞的、有吸引力的、固定的艺术区域。一个有固定的、有吸引力的艺术区域让儿童知道在这里发生的事情很重要。在设置这个空间时，要确保有足够的空间供儿童独立工作或合作，并存放一些儿童容易拿取的材料。儿童需要多样化的蜡笔、颜料以及橡皮泥等材料。教师应该注意，不要一次性地强行塞给儿童太多材料，要循序渐进地给儿童增加新材料。也要提供非艺术性的材料和活动，以发展儿童良好的精细动作技能和手眼协调能力，如剪刀、拼图以及小的操作性玩具。许多材料都应很便宜甚至是免费的。③

　　（2）将艺术活动贯穿在一日活动流程当中。艺术活动不应该被局限在小组活动和自由选择区域活动时间。如在集体活动时间允许儿童拿着围

　　① Seefeldt, C. *Art for young children. In the early childhood curriculum: Current findings in theory and practice*, 3d ed. New York: Teachers College Press, 1999, p.212.

　　② Copple, C. and S. Bredekamp, eds. *Developmentally Appropriate Practice in Early Childhood Programs Serving Children from Birth through Age 8*, 3d ed. Washington, DC: NAEYC, 2009, p.175.

　　③ Althouse, R., M. H. Johnson, & S. T. Mitchell. *The colors of learning: Intergrating the visual arts into the early childhood curriculum*. New York: Teachers College Press, 2003, pp.25—40.

巾和横幅走动，观察颜色和形状是怎样随着光线和风向而改变的。户外时间也是探索自然界的绝好机会。在茶点和进餐时间评论食物的颜色、形状和造型，利用特殊时机如节日和生日来展示艺术的作品等。瑞吉欧曾有一个案例，让儿童参观照片博物馆之前，先来创建他们自己的照片博物馆。儿童带来了他们最喜欢的照片，并给照片取了名字，还做了标签，以及展出目录。在选择照片时，他们表达了自己的偏好；通过描述图片，他们进行了艺术批判；制作标题等，他们获得了博物馆是怎样组织的及其运作的意义。

（3）鼓励儿童深入探索。教师通过观察和评论儿童正在做什么以及自己操作艺术材料来发现儿童的兴趣。鼓励儿童对材料进行排列和分类，以发现材料的基本特征。在介绍工具之前让儿童动手操作它们，在儿童混合两种或更多颜色之前，先让他们探索一种颜色与白色或黑色混合会是什么样的。

　　某幼儿园的孩子们在新年伊始时，进行了关于纸的探索。他们试过撕纸、搓纸、粉碎纸、卷纸等方法，然后他们使用剪刀和打孔机，最后是胶水和颜料。在下半年，教师给他们介绍了纱线和纺织品。儿童开始先进行徒手创作，然后他们使用了诸如剪刀、大的钩针这样的工具。他们查看了书上关于编织和缝制的内容。最后，他们尝试了染色。几周后，老师又把纸拿了出来。见到老"朋友"，儿童们都很兴奋，但是现在他们把纺织品那儿使用的缝合和染色技术应用到了这些纸上。有的儿童把一些碎纸条织成一个随风摆动的"纸挂毯"。另外一些被做成了小的方块并被装进了纸棉被中。[①]

（4）鼓励儿童观察和描述事物的细节，即使是在他们没有进行艺术创作的时候。提供从不同角度观察物体和活动的机会。在方案教学中，赫尔姆和凯茨建议教师可用"激励性对话"的方式提问，鼓励儿童关注他们所观察的画作的细节，如："这叫什么？这个是用来干什么的？"以及

---

① ［美］安·爱泼斯坦：《有准备的教师——为儿童学习选择最佳策略》，教育科学出版社2012年版，第179—180页。

"你会先画哪一部分？你怎么连接这些部分？"①

（5）开发一种可以和儿童探讨艺术的语言。有研究者建议教师观看并讨论：这件作品是由什么制成的？我们看到了什么（线条、形状、颜色）？那代表着什么？作品是怎么组织的？它的主题是什么？以及这些观点来自于哪里？等。② 如向儿童提出挑战，激发他们创造性地使用材料。如一组儿童正在把纸剪成方块和条状，老师问："我想知道我们怎么做才能让它不是平躺在桌上。"儿童用纸做了环形的、卷状的和可折叠的手风琴式的纸片。

（6）重结果更重过程。儿童需要对同一种材料进行反复练习。要给实验、重复和反思留有时间。只有允许儿童自由探索，他们才能最终制造出具有原创性的独一无二的艺术。不幸的是，"使用艺术材料去完成由教师要求的和分配的任务这种做法在幼儿园和小学低年级是很普遍的"③。同样的为儿童提供用来"临摹"的材料和实例，就像成人艺术家受模特启发一样。重点不是要多么精准地复制模特，而是要每个儿童观察模特的特征，然后用自己的方式将这些特征表达出来。鼓励儿童互相讨论他们所画的东西。儿童会在他人的观点上——不是抄袭——以他们自己的方式去解释类似的经验。

（7）与儿童谈论他们创造的作品。相较于对儿童作品进行赞美、评价或提出问题，谈论儿童的作品这一方法更为有效。如不在儿童作品中寻找表征方式，转而关注作品中的抽象物和作品设计的质量。"我看见弯曲的线都顺着一边向下。"和"是的，这是一大片蓝色！"承认儿童在其艺术作品中确实包含的细节。对细节表示出兴趣，以鼓励儿童对创造的形象或创作过程加以改进。如教师评论说："你画了一个大圆，在它里面还有一个小圆。"

（8）通过阅读、创编故事等其他活动，鼓励儿童运用想象力来展现自己的奇思妙想。戏剧表演通常与艺术创造相关，包括道具、舞台布景

---

① Helm, J. H., & L. Katz. *Young investigators*: *The project approach in the early years*. New York: Teachers College Press, 2001, pp.39—40.

② Althouse, R., M. H. Johnson, & S. T. Mitchell. *The colors of learning*: *Intergrating the visual arts into the early childhood curriculum*. New York: Teachers College Press, 2003, pp.130—137.

③ Thompson, C. M. Transforming curriculum in visual arts. *In Reaching potentials. Vol. 2*: *Transforming early childhood curriculum and assessment*, eds. Washington, DC: NAEYC, 1995, p.2.

等，可以促进儿童的角色扮演。让儿童画出他们想象的东西和经历，他们的想法可能会涵盖奇特的宠物、去月亮旅行以及卡通人物等。

（9）鼓励儿童制订艺术方案的计划。问儿童他们想要做什么以及打算怎么做，包括他们将使用哪些材料、工具和技术，是独立完成还是与他人合作，得花多少时间，作品做出来多大，他们是否会展示以及在哪里展示他们的作品。时间安排和态度会激发他们的创造力。"当儿童制订计划、实施计划、评价他们自己的学习活动时，他们的行为更有目的性，并且他们在语言和其他智力测试中会表现更好。"①

汤顿和科尔伯特（Taunton and Colbert）对这些策略进行了总结：想要在早期教育中发挥重要作用，那么不管是在方法上还是在内容上，艺术经验都应该是真实可靠的，并且要通过拓展班级对话来为儿童提供反思的机会。教师可以通过以下途径来组织班级中的艺术教学：提供艺术发展和艺术形式的知识，讨论儿童创作艺术作品的意图，探究艺术主题的重要内容，展现艺术与其他学科之间的关系等。②

第七节　问题：适宜的教育需要教师的引导吗？

尽管发展适宜性实践教育有长达数十年的实践，但直接指导总是被误解为不适宜的。

发展适宜性实践是成熟说。（教师被鼓励仅仅是等待儿童发展的自然展现而不是积极地提高）

发展适宜性实践是温柔的。（教师被要求将介绍性的主题内容推后）

要挑战这些误解，早期教育领域需要拓宽我们看待实践的视野，以及对我们的好的实践是怎样的有更明确的认识。

打个比方，照相机的镜头可以缩小和放大我们的观点。当把儿童看作一个个个体时，镜头就缩小了，当我们把儿童看作一个包含在同伴和家庭中的一员时，镜头就放大了。无论是缩小还是放大镜头其实都是对儿童真

---

① Epstein, A. S. How planning and reflection develop young children's thinking skills. *Young Children*, 2003, 58 (5), 28—36.

② Taunton, M., & M. Collbert. Art in early childhood classroom: Authentic experiences and watended dialogues. *In Promoting meaningful learning: Innovation in educating early childhood professionals*, *ed*. Washington, DC: NAEYC, 2000, p.68.

实的认识，并且二者结合才是全面的认识。这也就是发展适宜性实践所提倡的（both/and）的融合思维。

同样，不论是教师指导下的积极课程还是儿童操作的课程，只要儿童学习得最好就行，这是一个错误的选择。要使所有儿童都获得成功，教师需要有效地平衡儿童自发的学习和教师主导的学习。① 儿童主导和教师主导的课程对于儿童的学习和发展都有重要作用。所以，科普尔和布雷德凯姆普（2006）解释：发展适宜性课程方案是指以婴幼童身心发展的阶段为基础实施教学，既注意个体发展，也注意群体发展，帮助每个儿童尽量努力挑战其可能达到的下一个发展目标。②

有一种说法，对于保育中心，幼儿园和小学初级阶段的儿童，教师主导的经验是不适宜的。大量使用静坐或演讲而很少让儿童互动，探索和发现，游戏以及有选择的方式是没有效的教学策略。然而，这并不意味着所有的教师设计的课程都是不适宜的。这种课程，集体的和小组的，对于儿童获得某些信息有重要价值。这是最有效的方式向儿童介绍技能和知识，如讲授新的词汇。（这种形状叫作菱形，你能为我们大家描述一下吗？）"儿童能建构自己对概念的理解，并且受益于能力更强的同伴和成人的指导。"③ 并且所有的儿童主导的课程也不是都能提高儿童的发展。"成年人发起的活动主要沿着教师目标这一主线向前发展，但是也会受到儿童积极参与的影响；儿童发起的活动主要沿着儿童的兴趣与行为的主线向前发展，但也会得到教师的策略支持。"④

必须认真考虑儿童主导与教师主导之间的平衡。如果让儿童自行决定如何支配他们的时间，他们可以发展自主权、判断力、独立决策的能力、社会交往能力以及主动性、探索精神和创新能力等品质。另外，儿童也被期望能够懂得合理遵从，理解群体行为规则，并且接受成年人的权威与智慧。通常情况下，如果成年人在做决定的时候表现出对儿童的尊重与信

---

① Hyson, M. Is it okay to have calendar time? Look up to the star... look within yourself. *Young Children*, 2000, 55（6），60—61.

② Copper, C., & Bredekamp, S. *Basics of developmentally appropriate practice*. Washington, DC: NAEYC, 2006, p.3.

③ Copple, C. and S. Bredekamp, *Developmentally Appropriate Practice in Early Childhood Programs Serving Children from Birth through Age 8, 3d ed.* Washington, DC: NAEYC, 2009, p.23.

④ Ibid., p.17.

任，儿童也将以热情参与成年人发起的活动来回馈。当然，教师发起的活动必须适宜儿童的发展，并且能够吸引儿童的兴趣。但是，一天中的大多数活动应该让儿童自主选择，允许儿童按照自己的节奏从一个活动转向另一个活动。

是儿童主导的课程还是教师主导的课程是最有效的教育课程，在于深入考虑到儿童的内心需求。教室里儿童自由选择和游戏，但是他们却没有长时间地投入到积极的游戏情境中。相反地，儿童能高度参与一个设计好的生动的成人主导的课程，他们就不会无聊、失望或不知所措的不适宜。一个有效的儿童教育课程是由儿童主导和教师主导的教育经验共同构成的。儿童主导的学习经验和教师主导的学习经验并不是各代表两个极端（也就是说，儿童主导的学习经验并非儿童高度控制，而教师主导的学习经验也非成人高度控制）。相反，在儿童主导的学习经验中，成人是有准备的教师；而在教师主导的学习经验中，儿童也积极参与其中。两种经验都需要根据计划之中的或自发的、意料之外的学习机会来进行调整。所以，需要教师"为儿童以后的理解和成功奠定基础"。[1]

极端化的看法今天仍然存在。如一个教师在课堂上 20 分钟讲授，剩下的时间让儿童自由操作。

即一个新的担心也出现了：有时中庸的思维可能会使得实施起来非常表面化，就如"一点这个加那个"。大部分的问题是关于什么是和什么不是适宜的教育实践需要更细微地区分和证据充足的回应。

其实，发展适宜性实践指出："教师既需要对所有儿童的学习有高的期望，又需要认识到一些儿童需要额外的辅助和资源来达到那些期望；儿童既可以建构他们自己对于概念的理解又能从成人和有能力同伴提供的指导中获益；儿童既能从自发的游戏中获益又能从教师设计的有机构的活动、项目和课程获益；儿童既能从不同科目的学习中获益又能从一个科目的深入学习获益；儿童既能从做出有意义的选择获益又能从清楚地理解一定的约束中获益；儿童既能从高于他们现有水平的情境探索中获益又能从巩固和练习新技能的丰富机会中获益；儿童既需要发展他们自己积极的自

---

① NAEYC. NAEYC standards for early childhood professional preparation: Initial licensure programs, Position Statement, In Preparing early childhood professionals: NAEYC's standards for programs. Washington, DC: Author. 2003. 39. www. naeyc. org/faculty/pdf/2001. pdf.

我肯定又需要尊重别人，别人的观点和经验可能不同于自己的；儿童既有大量的能力学习，以及对这个世界充满无限的好奇，又有他们认知和语言能力限制；英语语言学习的儿童既需要英语熟练又需要保持和发展他们的母语；教师必须既承担缩小各种社会经济条件，各种文化和语言群体已经存在的学习差距，又要将每个孩子都看作一个成功者。"①

纵观当代西方的早期教育，尽管在学前教育机构还能看到以教师为中心而展开的、重学业成就的教学活动，但以儿童为中心的教育理念似乎占了上风。皮亚杰的建构主义理论为此提供了理论基础，以儿童为中心的概念已经被认为是理所当然的。这可能与现代社会将儿童看成是世界的中心，其可以与所处的背景相分离的观点相关。现代主义的以儿童为中心的教育理念，其基本出发点是儿童需要受到保护，让他们免遭当今世界乌烟瘴气的现实的毒害，使他们纯真的天性得到发挥。"具讽刺意味的是，这种颇为多愁善感的观点同样将儿童置于脆弱不堪的境地，从某种意义上讲，是放任自流，使他们无法获得大人身上具有的人生阅历的教益。儿童失去了向导，与纷纭复杂的大千世界隔离开来。"② 比如对处于特定发展阶段的儿童而言，其基本语言能力很显然主要是通过儿童主导的学习经验获得的，儿童天生就具备倾听、重复和模仿讲话的能力。但作为存在于社会中的人，儿童天生有着与他人交往的欲望。并且，识别字母表中的字母并不是儿童天生就具备的能力——字母形状及其名称等是文化的产物，儿童是在教师主导的学习经验中学会的。

界定和遵循这种融合的思维方法会帮助教育实践者避免两极化的争论和倾向，进而更有效地进行教育实践。总之，教师需要懂得这两种经验同等重要，并且要根据儿童发展的需要综合使用两种经验。

---

① Bredekamp, S., & Copple, C. (Eds.) *Developmentally appropriate practice in early childhood programs* (*Rev. ed.*). Washington, DC: National Association for the Education of Young Children, 1997, p. 23.

② 大卫·杰弗里·史密斯：《全球化与后现代教育学》，郭洋生译，教育科学出版社2000年版，第149页。

第六章

发展适宜性实践评估观

"对儿童发展和学习的评估对于教师和项目本身都很重要，它有助于教师设计、实施教学活动以及评价教学活动的有效性。……在发展适宜性实践中，学习经历和评估是紧密相连的……这两者都是与项目期望的结果以及为儿童设立的目标相一致的。教师只有了解每个儿童在实现学习目标方面的发展状况，才可能有意识地帮助儿童实现进步。"[1]

几乎所有的教师应该都曾经问过自己："我在教孩子什么？""我该教孩子什么？"有的教师也许会回答，正在教"动物"或"假日"；有的教师则可能回答，正在教"主题"；也有的教师会告诉你，在教孩子社会技能，如阅读。根据这些回答，你是否能得出，幼教教师到底在教孩子什么的答案？更重要的是，孩子们到底在学什么，学得怎么样，学会了什么。

在儿童早期教育中，实施的指向和目的很重要。近几十年，对于来自不同社会经济阶层和种族的儿童之间的教育成就差距，人们的担忧越来越多。"在这些学业成绩表现的差距背后，是儿童在幼年经历和进入优良项目和学校的机会上的巨大差别。"[2] 儿童通过早期教育应该获得或养成什么样的知识、技能和性格，需要制定一系列标准。而测量儿童是否达到这些标准需要运用多种评估技术。

第一节　发展适宜性评估的目的

全美幼教协会和美国教育部属下的全美儿童教育工作者协会认为，所

---

① Copple, C. and S. Bredekamp, *Developmentally Appropriate Practice in Early Childhood Programs Serving Children from Birth through Age 8*, *3d ed.* Washington, DC：NAEYC, 2009, pp. 21—22.

② Ibid. , p. 2.

谓评估，就是"观察、记录儿童的活动内容和方法的过程，是影响儿童发展的教育决策的基础"①。评估是课程和教学的组成部分。全美幼教协会在声明中指出，评估有三个主要的目的：使教与学的决策有理有据；发现需要对儿童个体进行重点干预的方面；帮助儿童教育机构改善和发展干预方法及成效。② 下面具体来分析：

一　获取关于儿童发展的信息

有效的教学取决于教师尽可能多地了解班上的儿童。印度诺贝尔和平奖获得者德兰修女曾经说过，"只有爱每一个具体的人才能真爱人类"。对于一个教师来说，只有对班上每一个儿童都充分了解，才能说对班级的儿童是了解的。

1. 通过评估可以了解儿童能力发展的起点

"持续的评估能使教师发现儿童独特的才能，确定合适的目标，制订课程计划，实施课程并有效地评估课程。"③ 教师可以使用基线数据来为个别儿童制定可行的目标，对课程进行调整以适应所观察到的儿童的需要和兴趣。例如，在确定了马里科的英语能力的基线数据后，教师设计出各种活动来提高她理解和运用语言的能力。然后，教师会随着年龄的增长定期检查她增加的词汇。起点数据提供了儿童在某个时间的真实情况，但是这种情况不是一成不变的。教师运用基线信息来理解儿童，能立刻辨认出任何问题所在。但是，我们必须要记住初级评价只是第一印象。我们要避免通过给儿童贴标签来创立自我实现的语言，因为这样教师会依据最初的模式来塑造儿童。

2. 教师运用评估结果来记录和监控儿童的发展

收集到的数据为儿童的成长或发展不足之处提供了证据。一个好的评

---

① NAEYC & NAECS/SDE (National Association of Early Childhood Specialists in State Department of Education). Position statement on guidelines for appropriate curriculum content and assessment of children age 3 through 8. *Young children*, 1991, 46 (3), 21—37.

② NAEYC. Resource on assessment. Beyond the Journal. 2004. 52. www. journal. naeyc. org/btj/200401/resources. asp. [Books and articles recommended by authors of articles published in Young Children's January 2004 "Assessment" cluster.]

③ NAEYC. NAEYC standards for early childhood professional preparation：Initial licensure programs, Position Statement, In Preparing early childhood professionals：NAEYC's standards for programs. Washington, DC：Author. 2003. 33. www. naeyc. org/faculty/pdf/2001. pdf.

估工具可以监测儿童的每个发展领域的进步，从而可以制订对儿童的身体、社会性、情感、创造力和智力有挑战性的计划。[①] 同时，相关理论提醒我们，儿童的发展是一个整体，每一个方面的成长都会影响发生在其他方面的改变，也会受其他方面的改变的影响。下面提供了一份监控儿童发展的评估表供参考（表6-1），这是迪伦的年中评估报告。

表6-1　　　　　　　　迪伦的年中评估报告举例[②]

发展领域	年龄适宜性	较高的技能	需要努力
自我管理	√		
个人照料	能自己吃饭、穿衣、很好地上厕所		
活动选择	更喜欢室内活动而不喜欢户外活动		
遵守规则	在规则范围内做得很好		
身体和运动	√		
精细动作	使用画架——很好地握画笔和钢笔		
游戏选择	喜欢积木、桌面玩具		
木工工具的运用	没选择木工活动，但经常看		
大肌肉运动		非常小心，似乎有点害怕	√
拿球		不晃、不倾斜，使用攀登架	
平衡		在户外徘徊，有时哼哼歌	
跳/单脚跳/轻快地跳		当轮子玩具滚下坡时能跳开	
交流和语言		√	
词汇		非常强	
发音清晰度		每天与成人交谈	
英语作为第二语言		在集体活动时间非常优秀——有很多想法	

---

① NAEYC. *NAEYC early childhood program standards and accreditation criteria*：*The mark of quality in early childhood education.* Washington，DC：Author，2005，p.14.

② ［美］安·迈尔斯·戈登、凯思林·威廉·布朗：《儿童教育学导论（上册）》，梁玉华等译，四川少年儿童出版社2010年版，第230—232页。

续表

发展领域	年龄适宜性	较高的技能	需要努力
和同伴交谈		围绕着害怕来谈论，但害怕似乎使他们不受约束	
和成人交谈			
听			
表达自我（需要、想法和感情）			
认知发展		√	√
看到原因和结果			
加工和使用信息			
解决问题			迪伦有很多信息想要分享，他对用室内材料和与教师的交往来解决问题很感兴趣。我们希望他能把这些能力延伸到与儿童的互动中，能更放开一点
借助物体			
和同伴交往			
和成人交往			
前数学能力（排序、测量、数数）			
前阅读概念（大小、颜色、形状、字母、方位）			
社会情感	√		
独立性和主动性			
积极的自我概念		良好	
认识到并接受自己的情感		在成人身边比较舒服和自信	√
应对挫折		似乎对户外活动比较犹豫、害怕	
灵活性		更倾向于独自游戏或做旁观者；这是自尊还是害怕	
领导力			
前社会行为（友好、分享包容、合作、移情）			还不知道领导力；看到的较少，因为缺乏与儿童的互动
儿童间的互动			
儿童与成人之间的互动			

总体优点：
目标：

　　有效的评估能清晰地描绘出一幅儿童知道什么、能做什么的图景。迪伦的年中报告表明，他在跑和爬方面不敏捷，而他在语言和听力方面的能力非常强。具体简要分析如下：

　　情感。他似乎缺乏自信，他感到自己的身体技能很差，时间越长，他的自尊感也越低。他甚至可能害怕学习爬和跑的技巧，因为他担心会失败。

　　社会性。同伴取笑迪伦，因为在外面玩的时候他常常跟不上他们。在更活跃的追逐游戏中，他经常是以独自游戏或观看其他儿童来结束集体活动。

　　智力。理解整个游戏活动对迪伦来说没有多大困难。因为他身体发展比较慢，所以他似乎不喜欢在其他方面挑战自己。

　　由于认识到身体和运动技能的发展对其他方面的学习有积极影响，因此，迪伦的发展报告确定了在身体和运动技能方面的主要目标。教师可以设计一些策略来帮助他讨论他喜欢和不喜欢的户外活动，教师也可以收集一些描述坚持克服困难的人物的故事来激励他，教师还可以利用他的长处来作为他发展的跳板。

　　虽然儿童期儿童的发展变化快，但是儿童要整合生活经验，教师要看到这些经验表现为一部分永久性行为都需要花费时间。所以，监控评估不要太频繁，这样会增加教师的额外负担。一般每六个月进行一次。工作时间更短的机构，可以在秋季建立基线资料，在冬季或春季检查发展情况。

　　3. 鉴别有特殊需要的儿童

　　全美幼教协会关于这部分的指南有[1]：在正式实施测验时，过程必须符合有关法律的规定，应预先通知家长，施测情况与结果应与家长分享，要应用非技术性语言向家长解释测验内容和结果，如若家长愿意，在施行筛选测验时可以由他们陪伴着自己的孩子；实施测验时，必须依据该测试的特征和目的确定标准化的筛选测验和诊断性测验的信度和效度。有关的技术问题应根据测验的理论进行解决；在正式实施筛选测验时，应以积极的方式与儿童互动，了解儿童的先前经验才能准确地打分和保证测验的效度；如若筛选测验结果表明儿童未能达到正常水平，应当让有经验的、既

---

　　[1]　Bredkamp, S. & Rosegrant, T.（Ed.）. *Reaching Potentials*：*Appropriate curriculum and Assessment for Young Children*, *Vol. 1*. Washington, DC：NAEYC, 1992, pp.24—25.

有诊断资格又有儿童发展背景知识的专家对该儿童进行个别化诊断；儿童年龄越小，在筛选测验施测过程中应该运用越多的玩具和操作材料，而不是过多地运用图片和笔试；筛选测试的结果不能用作决定儿童能否入学或编班的唯一标准，而应该用于确定是否需要对儿童进行个别指导的整个过程的一部分，以保证儿童能获得其所需要的服务；如果在筛选测验后要进一步推进复杂的诊断性测验的过程，应该使用家长能懂得的、非技术性语言书面通知家长有关测验的一些情况，如诊断性测验使用的工具、家长拥有的权利（拒绝或允许的权利），等等。

二　为课程规划而收集信息

评估的主要目的之一是帮助教师确定指导和干预计划，并在此基础上为课程计划提供方向。全美幼教协会在这部分的指南有[1]：评估应为教师提供有用的信息以帮助他们成功地承担责任，如促进儿童的学习和发展、制订个别化和集体教学计划、与家长交流，等等；评估应有益于儿童，例如，根据儿童的情况对课程进行调整、改进，对儿童给予更多的个别化指导；在早期教育方案中，课程和评估是整合一体的，评估应与早期教育的目的、目标和内容相一致；教师应通过观察儿童的活动和交往，倾听他们的谈话，运用他们在试误中的行为去认识他们的学习，对他们在身体、社会性、情感和认知等方面的发展进行定期的、非正式的评估。

在对儿童的优势和需要关注的领域有所了解之后，教师就可以为个别或全体儿童做出预先的课程规划。[2] 全面的评价有助于教师设计适宜、满足儿童需要的活动。所以，阿霍拉和科瓦契奇（Ahola & Kovacik，2007）将评价定义为"合格的专业人员和家庭互相合作，通过标准化的测试和观察，检查儿童发展的各个领域的持续的过程。该过程不仅分析儿童的优点和强项，而且需明确对儿童提供帮助和干预的领域"[3]。表 6-2 是一个教师运用个体评价来为整个群体和班里的每个儿童制订课程计划的案例。

---

① Bredkamp, S. & Rosegrant, T. (Ed.). *Reaching Potentials: Appropriate curriculum and Assessment for Young Children*, *Vol. 1.* Washington, DC: NAEYC, 1992, pp. 22—24.

② Gronlund, G., & James, M. *Focused observations: How to observe children for assessment and curriculum planning.* St. Paul, MN: Redleaf Press, 2005, p. 4.

③ Ahola, D., & Kovacik, A. *Observing and understanding child development: A child study manual.* Clifton Park, NY: Delmar/Cengage, 2007, p. 9.

表6－2　　　　　　　　　　发展或退步过程总结报告样表①

发展区域：＋ ＝ 好；－ ＝ 需要努力；？ ＝ 不知道

儿童姓名	身体	语言	认知	社会性	情感	创造性
格鲁格	－	＋	＋	＋	－	？
安瓦	？	－	＋	－	－	＋
仙若	＋	？	？	－	＋	＋
勒瓦	＋	＋	＋	＋	＋	－
凯蒂	－	＋	＋	？	？	－

根据这个评价报告，教师制定了冬季团体目标——强调课程的社会性和情感领域。个体目标中提出要鼓励格鲁格进行一些创造性的艺术活动和游戏，需要帮助安瓦感到自信和表达自我，需要评价仙若在桌面玩具的使用情况以及集体活动中的语言接受能力，尝试让勒瓦使用100 片拼图，强调凯蒂的全面发展。

再如在某个学前班的第一个学期末制成的评价表反映了这样一个基本情况：

这个班至少有三分之一的儿童在圆圈活动时有倾听问题。这个结果来自群体表中接近一半的儿童在"集体活动时间"和"语言倾听能力"两个方面发展所反映出的数据。教师把他们注意的重点放在了集体活动时间的活动内容上。得出的结论是，讲故事使集体活动的时间更长；儿童在大多数阅读活动中，从头到尾都比较吵闹。所以，教师们一致同意把讲故事的时间调整到午睡之前，并临时缩短集体活动的时间。

除了评价表外，其他的收集信息的途径也应重视。观察所得的信息可以为课程规划提供很好的方向。比如，你可能会注意到在学年之初占主导地位的平行游戏正让位于互动性越来越强的游戏。此时便可以规划需要更多合作的活动，在布置教室环境时要考虑到促进儿童的社会交往。再如，观察中发现伊丽莎白如厕行为表现有问题，并且注意到在上午吃点心时间问题发生率更高。教师就会注意提醒伊丽莎白在洗手准备吃点心前上厕所，同时，也制订计划和家长联系以获得更多信息，并进一步商讨对策。

———————

① ［美］安·迈尔斯·戈登、凯思林·威廉·布朗：《儿童教育学导论（上册）》，梁玉华等译，四川少年儿童出版社2010 年版，第34 页。

另外，每名儿童的档案袋可以让我们深入地了解儿童的兴趣和个体发展目标方面的进步状况。

评价结果帮助教师更清楚地看到班里每个儿童的优点和能力。这样设计的课程活动就会促进儿童的成长，而且也能发现有问题的方面。

三 向家庭反馈信息

评价的结果应该与父母一同分享，作为父母与孩子教育过程的一部分。教师的职责之一就是向父母或主要照顾者报告孩子的生长、发展以及学习表现，并提醒家长注意任何可能的问题。全美幼教协会关于这部分的指南有①：评估是一个儿童与教师之间、教师与家长之间、学校与社区之间的合作过程。评估包括家长对每个儿童在家情况的评估，并把它们用于制订教学计划，同时，评估结果应该使用家长能够理解的语言与家长分享；教师与家长之间应定期进行有关儿童发展以及成长和表现的情况交流，且向家长报告的方式不应当依赖于信件或分数，而应当为家长提供有意义的、描述性的信息。

以下的做法，可以帮助你更好地与父母沟通：

●诚实及坦白地面对父母：有些时候，教师因为不想伤害父母，所以会在报告时裹上一层糖衣。然而，父母及监护人真正想要的，是你对孩子所知道、可以做到和将会做到的事，给予诚实的评估，你就可以请求父母一同协助孩子。

●用父母可以理解的语言与父母沟通：教师与父母沟通的内容，必须要考虑到父母，让他们听懂你所表达的，因此教师的报告通常包含了书面报告（使用父母可以理解的用语）及口头报告。并且最好要向家长解释所运用的评价方法。有些标准化测试在实施、评分和阐释时都非常复杂。如果一位家长问："你说她的得分低于常模，是什么意思？"如果你的回答是"哦，我也不是很确定'常模'是什么意思。"这样的回答起不了多大的作用。

●提供父母帮助孩子学习的建议及资讯：教师及父母是帮助孩子拥有成功的学校和生活经验的好伙伴。并且，在所有形式的评价中，重要的是

---

① Bredkamp, S. & Rosegrant, T. （Ed.）. *Reaching Potentials：Appropriate curriculum and Assessment for Young Children*, *Vol. 1.* Washington, DC：NAEYC, 1992, pp. 22—24.

考察儿童的优势,而不是仅仅注意到可能存在问题的一些领域。所以只是告诉家长他们的孩子在小肌肉技能上低于(或高于)常模,这是不全面的。同样重要的是同时告诉家人,他们的孩子有着优秀的社交技能,展现出领导才能。有着乐观的幽默感,似乎特别喜欢感觉活动,等等。

●谨记向父母传达测试的局限性:让家长知道测试的结果只是代表了评价中所涉及的部分。同时提醒他们,也提醒你自己,儿童的能力发展空间弹性极大,经常会在发展中出现快速的改变或成长上的飞跃,这些将大大改变测试结果。不要将任何评价结果当成儿童能力和表现的盖棺定论式的信息。同样,也要让家长知道儿童各种各样的表现都是属于"正常"范围之内的。同时,要做好为测试方法进行辩护的准备。如若一位父亲或母亲问:"你们为什么要给我的孩子进行这次测试?"你要能够回答这样的问题,因为家长这样问也在情理之中。你要知道某次测试提供了哪些有价值的信息,以及能够说明如何使用这些信息。比如,这些测试将有助于你为儿童规划相关的学习课程。①

总之,评估的最终目的是促进儿童的学习和发展,给儿童带来益处。2005 年全美幼教协会开始施行的重新全面修订的早期保教标准(Early Childhood Program Standards)和认证表现准则(Accreditation Performance Criterion)继续推行其一贯秉承和坚持的优质学前教育的理念,即:所有的儿童都应获得优质学前教育。标准是以儿童是高质量早期教育的最终受益者为主旨,提出一系列核心要求。②

●每个儿童都有唯一的不同的发展环境,包括家庭背景、能力、性格和学习风格。

●儿童的身体的、社会的和认知的发展都应得到细心的照顾。他们是复杂的个体,应相互尊重,他们每一个个体都是唯一的、有价值的和可爱的。

●儿童和成人之间积极的相互关系是提高学习和成长和谐环境的基础。

---

① Wortham, S. C. *Assessment in early childhood education* (5th ed.). Upper Saddle River, NJ: Merrill/ Prentice Hall. 2008.

② NAEYC. *NAEYC Early Childhood Program Standards and Accreditation Performance Criteria.* NAEYC, 2005, p. 103.

●儿童是带着他们原有的思想和能力进行学习的。他们从满足兴趣和需要各类活动，材料的互动中获得知识和技能。游戏活动反映他们的生活，适应他们的发展水平，能使他们获得积极的经验。

●教师通过全面的评估、良好的设计和实施课程，有效的教学策略来提高所有儿童的学习成功。

●高质量的早期儿童教育项目强调儿童的各方面的发展（社会——情感的，语言的，认知的和身体健康的），为儿童未来在学校成功发展的技能和知识打下坚实基础。

●家庭不仅会影响他们自己的孩子，而且还是学校管理者和教师的伙伴，以最大限度地提高儿童的质量。

●社区是课程的重要的组成部分，并且有义务最大限度地支持儿童的发展。

这个标准也与全美幼教协会早期儿童教师资格标准（Hyson，2003）一起，确保教师有足够的能力帮助所有儿童发展，学习和发挥潜能。

第二节　发展适宜性评估的内容

评估的内容，即界定儿童应该知道什么、学会做什么的要求，是对儿童应该学会什么的具体期望，也即所谓的儿童早期学习标准。"制定早期学习标准，即期望通过文件的形式对儿童'应该知道什么、会做什么'进行界定，以达成对早期儿童学习期望的共识，帮助教师更有目的地开展教育活动，改善儿童的学习效果。"[1] 内容标准（content standards）规定了课程中应该体现的每个年龄段和每个年级儿童需要掌握的概念和技能。如今，学习标准已经被儿童早期教育领域广泛接受。关于高质量的早期教育的标准中应包括什么，全美幼教协会和全美各州教育部幼教专家协会发表了立场声明（NAEYC /SDE，2003），并在 2005 年进行了修订。此外，全美 50 个州都已经颁布了 K-12 年级的学习标准，截至 2007 年，全国四分之三的州制定了 3—5 岁儿童早期学习标准（National Institute for Early

---

① Scott-Little C，Kagansl，Frelowvs. Conceptualization of readiness and the content of early learning standards：The intersection of policy and research. *Early Childhood Research Quarterly*. 2006，21（3），153—173.

Education Research，NIEER，2007）。截止 2002 年，目前网络查询，已有 47 个州颁布了 3—5 岁儿童的早期学习标准。①

一　早期学习标准的产生

早期学习标准在美国的普及并非一夕之间发生的。过去 20 多年来，美国教育界的学习标准运动如火如荼地展开。因为美国的政府和公民认为，学习标准是确保美国儿童有效学习，以及确保美国国家竞争力的良策。因此，在 1989 年的全国教育高峰会上，美国总统布什与各州州长一致认为有必要制定全国性的教育目标。因此，为推动教育改革的基准，此次教育高峰会议提出了到 2000 年美国教育改革应达到的六项目标，并通过《2000 年美国教育目标》法案，新增了两大目标，以这八大目标作为美国迈入 21 世纪的教育里程碑。联邦政府把改革学前教育放在八大教育目标之首，"所有美国儿童皆能就学，"② 提出要为所有儿童提供高质量的学前教育。虽然该法案在 2001 年 6 月 30 日已经停止使用，不再是美国正式教育政策的一环，但是《2000 年美国教育目标》法案的推动，促使美国教育界建立教育目标意识，并且促成了今日美国的学习标准导向的教育运动（standards-based education；SBE）。《2000 年美国教育目标》要求儿童在各个学科展现能力。这些感人的号召，也促进了美国许多教育专业团体的响应。美国国家科学院研究中心出版了三份重要的儿童研究报告，并广泛流传，对早期教育影响深远。这三份报告分别是《预防儿童阅读障碍》（1998）③、《从神经元到社区环境：儿童发展科学》（2000）④ 以及《渴望学习：如何教育儿童》（2000）⑤。这些报告不但唤起美国社会大众

---

① 刘霞：《基于内容分析法的美国早期学习标准内容探析》，《学前教育研究》2012 年第 1 期，第 49—59 页。

② United States Department of Education，Goals 2000：Educate America Act. 1996. http：// www. ed. gov/G2K/index. html.

③ C. Snow，M. S. Burns，and P. Griffin，Eds.，*Preventing Reading Difficulties in Young Children*. Washington DC：National Academies Press，1998.

④ J. P. Shonkoff and D. Phillips，Eds.，*From Neurons to Neighborhoods：The Science of Early Childhood Development*. Washington DC：National Academies Press，2000.

⑤ B. T. Bowman，S. Donovan，and M. S. Burns，Eds.，*Eager to Learn；Educating Our Preschoolers*. Washington DC：National Academies Press，2000.

对早期教育的重视，也促使全美民众期待以明确的学习标准，为日后儿童求学顺利与人生成功奠定良好的基础。

2001 年美国国会通过《不让一个孩子落后法案》，要求各州都要制定学习标准与学业成就指标。《不让一个孩子落后法案》确定了全面具体的、易于操作的法律项目①，如：通过把阅读放在首位来提高读写能力；通过确定高标准和教学效能核定来实现平等；改进数学和科学；提高教师质量；促进家长的选择和革新计划等，并且每一项内容都规定了具体的经费投入、具体措施和操作流程。接下来，美国联邦政府在 2002 年实施《好的开始，顺利成长》方案（Good Start，Good Smart），这项计划主要包括三个方面目标②：提高开端计划项目的教育质量；联邦政府与州政府合作，确保儿童上学前获得必备的技能；为家长、教师和保育员提供科学的学前教育的信息。鼓励各州制定早期学习指导纲要（early learning guide-lines）。虽然联邦政府并未规定各州一定要制定早期学习指导纲要，不过，州政府是否制定了早期学习指导纲要，却是该州能否申请联邦儿童照顾与发展辅助金的条件之一，所以各州都纷纷着手制定其早期学习指导纲要。

发展适宜性实践教育对美国早期教育实践起到了指引性的作用，但内容标准的匮乏使得发展适宜性实践难以承载民众对其直接提升教育质量的期望。研究者指出作为面向教育过程的准则，在尊重儿童个体差异的前提下，发展适宜性实践实际上并未具体规范儿童的学习与发展水平，而且也难以提出针对儿童发展水平的具体标准或指南。所以，2003 年全美幼教协会发表立场声明，说明了他们对于制定与运用儿童学习标准的立场与看法，并颁布了其学习标准内容。

二　国家学习标准

国家学习标准给全美幼教协会学习标准的制定奠定了基础。所谓国家学习标准（National Standards），顾名思义就是适用于全美各地的学习标准。当然，并非所有人都认同联邦政府颁布国家学习标准的做法，因为美国各州差异比较大，国家学习标准不一定能反映地方状况与特殊需求。不

---

① 张宇：《美国联邦政府干预学前教育的历史演进研究》，东北师范大学，2010 年。

② Child Care Bureau. A Guide to Good Start, Grow Smart and Other Federal Early Learning Initia-tives. http://www.acf.hhs.gov/programs/ccb/initiatives/gsgs/fedpubs/GSGSBooklet.pdf.

过，也有人认为，就是因为这样，所以国家学习标准便可以用来确保或促进各州不同背景与经济地位的孩子，都能习得一定程度的基本知识和技能。他们也强调，国家学习标准，并不排斥各地或不同学区的教师根据当地的情况或特殊需要来进行教学。

麦克罗希尔（McGraw-Hill）出版公司在幼教专家学者的指导下，发布了一套国家儿童早期学习标准（见表6-3）。这套学习标准勾勒出三个学习领域，12个指导方针，为3—5岁的学前儿童提供一组学习内容与能力的架构。由于麦克罗希尔公司不仅发表了学习标准，同时还提供了许多相关做法与具体建议，因此颇受各州欢迎。

这份儿童早期学习标准将儿童发展与学习看成是全面与统一的，对此后的学习标准的制定提供了实质性参考价值。

表6-3　　　　麦克罗希尔出版公司全国儿童早期学习标准架构①

领域 I：孩子将具备能胜任学习的自我知识、社会技能与动力	指导方针 I：孩子将培养自我的知识 指导方针 II：孩子将建立对他人的认识与社会技能 指导方针 III：孩子将增进内在的学习动力
领域 II：孩子将对他们文化的基本象征体制有所了解	指导方针 IV：孩子将增进对读写与语言的学习 指导方针 V：孩子将懂得数学概念 指导方针 VI：孩子将增进对世界语言的认识
领域 III：孩子将对他们所生活的世界有所认识	指导方针 VII：孩子将获得科学探索的基本知识 指导方针 VIII：孩子将对身体、生命和地球科学有基本认识 指导方针 IX：孩子将获得科技的基本知识 指导方针 X：孩子将获得社会科学的基本知识 指导方针 XI：孩子将获得健康与体能教育的基本知识 指导方针 XII：孩子将获得视觉艺术、戏剧与音乐的基本知识

此外，"开端计划"也制定了可供参考的儿童发展结果框架（Outcomes Framework）（见图6-1）。这个标准用来规范全美各地的开端计划幼儿园所的课程。这套标准主要内容包括儿童发展、健康服务、家庭与社区的伙伴关系、人事，以及课程设计与园所管理。

国家学习标准主要是面临"不让一个孩子落后"的政策压力，较强调"政府政策"的推动与实践，是大方向的准则。标准就像具有影响力的测验，目的在于提高公立教育的质量。

---

① McGraw-Hill, Pre-Kindergarten Standards: Guidelines for Teaching and Learning. CTB/McGraw-Hill. March 10, 2003. http://www.ctb.com/static/resources/prekstandards.jsp.

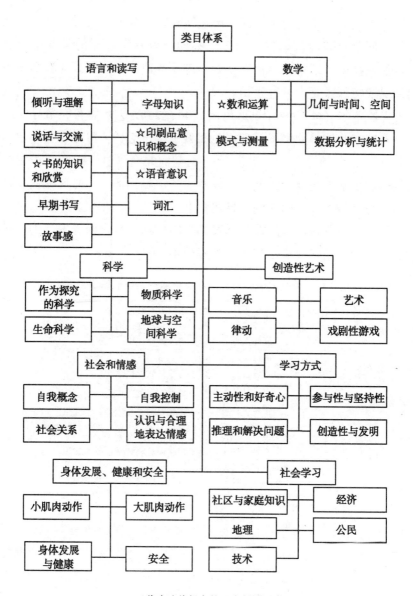

☆：代表法律规定的四个领域要素。

图6-1　开端计划的儿童学习结果构架①

---

① Head Start Bureau. The Head Start Child Outcomes Framework. Head Start Bulletin, 2003, (76)，21—32. www. headstartinfo. org/pdf/Outcomes. pdf.

三　全美幼教协会学习标准

确保早期教育中儿童每天生活的质量，提高正向的儿童成就是全美幼教协会早期儿童项目标准和评估标准的核心。它是建立在四个领域的概念框架之上的，包括五个促进儿童学习和发展的标准，另外五个标准包括教师、合作关系和管理三个领域建构起一个高质量学习有效的和持久的支持系统。这个支持系统不仅使得课堂生活为每个儿童提供充足的学习机会，而且这个高水平的质量将延伸到以后，促进儿童的长远发展。图 6 - 2 是全美幼教协会评估标准包含的十个项目。

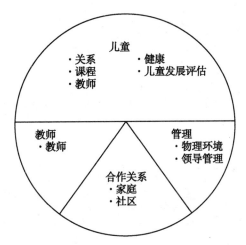

图 6 - 2　全美幼教协会评估标准包含的十个项目①

下面对该标准的课程部分作简单介绍（见表 6 - 4）：

这个标准聚焦于儿童，以儿童为视角，站在儿童的立场上来看待学习与发展、技能与能力、知识与兴趣、个性与经验；并要求教师从儿童已有知识经验和学习兴趣出发，为儿童创设良好的学习机会和独特的探索活动，从而优化儿童的发展环境。

①　NAEYC. *NAEYC Early Childhood Program Standards and Accreditation Performance Criteria*. NAEYC，2005，p. 7.

表 6 - 4　　　　　全美幼教协会儿童早期学习标准架构（课程部分）①

领域 I：社会情感发展	·儿童在一日活动中有各种机会与教师接触；教师予以关注与回应，培养他们的领会能力和他们通过与他人互动进行学习的能力。 ·儿童有各种机会来认识别人，并说出自己和他人的感受。 ·儿童有各种机会来学习调节情绪，行为和注意力所需要的能力。 ·儿童有各种机会来发展一系列能力，和对待学习的积极态度。如坚持性、参与感、好奇和掌控感。 ·儿童有各种机会来发展参与社会集体的技能，发展友谊，学习帮助别人和其他亲社会行为。（TPK） ·儿童有各种机会与他人进行正面的、积极的、相互尊重的和合理性的交往互动，向他人学习，以及建设性解决冲突问题。（TPK） ·儿童有各种机会来学会如何理解、同情和考虑他人的看法。（TPK）
领域 II：身体动作发展	·为婴儿和学步儿提供一个允许他们自由活动的环境，允许他们通过自发的活动获得掌控身体的能力。他们有大量机会来练习新获得的技能，或练习协调动作与平衡，以及综合感知与动作技能。（IT） ·婴儿和学步儿有大量机会通过各类适宜年龄特点的手和手指运动来发展精细动作。（TPK） ·儿童有各种机会和设施来参与大动作锻炼，这些活动可激发各种技能，促进感知——动作的协调。发展运动控制力（平衡，力量，协调），并使具有不同能力水平的儿童获得与其他同伴相似的大肌肉动作经验。这些活动还包括熟悉的和具有挑战性的游戏，并帮助他们学习动作游戏的结构和规则。（PK）
领域 III：语言发展	·提供儿童语言发展的机会，并考虑家庭和社区的有关意见。 ·提供机会让儿童体验用其家庭成员使用并理解的口头和书面语进行交往。 ·儿童有各种机会通过回答问题，交流各自的需要、想法和经验，以及描述事物和事件，发展言语性和非言语性交往能力。 ·儿童有各种机会通过对话、体验、出游和读书，发展词汇。 ·对无语言能力的儿童提供其他交往方式和机会。（TPK） ·儿童有各种机会和材料，鼓励他们进行讨论，以解决人际交往中的问题和与材料互动中的问题。（PK） ·提供儿童各种机会和材料，鼓励他们相互之间的交谈。（PK）
领域 IV：早期读写能力	·婴儿有各种机会通过活动体验歌曲、儿歌、日常游戏和书本，如个别游戏，包括简单儿歌、歌曲和系列动作等，在一日活动中有机会听读各类书籍，并对之做出反应，可以个别地探索不易损坏的图书等。（I） ·学步儿有各种机会通过活动体验歌曲、儿歌、日常游戏和书本，如个别游戏，包括简单儿歌、歌曲和系列动作等，在一日活动中有机会听读各类书籍，并对之做出反应，可以个别地探索不易损坏的图书等。帮助儿童理解图书中所反映的他们生活环境中的真实事物。（T） ·儿童有各种机会来熟悉文字物品，积极参与解释文字物品，熟悉、识别并运用教学中可以接触到的文字物品，包括属于儿童的物品上贴有姓名标签，在玩具材料上贴上标签，用文字图片等表达规则和常规，帮助儿童读出文字符号等。（TPK）

---

① NAEYC. *NAEYC Early Childhood Program Standards and Accreditation Performance Criteria.* NAEYC, 2005, pp. 18—27.

续表

领域Ⅳ：早期读写能力	·儿童有各种机会在分集体或个别场合听教师读书（全日制至少每天2次，半日制至少每天1次）；定期地以个别方式包括一对一或2—6人的小组中听读书；自己探索书本并有独立安静享有书的乐趣的空间。儿童可以接触到各类型图书，包括故事书、儿歌集、认识字母的图书和无文字书。儿童还可以反复地听读同一本书，复述和表演故事中情节，用对话帮助理解书的内容，在教师帮助下把书和课程的其他方面联系起来，以及识别书中的不同部分，区别文字与图像。（PK） ·儿童有大量和各种机会来书写： 在艺术、角色游戏和其他学习中心提供书写材料，以便儿童随时使用。 各种类型的书写被支持包括涂鸦，写信和拼写。 儿童有日常机会来书写或口述他们的观点。 儿童需要有进行沟通的书写单词和信息的辅助。 支持儿童自己书写，包括在儿童视线水平提供字母表。 儿童看到教师进行书写的榜样示范，帮助他们讨论许多种生活中的书写方式。（PK） ·儿童有大量和各种机会来发展语音意识： 让儿童注意各种声音，如鼓励儿童听语言、儿歌、字母、词语等的录音，并使用儿歌、诗歌、歌曲和手指木偶等。 帮助儿童识别字母及其读音。 帮助儿童辨认并发出具有相同开头或结尾的音节单词。 支持儿童自发地根据单词读音拼写字母的活动。（PK） ·提供儿童认知和书写字母。（PK） ·幼儿园有各种机会让儿童学习并读出熟悉的词汇，句子和简单的书籍。（K） ·幼儿园鼓励儿童通过各种活动识别单词读音，包括书写和游戏。（K） ·每个幼儿园都鼓励儿童每天独立书写。（K）
领域Ⅴ：早期数学	·提供婴儿和学步儿各种机会和材料 使用语言，姿势和材料来传递数学概念，如更多和更少，大和小。 观察和感知不同的形状、大小、颜色和图案。 使用环境中的物体引起他们对数量的关注。 阅读关于数量和形状的书籍。（UI） ·提供儿童各种机会和材料，帮助他们理解数字的含义、名称，及其与实物和符号的关系。（TPK） ·提供儿童各种机会和材料来进行一维或二维分类，如形状、大小和颜色。（TPK） ·提供儿童各种机会和材料鼓励他们在日常对话中结合数学概念。（TPK） ·提供儿童各种机会和材料帮助他们通过使用标准的和非标准的测量单位理解量的概念。（P） ·提供儿童各种机会和材料来理解基础的几何概念，如命名和认知一个物体的二维和三维形状，认知不同形状、组合图形。（PK） ·提供儿童各种机会来建立对时间的理解，通过他们的生活和作息。（PK） ·提供儿童各种机会和材料帮助他们认识并说出重复的结构形态。（PK） ·向幼儿园儿童提供各种机会和材料，让他们运用标准和非标准测量单位，并算出数量。（K） ·向幼儿园儿童提供各种机会和材料，让他们创造、想象、讨论和扩展重要的结构形态。（K） ·向幼儿园儿童提供各种机会和材料，鼓励他们在日常活动的经验中运用书面数字表达。（K） ·向幼儿园儿童提供各种机会和材料，给他们介绍常规的工具，如日历和钟表来帮助儿童理解时间。（K）

续表

领域Ⅵ：科学	·提供婴儿和学步儿各种机会和材料，让他们在环境中运用感官学习关于物品的知识，并发现自己可以促使某些事发生和解决简单问题。(IT) ·提供儿童各种机会和材料来学习科学关键概念和原理如生物和非生物之间的不同（如植物对岩石）和各种生物之间的生命周期（如植物、蝴蝶、人）。地球与天空（如季节、气候、地质特点、光照和影子、阳光、月亮和星星）。事物的结构和特征（如特点，包括软硬、沉浮）和物体的变化（如液体和固体的转换通过溶解和融化）。(PK) ·提供儿童各种机会和材料鼓励他们使用感官来观察，探索和进行科学实验。(PK) ·提供儿童各种机会使用简单工具观察物体和科学现象。(PK) ·提供儿童各种机会和材料收集资料和表达他们的发现（如绘画或照片）。(PK) ·提供儿童各种机会和材料鼓励他们思考，提问和根据观察到的现象进行推理。(PK) ·提供儿童各种机会和材料鼓励他们在每天的交谈中讨论科学概念。(PK) ·提供儿童各种机会和材料帮助他们学习和运用与课程内容有关的科学术语和词汇。(PK)
领域Ⅶ：技术	·对被动型媒体的运用如电视、电影、录像和磁带等媒介会限制适宜发展的内容。(TPK) ·所有儿童都有机会接触科技（如录音机、显微镜、计算机），儿童能自己使用，与同伴合作使用，与教师或家长合作使用。(PK) ·在教室里通过使用技术而扩展学习，综合和丰富课程内容。(PK) 为了避免数字系统混淆，没有具体的标准列出。
领域Ⅷ：艺术的创造性表达和欣赏	·向儿童提供各种机会，让他们欣赏反映各种文化的艺术、音乐、戏剧、舞蹈。(UITPK) ·婴儿和学步儿有各种机会探索和操作适合年龄特点的艺术材料。(IT) ·向婴儿和学步儿提供各种机会，让他们通过随音乐自由动作而创造性地表达自己，并参与角色游戏或想象的游戏。(IT) ·儿童有各种机会来学习新的与艺术、音乐、戏剧和舞蹈相关的概念和词汇。(TPK) ·向儿童提供各种机会，发展并扩展他们支持艺术表达的技能（如剪贴和对于工具的爱护）。(TPK) ·向儿童提供许多不同的开放性机会与材料，让他们通过音乐、戏剧、舞蹈，及平面或立体艺术等方式，创造性地表达自己。(PK) ·儿童有机会来对其他儿童和成人和艺术做出回应。(PK)
领域Ⅸ：安全和健康	·向儿童提供各种机会和材料，鼓励良好的健康行为习惯，如自己吃饭、睡觉、良好的营养、锻炼、洗手、刷牙等。(TPK) ·向儿童提供各种机会和材料，帮助他们学习营养知识，包括确认食物的来源，了解、准备和摄入健康食品，并珍视健康食品。(TPK) ·向儿童提供各种机会和材料，增加他们在教室里、在家中和社区内的安全规则意识。(TPK) ·儿童有各种机会练习安全措施。(TPK) ·向儿童提供各种机会，讨论、提问和表达他们关于医生、诊所，医院或牙医的恐惧；讨厌打针以及吃药。(PK)

右上角：续表

领域Ⅹ： 社会学习	·向儿童提供各种学习机会，培养积极的自我形象，及正在形成的对自己及他人的认识。（ＵＩＴＰＫ） ·儿童有机会变成教室群体的一员，以便于每个儿童都有归属感。（ＴＰＫ） ·儿童有各种机会和材料来建构他们对于多样性文化、家庭结构、能力、语言、年龄和非刻板性别的理解。（ＴＰＫ） ·儿童有机会和材料来探索在家庭和游戏工作坊中的社会角色。（ＴＰＫ） ·儿童有各种机会和材料来学习他们生活于其中的社区。（ＴＰＫ） ·儿童有各种机会来参与关于公平、友谊、责任、自主和差异的讨论。（ＰＫ） ·儿童有各种机会和材料来学习他们当地环境的地理特征，作为一个地理学习的基础。（ＰＫ） ·向儿童提供各种机会和材料，让他们学习和了解人们如何影响他们的环境，包括积极品（如循环使用的材料）和消极品（如污染）的影响。（ＰＫ） ·向儿童提供各种机会和材料，让他们对班级和社区利益做出贡献，包括照料他们生活的社会与物质环境。（ＰＫ） ·向儿童提供各种机会和材料，建立理解经济概念的基础（例如饭店游戏，管理一个商店和认识钱和进行交易）。（ＰＫ） ·向幼儿园儿童提供各种机会与材料，帮助他们把学习有关家乡、本省的、本园的以及其他国家和地区的内容，以及以前学过的内容都联系起来，为以后进一步学习地理、历史和社会性知识奠定基础。（Ｋ）

注：U 表示新生儿　I 表示婴儿，T 表示学步儿童，P 表示儿童学校的儿童，K 表示幼儿园的儿童。

全美幼教协会和全美各州教育部幼教专家协会认为，符合儿童发展而有效的儿童学习标准，具备以下四个特征[①]：有效的儿童学习标准必须强调符合儿童发展的学习内容与学习成果；有效的儿童学习标准的制定必须有公开而广泛参与的过程；有效的儿童学习标准，必须根据既能促进儿童发展，又符合伦理的适当方式实施与评量结果进行检验；有效的儿童学习标准，是以优质幼教园所、专业幼教人士与良好家庭的支持为基石。

全美幼教协会的保教标准和认证制度已广受儿童保教界接受，获得认证的园所已于 1986 年的 19 所升至 2005 年初的一万余所。此外，另有一万余所正在自我审察的认证阶段。这个数字显示美国有近十分之一的保教园所取得了全美幼教协会认证证明。马萨诸塞州领先全国，约有超过 25％ 的园所已获认证，南达科他州和密西西比州则最落后，只有约 2％ 的园所获认证。[②]

① National Association for the Education of Young Children，Early Learning Standards：Creating the Conditions for Success. 2002. http：//www. naeyc. org/about/positions/pdf/elstandardsstand. pdf.

② 林秀锦：《美国的早期保育与教育》，江苏教育出版社 2006（10）年版，第 193 页。

四　州学习标准

州学习标准又是全美幼教协会学习标准的具体化。目前，全美 50 个州都已经颁布 K-12 年级的学习标准，而通过网络查询可以找到 47 个州左右都制定了 3—5 岁的幼儿园学习标准，各州学习标准名称有所不同，如由于托儿所教育在得克萨斯州并无强制性，因此，华盛顿州称之为《早期学习和发展指标》（Early Learning Development Benchmarks），得克萨斯州使用纲要（guideline）一词来指称其所制定的儿童学习标准，弗吉尼亚州称之为《早期学习基础积木》（Virginia's Foundation Blocks for Early Learning）。事实上，无论称为标准还是其他，都是表达州政府对儿童应该学会的知识与技能的具体期望。其中，如加利福尼亚州、康乃狄克、乔治亚、马里兰、密西根和华盛顿等州，进一步要求幼儿园所必须根据学习标准来进行课程和设计教学。各州的学习标准的制定受国家学习标准和全美幼教协会学习标准内容和要求影响，但又有其地方特色。据统计，各州标准涵盖的学习领域和指标总数各不相同。47 个州中，有 39 个州含有身体发展、健康与安全领域，44 个州的标准涵盖语言和交流、读写相关领域，有 34 个州含有认知发展领域，有 33 个州含有数学领域，有 25 个州含有科学领域，19 个州含有学习方式领域。[①] 并且有些州的标准包含了在儿童教育领域并不常见的学习领域，如新泽西州的家庭与生活技能，密歇根州和德克萨斯州的早期使用技术能力。[②] 此外，与美国 K-12 学习标准相比还有其独特性，如学习方式或学习品质（甚至宾夕法尼亚州将其放在首要位置）、社会与情感发展。[③] 但总体来看，各州早期学习标准都很注重儿童全面发展，并体现时代要求。所涵盖的领域包括身体发展健康与安全、语言和读写、学习方式、科学、数学、社会与情感、社会学习和创造性主要的八大领域。但各领域的重视程度有所差异和倾向性，如语言和读写领域非常受重视，而创造性艺术领域相对被忽视，体现了其更关注对儿童更具价值的基础学科、基本技能和基本态度的培养，同时，对最具价值的内容

---

① 刘霞：《基于内容分析法的美国早期学习标准内容探析》，《学前教育研究》2012 年第 1 期，第 49—59 页。

② 同上。

③ 王小英等：《美国早期儿童学习标准体系建设的新趋势——基于宾夕法尼亚州最新〈早期儿童学习标准〉的个案分析》，《外国教育研究》2012 年第 6 期，第 78—85 页。

的理解是对儿童发展具有重要意义、能为其终身学习奠定基础的内容。如学习方式中的推理和解决问题分领域，语言和读写领域中的说话与交流分领域，科学领域中的作为探究的分领域，彰显其对儿童教育质量的追求。另外，各州的学习标准也兼顾了发展的适宜性与衔接性，减轻其衔接的不适应。

佛罗里达州阳光学习标准——托儿所到小学 2 年级的语言学习标准①

阅读

学习标准 1：学生有效利用阅读步骤

●根据书名和插图预测文章内容

●利用发音、语词结构和语境线索，从课文、插图、平面图和曲线图中，识别单词与建构词义

●在阅读中使用符合年级、年龄和发展程度的字词知识

●通过重读、重述与讨论提升理解力

学习标准 2：学生从广泛的文题中建构词义

●从课文中确定主旨或基本寓意，以及辨别支持论点

●选择消遣用的阅读书籍

●为完成和学习一项作业而研读资料

●懂得探索课文资讯是否真实的方法，包括询问他人和核对其他资源

●使用简单的文献参考系统工具取得资讯

写作

学习标准 1：学生有效利用写作过程

●建立包括中心思想相关见解的写作计划

●书写和修订清楚表现主旨；知道主题和读者；包括开头、核心与结尾；有效利用常见单词；有主题支援句；以及字迹清楚的简单句子、小段文字、故事、书信和简单的说明

●呈现简单、编辑后的文件，内容具有以下几项特色：拼写正确、起首字母使用恰当的大写、句子结构正确、动词/主语与名词/代

① Florida Department of Education, Sunshine State Standards. 1996. http：//www.firn. edu/doe/ curric/prek12/frame2. htm.

名词使用相一致，以及使用恰当标点符号

　　学习标准2：学生有效利用写作来传达意见与资讯

　　●写一些关于熟悉主题、故事或新经验的问题和观察记录

　　●利用基本电脑技能和教育软件来写作，基本文字处理技巧包括文字输入、复制、剪贴，以及使用电子邮件

　　●利用符合逻辑顺序的步骤，为简单的工作任务，制作简明的操作说明

伊利诺伊州儿童语言与数学学习标准[1]

语言

州目标一：阅读理解力与流畅度

学习标准A：应用单字分析与词汇技巧理解故事内容

·了解图片和符号有其意义，印刷品可传递讯息

·了解阅读方式是从左到右、上到下

·辨别环境中的符号和标志

·辨识包括自己名字在内的一些字母

·作字母与声音的配对

学习标注B：运用阅读技巧，增进对内容的了解与熟悉

·利用图片和具体内容，作为预测即将发生事件的指引

·通过参与作押韵诗的活动，开始培养声韵觉识能力

·辨别口语中的断音与连音

学习标准C：知道各式各样的阅读教材

·重述故事内容

·回答关于阅读资料的简单问题

·通过发表意见，展现对故事原意的理解

州目标二：阅读与理解呈现各种社会形态、年代和概念的文学作品

学习标准A：理解文字和技巧如何被用来传达意图

·了解不同的文字形式，被用于不同的目的，像是杂志、笔记、

---

① Illinois State Board of Education：Division of Early Childhood Education，Illinois Early Learning Standards，Printed by the Authority by the State of Illinois，March，2002，4—5.

目录、书信和故事书

　　学习标准 B：阅读和诠释各种文学作品

　　·对阅读相关活动展露独立的兴趣

　　州目标三：利用写作传达各种意图

　　学习标准 A：利用正确的文法、拼字、标点符号、大写和句子结构

　　·利用涂鸦、类似字母的文字或所知字母，呈现书写形式语言

　　学习标准 B：为特别的目的与读者，创作有系统、条理清晰的文学作品

　　·口述故事与经验

　　学习标准 C：在写作中传达概念，完成各种目的

　　·使用绘画与写作技能表达意图与讯息

　　州目标四：在各种情况下能认真地倾听与表达意见

　　学习标准 A：在正式与非正式场合能认真倾听

　　·听懂指示与对话，并做回应

　　学习标准 B：利用适合情况与听众的语言，有效地表达意见

　　·传达需求，概念与想法

　　州目标五：利用语言获得、评估与交流资讯

　　学习标准 A：确定、整合与使用来自各种资源的资料，来回答问题、解决问题和传达意见

　　·透过主动探索，寻找问题的解答

　　学习标准 B：分析与评估从各种资源所习得的资料

　　·将先前的知识与新资讯相连接

　　学习标准 C：利用各种沟通形式，运用所习得的资讯、概念与想法

　　数学

　　州目标六：展示与应用对数字的了解和观念，包括计算与运算（加、减、乘、除）、图表、比率和比例

　　学习标准 A：表现对数字的了解与使用能力，并将之广泛运用于理论与实际环境中

　　·使用辨识号码、计算和一对一对应的概念

　　·了解总数概念，辨别一套物品中"有多少个"

学习标准 B：利用数字事实、运算（加、减、乘、除）及其属性、规则与关系，进行研究、陈述和解决问题

·解决简单的数学问题

学习标准 C：利用心算、纸笔、计算机与电脑来计算和估算

·探索数量与数字关系

·利用真正的范例或图表，将数字与其所呈现的数量相连接

学习标准 D：利用数量、比率、属性和百分比来解决问题

·做数量比较

州目标七：估计、推算和利用物体、数量与关系的测量法，并决定合理的范围

学习标准 A：利用适当的单位、仪器与方法，测量和比较数量

·使用标准的单位与测量术语，展现对测量的初步了解

·通过参与每日的活动建立时间感

学习标准 B：判断测量法与决定可接受度

·展现对比较级术语的了解与使用

学习标准 C：选择使用适当的术语、仪器和方程式来解决问题、解释答案和报告研究结果

·将估算与测量活动融入游戏中

州目标八：利用代数与分析法，识别和描述数据模式与关系、解决问题，以及预测结果

学习标准 A：利用变量与模式来叙述数值关系

·利用变量的属性来区分物体和将物体分类

学习标准 B：利用表格、曲线图与符号，解释和描述数字的关系

·识别、重复与延伸简单的形态，如声音、形状与颜色的顺序

·开始将物体排序

学习标准 C：利用数量系统及其属性解决问题

·参与包含动手操作加减法的活动

学习标准 D：利用代数概念与过程来呈现和解决问题

·描述质的改变，如测量看谁长得比较高

州目标九：利用几何方式来分析、归类和绘制对点、线、面和空间的推论

学习标准 A：展现和应用包含点、线、面与空间的几何学概念

　　·识别环境中的几何图形与结构

　　学习标准 B：利用点、线、面和立体概念，确定、描述、归类与比较几何关系

　　·使用简单单词，寻找和说出地点，如"附近"

　　州目标十：利用统计方法收集、整合和分析数据；预测结果；以及使用或然率概念解释不确定性

　　学习标准 A：统整、描述数据，并从数据中做预言

　　·利用具体物体图片与图表呈现数据

　　·预测未来情势走向

　　学习标准 B：制定研究问题、设计数据收集方法、收集和分析数据，以及报告结果

　　·收集关于自己与周遭环境的资料

　　这两个学习标准都体现了引导教师了解儿童、尊重儿童、支持儿童，并与儿童互动促进儿童发展的理念。且标准的结构非常鲜明，三级目标，从州目标到学习标准，再到基准，层层落实，操作性强。

　　随着全美幼教协会学习标准的修订，各州的学习标准也不断调整和修订，其呈现出如下趋势：第一，早期儿童学习标准涉及的关键领域不断延展。如宾夕法尼亚州最新的《早期儿童学习标准》涉及了九个关键学习领域[1]：①凭借游戏来锻炼学习品质；②健康、卫生和身体发展；③语言和文字能力的发展；④数学思维和表达；⑤科学思维和技术；⑥社会学习；⑦为儿童学习建立伙伴关系：家庭、学习环境和社区；⑧通过艺术进行创造性的思维和表达；⑨社会性和情感的发展。并且，"学习品质"（Approaches to Learning）在美国早期教育界已经备受关注，单独成为一个领域并被放在首位；第二，《早期儿童学习标准》为了保证儿童学习经验的连续性和一贯性，范围纵贯整个早期教育阶段。以宾夕法尼亚州 2009 年修订的《早期儿童学习标准》为例，整个标准体系涵盖了三大年龄段：0—3 岁早期儿童学习标准（infant-toddler learning standards）；3—4 岁儿童学习标准（learning standards for pre-kindergarten）；幼儿园学习标准

---

　　① Pennsylvania Learning Standards for Early Childhood . http：//www. pakeys. org/uploadedContent/Docs/PD/Standards/Kindergarten 2010. pdf，2010 - 04/2011 - 07 - 11.

（learning standards for kindergarten）①；第三，儿童在学习中是一个主动者越来越被学习标准的制定者认可，因为儿童的学习方式是多元的，所以教师扮演的角色应该是支持儿童主动游戏和探索，是学习的促进者和指导者，也要进行有指导的集体和小组教学。如印第安纳州 2010 年州立早期学习共同核心标准的实施，其重要的改变就是从原来注重教师的教转向儿童的主动学习。② 这些调整，某种意义上说，都是更进一步与全美幼教协会标准的协调一致，可以更好地将全美幼教协会标准落实。

第三节　发展适宜性评估方法

有研究表明，美国各州并没有将早期学习标准与评价方法很好地结合起来，许多州的评价结果不能真正反映出早期学习标准的初衷。③ 但一些美国早期教育机构为了在政府进行的绩效责任评估中取得好的成绩而对儿童进行练习性的策略训练，其弊端会导致教育活动标准化和机械化。研究者在全美幼教协会期刊《儿童》发表的文章中写道："当前，政府越来越多地要求对学前儿童进行测试，但这不应该是进行测试的理由。过程性的测试应该有助于儿童的学习和制订适合儿童的课程方案，而不应该成为收集儿童的统计数据和完成政治任务的一种途径。为此目的而设计的测试通常也是不适合儿童的……对儿童的评价，应该基于对儿童活动过程的观察，而非基于一些简单、具体和支离破碎的指标或里程碑。"④ 近几年，有关早期教育工作者如何利用真实性评价记录儿童发展过程方面的文献越来越多。早期儿童学习标准的实施并不是一定要有与之相配套的测试性评价，而是强调可以采用真实性的评价方法。真实性评价是对儿童实际参与

---

① Pennsylvania Learning Standards for Early Childhood . http：//www. pakeys. org/uploadedContent/Docs/PD/Standards/Kindergarten 2010. pdf, 2010 - 04/2011 - 07 - 11.

② Indiana Department of Education. （2010）. Indiana's Common Core Standards. http：//www. doe. in. gov/achievement/curriculum/resources-implementing-indianas-common-core-standards

③ Susam W Cress. Assessing standards in the "real" kindergarten classroom. *Early Childhood Education Journal*, 2004, （10）, 95—99.

④ Dodge, D. T. , Heroman, C. , Charles, J. , & Maioca, J. Beyond outcomes：How ongoing assessment supports children's learning and leads to meaningful curriculum. *Young Children*, 2004, 59 （1）, 20—28.

的学习及教学活动所进行的评量，将完整的儿童纳入考虑范围，关注儿童发展的各个方面。能帮助教师更好地接近和了解儿童，更利于因材施教，使儿童在发展的轨道上健康发展。①

事实上，全美幼教协会和美国教育部下属全美儿童教育专业工作者协会于 2003 年年底发布的一份联合声明，要求各儿童教育机构"制定符合伦理要求、适宜儿童、真实、可靠的评价体系，并将此作为各个儿童教育机构的核心组成部分。在对儿童的强项、进步和需要进行评价时，所采用的评价方法必须符合以下标准：适合儿童发展情况；考虑到儿童的文化背景和语言能力；与儿童每日的活动相关联；有专业研究的理论支持；得到儿童家庭的配合；为了达成某一特定的促进儿童发展的目的"。②

发展适宜性的评估方法应据以上标准选择和实施。其评估方法应包括真实性和测试评估。我们将谨慎地重点探讨真实性评估方法，减少对潜在高风险的正式测验方法的论述。

一　观察方法

最为有效的真实性评价方法之一是专注的观察。研究者指出："儿童的成长和发展，儿童对自己和对别人的看法，他们的行为方式，每一个儿童的强项和弱点，所有这一切，都可以通过观察获知，不仅如此，观察活动还是一种发乎自然的认识儿童的方法。"③"观察法是研究儿童最有效的方法。儿童还无法用语言完整地表达自我，因此，除了采用直接的观察之外，其他评价儿童的方法都不太现实。此外，儿童通过活动表现自我。与年纪稍大的孩子或成人不同，儿童不会隐藏自己的情感和想法，不会装扮自己。因此，通过观察，可以得到准确的信息。"④"它可以用于替代标准

---

①　郭力平、武玮、孙慧妍：《早期学习标准在美国的发展及其对我国的启示》，《外国教育研究》2008 年第 12 期，第 49—54 页。

②　NAEYC & NAECS/SDE. Early childhood curriculum, assessment, and program evaluation: Building an effective, accountable system in programs for children birth through age 8. Joint Position Statement, Washington, DC: Authors, 2003. 4. www. naeyc. org/about/positions/pdf/pscape. pdf.

③　Seefeldt, C. Assessing young children. In C. Seefeldt & A. Galper (Eds.), *Continuing issues in early childhood education*. Upper Saddle River, NJ: Merrill/Prentice Hall, 1998, p. 316.

④　Ibid. , p. 317.

化的评价工具，也可对标准化评价工具所得到的信息提供补充。"① 早期教育教师在不同的时间和环境中运用观察方法，关注的是儿童学习的过程，而不是标志性行为或者脱离环境的正式测试中估测的个别事实。② 观察可以为我们提供关于儿童行为的详细信息，有助于我们理解儿童行为，可以为预测儿童行为提供基础。观察最为突出的优势之一是这种方法低调而自然，并不干扰儿童正在进行的活动和行为，这一点与较正式的测试形成鲜明的对比，后者要求儿童在一个孤立的环境中完成特定的任务。

观察可以采取多种形式。

1. 轶事记录法

最为常见的方法之一是轶事记录法，是对事件或行为进行一种简要描述，也被称为"语言的图画"。表述清晰、记录准确的一系列轶事可以很好地表现一名儿童的特征。正如麦克法兰（McFarland）所说："对活动室中每个儿童的表现进行认真细致的记录，能有效地增进教师对儿童的发展和需要的认识。"③ 轶事记录必须来自教师的直接观察，要及时、准确地记录下儿童的行为，并描述行为的环境，注重事实而不要偏重于解释，并且聚焦于儿童行为的某个典型的或突出的方面。

尽管轶事记录法很简洁，通常每次只记录一件事情，但这种方法记录的信息有积沙成塔的功效。经过一段时间的积累，就能够为我们提供观察对象丰富的信息。"如果教师经常使用和参考轶事记录的材料，就能发现哪些儿童在某一特定领域的发展存在问题。"④ 但这种方法也有其局限性。轶事记录本应包括儿童的一些更多的细节，如面部表情、语调和姿势等。否则，读者无法感受到男孩是否乐意做个助手，是否极力想讨好不怎么注意他的另一个男孩，抑或是想方设法吸引别的男孩子的注意。在轶事记录中，这些细节经常都会被丢失，因为轶事记录通常是在事情发生之后，甚

---

① Benjamin, A. C. Observations in early childhood classrooms: Advice for the field. *Young Children*, 1994, 49 (6), pp. 14—20.

② Dodge, D. T., Heroman, C., Charles, J., & Maioca, J. Beyong outcomes: How ongoing assessment supports children's learning and leads to meaningful curriculum. *Young Children*, 2004, 59 (1), pp. 20—28.

③ McFarland, L. Anecdotal records. Valuable tools for assessing young children's development. *Dimensions of Early Childhood*, 2008, 36 (1), pp. 31—36.

④ Ibid., pp. 31—36.

至隔了一段时间才记录下来的。而到那时，不少细节都已遗忘殆尽。

2. 连续记录法

连续记录是某个儿童在一段时间内的行为的更为详细的记录。轶事记录聚焦于某一个事件，而连续记录则是记录在某个特定的时间段内——可以是半个小时，也可以是数月——发生的所有事情。另外，连续记录是即时记录，而轶事记录则是事后记录。"连续记录的好处在于能让我们将随时发生的事情记录下来，不过，如果要收集儿童的大量信息，则不是一种实用的方法。（Ahola & Kovacik，2007）"[①]

当你想找出某个问题的来源时，连续记录法可能特别有用。比如可以有助于教师搞清楚某个班混乱的缘由。这个班里3岁的艾琳似乎总是出现在冲突的现场。一个为期三天的细致的连续记录帮助教师们认识到，艾琳是在回应另外两个孩子对她的小小的嘲弄。

进行连续记录的一个得力工具是 ABC 分析法，即把表格分为三栏，分别记录时间的前因、行为及后果。A = 先前发生的事件；B = 行为；C = 作为结果的事件。[②] 这有助于教师不仅关注儿童的行为，而且注意到该行为之前和之后发生的事情。

另外，在连续记录时要避免使用判断性或解释性的词句，尽量客观真实。如一个老师记录时将一个情绪不是很好的孩子描写为"他似乎对全世界都很不满"，该词句表达的结论缺乏足够的事实依据。其实，这个孩子只是因为昨天晚上他的宠物猫被车撞死了而伤心。可改为较为客观的记录，如他皱着眉头走进班里，老师向他打招呼时，他低头不语，一声不吭。

3. 时间抽样法

时间抽样法提供了一种计算某一段时间内某一具体行为的发生频率的方法。时间抽样法是一种定量的观察方法，计算在特定的时间间隔内行为发生的次数。比如，在某班级里你想知道教师照顾特雷西的频率是怎样的，因为你怀疑他经常被忽略和漠视。由于你没有时间整日观察，于是决定每半个小时里抽出五分钟观察特雷西，在这五分钟里每当有教师照顾他

① Ahola, D., & Kovacik, A. *Observing and understanding child development*：*A child study manual*. Clifton Park, NY：Delmar/Cengage, 2007, p. 23.

② Reynolds, Cecil R., and Randy W. Kamphaus, eds. *Handbook of psychological and educational assessment of children*：*Personality，behavior，and context*. Vol. 2. Guilford Press, 2003.

或与他互动便加以记录。一周之后，你将获得一份关于教师对特雷西关注度的有代表性的抽样。或许你为了比较，你可以决定同时观察沙龙的状况，因为沙龙似乎经常受到教师的关注。

采用时间取样法所选择观察记录的行为必须是外显的、较常出现的（至少每15分钟出现一次）。例如，教师可以选择时间取样法观察记录儿童"打人"或"哭闹"的行为，因为这些行为可以观察到也可以计数。但"问题解决"则不太适合采用时间取样法，因为这种行为不容易观察，也不容易计数。

4. 事件取样法

当你想观察一种不太经常发生的行为时，可以用到事件取样法。如果运用这种方法，你就等到某种事件发生时，对这一事件加以书面记录。其主要用于研究某种特定行为出现的条件或出现的频率。它尤其适用于研究什么因素诱发了某种特定的行为，这样才能找到控制该行为的方法。比如你注意到凯瑞姆会周期性地啼哭，一时又找不出原因，这时事件取样法就很有用。这样，每当凯瑞姆出现这一行为时，其中一名教师便站在一边，细心记录发生的事情。ABC分析法在记录此类事件时也非常有用，因为你正是要搞清楚其中的前因后果。

观察用于记录儿童的发展状况，用于理解儿童的行为表现，用于指导幼儿园的课程设置。[①] 要发挥观察的重要作用，需要在观察之前，问问自己："我在看儿童时，真正看到了些什么？"本茨恩（Bentzen，2005）解释说："大脑的参与，使得我们看到的要比照相机能'看'到的多得多。也正因为我们感知到的信息要比照相机能'看'到的多，观察因此变得复杂。我们每个人在观看和组织周围世界的事物时，都受到自己已有的经验、自己的知识结构和信仰的影响。"[②] 所以，我们由此得到信息，"还必须进行思考和分析，这样才能理解其中的意义"[③]。观察时需注意：

一是具备客观性。观察者应尽可能地保持中立，置身事外记录自己所

---

① Benjamin, A. C. Observations in early childhood classrooms: Advice for the field. *Young Children*, 1994, 49 (6), 14—20.

② Bentzen, W. R. *Seeing young children: A guide to observeing and recording behavior* (5th ed.). Clifton Park, NY: Cengage, 2005, p. 6.

③ Bentzen, W. R. *Seeing young children: A guide to observeing and recording behavior* (5th ed.). Clifton Park, NY: Cengage, 2005, p. 17.

观察到的事情，而不是自己所认为的儿童正在感受或经历的东西。① 请比较一下下面两条记录。

观察记录 1

利蒂希娅来到教室，马上决定去找埃丽卡的碴儿，因为她不喜欢埃丽卡。她接近埃丽卡，以她惯用的咄咄逼人的方式，一把抓过来埃丽卡正在玩的布娃娃。利蒂希娅并不是真的喜欢那个娃娃，她只是想要埃丽卡的东西。当教师看到发生的事情，她对利蒂希娅很生气，让利蒂希娅把布娃娃还给埃丽卡。因此利蒂希娅真的生起气来，又一次大发脾气，让班上的每一个人都心神不宁。

观察记录 2

利蒂希娅大踏步地走进教室。她环视了周围几秒钟，然后缓步来到戏剧表演区，这时埃丽卡正在把一个布娃娃放进摇篮里。利蒂希娅在离摇篮半米远的地方停下来，两腿分开站立，双手放在臀后。她看着埃丽卡将毯子盖在布娃娃身上，然后径直走过去，抓起布娃娃的一只胳膊，粗鲁地将布娃娃拉出摇篮。她拿着布娃娃跑到了积木区，然后回过头来看着埃丽卡。利蒂希娅跑开的时候，埃丽卡大声喊："不行！我在和布娃娃玩呢。"埃丽卡看着温德尔太太，因为这时温德尔太太正撞过来看着戏剧表演区。埃丽卡的肩膀耷拉下来，轻声啜泣着说，"利蒂希娅拿走了我玩的布娃娃，"然后放声哭了起来。当温德尔太太朝利蒂希娅走过去时，利蒂希娅扔下布娃娃，飞快地朝艺术区跑去。温德尔太太赶上利蒂希娅，拉着她的胳膊，催促她回到积木区。温德尔太太捡起布娃娃，说："利蒂希娅，我们应该去把这个布娃娃还给埃丽卡。她刚才正和布娃娃玩。"利蒂希娅双唇紧绷，下颌紧咬，甩开温德尔太太，趴到地板上踢蹬着双脚放声尖叫起来。

第一个观察记录告诉你观察者是如何解读这个事件的；而第二个观察记录则描述了发生的事情。第一个观察者真的能知道利蒂希娅为什么不喜欢埃丽卡吗？真的能知道那位教师生气了吗？显然这带有很强的主观性。

---

① Jablon, J. R., Dombro, A. L., & Dichtelmiller, M. L. *The power of observation for birth through eight* (2nd ed.). Washington, DC: Teaching Strategies/NAEYC, 2007.

合格观察的另一个特点是描述的充分性。语言是帮助我们勾勒出一个时间画面的有力工具。科恩和斯特恩（Cohen & Stern，1978）在他们的经典著作《观察和记录儿童的行为》一书中为刚入门的观察者提供了一些使用描述性词汇的建议。比如，动词"跑"有多个近义词可以更加形象地表现所描述的行为，如蜂拥而跑、打转跑、猛冲、飞奔、快跑、惊逃、飞跑、连蹦带跳地跑或者急冲。附加描述性的副词、形容词及描述性的短语也可以增强记述的表现力。尽管丰富的同义词可以增强观察记录的可读性和生动性，但一定要经常查阅词典，确保你所选用的词语准确地表述了你的本意。

合格的观察还包括描述非语言信息，描述可以给记录提供深层信息的细微的肢体语言以及声调的起伏等。同成人一样，儿童也普遍有微妙的面部表情或肢体动作以及表现常见的感情和反应的声音变化。表6-5两个观察记录的比较可以看出非语言描述的重要信息。

表6-5　　　　　　　　　两个观察记录对照表

不好的观察	分析与评论
朱里奥走到衣帽架那儿，把他的毛衣弄到地上。他很害怕（1）教师，所以他没请任何人来帮助他把毛衣捡起来。他走到辛西娅那边，因为她是最好的朋友（2）。当他开始出风头和专横（3）时，他对其他儿童不友好（4）。他需要他们的注意（5），所以他不停地挑剔（6），使那些儿童离开这个游戏桌换到积木区去了，就像4岁儿童所做的那样（7）	（1）一般特点的推理。 （2）儿童情感的推理。 （3）没有证据的推理。 （4）观察者的观点。 （5）儿童动机的看法。 （6）观察者的推理。 （7）过度概括；定式印象

好的观察	分析与评论
埃米利奥用右手从架子上拉出一套拼图，然后用两只手把它拿到附近的桌子上。他有条不紊地用两只手把拼图一块一块地从盒子里取出来放在他的左边。莎拉坐在埃米利奥的对面，她面前有一些桌面玩具。她伸出手把所有的拼图块都推到地上。当埃米利奥紧盯着莎拉时，他的脸变红了，嘴紧绷成一条线。他的手捏成拳头，他的眉毛竖起来了，他大声地对莎拉喊："停下来！我恨你！"	埃米利奥的面部表情、手势和身体活动表明他非常生气。当我们想确定儿童在想什么时，儿童说话的方式和说话的内容都能反映出来。肌肉紧张是儿童情感的另一种线索。但是仅观察儿童的身体姿势并不够，还必须考虑到背景。只是看到一个儿童坐在椅子上红着脸，并不能判断他是窘迫、生气、发烧还是受刺激过度。我们需要知道导致这种现象的事实。然后，我们才可以正确地评价整个情况。公正地看待所发生的事情而不是先作判断，我们才能更清楚地读懂儿童

所以，"作为教育者，必须知道怎样观察儿童，要了解儿童的现状，

明白儿童遇到什么困难，清楚儿童需要什么。这才是儿童所渴求的教育者"①。对观察结果的反思性分析有助于识别儿童的知识和技能，也有助于为课程设定目标和方向。"发展适宜性实践的本质在于了解儿童处于学习连续体的什么位置，然后为他们提供既有挑战性又可以达到的经历，从而促使他们不断前进。"② 观察应该可以帮助我们理解面对的儿童，因为观察开创了"一种开明和探寻的态度"③。"只有通过练习，才能使我们察看事物的能力得到复原。多年来，我们一直在学习判断和放弃。对于我们周围事物的复杂性、事物的规律和细节，我们已经熟视无睹。请学着像孩子一样去看世界，把每一次都当作是第一次。"④

二　档案袋方法

档案袋方法是指在一段时间内，有目的地收集儿童的作品以及教师观察记录，所形成的一组资料。用作来评量儿童的学习能力、学习过程以及学习成果的依据。档案能提供帮助我们洞察和理解学习经验的复杂性，以及孩子学习的状况。莉莲·凯茨认为，没有比将儿童的学习经验建档，更能为儿童的心智能力提出强而有力的证据的了，因此千万不可忽视。⑤《开启学习的视窗》（*Windows on Learning-Documenting Young Children's Work*）的作者提出，在当今，将孩子的学习过程予以建档，也许是教师最值得培养的技巧。那些知道孩子如何学习，并能帮助别人了解这种学习过程的老师，将能对孩子发展做出重大的贡献。⑥

---

①　Lucos, L. The pain of attachment – "You have to put a little wedge in there." *Childhood Education*, 2007, 84 (2), 85—90.

②　Dodge, D. T., Heroman, C., Charles, J., & Maioca, J. Beyong outcomes: How ongoing assessment supports children's learning and leads to meaningful curriculum. *Young Children*, 2004, 59 (1), 20—28.

③　Jablon, J. R., Dombro, A. L., & Dichtelmiller, M. L. *The power of observation for birth through eight* (*2nd ed.*). Washington, DC: Teaching Strategies/NAEYC, 2007, p.7.

④　Curtis, D. & Carter, M. *The art of awareness: How observation can transform your teaching*. Upper Saddle River, NJ: Merrill/Prentice Hall, 2006, p.1.

⑤　茱蒂·H.海姆等：《开启学习的视窗》，李郁芬译，台湾光佑文化事业股份有限公司2001年版，第7页。

⑥　同上书，第23页。

1. 收集计划

档案材料有助于我们认识儿童的发展。档案袋中的内容包括如下项目：① 美工作品样本，剪纸作品样本，口述的故事记录，创作的作品，搭积木的图片，儿童语言和对话的抄本，自然发生的游戏活动，与同伴和成人的社会互动，儿童使用玩具小汽车和自助技能的照片。

另外，使用自制的笔记本快速记下一些有启迪意义的瞬间。这些笔记非常容易转化为个体的档案袋。

乍一看，档案袋像一个专业的文件记录的剪贴簿。但这却是儿童整体成长图景的一部分，而且它们是足够可信的。所有这些样本和记录都是反映儿童发展过程的最好证据。"作品展示可用于计划、交流和反思。儿童的经验，包括形成这些经验的过程，都可以记录和展示出来，以供他人参考。"②

另外，单个的作品收集是不够的，教师要努力寻求一些能够展示自己的教育目标和儿童对于一个目标持续进步的作品样本。且为每一个发展领域的具体部分单独准备一个文档。每一个标好的部分留几页空格，在每一个文档中都记录一些关于发展的突出事件或者儿童的独特品质。最具历史性的工作放在页码底部，这样每个折叠的文档就展示了儿童的进步发展。然后，在每一个文档的顶部列出一个发展项目明细或成长总结。

档案袋可以是关于儿童的一个非常棒的视觉"展开"，为每一个儿童呈现其令人惊讶的形象——儿童是有能力的学习者，他们在一定的社会文化背景中积极地建构知识。

2. 使用评估

大量的档案如何分析和诠释，这涉及如何看待儿童学习的视角。《开启学习的视窗》中提供了我们看待儿童学习状况的三扇窗户③：孩子发展的窗子，引导老师将一个具体的孩子的发展状况收集起来，加以整理和归类；学习经验的窗子，是将一个班级某一个时间段或对某一内容的特殊的学习经验的资料加以收集和归纳；老师自我回顾的窗子，档案不只是关于

---

① Ahola, D., & Kovacik, A. *Observing and understanding child development*: *A child study manual*. Clifton Park, NY: Delmar/Cengage, 2007, p.57.

② Ibid., p.60.

③ 茱蒂·H.海姆等：《开启学习的视窗》，李郁芬译，台湾光佑文化事业股份有限公司2001年版，第42—51页。

孩子的，档案也是关于教师自己的。第一扇窗关注个别孩子，第二扇窗关注全班集体的孩子们，第三扇窗是透视教师自己。

　　档案袋可以提供一个学习的历史过程，学习者所获成就的一个结构性记录……就像评价过程的方法一样。当教师按照深思熟虑的计划步骤——组织、保存和选择那些该收集的东西以展示其教育目标——有目的地收集儿童的作品，教师可以在一种自发的状态下对儿童的作品和游戏做出评价。但请记住这最重要的一点，也是常被忽视的一点——档案袋只是你评量儿童行为与成就的一个方法。

三　检核表和评定量表

1. 检核表

　　在观察和收集儿童各项能力的方法中，检核表是非常方便且有用的工具，是基于具体的学习目标和发展指标设计的。它通常是与对儿童的观察相结合的，不过记录结果时使用简单的核查记号或数字评分，而不是较长的文字描述。它可以成为你日常教学的一部分，也可以用在不同的主题与活动上。有些检核表可以启发你某些想法，有些可以帮助你评量儿童的行为、特征、技能和能力。除此之外，经过一段时间后再使用同样的检核表，可以帮助你评量儿童进步的幅度与学习成果。阿霍拉和科瓦契奇一致认为，"检核表如设计合理、使用恰当，那么对认识儿童发展和课程设计会甚有帮助"[1]。与此同时，当你在制定和使用检核表时，请牢记以下的重要事项：

　　●检核表应包含被观察者的特殊性、技能、行为及其他资料；换言之，就是要为每个特殊情况量身定做一个检核表。

　　●确定你的观察记录是正确无误的。

　　●将所有的检核表归档在儿童们的档案夹中，以方便将来作参考与利用。

　　●利用检核表作为与儿童和家长讨论的参考依据。

　　●利用检核表的资料来规划小组活动与个别教学。

　　另外，请千万记住，如果你使用的"记录孩子是否掌握了特定任务"

---

　　① Ahola, D., & Kovacik, A. *Observing and understanding child development: A child study manual*. Clifton Park, NY: Delmar/Cengage, 2007, p.27.

的检核表包括了班上所有的孩子，那么不要把这个清单张贴在教室里，以免儿童家长看见并相互比较。表6-6是一个儿童大肌肉运动任务检核表的样表举例。

表6-6　　　部分大肌肉运动任务检核表（一年中进行四次）举例①

儿童：
操作指示：当儿童能够掌握任务时，标记"X"。

行为	观察日期			
	(1)	(2)	(3)	(4)
单脚跳				
单腿站立5秒				
走宽为5厘米的平衡木				
跳过31厘米，双脚落地				
将直径为25厘米的球扔183厘米远				
双臂接住直径为25厘米的球				
荡秋千				
蹬三轮车				

2. 评定量表

评定量表可以比检核表提供更多的定性信息。沃瑟姆（Wortham，2008）指出，两者之间的主要区别在于检核表只是简单地记录某种技巧或概念出现与否，而评定量表则评价达到的水平，是基于具体的学习目标和发展指标设计的。所以，它可以表明儿童在什么程度上参与或掌握了某种行为。最常见的是把一个尺度分为五段，这样，在中点两边各有相等的正向和负向间隔。如评定分数设定可以是从A（优秀）到F（不令人满意）的等级来评量，也可以是从"总是"到"从不"的不同水平连续体来描述儿童的状况。表6-7是读写萌发评定量表举例。

---

① ［美］伊萨：《儿童早期教育导论》，马燕、马希武、王连江译，中国轻工业出版社2012年版，第161页。

表 6 - 7 读写萌发评定量表举例

姓名： 日期： 年龄： 年级：	经常	有时候	从来没有	备注
能看懂图片、标志和文字				
能听懂口语，专心表达语言				
印刷品的概念				
从左到右的顺序				
了解上、下的方向				
询问印刷品的内容				
能连接两个物件或图片的意思				
模仿大声朗读				
模仿成人不出声地阅读（报纸、书籍等）				
了解印刷品有不同的含义（新闻的、娱乐的等）				
理解能力				
遵从口语指示				
依据口语指示画出正确图案				
了解图片中的故事顺序				
诠释图片				
能连接故事与概念之间的关系				
把个人经验与文本（故事、主题）连接起来				
合理地推论故事的情节和结局				
发现在类似故事中的模式				
写作表现				
有意图的涂鸦（试图模仿字的形状）				
重复地涂鸦（一行一行的仿字画写）				
写出一连串的字				
使用一个或多个子音来代表单字				
尝试拼写自己的单字——自创拼字				

　　再如高瞻课程方案所使用的《儿童观察记录量表》包含了 6 个条目和 32 个观察项目，每个观察项目下面有 5 个发展水平，即从简单（水平 1）到复杂（水平 5）来进行评量。[①] 这种评量在各类课程中使用广泛。

---

① www.highscope.net.在线版。

四 测试方法

虽然测试方法受到批评，这些担忧包括：

测试潮流导致的结果之一是：许多早教项目实施了以使儿童做好入学准备为主要目标的课程。所以众多的学前和幼儿园项目推行了一些不适于儿童发展的方法来达到这些目标，加剧了"不及格"和"未准备好"的儿童的问题。[1]

测试的另一个局限在于其信度和效度。一项测试不可能就一个儿童关于某个话题的知识对所有可能的问题进行提问；提问的问题越少，这项测试就越有可能包括儿童所不知道的问题。但是，测试中的题目越多，儿童就越有可能变得烦躁，失去兴趣，他的表现就不能真正地代表其能力。温纳（Wenner）发现，即便是被高度评价和广泛使用的测试工具，当用于幼儿园时，对儿童在园学业真实表现的预测比例，也只不过是略高于四分之一而已。

另外还有一种对测试的评判是，这些测试可能具有文化上的偏见，全美幼教协会的立场声明中指出，不可能设计出完全不受文化影响的测试。而且，鉴于儿童在发展中的迅速变化以及儿童间正常的差异性，很难为儿童设计可靠有效的测试工具。

除了测试本身潜在问题之外，还有许多评价儿童的困难可能影响到测试结果的精确性。有许多因素可能影响到测试反映儿童能力的精确性。这当中包括儿童的注意力和兴趣、对环境的熟悉（或陌生）程度、儿童对成人测试者的信任程度（或者说儿童此前是否见过该测试者）、测试进行的时间早晚等因素，或者该名儿童测试的前一天晚上缺乏睡眠，或者这名儿童的母亲道别时忘了亲她等。在很多情形下，测试是对大规模儿童来进行的，这种做法进一步降低了测试信度。[2]

尽管真实性评估很重要，但作为一种传统的儿童评价手段，如果能认真选择和妥当使用，测试依然不失为一种儿童评价的重要方法。在学校教育的早期对所有儿童实行的筛选测试，有助于识别出需要进一步接受诊断

---

① Wenner, G. *Predictive validity of three preschool development assessment instruments for the academic performance of kindergarten students.* State Uiversity of New York at Buffalo, 1998, p. 17.

② Romero, I. Individual assessment procedures, with preschool children. In E. V. Nuttall, I. Romero, & J. Kalesnik (Eds.), *Assessing and screening preschoolers' psychological and educational dimensions.* Boston: Allyn & Bacon, 1999, p. 60.

性测试的儿童，以及可能从特定的干预项目中受益的儿童。对于筛选测试中表明有必要做出进一步评价的儿童，可以进行真实性发展评估。但是只有当一名儿童的得分改变时，你有把握确定是这名儿童发生了改变，而不是因为测试发生了改变，这样的测试才具有信度。全美幼教协会建议测试的实施者谨慎地评价测试的重要性：测试的结果有助于提高早教项目的质量吗？儿童能够从测试中受益吗？如果与成本（费用和时间）相比，收益寥寥无几的话，或许就不应进行测试。而且全美幼教协会还提出了以下建议①：谨慎地审查测试的信度和效度；确保测试符合项目的理念和目标；实施测试和解读结果的人都具备相关的知识和资质；测试者对个体和文化的多样性有足够的敏感性；测试只用于本身设计的目的；做出任何关于让儿童注册入学、留级、安排进入补救性项目等重大决定，教师都不应仅基于一项测试，而要采用多种来源的信息。

综上，事实上，每种方法都有其局限，我们应依靠多种评估方法，运用范围更广、更为综合的评估体系。评量工具选择的原则②：

●道德原则是所有评量的基础：道德原则是指导评量的最高原则，譬如，评量不应该用来否定任何儿童接受学习或教育服务的机会。此外，我们也不应该只凭单一评量的结果就决定有关儿童学习的决策。

●评量工具应配合评量目的：所有评量工具都是根据特定的评量目的发展出来的。所以，如果我们要运用某一评量工具，便要同时了解其评量目的。如果某一评量工具要用在其他目的，首先必须确认该工具是否适用于该项目。

●评量工具的使用应考量孩子的年龄与其他特征：评量工具系根据特定年龄、文化、家庭语言、社经地位、能力特征的孩子所发展出来的。所以，评量工具的使用对象要配合当初据以发展的孩子特征。

●评量工具应符合专业的品质标准：评量工具必须有效而可靠。所有评量工具的选用、使用，以及评量结果的解读，都必须符合专业的品质标准。全美幼教协会和全美各州教育部幼教专家协会支持美国教育研究学

① NAEYC & NAECS/SDE. Early childhood curriculum, assessment, and program evaluation: Building an effective, accountable system in programs for children birth through age 8. Joint Position Statement, Washington, DC: NAEYC. 2003. www. naeyc. org/about/positions/pdf/CAPEexpand. pdf.

② Ibid.

会、美国心理学会，以及美国教育评量中心，于 1999 年共同设定的评量准则。任何常模参照测验（norm-referenced tests）的使用与解读，都必须符合这些准则。

●评量的目的应符合儿童发展的原理，并且有教育意义：评量的目的应包含多面向、符合儿童发展原理、有教育意义的目标，而不只是一组狭隘的技能或技巧。评量也应配合儿童学习标准、园所教育目标，以及课程的重点。

●评量的结果应该用来了解和促进儿童学习：评量应该用来了解儿童的学习状况，并进一步改善课程设计与教学活动。评量应该用来帮助儿童教育专业人员了解特定孩子或一群孩子的学习状况，或增进我们对儿童发展的整体知识，或改善课程，并确保课程的衔接，以及用以确保有特教需求的孩子，能接受应有的照顾和教育服务。

●评量应在儿童学习的场所进行，以反映儿童实际学习的情形：为了决定是否变更儿童教学的策略，或确认孩子是否有特教需求，评量必须考量孩子的文化、语言与生活经验，并在儿童的教室或家庭中实施。

●应根据长期而多元的资料来源，来进行评量结果的解读：评量应该通过长期、多次而有系统的观察与记录，并运用多样而互补的学习标准或绩效导向的工具，同时也应考量孩子是否有身心障碍的状况。

●筛选之后，一定要配合长期追踪辅导：儿童经过筛选，被认定需要接受特殊教育的孩子，一定要配合适当的长期追踪辅导或转介疗育。决不可根据简短的筛选过程或单次评量，就对孩子的状况进行诊断或下定论。

●要慎重使用常模参照的标准化测验：标准化的正式测验或常模参照的儿童评量，只适用于辨识儿童是否有特殊需求。

●相关教育人员和家庭对儿童评量应该有一定程度的了解：相关教育人员应该拥有儿童评量的知识与技能，并能在考量儿童的不同文化与语言背景下进行评量与解读。教师和园所经营者的职前和在职训练，应培养他们具备相当程度的儿童评量能力，以确保园所教职员建立共识，了解评量的目的在于改善儿童的学习成效。同时，园所与儿童父母或家人应定期沟通与参与评量，建立起伙伴关系。

第四节　发展适宜性评估的实施

由于评估尤其是学习标准具体指出儿童应该具备的知识和能力，因此，布里德坎普指出，许多课程的开发者设计课程产品时将标准融入其中，并提供了帮助儿童达到标准的策略（Bredekamp，2009）。所以，其正改变教师的教学、儿童的学习方式与内容。教师可以对课程做出相应的调整，以便保证儿童向着标准所设立的目标而进步。那么，学习标准评估的影响如何呢？

一 学习标准的导向影响

（1）指出了教学内容的具体期望：下次当教师们思考"我该教什么"时，该州或地方学区的学习标准已经给出具体的参考答案。当然，好老师的教学效果一定超越官方制定的学习标准。好老师会根据其课程目的，教会学生核心知识与能力；同时，好老师也会因材施教，针对个别孩子的特色与能力，采取不同的教学方式，提供不同的教学内容。但无论如何，好老师明白学习标准是对学生学习成效的基本期望。

（2）学生学习成就水准的目标：学习标准让社会大众、学生家长或监护人明白，州、地方学区或学校认为，他们的孩子应该学会哪些东西？拥有哪些知识与能力。

（3）声明学生在校所应学习的内容：学习标准的各项指标根据学习标准所声明的学习内容，进一步界定学生所应学会的具体程度与等级。因此，教师和家长都可以活用这些具体指标。譬如，某一阅读学习标准的具体指标之一是"学生有能力阅读各种书籍、传单或文件"。又比如，某一阅读学习标准指出，孩子会记得读过的东西。而相对应的学习指标则可能是：亲子阅读时，绘本会吸引婴儿的注意、学步儿会学着讲简单的故事，而3—4岁的托儿所儿童会跟着一起念绘本。总之，学习标准会指出儿童应该学会的认知标准，但是学习标准不是课程设计，不会详述具体的学习内容、学习顺序、教学材料与教学方法。

（4）学习标准是教育改革与确保学校责任的基础：学习标准是社会大众和政界人士用以督促教师和学校对学生学习成效负责的一项工具。有了学习标准，老师不再只能说："我教玛丽亚阅读。"现在问题变成："玛丽亚学会阅读了吗？"甚至是"玛丽亚的阅读能力，是否达到应有的学习标准水平？或已经超越她应有的年级水平吗？"

（5）学习标准让联邦和州政府维持对教育的控制：在美国，教育基本上属于州政府管辖的事务，而各州政府一向将教育事务授权给各地学区自行管理。不过，这种情形从 1995 年起有了转变，各州政府正在逐渐收回其对教育和学校的控制，进行教学成效的监督，并要求各级学校负起应有的责任。各州政府陆续颁布学习标准也可以说是这种趋势的产物。当然，也有不少人反对联邦和州政府对教育进行管制。他们认为，社区其实最了解当地情况与地方性的教育需求。因此，一旦由联邦政府掌握全国的教育决策权，那么教育政策便不能因地制宜，无法配合社区满足地方性的教育需求。有些幼教学者也认为，联邦政府控制下的教育体制，将导致儿童教育走向不符合儿童发展原理的教学实践，对学前和幼儿园的儿童不利。不过，无论如何，学习标准如今已经成为美国政治和教育界的现实，在可预见的未来，这种情况是不会改变的。

（6）学习标准是解决儿童低学习成就的一种方案：由于多数美国儿童被认为处于低学习成就水平，有了学习标准，可以协助这些儿童赶上其应该具备的知识与学业水平。而社会经济地位低的家庭儿童的学习情况也一直不好。因此，学习标准导向的教学可以促进或确保这些孩子的学习成效，避免他们因为跟不上同伴而离开学校。

（7）学习标准确保课程中拥有足够的学业成分：儿童学习标准使得幼儿园课程中，增加了学业成分。从各州颁布的学习标准看，虽然也有音乐和艺术学习标准，但是有关阅读、书写、数学和科学的学习标准则更受重视。

（8）学习标准促使教学与课程的关系更紧密配合：学习标准促使所有教师在进行教学实践时，更能从学区所颁布的课程内容出发，即评量儿童学习成果的测验，能依据学区或州政府制定的学习标准。教师们会根据学习标准和相对应的课程纲要，来进行教材与教具的选购和教学活动的安排，以确保孩子的学习成果。

访谈一：史卡特：学习标准的影响[①]

（佛罗里达州蒙茂斯市学区助理督学）

●学习标准如何改变教学？学习标准为课程提供了一个核心架构。在儿童教育领域里，学习标准提供我们对儿童的辅导方式与期

---

① ［美］莫里森：《儿童教育导论》，徐联恩、刘慧君、陈威胜、陈芝萍、孙丽卿、陈雅玲译，台湾华都文化事业有限公司 2007 年版，第 106 页。

望，以及为孩子架构学习层次的目标。在伊利诺伊州儿童学习标准实施前，大家对孩子学习的期望有意见分歧，但是我相信这个学习标准会带给我们协调一致的方向。

●我如何用学习标准进行教学？学习标准引导教学实践，课程设计以帮助孩子达到学习标准为导向，这些使得我们对教学的期望不再是杂乱无章。学习标准也是设计课程与教学的基础，同时给予我许多的帮助，例如：知道观察和评估的重点；有能力设计引导孩子达到或超越学习标准和期望的教学；辨识和指出孩子的优缺点；改善教学方式或创造架构学习的环境；以及提供我采购教材时的灵感，像是如何选择适合孩子学习的教具。

●学习标准如何改变我的生活？学习标准帮我消除了生活中的疑惑。让我先分享一下第一年的教学经验吧！当我第一次走进教室时，园所的其他老师要我玩得愉快。但我却对一些事产生置疑，例如：园所对3、4、5岁小朋友的期望是什么？他们想要孩子知道什么和能做什么呢？我被告知研读园所资金流向、儿童人数，以及教职员背景的相关资讯。这些都还好，但是，他们到底要我教什么呢？结果我花了两年的时间找寻答案。我常在想，如果有人可以给我一本与园所3、4、5岁孩子期望相一致的书，情况是不是就会大有不同。现在，学习标准不只提供我一个测量学习成效的方法，同时也给我评估孩子、教室、环境教学和整体课程的一个方向。

●学习标准如何影响教师的角色呢？我发现学习标准是一个非常好的教学引导工具，道路地图（road map）是我常听到对学习标准的比喻。明确的目标（学习标准或具体指标）能帮助教师们决定最适合儿童的学习线路，无目的的教学则很难达到此种状态。

●学习标准如何影响课程与教学呢？让我再次重申一下，学习标准是课程与教学的基础。它帮助我确定孩子知道和能做什么；然后我才能知道需要在教室里提供什么样的资源，来帮助孩子培养技能与能力。

●我唯一做的事就是应付学习标准吗？这个问题很难回答，因为我确信大部分的互动、活动、评估与教学，都是帮助孩子往达到学习标准的方向前进。甚至可以这样说，即使不是针对特定的学习标准或学习指标，相同的情况仍会发生。

●学习标准如何影响孩子的学习呢？通过学习标准，我们对孩子能有共同的基本目标，以及知道我们的教学过程，所以我们能为孩子建立学习经验和消除学习障碍与教学重叠的部分。如此一来，孩子的学业在年级间的过渡期更加顺利。

访谈二：豪斯赖特：学习标准的影响①

（伊利诺伊州达拉斯城托儿所园长、老师）

●学习标准如何改变教学？学习标准给了教育确定性，特别是儿童教育！以适性教学为基础，学习标准为教室提供了一个共同的架构，如孩子应该被教些什么，以及我们如何透过孩子的学习，了解他们的社会、情绪、生理与学业发展状况。另外，书写简明扼要的学习标准，也可以帮助我们向父母解释孩子正在学习的内容与方式。学习标准让我们解释教学方式与工作的理由，变得更简单！

●我如何用学习标准进行教学？在我的教室里，学习标准就像是我的全部课程，引导我的教学方针，赋予每日教室里的学习真实意义，以及为每位孩子设定长期目标。此外，我还利用学习标准创造一个适合实行真实、追踪评量的环境。

●学习标准如何改变我的生活？3年前，我被选为应用试验"伊利诺伊儿童学习标准"的教师之一。在这过程中，我学到在环境中为孩子寻找学习机会的许多技巧，同时也让我看到教学背后的"理由"，进而对自己的教学更负责任。在参加试验前，我可能已经是一位好老师，但那次经验让我变成一位更好、教学更专注的教师。

●学习标准如何影响教学角色？学习标准是教师的道路地图，告诉老师孩子应该能够做到和知道什么，并引导教师为每个孩子创造教育的旅程。对孩子而言，学习标准是他们的"里程表"，因为这些标准给了教师满足所有孩子需求所需要的工具，让每个孩子都能成长、学习，不被抛之在后。

●学习标准如何影响课程与教学？在过去，教师们总是试着创造"可爱"课程，而没有想到如此做的背后"理由"是什么。现在，教师们没有时间创造"可爱"了。因为在我们教室里的孩子，需要一

---

① ［美］莫里森：《儿童教育导论》，徐联恩、刘慧君、陈威胜、陈芝萍、孙丽卿、陈雅玲译，台湾华都文化事业有限公司 2007 年版，第 108—109 页。

个有学习标准、帮助他们成为批判性思考者与问题解决者的环境和教师！而学习标准刚好将课程、教学和评量联系在一起，让我们了解在教室里所作所为的背后"理由"。

●应付学习标准是我唯一做的事吗？学习标准不是我所做的某件事，它们是我相信和用来带领孩子的指南。一位专注教学的老师，应该全心投入于研究学习标准，并且像"最好朋友"一样来使用它们。

●学习标准如何影响孩子学习？如果教师利用学习标准，来创造一个孩子可以安全成长、学习和探索自己的环境，那么教师就可以有休息的时间，而且可以用自然、真实的方式做观察和架构学习。当然，教师在"教导"孩子时，孩子不见得都会表现出发展适宜的行为。我们不要忘了，游戏是学习的最高层次，而且学习不是安静无声的！

二　标准渗透式教学

如今，从托儿所到高中，美国专业教育人士都在强调学习标准导向的教育（Standards-based education；SBE），也就是强调课程（孩子在校内的所有经历与经验）、教学和测验，都要根据当地、各州和联邦政府所制定的学习标准来设计。学习标准如何实施？我们从一些访谈案例中一窥究竟。

访谈一：我如何配合学习标准进行教学[①]

詹森：佛罗里达州湖城林肯学院幼稚园老师

配合学习标准进行教学有何独特之处？示范教学是"阳光学习标准"的教学重点，因为当学生被教导"该做什么"和"怎么做"的时候，他们就会学习。所以，我尽量用明确的示范教学技巧和频繁的创意操作教材鼓励学生学习。每天我用创新的教学法和课程，提升学生的成就和学业发展。我对幼儿园学生学期末的期望是，他们能在相同主题上，用大写字母和简单的标点符号写三个句子。

什么样的创意策略和教学法可以让你的教学活泼化呢？每天学生

---

① ［美］莫里森：《儿童教育导论》，徐联恩、刘慧君、陈威胜、陈芝萍、孙丽卿、陈雅玲译，台湾华都文化事业有限公司2007年版，第95—96页。

可以透过提示和利用"单词墙上的单词"与他们所知道的字词，写日记表达他们的想法，同时，他们也顺便练习新的拼写法。在教导花园单元时，我会将科学和语言融入其中，例如：学生会设计一个"树状图"，里头包括花园使用规则、所需器材，以及花园内需要被完成的事项。图表完成后，学生会播种食物种子，并做观察记录。另外，根据每天的日期，我会给学生练习加减法的算式，以 2005 年的 9 月 12 日为例，算式可能就会是：$7 + 5 = 12$、$13 - 1 = 12$，或是 $100 - 88 = 12$！如何将教学与真实生活联结起来呢？学生们除了认识不同币值、学会找钱外，他们每天还为特殊的活动储备基金。当教授感觉单元时，我会提供学生有趣的活动，例如：辨识不同的声音；散步时作观察；尝试各种食物，像是又苦又甜的柳橙、咸的饼干、酸的柠檬和甜的饼干；以及认识不同的材质和气味。

此外，"及早预防学业失败"（Early Prevention of School Failure；EPSF）是我们提高课程水平与满足所有学生发展需求所实施的一个方案。教学上除了加强视觉、听觉、运动技能外，我们还为成绩不好的学生的父母提供额外的训练课程。

过去一周配合学习标准进行的教学中，教学成效特别好，我大声朗读关于猫头鹰的各种非文字类书籍，以帮助学生了解猫头鹰的生活和习性。学生们高度参与这项活动，他们研究猫头鹰的食物，以确定猫头鹰吃了什么东西；在图表上配合猫头鹰所吃的动物及其骨骼；以及运用所有语言技巧，在各自的猫头鹰小册子中，写下观察记录。

访谈二：创造一个不一样的学习生活①

（印第安纳州，Hinkle Creek 小学二年级教师卢·安·汉格，其为今日美国明星教师会成员）

有许多方法可以创造孩子不一样的生活。身为教师的你，很荣幸每天至少有 8 小时可以为孩子创造学习——有机会将数字、字母、词汇以及民族历史介绍给孩子，有机会提出"如果……呢？"以及"请告诉我多一点"等问题。但是，要从哪里开始引导孩子学习，却很难一语道尽。

① ［美］莫里森：《儿童教育导论》，徐联恩、刘慧君、陈威胜、陈芝萍、孙丽卿、陈雅玲译，台湾华都文化事业有限公司 2007 年版，第 240—242 页。

学年的开始。所有事情都有一个开始，而且好的开始比任何事情都来得重要。新学年开始前，我会先打电话给我的学生作自我介绍，并向他们介绍我们的班级——"潜能开发营"（Camp Can Do），这通电话可以缓和孩子们的恐惧，让每个孩子都能很快适应环境，不会对未知的事物充满恐惧而阻碍他们的学习。我请他们带着一颗热切的求知心来面对未来的额度课业，当然，我也准备好将自己投入这一整年的学习。

开学第一周，我会安排一些活动让他们认识彼此，并且评量孩子的学习程度。例如：孩子们选择一把 M&M 巧克力来玩游戏，并且依据颜色来介绍自己。每个孩子都有机会念字母表、给我看与色彩标志相符的蜡笔、阅读一系列符合该年龄阶段的单字表，以及朗读一段文章给我听。我们在教室里围坐成一个圆圈，并且利用卡片来激发学生的讨论。这个方式可以让我评量孩子的语言表达、词汇使用、生活经验和适应程度。学生也填写一份他们喜欢和讨厌的阅读清单，玩数学游戏来展现运算能力，我也会请孩子抄写一些基本单词，来评量精细动作的发展。

家庭参与。在我评鉴孩子的同时，我也在孩子的监护人或家人身上下功夫。在学年初举办的"父母之夜"，我会请父母或监护人提供他们孩子的资料。虽然我有孩子原有的记录可看，但是主要的照顾者还是最了解孩子的人，他们分享孩子的恐惧和勇敢行为、喜好、过去学校及特殊的习惯。在他们的协助下，我能更深入了解孩子，他们也可以感受到非常重视他们所提供的讯息。在会议中，我介绍我们班（或潜能开发营）在做些什么事，以及每天进行的活动。我也强调他们的重要性——是沟通者，是教练，也是学习伙伴。会议结束前，我会读《里奥，迟来的花开（Leo the Late Bloomer）》这本书给与会的家长听，并且重申，我这一年的计划是要每个孩子都像里奥一样，开花成长。现在，我有一整套完整的资料：家人提供的讯息、学生的档案和我的教师评鉴。这是一个好的开始，有了这些资料，我可以为所有孩子建立可用一整年的档案。

评量与课程。在新课程开始前，我会收集新的资料。例如，数学方面，在讲解各章内容前我会先做个测试，了解学生的程度，然后依照程度将学生分成数组。孩子会在不同的小组学习，然后在期末时评量他们的数学能力。这样一来，可以加强孩子较弱的部分，如时间和金钱，而不是他们的强项，如加法。在拼写方面，我会依照学习程度修改我的名单。每个孩子都有机会参加拼字比赛，并赢得大奖。在阅读和语言艺术方面，学生们在小团体和大团体中学习，他们开始将简单的读物或读本带回家，成为"读书会"的成员。在这一年当中，孩子们与同伴一块儿读书。孩子和我轮流主持每个礼拜的读书会，并检视孩子对所读书籍的理解程度。

多元的评量方式提供我一个更宽广的视角去认识每个孩子。有些评量容易使用，例如，通过书籍讨论了解孩子的理解能力；或从游戏中看出孩子所获得的知识。评量也可以使用统计上的文氏图示法（Venn diagram）来做比较，或者利用海报提供学生有关动物研究的实际情形。持续不断的评量，如档案评量，可以在一条时间轴上看出孩子能力成长的蓝图。其他的评量可能是标准化的，比如数学或阅读测验。无论我使用何种评量形式，我都会让学生预先知道他们将如何被评量，然后让他们参与讨论所用的评量工具。当我给予任何测试时，孩子们都有机会讨论他们答错的题目。在使用非正式评量前，例如民俗调查（rubric），我会提前把题目发给学生，这样做可以让孩子知道我对他们的期许，以及决定他们想要完成的方向。

不管你选择什么去评量孩子，最重要的是，评量只有在老师使用它时才有效。为了让资料具有意义，我会检视用于每个教学单元的评量，并且反思以下问题：有哪些领域我忘了包括在内？很多学生都错在同一题吗？这个评量给了我所需要知道有关学生学习的资料吗？学生对于评量有什么看法？这个资料对我来说是容易了解的吗？这个资料是容易与学生和父母分享的吗？好的评量可以收集有意义的资料，这些资料可以提升孩子的学习。如果我的评量已经做到了，那好极了！如果没有，我需要做些修改，以达成这个目标。

让学习更有意义。假如这些资料没有用在学生的学习，那所有的资料对孩子或我来说，都是毫无意义的。7年前，我和两位同事一同研究出统整性课程的概念。我们读完所有的教科书，最后建构出一个以社会研究标准为基础的二年级课程，应用后的成果是孩子体验到一整年有连贯且有意义的学习。学生可以了解有关社会上工作人员的情况，同时在语言艺术课阅读那一周同样主题的故事。数学课程也以社区助手为主题，教授那个礼拜的数学技能。为了让这件事成为可能，需要许多的努力和坚持；计划每年都会被修正，但是结果却是值得的。对我的学生来说，学习已经成为一种"我了解"的经验。他们知道，这一周的故事是关于钱，所以同样的主题也会在数学课出现；他们知道这周要学复合词，因为这些复合词出现在这周的故事中。突然间，学习有了一个规律和模式，使得学生得到的知识更加真实和长久。这个学习的连接，也可以反映出孩子的优势和弱势，并增进孩子的能力，这才是真正的、终身的学习！

创造一个能引起孩子学习动机的环境，是成就学生的一大关键。这些终身学习的指引——真诚，值得信赖，尽最大的努力，欣赏他人，做一位聆听者——期望班级里的每个人包括我自己，都能遵循这些指引，创造一个和谐、包容和安全的学习环境。孩子们知道他们每天所期望的事，而且我也在塑造这些期望——倾听孩子的家庭故事、提供一个解忧盒（worry box）盛装学生们的担心、把错误当学习，或是帮孩子减轻恐惧。我正在创造一个地方，在那里，孩子们感到舒适、可以冒险并未成为一位学习者，从能力最强到最弱的孩子，我听到他们说："我做得到，我会努力做到！"

这么做可以创造一个不一样的学习吗？我们确信它会发生在我们班，我喜欢称它为"潜能开发营"。绝对不要低估一个孩子的潜力，如果他们没有达成这个目标，他们仍旧可以达成其他的。

访谈三：结合小学课程与宾州学习标准的策略①

雪佛与培森：宾州格林城阿莫斯哈奇森小学 1 年级教师

为了让所有学生都能成功达到州政府的学习标准，我们的学区将专业发展研讨会集中在提升教学品质上，积极帮助老师教学达到宾州学习标准（Pennsylvania State Standards；PSSA）。

"努力造就能力"是我们的信条；我们相信通过教师、家长与社区的努力合作，所有的孩子都能赢得成功与赞赏。另外，我们的座右铭是，"你练习得越多，你会变得更聪明！"所有学生皆能接受同样的课程，然而我们意识到，有些学生需要更多的资源来达到学习标

---

① ［美］莫里森：《儿童教育导论》，徐联恩、刘慧君、陈威胜、陈芝萍、孙丽卿、陈雅玲译，台湾华都文化事业有限公司 2007 年版，第 102—103 页。

准。于是，家长、高中生和大学生，以及社区成员自愿提供时间，在教室和课后辅导课程中，帮助学生发挥他们最大潜能。

学区同时也分配老师们到各个委员会中审核课程，以及为语言和数学教学9周一次的四个评分阶段，建立学习指标。每个学习指标都与一个州学习标准相关联，所以当老师们在课程、教学策略与活动中融入学习标准时，间接地也帮助学生达到了州政府的学习标准。

虽然我们教的是一年级，但是我们觉得，儿童教师在托儿所和幼儿园阶段就应该帮助学生开始为"宾夕法尼亚州学习标准"做准备。另外，我们相信，孩子在积极参与学习的过程中，能够达到最佳学习状态。所以在一年级的实作作业中，我们运用了各种语言活动帮助学生学习：

● 我们用饼状图来概述文章内容，在听完故事后，学生们会在被标上主角、地点、问题与解决办法的"每一片饼"上绘图或书写故事相关讯息。

● "故事地图"则被用来展现故事的主旨与主题支援句。在读完一个故事后，我们会发给每位学生一张事先画有一个大圆圈和3—5个小圆圈的纸。首先他们在大圆圈里画故事所讲述的内容；然后在小圆圈里写下讲述其他关于故事的单字；最后在小圆圈里书画解释单字意思。

● "故事地图"是学生练习故事主旨与主题支援句的另一个方法，同时也加强他们回顾故事情节的能力。此图表分为三个部分：开端、中间与结尾。开端包含故事主角、发生地点与时间。学生须在中间部分列举发生在故事中的问题，最后在结尾部分写出解决办法。

● 另一个开始了解故事开端、过程和结尾的好办法是"三折版（Trifold）"。我们将一张11×17英寸的纸折三折，编号1、2、3，并在每个部分的底部画线供学生写字。在阅读和讨论故事后，学生们先在纸张的三个部分画上图画，然后各写一个句子描写图画意义。

● 我们还利用T图标来帮助学生将个人事件与课文主角相连接，例如：我们将本身的特征、经验、家庭、学校或所居住的小镇，与故事中所提到的相比较。

为了帮助学生熟悉和熟练"宾夕法尼亚州学习标准"形式，在教学中我们常常使用实作作业，以下是实作作业形成的四个步骤：

1. 选择阅读章节；

2. 设计一个实作作业；

3. 使用学生签名表；

4. 使用阅读目的说明书。

我们使用四点注释法（four-point rubric），详细描述最低到最高表现水准所需达到的范围。

各式各样的语言与教学软件也时常被用来帮助学生专注在学习上；因为我们相信，科技的融入有助于课程与学习标准达到协调一致。

访谈四：尼科尔斯：我们如何使用学习标准①

（尼科尔斯，美国印第安纳普渡大学韦恩堡分校教育学院教育系主任）

尼科尔斯教授于"美国3—6岁儿童教育"的讲座中谈到了印第安纳州2010年早期教育教师标准。并且强调这个教师标准也是儿童学习标准，儿童教师的课程依此实施。甚至大学的学前教师培养的课程计划也严格以此为依据。

笔者：尼科尔斯教授您好，以印第安纳州早期教师标准为例，这么多条标准具体的标准指标，每个幼儿园或（学校）都必须一一达到吗？

尼科尔斯：不是的，这么多条具体的标准指标是有选择的来实施的，比如在数学方面，一个幼儿园（学校）只是重点实施其中的两三条或几条标准这就够了，并不需要全部达到。每个幼儿园（学校）会根据具体情况有所取舍。

笔者：其实，除了州立标准还有国家标准和其他各类标准，这些标准之间的关系是怎样的，实施中以哪一个标准为主？

尼科尔斯：各类标准其实关系密切，州立标准以国家标准为依据，而各类学校标准又以州立标准为依据，所以相互之间并不冲突，各类标准有很多共同的要求。当然实施中以州立标准为主，从某种意义上说，达到了州立标准就达到了其他各类标准。（以表6-8为例说明。）

笔者：您怎么看美国现在各州纷纷申请和获批不受《不让一个孩

---

① 笔者于2013年5月7日在杭州师范大学对其进行了简短的访谈。

子落后》法案约束的状况?

尼科尔斯:当然,正如我的讲座中谈到的,科学化和标准化是美国教育(包括早期教育)的发展趋势。但是,《不让一个孩子落后》法案的标准太高,且只关注读写和数学等能力,使得很多学校达不到标准,所以才会延缓标准的实施。但早期教育标准较之中小学等标准比较适宜,如全美幼教协会的标准是以儿童发展为基础的,且关注儿童的全面发展,比较不受影响。

从以上访谈案例我们可以看到:学习标准是今日美国儿童教育领域的现状,所有教师课堂教学无一不受其冲击和影响。将学习标准与教学融合,即教学活动中渗透学习标准是学习标准实施的途径,教师要做的是像"好朋友"一样研究学习标准,并且以最佳的策略来引导儿童的发展适宜性实践。众多的早期教育工作者已经担负起这样的责任,即当他们采用学习标准时,他们力争通过一种适宜于儿童发展的方式来进行。德高望重的早期教育倡导者和领导者芭芭拉·鲍曼这样写道,"标准可以帮助我们教育者认清目标,并且提供了一种衡量是否成功达到目标的尺度"。[①]

表6-8　　　　　　　州立和国家教师标准之间的关系表 (部分)[②]

印第安纳州早期教育教师教学标准	印第安纳州认知学习标准	印第安纳州核心标准	印第安纳州3—5岁早期读写认知标准	州立共同核心标准	全美幼教协会标准	IRA/NCATE阅读标准	ISTE全美教育技术标准
标准4:数学教师有基本的计算机技能和广泛而全面的数学基本概念和基本技能,具备提供内容相关的数学指导能力	K-3 Stds 1—6	K-3 Stds 1—2	F.1—F.6	K-3数学内容标准	4b—4c, 5a—5c		1a—d, 2a—d, 3a, 3d, 4b, 5a

①　B. Bowman. Standards: at the heart of educational equity. *Young Children*, 2006, 61 (5), 42—48.

②　Indiana Department of Education. Indiana Content Standards for Educators. 2010. 16—17. http://dc. doe. in. gov/Standards.

续表

印第安纳州早期教育教师教学标准	印第安纳州认知学习标准	印第安纳州核心标准	印第安纳州3—5岁早期读写认知标准	州立共同核心标准	全美幼教协会标准	IRA/NCATE阅读标准	ISTE全美教育技术标准
标准5：科学教师有广泛而全面的关于科学的基本概念和基本技能，以及具备提供内容相关的科学指导能力	K－3 Process Stds K Stds 1—3　1—3 Stds 1—4		F.1—F.4		4b—4c, 5a—5c		1a—d, 2a—d, 3a, 3d, 4b, 5a
标准6：社会教师有广泛而全面的关于社会的基本概念和基本技能，以及具备提供内容相关的社会指导能力	K－3 Stds 1—4	K－3 Stds 1—4	F.1—F.5		4b—4c, 5a—5c		1a—d, 2a—d, 3a, 3d, 4b, 5a

第五节　问题：标准是否与发展适宜性教育冲突？

对于推行标准，早期教育专业人士心情矛盾，也有些许抵制。部分原因是，人们担忧标准将儿童看作基本上是类似的；而且标准忽略了儿童之中存在的丰富的多样性。"因为儿童的发展是分散性的、不平均的，受到先前经历的极大影响，所以早期教育者一般认为没有哪一套与年龄相关的目标可以适用于所有的儿童。"① 更长远一些的担忧是，学习成果被具体化以后，课程会随之缩小口径来达到这些目标。现在就让我们说明一些较重要的争议。

●学习标准窄化了课程，促成考试领导教学（force teaching to the test）的情形。有些园所或教室，学习标准甚至鸠占鹊巢，化身为课程本身，教学的目的只是要让学生顺利通过各州举办的考试。标准运动和教育目标的狭隘化将把通过游戏进行学习的方式推至边缘，而青睐于更为直白

---

① Copple, C. and S. Bredekamp, *Developmentally Appropriate Practice in Early Childhood Programs Serving Children from Birth through Age 8, 3d ed.* Washington, DC：NAEYC, 2009, p. 261.

说教的教学方式。① 虽然可能出现这样的现象，但是这并非学习标准导向教学的必然现象。学习标准并不必然窄化教学内容或教学方式，好教师一向能根据社区和孩子的需求，提供孩子广泛的学习内容，教会孩子适当深度的知识和技能。

●学习标准违反儿童教育自由设计课程、发展教学活动的传统，降低儿童教师的专业自主。好教师或有效教师能以最好的方式，教导孩子学会必要的知识与技能。

●学习标准过度强调评估与测验。这的确可能发生，但是测验或许是协助教师确认学习成果、协助孩子学习的必要方法。事实上，一旦教师能将学习标准，教学活动与评估统整起来，将更能协助孩子有效学习。

●学习标准适用于所有孩子吗？不是每个人都同意这一点。比如，有人质疑学习标准使用于身心障碍或有特殊需求的孩子吗？许多特教学者都认为，根据一般孩子能力所设计的学习标准，并不适用于有特殊需求的孩子。关于这一点，争议还是很大的。

发展适宜性实践教育指出，标准的制定应尊重完整的儿童，关心每一个儿童，把游戏作为发展的主要手段，尊重多样性，以及提倡家庭的有意义的参与。发展适宜性实践的价值观念同寻求"营造生机勃勃的聚焦于人际关系和探索的课堂文化"② 的幼教项目不谋而合。也如斯科特（Scott-Little，2006）所言："早期学习标准并非与发展适宜性实践不相适应。标准要求我们对教育内容有更加清晰的认识，但这并不意味着教育方式必须一致。内容标准并不意味着过程的标准化，是关于'教什么'而不是'怎么教'的界定。"③ 所以，标准能够通过发展适宜性的途径来实现，早期学习标准这一结果导向标准与发展适宜性实践这一过程性原则是可以相互补充的。

朱迪·哈里斯·海尔姆对于如何使课程达到标准提出了深刻的见解。

---

① Drew, W. F., Christie, J., Johnson, J. E., Meckley, A. M., & Nell, M. L. Constructive play: A value-added strategy for meeting early learning standards. *Young Children*, 2008, 63 (4), 38—44.

② Curtis, D. & Carter, M. *Learning together with young children: A curriculum framework for reflective teachers.* St. Paul, MN: Redleaf Press, 2008, p.9.

③ 转引自郭力平《早期学习标准与发展适宜性教育的冲突、融合及其启示》，《儿童教育》（教育科学）2008 年第 10 期，第 12—18 页。

她认为，课程作为对儿童感兴趣的话题的深入探索，使儿童参与完整的学习经验，因而他们的学习也完全可以符合标准的要求。而且她提出，"当新信息和儿童已有的知识相联系而不是孤立地被教授时，儿童的学习会更容易。关于早期认知的研究表明，到儿童4岁时，他们已经形成了一套关于世界及其运转方式的错综复杂的知识基础"①。当儿童探索一个他们感兴趣的话题时，他们通常会发现需要发展和运用标准中所罗列的多种技能和知识；对主题的兴趣会帮助他们认识到技能的价值，因为阅读、写作及数学等方面的技能对他们所进行的探索很有助益。比如在某个幼儿园班级里，儿童对木偶很感兴趣，继而引发了他们的一次自创的木偶表演。在儿童们参与这个项目的三个月中，他们通过编写剧本和分发手写的观演请柬，运用了读写技能；通过对照请柬和所需椅子的树木以及布置教室来容纳所有来宾，运用了数字技能；通过合作、协商和在同伴及成人观众面前表演，发展了很多社会技能。在活动中他们发展了与其倍感兴趣的话题相关的技能和知识，通过这种发展他们达到了多种标准。如鲍曼（Bowman）提及的，"教育方案虽然自称没有标准。但并不等于真的没有标准。标准潜藏在教师、家长或其他决策者的观念中。无论是否言明，所有早期教育工作者对儿童应该知道什么和会做什么都有自己的期望"②。不少学者也认为，游戏和标准是可以共存的，成熟的游戏形式可以帮助儿童掌握标准中所阐述的技能。因为游戏具有内在的推动力，所以它为标准中的概念和学业技能提供了一种理想的载体。

全美幼教协会因应需求积极应对并制定与实施早期学习标准，其本身说明了发展适宜性实践与早期学习标准之间是能够相互融合的，可以共同促进早期儿童的发展与教育的。

---

① Helm, J. H. 2008. Got standards? Don't give up on engaged learning. *Young Children*, 2008, 63 (4), 14—20.

② Bowman, B. T. Standards at the heart of educational equity. *Young Children*, 2006, 61 (5), 42—48.

第七章

发展适宜性实践家园观

"发展适宜性实践源自对儿童发展的原理，尤其是对参与项目的每个儿童及其生活环境的深刻认识。儿童的年龄越小，实施者越有必要通过与儿童家庭的联系获得这些特定的认识。"①

适宜发展性实践必须与家庭有着密切的合作才能得到良好的体现，否则无法适应不同儿童和家庭的个体特点。因此，幼儿园与家长之间建立相互尊重的伙伴关系，进行长期的交流与合作成为发展适宜性实践评估的首要标准（标准1：关系）。毫无疑问，成功实施发展适宜性实践的教育标准，取决于得到其他人的积极认可和支持。

家园的伙伴关系源于家庭和教师的共同目标——儿童的幸福。为了达成这个目标，双方都需要知识、技能和爱心，需要双方彼此协助。家庭参与对儿童有相当的益处，包括学业成就的改善。佩尼亚（Pena，2000）指出："家庭参与度高的学龄儿童的学业成绩要高于家庭参与较少的儿童。"② 这个对于不同经济、种族和教育背景的家庭，以及不同年龄的儿童都适用。家庭参与也有保护的功能，家庭给予孩子越多支持，孩子在学校表现就会越好，在学校的时间也越长。通过儿童的家庭与儿童早期教育项目之间的合作关系来确保儿童感到家庭与学校经验之间的连续性，这一点是至关重要的。③

---

① Copple，C. and S. Bredekamp，*Developmentally Appropriate Practice in Early Childhood Programs Serving Children from Birth through Age 8*，*3d ed.* Washington，DC：NAEYC，2009，p. 22.

② Pena，D. Parent involvement：Influencing factors and implications. *Journal of Educational Research*，2000，94（1）：42—54.

③ Holland，T. J. B. and Powell，R. An internally-consistent thermodynamic data set for phases of petrologic interest. *Journal of Metamorphic Geology*，1998，16，309—343.

表 7 - 1	社会大众对父母重要性之观点①		
对儿童学校成就影响最大的人是谁？认为是父母的？		哪一个因素（学校或父母），是决定儿童在学校是否学习的重要因素？认为是父母的？	
	全国总数（%）		全国总数（%）
父母	53	学校	30
教师	26	父母	60
儿童	17	不知道	10
不知道	4		

第一节　改变中的家庭参与

教育总是发生在一定的背景之中。每一种特定的背景又嵌套在变化不断的其他背景之内：即不存在所谓的"脱离情景的儿童"。如果在研究"儿童"的时候，置其成长环境于不顾，那么就如同通过一尊猫的雕像去研究猫的生活一样，不切实际。把家庭融入儿童各方面的保育和教育过程之中是至关重要的。②

和父母合作，在家庭背景下与父母一起共事，这两个特殊的变化在现代社会中具有重要的意义。传统上，学校在做决策时，家长是被排除在外的，到学校会见教师的家长都是来接受通知、听诉、接受安抚及接受咨询的，教师很少将家长视为有关班级进程决定的信息来源之一。今日教育面临的主要问题是，家长对高品质教育的要求日益严格，家长希望及要求在某种程度上应该有一套合法的约束教师行为的条文。他们相信他们的孩子有权利享受优质、高效率的教学，并由优秀的教师来照顾。因此，学校邀请家长参与，来回应家长们对教育品质的要求。教育者和家长都了解到，只有相互合作，才能达成双赢的局面。

一　家长参与的保育与教育历史演变

家长参与的保育与教育理念源远流长。作为早期儿童教育工作者，我

---

① Data from L. C. Rose and A. M. Gallup, "The Thirty-second Annual Phi Delta Kappa/Gallup Poll of the Public's Attitudes Toward the Public Schools," phi Delta Kappan, 2000. http：//www. pdkintl. org/kappan/kpol0009. htm.

② Bloom, P. J., Isenberg, P., & Eisenberg. E. *Reshaping early childhood programs to be more family responsive*. America's Family Support Magazine, 2003, pp. 36—38.

们都知道，无论在家还是在教育机构，家庭对儿童的发展都至关重要。有许多的研究结果都论证了这一点。约翰·鲍尔比（John Bowlby，1969；1973）是其中一位研究先驱，他以对依恋理论的研究而著称。他当时的研究对象是那些住院时和父母分开的儿童。在当时，这种情况十分普遍，因为那时人们认为，父母不在旁边，儿童反而更好照顾。鲍尔比通过研究发现，即便专业人士和医疗服务对儿童的身体问题进行了精心的护理和治疗，但是，将儿童与他们的家庭分隔开来，会对儿童的发展和心理健康产生严重的负面影响。他进行了一项关于儿童依恋与住院的经典研究，研究的结果使得现在的医院和医生不再用过去的方法来处理儿童住院时的亲子关系。在儿童住院时，医疗人员不再将其父母拦在医院门外。

那么依恋与教育的关系又是怎样的呢？开端计划源自密西西比的自由学校（Mississippi Freedom School），时至今日，该教育理念仍生生不息。在20世纪60年代美国向贫穷开展的运动中，开端计划成为了一项由联邦政府资助的综合性学前教育与社会服务方案。该方案不仅要求父母参与及实施家庭教育，而且提出一些规定，让父母在他们4岁子女的受教育过程中，有一定的发言权。自该方案问世以来，已历经数代人。今天，有些在开端教育机构中工作的教师和园长，年幼时就曾经在开端教育机构接受学前教育。

尤里·布朗芬布伦纳是开端计划的共同发起人。他的著述《人类发展生态学》对于创立家长参与的早期儿童教育产生了重要影响。他强调，不存在抽象的"儿童"的概念（Bronfenbrenner，1979①，1994②；Bronfenbrenner & Morris，1998③）。他的观点不仅在儿童的开端计划教育中得到了体现，而且还进一步向下延伸到婴儿和学步儿童时期。这一观点认为，教育的着重点不应放在婴儿和学步儿童身上，而是应该放在家庭上面，因为对这些儿童最大的影响来自于家庭。

---

① Bronfenbrenner, U. *The ecology of human development*：*Experiments by nature and design. Cambridge*. MA：Harvard University Press，1979.

② Bronfenbrenner, U. Ecological models of human development. In T. Husen and N. Postlethwaite（Eds.），*International Encyclopedia of Education*：*Research and studies*，*Vol. 3*，*2nd ed.* Oxford：Pergamon Press. 1994，pp. 1643—1647.

③ Bronfenbrenner, U. & Morris P. A. The ecology of developmental processes. In *Handbook of child psychology. Of Theoretical models of human development. Vol. 1*. New York：Wiley，1998，pp. 993—1028.

父母教育的先驱戈登（Ira J. Gordon, 1968; 1976）早在 20 世纪 60 年代时，就在佛罗里达州创办了一个婴儿父母教育机构，致力于改善对婴儿童的教育。他研究父母教育与父母参与问题，并最终提出了父母参与的六种等级状态。借此，将婴儿童的父母从信息的接受者转变为学习新技能，教导自己的子女以成为助教的自愿者。其中两种最高等级形态的父母参与类型分别为：领取报酬的准专业工作者和参与学校决策和担任政策顾问。

在今天的许多教育机构中，包括开端教育机构、各类儿童学校、幼儿园和小学，都能看到这些不同水平的父母参与元素。有些教育机构中父母参与的程度会比其他教育机构高一些。

美国公法《94—142 特殊教育法》，也称为《1975 年残疾人教育法》，该法律规定，家长必须参与制订子女的教育计划。每一个经鉴定被确认为残疾或有某种特殊需要的儿童，必须有一份个别教育计划（IEP），如果是婴儿或学步儿，则必须有一份个别家庭服务计划（IFSP）。家长必须和专家小组共同制订这些计划。根据《1975 年残疾人教育法》和 1990 年及 1997 年重新颁布的《残疾人法案》，家长必须参与到子女教育的每一个方面。美国公法 108—446（2004 年 12 月布什总统签署的残疾人教育改进法）将特殊教育与 2004 年的《不让一个孩子落后》法案联系在一起，继续授权家长参与子女的教育过程，如果家庭不同意孩子的诊断报告或孩子的教育安排，家庭可以要求听证。

在 20 世纪 80 年代，西德曼（Ethel Seiderman）在美国加利福尼亚州发起了"家长服务计划"，旨在让家庭在增进儿童、家庭和社区的过程中发挥引领作用，借此提升家庭的综合能力。现在，家长服务计划（简称 PSP）为全国的早期教育机构和学校，促进家庭参与提供培训、技术支持和咨询服务。该服务计划不仅是为了激励家庭的参与，而且还为参与该计划的家庭提供它们所感兴趣的和需要的各种各样的服务。该服务计划不是预先确定提供什么服务，而是让家庭参与到各种活动决策、计划和组织过程中来。结果表明，在接受"家长服务计划"培训的早期儿童教育机构中，家长的参与度和领导力都有了很大提高，这也增强了社区的纽带作用，促进了有效的社区建设。[1]

---

[1] Powell. D. R. Research in review. Reweaving parent into the fabric of early childhood programs. *Young Children*, 1998, 53 (5), p.60.

　　艾普斯丁（Joyce Epstein，2001）撰写了一本名为《学校、家庭与社区伙伴关系》的手册，提出了艾普斯丁模式（Epstein Model）。在这本手册中，共列出了五种伙伴关系。包括家庭子女教育、学校与家庭及家庭与学校的沟通、帮助学生在家学习、决策（包括家长通过 PTA/PTO①，学校董事会，家委会和其他家长组织参与学校决策、管理和倡议）和与社区合作。随着家长参与程度的逐步提高，家长所考虑的就不仅仅是自己的孩子，而是为了所有儿童的教育建言献策，包括如何改善教育方案，改善学校或教育体制。

　　全美幼教协会支持家庭参与的家园合作关系。全美幼教协会认为："儿童的学习和发展要与他们的家庭有机地联系起来。因此，为了促进儿童最佳的学习和发展，各种教育机构都要把与儿童的家庭沟通互动放在首要的位置，在相互信任和相互尊重的基础上建立与家庭的关系，帮助和支持家庭参与到儿童的教育发展过程中，诚邀家庭全面参与到教育机构之中。"② 另外，在 2007 年，全美幼教协会还着手开展了一项名为"增进家庭—教师伙伴关系"的项目，在项目起步时，首先建立了几所"培训培训者"的学院。

　　综上，家长参与不是儿童教育机构常规工作之外的一件事情，而是要求儿童教育机构必须将家长参与当作儿童教育和社会化过程中一项不可或缺、不可分割的组成部分。儿童教育机构的工作对象就是家庭和儿童。

二　家长参与的含义及特点

　　正如上面所谈到的，"家长参与"这一概念内涵很广泛，其囊括了从参加幼儿园的各项活动到在家中对儿童进行鼓励性教育。如家长同教师、园长、其他家长在内的成年人进行的沟通交流，或直接参与儿童的学习过程，与儿童共同完成学习任务，甚至帮助班上其他的儿童。其核心是教师与家庭的伙伴关系的建立。

---

　　① PTA 是"家长教师协会"的缩写；PTO 是"家长教师组织"的缩写。

　　② National Association for the Education of Young Children. *Families and community relationship*：*A guide to the NAEYC early childhood program standards and related accreditation criteria*. Washington. DC：National Association for Education of Young Children，2005，p.11.

1. 在这个关系中，前提基础就是赋权家长

即提高家长对生活事件的掌控信心。这对于儿童家长应对学校、福利机构及政府机构等大量机构和专业人士尤其重要。早教机构的专业人员可以广泛运用各种方式帮助儿童家长获得这种控制感，包括使用大量优秀出版物中描述的方法，比如，艾丽斯·霍尼格（Alice Honig）的著作《早期教育中的家长参与》（*Parent Involvement in Early Childhood Education*，1979）。赋权家长背后的推动力之一是人们逐渐认识到父母与教师同等重要。儿童家长应当受到尊重，他们的意见应该被采纳并被严肃对待，他们也必须参与制定关于儿童的决策。另外，当儿童早期教育专家向家庭提供了关于儿童发展的信息时，家长们便有章可循了，可以针对儿童的需求做出明智的决定。因此，接纳儿童的家长，与之协商并为其提供相关的教育以帮助儿童家长认可其自身的重要性和能力，会产生长远的影响。于是，全美幼教协会发起了"支持教师，帮助家长"的倡议。这一倡议运用以研究为基础的多种策略，通过提供一套系统的教育活动，让儿童教师可以帮助儿童的家庭增强活力。"教师承认家长为儿童所做的选择和所确定的目标，并以体恤和尊重的态度对家长的选择和忧虑做出回应，同时不放弃自己对儿童所负有的专业教育职责。"[1] "家长在教育项目中受到欢迎，并参与有关他们孩子的保育和教育的决定。家长在项目中观察、参与并服务于决策制定。"[2] 当然，这并不是说由家长决定所有的教育内容，这要求进行持续的交流和成功的协商——在这样的情况下，"互动的结果是双方都做出了改变，而不是一方妥协另一方获胜"[3]。

2. 在这种关系中，协作（collaboration）是关键词

即教师与家庭要建立一种联盟，分享权力。各方都贡献出自己独特的能力和技能，使得整体能得到互助的发展。正如2003—2005年的全美家长教师协会主席霍治（Linda Hodge）表示："身为成人，我们每一位均对我们的儿童负有重责大任。我们必须确保它们拥有在教育和生活上成功所需的工具和指引。身为用户儿童的专业促进者角色，应协助儿童在未来的

---

① Copple，C. and S. Bredekamp，*Developmentally Appropriate Practice in Early Childhood Programs Serving Children from Birth through Age 8*，2d ed. Washington，DC：NAEYC，1997，p. 22.

② Ibid.，p. 22.

③ Ibid.，p. 46.

学业和生活中拥有更高的成功机会。"① 全美幼教协会在 2005 年版的早期教育机构和学习标准中，对家庭参与的标准有这样的规定：教育方案能建立并保持与每个家庭的合作关系，以促进儿童在不同的环境中都能得到发展。家庭会直接影响儿童的学习和发展。为了支持和促进儿童的学习和发展，教育方案应知道家庭的一些基本方面，在相互信任与尊重的基础上建立与家庭的联系，在儿童的教育过程中，支持并参与到家庭中去，也邀请家庭完全地参与到教育方案中来。②

3. 在这个关系中，交流是实践的哲学基础

"教师和家长分享他们关于儿童的知识以及对儿童发展和学习的理解，这应当成为日常交流和计划要进行的会议的一部分。教师通过最大化促进家庭决策能力和胜任力来为家庭提供支持。"③ "儿童教师在与家庭合作时，要建立并维持与儿童家长之间定期的、经常性的双向交流。"④ 教师首先能够听清楚和理解家长对儿童的期望，然后，要以一种包容和邀请的方式来进行交流，而不是以排斥和分割的方式。交流的最终目的是去教育，是将"悉心照料的人变为智者"。⑤ 教师不要总是试图去告诉别人应该或不应该做什么事情，而是应该尝试在今后关于实现优质教育这一目标的进一步对话中发现双方的共同利益。甚至有研究者格林伯格指出，教师还要练习语言交流的技能，如避免使用一些特定字词和短语。在与家长交流时，避免使用"发展适宜性"这个短语，这个短语带有专业术语的味道，相反，可以使用如"丰富和扩展"当前的科目或课程，"更加个性化""加强当前的课程"以及"丰富学习材料"，所有这些积极的短语都是有效的，且是基于家长和其他人当前期望的目标而选取的……同时，避

① L. Hodge, About National PTA: President's Message. 2003. http：//www. pta. prg/aboutpta/presidentsmessage. asp.

② National Association for the Education of Young Children. *Families and icommunity relationship：A guide to the NAEYC early childhood program standards and related accreditation criteria.* Washington. DC：National Association for Education of Young Children, 2005, p. 11.

③ Copple, C. and S. Bredekamp, *Developmentally Appropriate Practice in Early Childhood Programs Serving Children from Birth through Age 8, 2d ed.* Washington, DC：NAEYC, 1997, p. 22.

④ Ibid. , p. 22.

⑤ Smith, M. Excellence and equity for America's children. In J. S. McKee & K. M. Paciorek（Eds.）, *Early Childhood Education 90/91.* Guilford, CT：Dushkin Publishing Group, 1990, pp. 18—19.

免使用"变革""不同的""试验性的"以及"一种新的方案",这些话语会让人产生不必要的不安和害怕,并减弱他们进行后续交流的意愿。[①]

4. 在这个关系中,转变是必须强调的必要条件

这种转变包括:

●学校被要求去邀请家长,并与父母和家人做有意义的合作。除了用传统的方式邀请家长募款和参与孩子的活动外,也开始让家长参与如聘任教师、学校安全评估以及发展适宜性实践课程的决策,以便确认所有的孩子都能有所发展。

●教师改变态度,以开放的态度与家长建立信任。信任是双向的。教师通过展现自己脆弱的、正在学习的形象,来赢得家长的信任。教师也必须相信在为家长提供信息并赋予其权力后,家长可以做出正确的决定。当家长和教师相互信任时,才会形成相互支持。

●提升儿童的学习成就,成为教育的重点。达成这个目的的最好的方法,就是透过家长在家中与孩子一起参与学习。结果是,教育者期望家长能够同时在学校和家庭中参与他们孩子的教育。家长参与和过去相较之下,就像一条双向道(two-way street)——从学校到家庭,从家庭到学校。

●父母、家庭被视为学校的老板。即"我不认为我是学校的访客,我是学校的老板"。

所以,家长参与是一个包括大量选择和不同层面的概念。

三 家长参与的重要意义

大量研究已经表明,家长参与无论何种程度都会给儿童及其家长带来确实的好处。[②]

1. 对儿童的作用

父母与教师的合作,能提高儿童的安全感,这既有助于促进儿童的发展,又让学习变得更轻松。父母和教师借此能更好地了解儿童作为个体或在家中的优势和需要,这也可使儿童从中受益。由于教师和家长对彼此有了更

---

① Greenberg, P. Make a difference! Make your programs more developmentally appropriate. *Young Children*, 1991, 47 (1), 32—33.

② Powell, M. & Smith, A. Children's participation rights in research. *Childhood*, 2009, 16, 124—142.

好的了解，因此，家庭与幼儿园之间对儿童进行教育的连续性也会得到改善，这也是其中一个优点。这样的伙伴关系也能使双方更好地保持文化的持续性，并且能增进彼此对文化差异的理解和相互尊重。由于有了家庭与幼儿园之间更密切的协助，对于在幼儿园或家中学习的差异，儿童就不会有不舒服的感觉，这样也有助于儿童自我认同感的形成。

当儿童看到成人在相互交往的过程中为他们树立了健康、平等关系的榜样时，儿童会从中受益匪浅。孩子们会从中认识到，成人不仅仅是出于对彼此的礼貌而建立平等关系，他们之间进行了大量的坦诚交流，或许某些方面还会存在异议，但这并不影响到他们之间的友好关系。孩子们看到，成人可以怎样在不伤害相互关系的情况下解决彼此的分歧，这对孩子们来说，也是一种收益。如果成人能正确处理个人的偏见，增强沟通协商的能力，那么，孩子们从他们的行为中，就可以感受到公平和公正。这已经超出了反偏见课程所教给孩子们的公平理念范畴。

由于积极的关系对于发展、安全和与人相处至关重要，因此，在全美幼教协会的儿童教育机构认证标准中，"关系"在各项标准中被列为第一项。儿童教育专业工作者和儿童的父母在相互交往和协作过程中，每天都为孩子们树立良好的榜样，还有什么能比这种方法更好地鼓励孩子与他人建立良好的关系呢？

2. 对教师的作用

如果早期教育工作者能从儿童的家庭背景去认识和了解儿童，那么他的教学工作将会顺畅很多。芭芭拉·罗格夫提出建议："我们要学会将对教育模式的理解和对价值观的判断分开对待。事实上，我们也常要对价值观做出判断，但在做出这种判断之前，如果我们能缓和思绪，使我们能有足够的时间不仅从自己熟悉的角度去理解某种教育模式，而且从其他社区的教育方式去理解这种模式，那么，我们所做的判断也会更为周全。"[1] 教师在对儿童的父母进行观察并和他们进行交流时，也能够学到一些新的有效的教学和指导方法。如有这样一名教师，她在与一个海地移民的家庭交往的过程中，通过观察，她了解了这个家庭所使用的育儿方法，也因此开拓了眼界。此后，她扩展了她的指导方法。在教师了解其他的文化之后，他们的视野会更加开

① Rogoff. B. *The cultural nature of human development*. New York：Oxford Uiversity Press，2003，p. 14.

阔，进而会获得有关儿童发展、教育、期望的目标与提升教学方法的知识，并感悟到家庭会使儿童教育机构的内容更加丰富和充实，而且也能为儿童教师提供很多的资源。如教师了解到某个儿童对各种昆虫感兴趣，或者某个儿童拥有一整套的歌集，可以设计出建立在儿童知识经验、兴趣爱好和能力水平基础上的有意义的活动。

有时，与家庭的密切联系，可以使教师得到关注、认可和感谢，反之这些不一定会有。伙伴式的关系，也能带给教师很多的回报。如果教师还没有与社区建立联系，那么，通过与家庭建立联系，教师就会更快、更好地融入社区之中。

3. 对家庭的作用

现在的家庭普遍感到与世隔绝。曾经在许多多代同堂的大家庭中，如果有需要家里总会有人能随时给予帮助，附近的亲戚朋友也能随时伸出援手。然而，这样的日子已难得一见了。所幸的是，对于那些有需要的人来说，家庭和学校的伙伴关系就如同往日的大家庭一样。

在家庭没有参与到孩子的教育过程中的时候，我们只能寄希望于早期儿童教育机构为孩子提供家长所期望的教育，而这可能会是一个大问题。罗格夫是《人类发展的文化性》（*The Cultural Nature of Human Development*）一书的作者，她在书中指出在人类发展目标方面，人们对于成熟与合适的理解往往有很大的差异。因此，如果孩子的大部分童年期是在早期儿童教育机构度过的，那么通常该机构的教育目标应该与家庭的目标相一致，至少不会相互冲突。目前，早期儿童教育机构更多面对的是满足政策制定者和筹款人所期望的目标与要求的压力。在这种情况下，家长了解教育机构的情况并提出自己的目标与要求，就显得更加重要。

如同教师可以向家长学习一样，家长也可以向教师学习。教师每天在学校环境中，与同事一起观察儿童的发展状况，了解儿童的很多信息。这些信息，能让家长对孩子的认识更加全面和深入，而不是仅限于家庭中的情况。家庭可以从早期儿童教育机构的专业人员那里，获得更多的教育资源信息。

总之，家长参与，能拓展相关人员的眼界。无论是对于教师还是对于家长，他们都会有一个共同的受益，也就是对自己的文化体系会有更多的了解。这样，双方就不仅只是看到自己的想法，也能了解对方的观点。[①]

另外，家庭和早期儿童教育机构相互协作时，社区也能从中受益。这种相互协作的关系，能使社区中的群体有机会得到更好的教育，也有助于形成一个多元化的社会关系，在这个社会中，人们珍视多元化所带来的丰富多彩的生活环境。在家庭与教育专业工作者相互合作的过程中，人们互相理解，互相接纳，也由此而达成了另一个终极目标，即平等与社会公正。

第二节　相互尊重的家长沟通

"不同时期对儿童负有教育职责的成员和机构，如教师、家长、教育项目、社会服务和卫生机构以及咨询人员，应当在儿童从一个水平的教育项目走向另一个水平的教育项目时，与家庭共享有关儿童发展的信息。"[②]

每一个家庭都是独特的，并为早期教育带来独特的优势和需求。与儿童家长之间的有效的正面沟通对于向儿童提供持续一致的经验至关重要，但是没有什么简单的方法能够确保这类沟通一定能顺理成章地实现。发展适宜性实践的标准指出，建立家庭和教师的伙伴关系，就是要增进家长和教师之间的交流，使教师和家长能够更多地了解发展中的儿童，相互支持，保证教育体验的连续性。教师应当主动建立和保持与家庭的经常性接触。正如通过运用大量的教学活动和指导方法应对每一个独特的儿童个体一样，教师也必须采取灵活的方式与儿童家长进行沟通以便满足每一位家长的需求。所传递的信息的类型通常会决定所选用的沟通方式，其中很多方式并不是发展适宜性实践所特有的，而是从广泛的成功实践中提取出来的。然而，当运用这些策略时，需要根据发展适宜性实践的标准来评估这些策略的效果。综合来说，与家长的沟通可以运用单独及集体的方式进行沟通。

---

① Im. J., Parlakian, R., & Sanchez, S. Understanding the influence of culture on caregiving practices... From the inside out. *Young Children*, 2007, 62 (5), 65—66.

② Copple, C. and S. Bredekamp, *Developmentally Appropriate Practice in Early Childhood Programs Serving Children from Birth through Age 8*, 2d ed. Washington, DC: NAEYC, 1997, p. 22.

一 与个别家庭的沟通方式

了解每个家庭的最佳方式是单独接触。这种非正式的接触每天都会进行，比如，在接送孩子的时候进行沟通。教师与儿童父母或其他家人之间更加正式的定期沟通为交流信息提供了途径。

1. 与儿童家长的非正式接触

●接送孩子时间

每天接送孩子时的非正式交流往往是家长参与的最常见的、最自然的方式。教师可以与家长谈论他们的孩子在园的基本情况，以及儿童在家中发生的任何值得注意的事情。例如，把孩子的作品带给家长，谈谈儿童是怎么画画、讲故事的以及在活动过程中学到了什么。

并且这种非正式的接触可以使教师对儿童及其家长的需求更加敏感，建立相互之间的信任，传递关爱的情感，表达对儿童家长的关注，激发家长参与儿童教育的积极性。当涉及非常幼小的孩子时，教师与儿童父母之间每天的非正式接触显得尤为重要。父母不在身边的时候，婴儿正迅速成长。每一份新的成果都应该与父母分享。除了被告知关于儿童的发展和活动的信息之外，婴儿的父母也必须一致保持对婴儿的日常活动的了解，如用餐、午睡、如厕情况。保育员每天如实填写这样一份表格有利于孩子的父母对孩子的每日生活情况一目了然。

●打电话或发邮件

与儿童家长保持非正式接触的另一种方式是偶尔打打电话或发发邮件。这种方式可以为教师与儿童家长的交谈提供舒适的环境，尤其是如果经常这样做，这些电话和邮件就不意味着儿童出现了"问题"。儿童家庭也可以和幼儿园运用日志的形式相互传递信息。有些幼儿园会向儿童家长传递"快乐便条"，这些简短的个性化便条记录着教师与儿童家长共同分享的白天发生的积极的事情。此外，互联网还提供了其他一些新颖的沟通方式。有些教师创建了网站与儿童的父母分享孩子的信息。

鲍尔斯（Powers，2006）为教师与儿童家长建立积极关系提供了一些基本方法。她建议教师要能够回答儿童父母的问题，当儿童家长有重要信息要分享时让他们主导谈话过程。她也建议教师"要坚持立场"，与儿童父母分享信息时要坚持个人的底线。另一项原则是要做一个可以信赖的教师，对于与儿童家长分享的信息要严格保密。最后，她建议，切记教师与儿童家长建立积极的关系是为儿童的需求而不是儿童教师的需求服务的。

2. 与儿童家长的正式接触

教师与儿童家长之间日常的非正式接触能够建立相互尊重的沟通氛围。如果教师与儿童的家长感到相处愉快，则更可能真诚地沟通。除此之外，教师应该提供更加正式的接触机会，留出大段不被打扰的时间与儿童家长进行深入探讨。此类正式接触可以采取家长会谈或家访的形式进行。

●家长会谈

家长会谈是可以满足不同目的的定期会议。通过它，教师和家长可以分享关于儿童的信息，让家长了解儿童的"进步报告"；或者是由教师或儿童家长发起，来解决问题或探讨具体话题。家长会通常对于与会者具有负面含义，他们会认为家长会是分享抱怨和问题的时间，甚至是当其他办法都失败时的"最后一招"。尽管如此，常规的家长会谈应该是积极坦诚而具有建设性的会议。有一点需要记住。在任何情况下都不应该脱离环境或儿童的整体特性而孤立地提供信息。所以只是告诉家长他们的孩子在小肌肉技能上低于（或高于）常模，这是不全面的。同样重要的是同时告诉家长，他们的孩子有着优秀的社交技能，展现出领导才能，有着乐观的幽默感，似乎特别喜欢感觉活动，等等。重视对儿童进行积极的评价，淡化儿童的弱项和不足，切忌只对儿童进行"消极的评价"[1]。

家长会谈不应该是毫无准备的会议。教师要提前做好准备，回顾相关信息，思考如何更好地呈现信息。并且教师要注意使用具体形象的语言向家长说明儿童发展过程中的典型事件，来启发家长独立思考，做出客观判断。[2] 教师通过和家长"共同讨论问题及提出对策"来增强家长的参与能力，而不是教师一己的主观判断提出唯一建议。[3] 这样做只会让家长处于防御状态，而是应该通过"你对所发生的一切有何感受？"或"问题影响到你了吗"来打开沟通之门。赖特和哈特尔甚至提醒说："教师也许会遇到孩子的家庭成员带有情绪性的回应，包括否认、愤怒、悲伤和羞耻感。

---

① Carol Gestwicki. *Home, school, and community relations: A guide to working with families* (4th ed.). Albany, NY: Delmar, 2000, p.216.

② George S. Morrison. *Early childhood education today* (10th ed.). Upper Saddle River, NJ: Pearson Educaiton, 2007, p.508.

③ Barnard Spodek & Olivia N. Saracho. *Dealing with individual differences in the early childhood classroom*. New York: Longman, 1994, p.131.

这样的阶段往往是持续的，父母的情绪会随着孩子的改变、需要和发展而发生相应的变化。"①

同时，教师应该让家长会谈成为轻松的讨论会。② 有时与儿童家长分享孩子的进步或者作品有利于创建积极的氛围。比如，分享一幅儿童画的画或者捏制的橡皮泥作品。当然，教师不要忘了诚挚地"感谢家长来园会谈"，③ 并向家长说明所分享的信息将有助于其更好地了解儿童和教育儿童。

●家访

家访与家长会有些相同的目的和程序，但也有自己独特的优势。一方面，家访有助于教师指导家庭活动。莫森（Mossion）认为："家访既能使教师从家长那里获得关于儿童学习、成长和发展的许多信息，也能使教师对儿童的家庭学习环境进行评估，帮助家长去指导儿童在家里的学习情况。"④ 克里克（Click）也认为："家访不仅能使教师有机会去了解儿童的生活环境，理解儿童及其家庭，而且还能使教师有时机去指导家长更好地教育儿童，扩展儿童的生活经验。"⑤ 巴伯（Barbour）等人认为："家访能帮助家长为儿童提供更好的健康的保教活动，以促进儿童的成长和发展。"⑥ 另一方面，有助于教师扩展班级活动。比尔曼（Billman）指出："家访既能使教师深刻地认识儿童，了解儿童在家里所喜欢的玩具和活动，也能使教师全面地观察养育儿童的家庭环境，从而为教师今后设计有针对性的班级活动打下基础。"⑦ 例如，在家访中教师发觉某儿童在身为

① Wright, K., Stegelin, D. A., & Hartle, L. *Building family, school, and community partnerships (3rd ed.)*. Upper Saddle River, NJ: Merrill/Prentice Hall, 2007, p. 293.

② Carol Gestwicki. *Home, school, and community relations: A guide to working with families (4th ed.)*. Albany, NY: Delmar, 2000, p. 265.

③ Laverne Warner & Judith Sower. *Educating young children from preschool through primary grades*. Boston, MA: Pearson Education, 2005, p. 408.

④ Morrison, G. *Early childhood education today*. Upper Saddle River, NJ: Prentice Hall, 1998, p. 483.

⑤ Click, P. *Administration of schools for young children*. Albany, NY: Delmar, 2000, p. 404.

⑥ Barbour, C., Barbour, N. & Scully, P. *Families, schools, and communities: Building partnerships for educating children*. Upper Saddle River, NJ: Pearson Education, 2008, p. 290.

⑦ Billman, J. & Sherman, J. *Observation and participation in early childhood settings: A practicum guide*. Boston, MA: Pearson Education, 2003, p. 217.

地理学家的父亲的帮助下收集了很多岩石，知道许多有趣的事情。家访后，教师就设计了以岩石为主题的单元活动，鼓励这名儿童向其他儿童展示岩石。①

教师家访表达了教师对课堂以外儿童生活和兴趣的关注。儿童通常非常乐意向教师介绍他的房间、玩具、宠物和兄弟姐妹，而且他在自己家中见到老师会感到自己是非常特别的。帕吉特（Puckett）甚至强调说："家访使儿童在安全舒适的、有家长陪伴的家庭环境中去认识教师、熟悉教师，这能缓解他们日后的入园压力。"② 儿童的父母也可以直接观察儿童与教师的互动，也能更加轻松地和教师相处。

尽管家访有很多重要优势，但是也很耗费时间，也可能会（尽管并非不可避免）吓到儿童的家长。教师在了解班里的儿童及其家长需求时，要考虑到家访所需要花费的时间和儿童父母潜在的焦虑情绪。

开心河谷学校的一封通知信③

亲爱的家长：

欢迎来到一年级！今年我将会是您孩子的老师，我想和你们分享一些信息。我们是一家以家庭为中心的学校，所以我们的目标之一是了解你们，也让你们了解我们。如果有任何问题请尽管问我。

●您的孩子每天会带回一个信封。请给我写一张便条放在信封里带回来。

●放学前或放学后联系我

●我的电话是 428 3391

●可以在教室门口的家长公告板上贴一张便条

●我的邮箱地址是 jhgon@ hotmail. com

●请参加例行会议

9月10日的回归学校之夜

---

① Eliason, C. & Jenkins, L. *A practical guide to early childhood curriculum*. Upper Saddle River, NJ: Prentice Hall, 1999, p.63.

② Puckett, M. & Black, J. *Authentic assessment of the young child: celebrating development and learning*. Upper Saddle River, NJ: Prentice Hall, 2000, p.298.

③ ［美］珍妮特·冈萨雷斯－米纳：《儿童、家庭和社区——家庭中心的早期教育》（第5版），郑福明、冯夏婷等译，高等教育出版社2012年版，第110页。

每月第一个星期二的月例会

可以在任何时候要求安排单独会晤

●请签名参加由监护人陪同的郊游

●每周二例会的前半个小时是我们的亲子阅读时间，请和您的孩子一起在教室度过。

●请参加家庭咨询团队

●关于如何让我们更好地相互了解，请给我一些建议。

希望我们能一起度过愉快的一年。

真诚的

简·高兹乐

这是一位一年级老师写给家长的通知信，虽然是单方面的告知通知，但也是邀请家长与老师进行交流的邀请信。这种形式的信件和通知，是教师向家庭传达信息的一种有用的沟通方式。

案例：与迈克的家庭一起探索促进其发展和学习的方法①

迈克，很小就被人从家里带走，辗转了好几个寄养家庭，在4岁时被收养。他现在5岁了，上了幼儿园。班主任、教学助理和家长志愿者对他都很好，很关爱他。但是他并不接受这种友好的注意。大家表扬他的手工做得很好，他就把它扔在地上，还用脚踩。他拒绝接受积极的关注，似乎更习惯于得到消极的关注，而且为此花样百出：他伤害别的孩子，破坏他们的东西，还哈哈大笑。他不停地用头去撞成人。他表现得像个到处找麻烦的人。

人们很容易根据这个孩子的行为而给他贴上一个标签。他总是惹成人生气。没有人想再给他积极的关注，"那样做根本没用"，大家都这么认为，也包括迈克的父母。

然而，迈克的老师试着和迈克的父母进行了一次交谈，双方一起讨论了迈克的挑战行为，希望可以一起帮助他提升自我感觉，帮助他改变不良行为。

---

① ［美］珍妮特·冈萨雷斯－米纳：《儿童、家庭和社区——家庭中心的早期教育》（第5版），郑福明、冯夏婷等译，高等教育出版社2012年版，第119—124页。

迈克的老师采取了以下的方式来跟迈克父母进行交谈：

●在对迈克的具体行为做了细致的观察后，老师客观地做了记录。这样在和家长见面之前就对迈克的行为比较了解而且没有偏见。

●她和家长约在一个比较私密的地方见面，这样他们就不会担心被旁听也不会被打扰了。迈克的家长认为有必要一起来的家庭成员，她都发出了邀请。他们都是自愿来的。

●她让他们明白这次见面的目的是寻找更好地促进孩子发展的方法。

●讨论开始的时候，她问家长对迈克有什么看法。他们分享了各自的观点，然后老师也分享了她的观察。在比较了各自所做的记录后，他们发现了某种一致性，即家长在家里看到的和在学校发生的事有关。大家觉得对此的看法相同。

●老师和家长分享了他对迈克优点的看法，并且要求家长也谈谈迈克有哪些优点。

●老师用她所观察到的事例来分析，并与家长共同分享了她所关注的事情。家长也表达了自己的心声。在剩下的时间，他们一起用头脑风暴法，共同讨论可以采用什么方法来帮助迈克。

迈克就如同一个很难敲碎的坚果。但是当你了解了他的过去，就会理解他现在的行为。他用他唯一知道的方式来获得关注，他对自己现实的认识是他不是一个好孩子，所以他深信自己本来就应该得到消极的注意。对迈克应该怎么办呢？谈话后，教师、家长和园长组成了一支团队。尽管他们过去的努力都以失败告终，但他们决定还是继续坚持关注迈克个性中积极的方面。他们寻找哪怕是极为微小的可接受的行为。有时候，他们会开玩笑说，需要用一个显微镜来搜寻，但是在努力寻找之后，他们还是发现了一些积极的行为，迈克的每一点积极的行为都得到成人及时的注意——拥抱、微笑和赞许。大家开始对迈克刮目相看。他们不再把迈克看成一个"坏"孩子，而是分析他的行为，把他的行为模式看作他对早期生活环境的一种反应。继而，大家一起探讨这样一个问题：如果迈克克服了行为问题，提升了自我评价，他会成为怎样的人呢？他们在开会时，甚至闭目遐想一个迈克的新形象，如同"看见"了迈克被各种不良行为所遮盖的发展潜力。

慢慢地，老师们和家长一起成功地改变了迈克认为自己是一个

"坏孩子"的想法。他们通过改变他的行为进而改变了他的态度。

其实，一切的沟通都是源于对儿童的进一步了解。所以，沟通也需要通过观察帮助家长进一步认识并欣赏自己的孩子。这是联系家长的一个重要方面和技巧。

二　与多个家庭沟通的方式

除了儿童家长与教师之间个性化的单独接触外，通常也会运用其他沟通方式把多个家庭视为一个集体向他们传递信息。这些方式可以用于功能性的目的，比如，通知儿童家长感恩节之后的那一天幼儿园放假；也可以承担教育的作用，比如，让儿童家长了解该儿童某一方面的发展。这里简单列举几种方式。

1. 家长手册

家长手册是学前教育机构与家庭建立合作伙伴关系的第一条通道。该手册会在接收儿童入园的时候发放。此类手册应该包含幼儿园的政策和入园手续、收费、运营时间、假期、患病儿童的护理、一日常规安排及其他重要事宜。同时，该手册也应该包括幼儿园的办园理念。美国幼儿园园长在访谈中谈到，"家长手册是个联系家庭的好方式，它能帮助我们清楚地解释教育宗旨、作息制度，使家长知道对学前教育机构应有什么样的期望。在秋季家长第一次来访时，我们就发给他们了，这样，他们就有时间在开放活动之前仔细地阅读。我们撰写《家长手册》也有助于我们去反思机构的教育，把课程和教育宗旨、一日活动统整起来"[①]。也有幼儿园园长助理谈到，"家长手册是一个指南，我们制作它的目的在于帮助家长熟悉我们的机构，了解我们想支持、鼓励儿童不断成长和发展的愿望。我们推荐家长去阅读这本指南，并把它作为一本参考书保存起来。家长的参与对于我们机构的成功来讲是很重要的，家长手册只是家长参与教育的开始"[②]。可以看到家长手册不仅帮助家长了解、熟悉机构的教育，而且还起到了让家长配合、参与教育的目的，让幼儿园与家庭之间搭起互信、互

---

① 李生兰：《儿童的乐园——走进21世纪的美国学前教育》，南京师范大学出版社2011年版，第136页。

② 同上。

动、互惠的第一个平台。

CWLC 家长手册目录设置表①

一、我们的特殊使命和宗旨

二、机构的教育

1. 特定年龄方案，2. 教室转换，3. 保教人员培训，4. 教室环境，5. 室外游戏，6. 水准签订。

三、你孩子的最初几周

四、基本政策

1. 国家许可，2. 你孩子的入学，3. 学费，4. 多个儿童减费，5. 假期/生病学费政策，6. 迟接儿童，7. 假日，8. 缺席报告，9. 生日，10. 服装，11. 个人物品，12. 丢失和找到，13. 雇用保教人员照看孩子，14. 退学，15. 有特别需要的儿童，16. 监护和探视。

五、安全和安全措施

1. 安全进入系统，2. 到达，3. 签进/签出程序，4. 紧急情况药品，5. 紧急情况报告卡，6. 学生事故，7. 交通。

六、健康和营养

1. 体检要求，2. 药品，3. 处方药品，4. 非处方药品，5. 过敏症或慢性病药品，6. 紧急情况药品，7. 生病，8. 咬伤，9. 如厕，10. 清洁，11. 儿童虐待报告，12. 休息时间，13. 食物和营养，14. 早餐。

七、积极进步指导（纪律）

1. 积极指导技能，2. 暂被小学停学。

八、家庭参与和交往

1. 家长总是受欢迎的，2. 成为学习过程的一部分，3. 如果你孩子烦恼，4. 家长支持小组，5. 家长会议，6. 课程计划，7. 我们今天做了什么，8. 每天/每周笔记，9. 教育通讯，10. 保教人员简介，11. 家长借书馆，12. 政策变化，13. 无歧视政策。

九、可选择的服务

1. 课外活动，2. 参观，3. 学校照片，4. 部分时间服务。

---

① 李生兰：《儿童的乐园——走进 21 世纪的美国学前教育》，南京师范大学出版社 2011 年版，第 138 页。CWLC 并不具体指幼儿园名称，只是一个记录的符号代码。

十、特别信息

十一、笔记

从 CWLC 的这份家长手册设置表中，我们可以看到，其包含的信息全面而丰富，满足了家长了解学前教育机构概况的基本需求，且表达了其对家长参与的期望。

2. 布告栏

布告栏是传达信息的有用方式，如果是乱糟糟的一大堆相互覆盖的备忘录，就会导致没有人愿意多费心去看一眼。所以，布告栏应该布局美观，内容新颖，而且发布的新闻不能只顾吸引读者的注意而相互干扰。当儿童家长知道只有最新、最重要的新闻才会布告在布告栏里时，他们才更有可能去关注。

布告栏可以有许多用途。它可以提供信息，比如通知儿童家长下一周孩子们会有一次野外旅行，或者该班有一名儿童患了水痘。许多早教中心会在布告栏公布一天的活动，让儿童家长了解孩子一天的主要活动。布告栏也可以实现教育目的，以一种引人入胜的方式来传递相关信息。比如，在一个早教中心，有几位儿童的父母批评孩子画得乱七八糟而不是画出可以辨认的物体。该中心的教师想帮助这几位父母理解儿童美术能力的发展是要遵循一定的发展阶段的。教师们选择了一些儿童的画作，然后根据儿童的年龄把这些画美观地布置在布告栏里，而且在图画之间添加了一些专家对儿童美术作品的点评。图画佐证了专家的点评，也由此表明了儿童在美术能力发展中会经历一些常见的阶段，会逐渐向具象艺术发展。许多儿童的父母评论说，他们发现该布告栏里的信息非常有用。布告栏也由此被证实是一种非常有效的教学工具。所以，儿童的作业和学习的档案也可以采取布告栏展示的方式与儿童父母沟通交流。且要注意展示的美观性。档案的内容一般集中于儿童课堂作业的某一方面，突出儿童对自己所参与活动的思考。

3. 会议及其他集体交流方式

集体聚会可以为教师接触儿童家长提供另一种有效方式。此类聚会可以采取会议、传统的家庭教育论坛或者社交的形式。此外，讨论小组也可以成为其重要的组成部分。不过，你在计划任何集体交流方式时，都要切记：儿童家长都很忙，他们会认真考虑参与幼儿园活动的优点与活动对时间的要求。事实上，对一些家庭来讲，参加一项幼儿园活动所带来的压力会超过其带来的好处。因为各个家庭的需求不同，必须通过不同的方式促进教师与儿童家长的沟通，同时做好准备通过个性化的方式满足这些需求。

如果教师认为集体聚会可以在满足一些儿童家长的需求方面起到积极作用，则必须保证他们的计划能够吸引尽可能多的家长参与。了解儿童家长的信息可以通过家长兴趣调查问卷来实现。一份简短的表格可以用于征求参与者对于话题、时间和会议类型的倾向。

聚会可能主要是由一个具有专业知识的发言人就大家共同感兴趣的话题发言，或者是在一个主持人的引导下展开讨论。切记：诸多家庭共有的经验是宝贵的信息和支持来源。因此，如果活动的内容主要是发言人发言，也应该分配时间进行讨论。一种令人愉快的呈现话题的方式是运用幻灯片或者在幼儿园里拍摄的儿童录像来探讨这些话题。儿童游戏、社会性发展或者发展适宜性玩具等话题借助画面可以得到极大的丰富。儿童父母不仅可以通过画面了解自己孩子某一方面的发展，而且也会因为看到孩子出现在屏幕上而感到非常自豪。

小组讨论通常比集体讨论更能有效地促进家庭的参与。共同的兴趣也能够使会议的氛围更加和谐。比如，接纳即将上学前班或者即将从托班升到小班的儿童的家长，或者只接纳同一个班而非整个早教中心的儿童的家长。

如果儿童的家长和教师有机会在放松的氛围中交流信息，会引发家长对社交活动的极大热情，包括假期聚会、宴会。而且，早教中心要接纳所有儿童的家长参与其中。有一所大学的早教中心每学期为儿童的家长、员工和见习教师举办一次百乐餐（聚餐者共带菜肴共享）活动。提前安排好的座次确保实习教师与他们观察的儿童家长坐在一起。这项活动几乎吸引了所有儿童的家长，事实表明所有参与者都感到非常愉快，认为机会很宝贵。

4. 家长开放活动

家长开放活动促使教师和家长"为了儿童的利益而形成合作的氛围。"[①] 克里克（Click，2000）认为，"开放活动"就是"允许家长在任

---

① Berger, E. *Parents as partners in education: Families and schools working together.* Upper Saddle River, NJ: Pearson Education, 2004, p.162.

何时候来访参观"①"家长在任何时候来访参观都是受欢迎的"②。

开放活动促使教师和家长充分而有效地交往，一方面，为家长或其他家庭成员提供机会观察学前教育机构，观看孩子与同伴、与成人的相互作用。增强家长对幼儿园了解的广度和深度。③另一方面，为教师更好地了解家长、获取家长的支持和帮助创造了良机。教师通过"与家长进行必要的对话，促进家园更好地相互支持"④。事实证明，"家长观察和参与班级的机会越多，他们对课程和评估过程的理解就会越深刻，对家校合作的贡献就会越大"⑤。2005年，美国学前教育研究会发布的"早期教育机构标准和认证指标"，提出10条优质机构标准，其中第7条"家庭"标准中，也指出家庭可以在任何时候参观学前教育机构。

开放活动的目的是进行更多的交流。克里克（Click，2000）指出，"要使开放日活动能更好地展示机构的风采，应更加生动形象地表现教育方案，富有创造性地陈列儿童的艺术作品。"⑥例如，制作糕点或阅读表演等开放活动。沃姆斯利等（Walmsley，2004）指出，"要使开放日活动产生应有的效果，教师在布置班级环境、呈现儿童的作品时，就应谨慎行事，保证全班儿童都具有'同等的表现'机会，以准确地反映机构的哲学观、儿童观和教育观。"⑦所以，家长开放日的内容可以不同，但要取得成功，就必须将关注点放在对儿童活动的公开观察和讨论上。如果能提供"家庭餐点或便餐"，那么就能增强开放日活动的效果。

---

① Click，P. *Administration of schools for young children*. Albany，NY：Delmar，2000，p.390.

② Ibid.，p.394.

③ Decker，G. & Decker，J. *Planning and administering early childhood programs*. Columbus，OH：Prentice Hall，2001，p.363.

④ Swick，K. *Empowering parents*，*families*，*schools and communities during the early childhood years*. Champaign，IL：Stipes Publishing L. L. C，2004，p.46.

⑤ Puckett，M. & Black，J. *Authentic assessment of the young child*：*celebrating development and learning*. Upper Saddle River，NJ：Prentice Hall，2000，p.301

⑥ Click，P. *Administration of schools for young children*. Albany，NY：Delmar，2000，p.408.

⑦ Walmsley，B. & Wing，D. *Welcome to Kindergarten*：*A month-by-month guide to teaching and learning*. Portsmonth，NH：Heinemann，2004，p.45.

有意义的家长参与活动列表①

·参观学校。

·学校中的家长参与的方式要讲究策略——很多人不知道如何参与其中，或者是感觉受到了胁迫，因为从他们自己离开学校那一天起，他们就没有再在学校待过。

·避免使用教育的专业术语。

·在家长时间方便的情况下制定会议的日期，即便有时候可能对于教育者来说并不方便。

·表明对家长观点的重视。

·培养一种公开的和民主的氛围。

·使家长了解多方面的信息，并且鼓励一种双向的交流。

·对家长的参与进行鼓励。

第三节　伙伴合作的家庭支持

家庭与幼儿园是天然的同盟军，它们之间存在互惠的关系，彼此应提供力所能及的支持与帮助。曾经在某个州，提出增加对儿童早期教育项目拨款的最有效的游说努力是一大群儿童父母的出现，他们从自己的角度讲述了增加资金的重要性。议员们发现前来推动法案通过的 200 个纳税人非常有说服力。所以，家庭支持首先，也是最重要的，儿童的家长必须非常赞赏儿童教师，能够清晰地理解他们所面临的问题。在高质量的教育中，教师的表现非常专业，对自己的专业领域非常了解，家庭对早期教育的理解就会得到促进。当儿童的家长认识到自己的孩子所接受的教育和保育的质量与儿童教师和保育员的社会地位与工作条件的改善密不可分时，他们就会更好地来帮助改变儿童早期教育的现状。

通常，儿童的家长可以通过多种方式支持早期教育。这里探讨提供资源、参与课堂、制定决策三种方式。

一　提供资源

儿童家长可以把自己的智慧和能力贡献给早教机构。如果儿童家长或

---

① Karen Rasmussen. Making Parent Involvement Meaningful. *Education Update*，1998，40（1），1，6，7。

亲属的工作技能、兴趣爱好或其他专业知识能够丰富课程，许多早教机构可以邀请他们参与某些活动。比如，教师可以邀请贾思敏的妈妈——一位牙科医生，来帮助儿童理解良好的牙齿卫生习惯与牙齿保健的重要性；讨论食物的话题时，教师可以带领儿童去参观安妮的叔叔的面包店；教师也可以请迈克的爸爸向儿童展示如何制作陶器；或者在讨论婴儿与成长的话题时，可以邀请伊万的妈妈和他的小弟弟参加。儿童的所有家庭成员——父母、兄弟姐妹、祖父母和其他亲属甚至宠物——都可以被视为课程的一部分来拓展幼儿园的资源基础。

儿童家长还可以帮助做一些玩、教具的保养、维修和制作的工作。有些幼儿园的儿童家长会经常把孩子们玩装扮游戏时穿的衣服和其他的教学用具带回家清洗。其他幼儿园会组织定期清理日，让教师和儿童家长在指定的周末到幼儿园彻底清洁设备、材料和器材。会做木工活的儿童家长可以修理或制作家具。其他人则可以在家制作学习材料或者设计活动来增加儿童可以选择参加的活动数量。

儿童家长还可以选择其他的方式为幼儿园提供资源。比如，迪夫（Diffily，2001）指出："家长认识与自己孩子相同年龄孩子的父母，谈谈他们的孩子，有助于解决自己在教育过程中遇到的问题。"[①] 他们可以帮助新加入的家庭适应幼儿园，起示范的作用，为其他家庭提供支持；他们的建议和观点可以丰富课程内容。如果幼儿园正在寻求外部资金的支持，他们可以帮助增强幼儿园的社会吸引力。家庭的支持成为保持高品质的儿童早期教育项目的一股强大的力量。

二　参与课堂

儿童家长也可以自愿成为教师的助手。与家长合作的幼儿园通常会要求家庭的参与。儿童家长参与课堂活动对儿童、家庭和教师都有许多优势。儿童可以从父母参与课堂中受益，且给他们看到自己的父母与老师合作的时候会感到自豪，并且有安全感。对儿童家长来说，此类直接经验提供了机会让其了解孩子如何度过在幼儿园的时间，让其观察自己的孩子和同龄人如何相处，让其关注教师使用的指导方法。教师可以从儿童父母提

---

① Diffily, D. Family meetings：Teachers and families build relationships. *Dimensions of Early Childhood*, 2001, 29（3），5—10.

供的支持中受益，比如有助于拓展活动的可能性，提供了解亲子互动的机会。有些教师非常喜欢家长的参与，有些教师则感到怀疑和犹豫，他们害怕在教育儿童的方式方法上与儿童父母冲突，他们也会因为经常被别人观察而感到有压力，或者担心儿童会过度兴奋。①

家长志愿者也是美国儿童教育中家长参与课堂的一种独特形式。这种形式效果颇佳。它能使儿童提高自我价值感，因为家长作为志愿者和儿童在一起，会使儿童感到高兴，并让儿童用新的眼光看待家长；它能使家长更好地认识儿童和了解早教机构，家长作为班级的志愿者参与活动，不仅获得了在机构和班级这一环境中观察和了解孩子的良机，而且还能使他们更好地了解儿童所在的机构；它也能使教师更好地理解儿童及其家庭，家长志愿者到机构帮忙，有助于教师理解儿童的兴趣和爱好、优点和不足以及家庭的成功和失败，从而使对儿童进行个别化教育成为可能；且它能增强家园之间的和谐度和信任度，能使家长作为一个教育团队的一员而工作。

学前教育机构可以通过调查来招募家长志愿者，这样可以充分了解家长志愿者潜在的才能、时间和兴趣。比尔曼和谢尔曼（Billman &Sherman，2003）指出，在新学年开始的时候对家长进行调查是十分有用的，因为这既便于教师判断家长参与儿童教育的兴趣，也便于教师日后利用家长的强项。② 还可以通过家长会和家长手册来招募志愿者，帮助家长理解家长志愿者在班级的责任和机会，使他们能认识到参与的价值。

为了使家长志愿者能清晰地意识到教师对他们的期望，教师可以通过在每个活动区贴标记的方式来告诉志愿者关注儿童在做什么以及作为志愿者的角色是什么。比如，图书区域的标记可能是，"儿童自由选择时间可以自由选择任何图书阅读。志愿者可以为孩子阅读他们感兴趣的图书"。美工区可以标记为，"鼓励儿童自己尝试美术材料。志愿者可以观察儿童并给予鼓励，但不要让他们在成人的帮助下进行美术活动"。

① Gestwicki, Carol. *Home, School, and Community Relations: A Guide to Working with Families (7th Edition)*. Belmont, CA: Wadsworth Cengage Learning. 2007, p. 60.

② Billman, J. & Sherman, J. *Observation and participation in early childhood settings: A practicum guide*. Boston, MA: Pearson Education, 2003, p. 220.

三　制定决策

幼儿园邀请儿童家长担任顾问或政策制定委员会委员。比如，根据联邦法律的相关规定，开端计划项目和其他一些联邦拨款的项目必须邀请儿童父母参加父母顾问委员会。许多非营利性的儿童保育中心或学前教育中心也要求设立由儿童家长组成的管理委员会。有效的决策委员会可以促进家庭与幼儿园真正合作关系的形成，赋权家长，也增进了幼儿园与家庭的相互理解。[①]

另外，家长参与到课堂当中来可以帮助他们学会并理解，一个合格的方案应该包括哪些内容，一个发展适宜性的课程当中应该包括哪些内容。当家长了解这些课程的时候，他们对它就会更加支持。

全美幼教协会中规定对家庭的道德责任[②]

对家庭的道德责任

P2.1 我们不应该拒绝家庭成员进入他们孩子的教室或教育机构的环境中，除非受到法律规定或其他立法的限制。

P2.2 我们应该向家庭告知早期教育机构的理念、政策、课程、评估体系和师资水平，并解释我们为什么这么教——这应该和我们对儿童的道德责任保持一致。

P2.3 我们应该告诉家长在恰当的时机会请他们参与政策决定。

P2.4 我们应该让家庭参与影响他们孩子的重大决定。

……

案例：家庭和学校：阵容坚强的团队[③]

（全美今日教师协会麦克罗芙，任教于俄克拉荷马州穆斯敦市Lakehoma 小学，目前担任一年级教师）

---

① Dunst, C. J., & Trivette, C. M. Toward experimental evaluation of the family, infant and preschool program. In H. B. Weiss & F. H. Jacobs (Eds.), *Evaluating Family Programs*. New York: Aldine De Gruyter, 1988, pp.315—346.

② Feeney, S., & Freeman, N. K. *Ethics and the early childhood educator*: *Using the NAEYC code*. Washington, DC: NAEYC, 2006, pp.xvii—xix.

③ ［美］莫里森：《儿童教育导论》，徐联恩、刘慧君、陈威胜、陈芝萍、孙丽卿、陈雅玲译，台湾华都文化事业有限公司出版 2007 年版，第 498—500 页。

我的这些教学非常简单：教学是教导一个完整个别的孩子，而不是一个课程。每个孩子都是独一无二的，有不同的优点和缺点，也有不同的喜好。为了达成我的目的，我必须与家庭建立伙伴关系。通过与家庭的合作，组成一个共同为教育成功的孩子而努力的团队。

我在这个团队的角色，是营造一个所有学生都可以成功的学校氛围。我坚持使用一个较谨慎的方法——教育必须从儿童的优势和弱势着手。当孩子不会阅读该年级的基础读本时，你给孩子一堆该年级的基本读本，并期望孩子去阅读，这根本是浪费孩子的时间和精力，也会影响孩子对自我的认识。因此，我逆向而行，给予孩子符合他们课程/兴趣的材料，运用个别化的教学和教材，来帮助孩子提升自我形象。此外，针对较聪明的孩子，也需要给予符合他们能力需求的材料。这些孩子不需要那些无趣的课程，去做低于自己能力的活动。为了满足这些需求，只要有可能，我会尽量让教学符合个别化原则。

建立稳固的沟通关系

学校和家庭必须建立坚实的关系，以便提供孩子最好的教育。这个"坚强的团队"（unbeatable team），是通过沟通建立起来的。沟通需要多元化、即时和诚实相待。适宜的沟通，让我能激励父母，让他们能找时间与孩子一起工作并支持孩子。此外，我也使用园讯、电话、家庭联络簿、每周的家庭作业袋、亲师座谈/会议以及义工父母等方式，来与家长沟通。

资讯是沟通的开端。我发出每星期的园讯，通知父母班上的近期活动。园讯内容包括儿童的成长记录、一系列的拼字、目前的学习领域，以及特殊事件或附注。我也将如何协助儿童学习的小技巧收录在园讯中，例如：如何协助孩子学习拼字、如何鼓励孩子享受阅读、如何诠释阅读或是在家可以玩哪些游戏来练习阅读或数学技巧。

为了鼓励家庭和学校彼此交流，园讯上会留一个栏位给家长写评语。个别通知会送到家中，并在需要时打个电话给家长。有时候，让家长了解一下孩子每天的进步、行为和工作习惯是必要的。可以请家长在每日通知单上签名并交回学校，来达到这个目的。我发觉将通知单写在复写本上很有帮助，老师拥有一份复本是很实用的（尤其当学生没有将这些通知单带回家时）。与家长持续的互动、沟通，让家长能深切了解他们孩子的进步、教室政策/作息、课程目标，也由此获得如何协助孩子成功的最佳点子。

家庭作业袋

家庭作业袋每个星期都会带回家。每个袋子都有四样东西：一张作业单（练习学校所教的技能，如数学、阅读）；一本练习读本；一个阅读活动；一张家长回应单。家庭作业袋会随着学生能力的成长而越来越难。

作业包含许多不同的阅读活动，激发孩子的学习兴趣。阅读活动的内容，会与作业袋的作业单机联系读本有关，包含游戏（白板游戏、老师做的档案游戏、卡片游戏等）、艺术活动（材料包含在家庭作业袋中）、书写活动（不同书写材料的小盒子），和简单的烹饪食谱。

这些家庭作业袋鼓励亲子互动，一起复习学校教过的技能。如此，家长可以看到他们孩子学业成长的一手资料，并发现孩子的缺点和优点。孩子可以在一个安全、温暖的环境中练习必备的技能，并得到家长的肯定这项额外的奖励。

家长回应单是家庭和学校建立双向沟通的工具。家长可以将问题、成功经验和关心的事，写在家长回应单上传递给我知道。这个沟通工具让每个人都能了解孩子的进步。

家庭作业袋的成效非常棒。许多家长都告诉我，他们全家一同玩游戏。有位父亲模仿档案中的游戏，并将卡片略作修改来帮助家中较年长的孩子学习。袋中的游戏提供一个欢乐、轻松的亲子互动机会，除了好玩之外，同时也帮助孩子在学校有良好的表现。

家庭访问

在我们的学区，我们鼓励家长经常拜访学校。我们会安排固定的家长到访时间，像是参观日和亲师会议。在这些时间，我会在教室外布置一个公告栏，鼓励在家进行亲子共读。此外，我会提供一些游戏点子的传单和手册，让家长与孩子一起在家玩；摆放一些书籍让家长借阅，与孩子一起阅读，例如：李肯特的《当孩子讨厌阅读时，你可以做什么：如何激发不情愿的孩子阅读》（*What to Do When Your Child Hates to Read：Motivting the Reluctant Reader*）。

学年开始时，会举办一场亲师座谈会（家长之夜）。家长之夜的目的，是向父母介绍教室的作息时间，小一学生如何学习阅读和数学，及发给家长一些关于如果改善孩子数学及阅读技能的讲义。我预设家长都不知道如何在家协助孩子，因此我开设一个小型课程，教导家长在引导孩子阅读时的角色。我示范给家长看，在亲子共读时，要如何运用问问题、讨论因果、使用情境线索等方式引导孩子。座谈会结束后，家长可以提出关于孩子的教育问题，让我有机会澄清任何我没有清楚解释的观念或活动。通常这些问题要让全体参与者都听到，恐惧回家做功课的孩子不再恐惧、改善能力较弱的孩子数学、阅读技能和挑战功课好的学生，家长可以看到他们在教育孩子的旅程中并不孤独。

每年，我都会招募一些义工家长参与班上的活动。这些"助手"鼓励学生发展技能和（或）兴趣。义工父母倾听孩子们阅读，与他们一起玩游戏，协助个别学生学习数学或拼字，布置角落情境，和协助学生创作艺术活动。义工父母不但增强了学校和家庭的关系，也让家长意识到他们在孩子教育中的重要角色。

我们需要去发掘将学校和家庭、社区连接起来的方法。我在教室进行一个 PLAS（People Always Love Stories；我爱故事书）计划。每周五都会有一个"伙伴"（家长、祖父母、社区领导者等）来拜访我们班，选读一本他最喜爱的书给学生听。让其他的成人分享他们的阅读喜好，提升社区民众对孩子阅读的认同感。这也提供孩子一个最好的机会去观察阅读带给其他成人（不只是老师）的喜悦。

透过不同的活动，让家长参与他们孩子的教育。如果团队中二个成员：家长和老师，能够善尽他们的教育职责，则一个阵容坚强的团队就形成了，这个团队共同的目标就是：激发孩子的学习热忱。

第四节　与不同背景的家庭沟通

一　理解家庭的目标、价值观和文化

与不同背景的家长沟通，尤其当他们是母语非英语者时，对许多教师来讲可能是一种挑战。沟通不仅仅涉及彼此对话语的理解，也涉及观念的分享。克莱因和郑（Klein&Chen，2001）在其著作《教育来自不同文化背景的儿童》中指出，各个家庭的不同态度之一主要是自主和服从的问题。更多的富裕家庭倾向于重视儿童的自主权，而贫困家庭则倾向于重视儿童的服从。有些文化，比如亚洲文化，重视保持和谐与秩序，认为家庭的愿望比个人愿望更重要。同样，拉美裔家庭重视大家庭成员要团结一致。① 芭芭拉·罗格夫在她所著的《人类发展的文化性》一书中举了很多例子，说明其他文化的家长如何信任孩子，他们甚至允许自己年幼的孩子手拿弯刀或小刀做事，② 这在美国会让大多数人感到震惊。布林森（Birnson，2005）提醒说："早期教育工作者促进家庭的参与，补充所有儿童多样化的学习风格和文化是非常必要的。"③ 基尔马尼（Kiemani，2007）提出了几条策略供教师使用，可以使来自其他文化的儿童及其家长感到受欢迎。她建议：准确使用儿童的姓名来表示对儿童的尊重；通过重视儿童的多种语言技能来促进儿童的本族语言发展；早教环境应涉及多种语言材料；创建令儿童家长感到倍受欢迎的舒适的全纳教育环境。"大量研究表明，如果与来自少数民族文化的儿童父母和保育员合作，教师会增进自己对文化的理解"④ 从而能够更好地帮助儿童取得进步。以下引用的希利亚德三世（Asa Hilliard，2007）的一段话说："现在，许多著名的学者都认识到，行为科学研究在多数情况下并没有将行为置于一定的背景中去理解，这是一个重大失误。不少的研究在实施过程中，几乎将原本植根于不同文化之中的变量、方法、工具和解释无差别对待，这样做将导致真理无法进一步得到正确的认识。尽管处于多元文化环境中从事研究或在与文化相关的领域从事研究，大多数研究者都没有做好充分的准备。"⑤

想象一位教师和一位家长在自我帮助技能上观点不一。家长看重干净、整洁、有序的就餐，因此选择用汤匙喂孩子吃饭。对于家长的做法，教师感到震惊。她的目标是培养孩子甚至是婴儿童的独立，于是要求他们自己就餐。这两种观点的"正确"与"错误"与文化和价值观密切关联，

① Klein, M. D., & Chen, d. *Working with children from culturally diverse backgrounds*. New York: Delmar. 2001.

② Barbara Rogoff. *The Cultural Nature of Human Development*. Oxford University Press, 2003, p.6.

③ Birnson, S. A. R-E-S-P-E-C-T for family diversity. *Dimensions of Early Childhood*, 2005, 33 (2), 24.

④ Prior, J., & Gerard, M. R. *Family involvement in early childhood education: Research into practice*. New York: Thomson. 2007, p.63.

⑤ Hilliard, A. G. What do we need to know now? A speech presented at a conference on Race. Research and Education, held in Chicago at an African-America symposium sponsored by the Chicago Urban League and the Spencer Foundation. 2007.

拥有多年家庭和儿童工作经验的学者艾丽西亚·利伯曼这样说道："家长的做法与其价值观相联。若要改变他们的做法，则要很好地针对那个家庭的价值观。"①

举一例，如一个日本相扑运动员，在竞赛中把婴儿扔到空中，再用手臂接住。被扔的婴儿相继哭喊起来。出乎我们意外的是，赢家是哭得最厉害的孩子。年轻的母亲微笑着说，她为孩子感到骄傲。而我国的父母当孩子因恐惧或不安而哭闹时，家长几乎都认为应及时让孩子停止哭泣，鼓励孩子要勇敢。很显然，中日家庭对"奖励"的行为预期是有差异的。日本父母更期望与孩子的共浴情感交流，而我国的父母则是一种情感强加模式。②

二　与不同背景的家庭沟通策略

在与家庭沟通的过程中，不存在家长或教师任何一方获胜的问题，唯一的解决方案是交流。下面一段交流的对话，可以帮助理解交流策略的重要性。

教师：我猜我们对小孩子以及他们需要些什么看法不同。给我说说你在家是怎么做的。

家长：我一直喂孩子吃饭，直到他们能够拿餐具并且不会把自己弄脏。

教师：每次就餐时都这样做，难道不会打扰你好长一段时间吗？

家长：没有。我喜欢为孩子们做些事情。这让我感觉很好。

教师：你对喂孩子们吃饭感觉良好。

家长：是啊，难道你不这样吗？

教师：我不这样想。我从来不给像你女儿那么大的孩子喂。但我不介意给婴儿喂，因为他们需要我的帮助。

---

① Alicia Lieberman，"Approaches to Infant Mental Health：Working with Infant and Their Families"．在 1995 年 10 月 20 号，由维多利亚大学主办的会议上的发言。

② 孙丽丽：《关注亲子关系中的不平等》，《儿童教育导读》（人大复印资料）2010 年第 3 期，第 45—46 页。

家长：所以你觉得不适合帮助一个三岁的孩子？

教师：是的。帮助孩子们扣纽扣、系鞋带，或是午睡后帮着收拾床铺，我觉得是可以的。

家长：可以但并没有感觉良好？

教师：我对孩子依赖我感觉不是太好，我喜欢他们独立。

家长：我们的看法不同。我喜欢把我的孩子像婴儿那样对待，我也喜欢别人那样对我。那感觉好极了。

教师：看法的确不同。这样的话，针对不同的喂养方式，我们可以做些什么呢？

家长：针对弄脏衣服，又可以做些什么呢？

研究者将这种交流策略称为 RERUN 策略，即反思（Reflect）、解释（Explain）、说明缘由（Reason）、理解（Understand）、协商（Negotiate）。也即利赫和麦克多诺（Koch & McDonough，1999）所谓的"合作式交谈"，这种方法，双方都不需要尝试说服对方自己是对的，而应该"提出问题，以理解的方式分享资源并促使大家采取行动"。[1] 案例中两位成人相互倾听了对方的观点，承认其差异的存在并寻求解决问题的方法。[2] 布里德坎普和卡普尔指出，非此即彼的思维方式阻碍了我们进行跨文化的交流。我们需要转换成一种"两者兼得"（both-and）的模式。巴雷拉（Isaura Barrera，2003）在《机智的对话》（Skilled Dialogue）一书中，把从二元思维中走出来的方式叫作"第三空间"。她指出，第三空间高于妥协，考虑到了双方的立场。不是各自退一步的折中方案，而是要共同寻找一个不同的空间，这个空间要足够大，足以容纳看问题更多的角度和更为全面的视野。

全美幼教协会发表了其"多语言、多文化：对多样性的尊重和回

---

① Koch, P. K., & McDonough, M. Improving parent-teacher conferences through collaborative conversations. *Young Children*，1999，54（2），11－15.

② 珍妮特·冈萨雷斯－米纳. Taking a Culturally Sensitive Approach in Infant-Toddler Programs. *Young Children*，1992，47（2），4—9.

应"的立场声明:①

幼童和他们的家庭反映了一种语言和文化多样性的快速发展。全美幼教协会的建议强调早期儿童项目的责任在于创建包容的环境,尊重文化的多样性,支持儿童与他们的家庭和社区的联系,促进第二语言的学习以及保护儿童的母语和文化身份。语言和文化的多样性对幼童来说是一笔财富而不是债务。

对于家庭工作的建议:

·积极参与家庭的早期教育项目。

同学校、家庭和社区之间的联系对幼童来说是很重要的,但是在不同的文化和语言下这对家庭和项目工作人员来说又是一种锻炼。同社区的联系、尊重与家庭之间的关系、鼓励有文化意义的家庭参与都是基本的项目。

参加开端计划的儿童中有28%除了英语之外都会说一种母语。

·帮助所有的家庭认识到儿童掌握不止一种语言是一种认知优势,给他们提供支持、维持和保护母语学习的策略。

一些家庭可能认为只同他们的孩子说英语会帮助他们更快地学习语言。但是母语语境保护的是儿童的认知发展,当他们强调他们的母语时,掌握有限英语的家庭会给孩子们提供一种更强的语言模型。

·使所有家庭都相信他们母语的价值。

在家庭和儿童教育之间设立对儿童社会、情感、认知和语言发展上的支持。虽然在家中的实践可能不总是相同的,但在学校中应该是一种补充。

给儿童教育专业的准备建议

·提供专业准备,发展这个领域的文化、语言和多样性。

通过了解我们自己的文化背景,教育者才会看到儿童的文化和语言是如何影响着互动和学习的途径。在同多样化的家庭、跨文化的交流和其他关键情景的工作中,专业发展语言获得的能力会得到进一步的增强。

---

① 改编自1995年的立场声明,对语言和文化多样性的回应:对有效的早期儿童教育的建议。转引自〔美〕珍妮特·冈萨雷斯-米纳:《儿童、家庭和社区——家庭中心的早期教育》(第5版),郑福明、冯夏婷等译,高等教育出版社2012年版,第363—365页。

·招募和支持那些学习非英语语言的教育者。

掌握双语和多语言文化背景的经验是应该提倡的，这将对多样化的儿童和家庭的工作起到重要的支持作用。我们必须招募更多的双语教育者，给予他们合适的专业责任，联结同其他领域工作者的合作关系。

第五节　问题：是否教育的中心就是学校？

与家庭建立伙伴关系的主题是对家庭的回应。但如果作为一个专业工作者，你所知道的知识比家庭知道的要多，那么，这种心态很难对家庭做出积极的回应。虽然，专业工作者受过培训、接受过专业教育，具有专业经验，这些的确是家庭所没有的，相比较而言，专业工作者拥有十分丰富的知识。但是，家庭同样也具有很多专业工作者所没有的知识。作为专业教育工作者，对此情况要有所认识，既要向家长学习，也要引导家长。在这个过程中，更多的是知识分享的过程，而不是知识传递过程。

罗格夫指出，教师和人类学家研讨出来的发展理论，都呈现出"单向发展轨迹"。这些理论，其实只是反映出这些理论家自身阶层的价值观，说白了，其实就只是反映了这些理论研究者在自己的生活历程中所形成的价值观。

在美国有一项不成文的社会政策，即每个家庭都应对自己的孩子负责。目前有一种运动，将儿童早期教育的重心从儿童（和儿童群体）转到家庭。之所以出现这种运动，是因为人们日益关注到家庭所置身的社会背景，包括文化、种族、民族和经济状况等，所有这一切，都会影响到家庭在邻里、社区以及更大的社会中所在的居住地和社会位置（Bloom, Eisenberg, & Eisenberg, 2003[①]; McGee-Banks, 2003Ⅴ）。

全美幼教协会出版的一本书《从父母到伙伴：建立一种以家庭为中心的早期儿童教育机构》指出，以家庭为中心的早期儿童教育，在父母参与的基础上，往前迈出了一大步（Keyser, 2006）。[②] 它从一个更为广泛的视野出发，将家庭看作儿童保育和教育的一个重要组成部分。鲍威尔

---

① Bloom, P. J., Eisenberg, P., & Eisenberg. E. *Reshaping early childhood program to be more family responsive*. America's Family Support Magazine, 2003, pp. 36—38.

② Keyser, J. *From parents to partners*: *Building a family centered early childhood program*. Washington, DC: National Association for the Education of Young Children. 2006.

（Powell，1986）阐述了以家庭为中心的儿童早期教育运动。他写道："许多的早期儿童教育机构正朝着以家庭为中心的方向转变，这是一个很有代表性的发展方向。"① 他将早期儿童教育机构比喻为一条由三股不同颜色的线编织出来的布料，三种颜色分布代表儿童、教师和家庭。他描述说："最常见的方式是将儿童和教师这两股线编织在一起，而父母则被置之一边。很多教育机构都是采用这种方式。而以家庭为中心的模式则会编织出另一种布料，代表家长的这股线也会编织在其中，因此，三种颜色的线融合为一个整体。在以家庭为中心的早期儿童教育机构中，家长不会被置之一边。"②

在早期教育保育与教育机构中，要真正满足儿童的需要，除了关注儿童之外，还必须关注家庭。如果教师能让父母感到被理解和尊重，那么，教师就为其家中的孩子提供了一种服务。首要的目的是让家长感受到教育机构的支持。当然，教师的任务不仅是让家长假装感到被理解、被尊重和获得支持，更为重要的是，要让家长把他们的需求表达出来。这有助于形成早期教育机构的特色，而不至于使每个机构都采用某种标准化的家长参与课程。发现家长的需求比只让家长支持学校不同，早期儿童教育机构要对入园儿童家庭的变化做出回应，相应地调整教学计划，而不是固守于预先制定的政策和教学安排。

"父母是孩子的第一任教师"，这已成为人们的座右铭，也是早期教育领域广泛的共识。其实，"父母是孩子的第一任教师"这句话可以有另一种解释，它强调为家长提供各种支持服务。儿童教育机构当然欢迎家长参与到班级活动中来，但家长不是非做不可。支持服务的重点在于无论家长需要什么，都设法给家庭提供帮助，而不在于告诉家长怎样参与到孩子的教育过程中，或者告诉家长必须承担起教师的责任。有些家庭发现，在得到教师和其他家庭的支持和帮助之后，他们使自己的生活变得更为有条理。

所以，笔者认为，教师和家长之间的关系是平等的、互惠的伙伴关

---

① Powell. D. R. Research in review. Parent education and support programs. *Young Children*，1986，41（3），42—50.

② Powell. D. R. Research in review. Reweaving parent into the fabric of early childhood programs. *Young Children*，1998，53（5），60.

系；教师和家长都是教育儿童的专家，不同的是，教师是教育班级群体儿童的专家，而家长则是教育他们自己孩子的专家；家园合作共育其实是一种双向交流和反馈的交流，这不仅有助于儿童和家长的发展，而且也有益于教师的专业成长和家园关系的进一步改善。这要求必须从家庭的角度出发来看待合作共育，强调考虑家庭的特点，重视家庭成员之间的相互影响。最终是为了关注共育场景中的儿童，家庭中的儿童，提升儿童特有的地位，尊重儿童成长的特点，为其发展创设和谐发展的环境。

第八章

发展适宜性实践影响与启示

"随时记住目前所建构的东西，以后你终将会用到它。"①

——艾丽斯·沃克

在过去的几十年里，许多研究者都关注儿童早期教育项目对所有儿童的影响。因为如此之多的美国儿童是在儿童保育环境中度过他们的大量的时间的，因此清楚地了解儿童保育和教育如何影响他们的发展就显得非常重要。许多研究发现证实。在美国早教方案发展适宜性实践的实施过程中，儿童的社会、情感、认知和语言诸多方面都与其之间存在着清楚的联系。一些纵向研究也表明，发展适宜性实践的实施会影响到儿童随后的学业表现。这些发现具有警示意义。多项研究发现，特别是以教师和儿童之间的积极互动为标准进行衡量时，会影响到儿童的社会性发展。

第一节　对发展适宜性实践实施效果影响研究

鉴于发展适宜性实践的普及，许多研究者开始关注发展适宜性实践实施的效果。在这些研究中，大部分的研究者通过观察分析或实验探讨了发展适宜性实践与儿童的社会心理和学习之间的关系（见表8-1、表8-2）我们可以看到，发展适宜性实践的实施缓解了儿童的心理压力，提高了儿童的社会适应性行为。但在学习提高方面，结论则不一致，更为复杂（Huffman & Speer, 2000；Van Horm, Aldridge, Ramey& Snyder, 2001）。在九个公开发表的研究中，有四个得出了肯定的结论，而四个研究表明影响不明显，一个得出了否定的结论（Stipek, Feiler, Daniels & Milburn, 1995）。且发展适宜性实践的实施对男孩学习成绩的提高更有效果，对女

① Walker, A. The temple of my familiar. New York: Pocket Books, 1989, p. 238.

孩则效果不明显。研究状况见表8-1。

一　对儿童认知发展的影响

表8-1　　　　　　　　　发展适宜性实践实施的认知效果研究表

研究者	样本	研究结果
Burts, Hart, Charlesworth, &Dewolf（1993）①	204个儿童 60个班级（幼儿园班级和一年级）	研究表明：社会经济地位高的儿童实施发展适宜性实践后变化不明显，而社会经济地位低的儿童实施了发展适宜性实践后效果明显好于没有实施之前
Burts, Hart, & Kirk（1990）②	37个儿童 2个班级（幼儿园班级）	研究表明：性别差异存在于发展适宜性实践与非发展适宜性实践课堂中，但没有进一步详尽的研究
Burts, Hart, Charlesworth, Fleege, Mosley, & Thomasson（1992）③	204个儿童 12个班级（幼儿园班级）	研究表明：男孩在发展适宜性实践课堂的表现好于非发展适宜性实践课堂，女孩则差异不明显。并且黑人儿童在发展适宜性实践课堂中表现更好
Dunn, Beach, & Kontos（1994）④	60个儿童 30个班级（幼儿园班级）	研究表明：在发展适宜性实践课堂中儿童的语言发展更优
Cepeda（1991）⑤	90个儿童 11个班级（幼儿园班级）	研究者采用发展适宜性实践来改善学业上有困难的孩子，其研究过程中有显著发现，当对学业有困难的孩子实施发展适宜的课程模式时，可明显地改善孩子认知发展、自我照顾能力、语言、精细动作、知觉动作、大肌肉发展以及社会、人际上的发展

① Burts, D., Hart, C. H., Charlesworth, R., DeWolf, D. M., Ray, J., Manuel, K., & Fleege, P. O. Developmental appropriateness of kindergarten programs and academic outcomes in first grade. *Journal of Research in Childhood Education*, 1993, 8（1）, 23—31.

② Burts, D., Hart, C. H., Charlesworth, R. C., & Kirk, L. A comparison of frequencies of stress behaviors observed in kindergarten children in classrooms with developmentally appropriate versus developmentally inappropriate instructional practices. *Early Childhood Research Quarterly*, 1990, 5（3）, 407—423.

③ Burts, D. C., Hart, C. H., Charlesworth, R. C., Fleege, P. O., Mosley, J., & Thommason, R. Observed activities and stress behaviors of children in developmentally appropriate and inappropriate kindergarten classrooms. *Early Childhood Research Quarterly*, 1992, 7（2）, 297—318.

④ Dunn, L., Beach, S. A., & Kontos, S. Quality of the literacy environment in day care and children's development. *Journal of Research in Childhood Education*, 1994, 9（1）, 24—34.

⑤ Cepeda, Aurora. Active Intervention for Academically At Risk Preschoolers Using Developmentally Appropriate Materials and Activities. Distributed by ERIC Clearinghouse, 1991.

续表

研究者	样本	研究结果
Huffman & Speer（2000）①	113 个儿童 28 个班级（幼儿园班级和一年级）	研究表明：在发展适宜性实践课堂中的儿童发展普遍比非发展适宜性实践课堂中的发展高一个标准差
Jambunathan，Burts，& Pierce（1999）②	91 个儿童 7 个班级（幼儿园班级）	研究表明：儿童在发展适宜性实践课堂中表现出更优的自我效能感
Jones & Gullo（1999）③	293 个儿童 13 个班级（一年级）	研究表明：儿童在发展适宜性实践课堂中社会性发展更好，而在非发展适宜性实践课堂中儿童的语言发展成绩更好
Marcon（1992）④	295 个儿童 43 个班级（幼儿园班级）	研究表明：在儿童主动参与的课堂中，儿童表现出更优的适应性行为
Marcon（1993）⑤	307 个儿童 86 个班级（幼儿园班级）	研究表明：儿童在发展适宜性实践课堂中认知发展优于知识学习课堂；女孩在知识学习课堂中的社会适应性得分更高，而男孩在发展适宜性实践课堂中社会适应性得分更高
Mueller Sherman（1996）⑥	50 个儿童 4 个班级（一年级、二年级）	初步结果显示，发展适宜性实践教室里的孩子在数学与阅读的成就之间有相当大的关系，研究发现在发展适宜性实践教室内的学生其数学与阅读能力上有明显较佳的表现，认为采用教诲的方式不是促进学生学习的方法。同时，研究还发现，教师对于发展适宜性实践的态度与儿童的学习成就具有明显的关系

---

① Huffman，L. R.，& Speer，P. W. Academic performance among at-risk children：The role of Developmentally Appropriate Practices. *Early Childhood Research Quarterly*，2000，15（2），167—184.

② Jambunathan，S.，Burts，D. C.，& Pierce，S. H. Developmentally appropriate practices and beliefs. *Journal of Research in Childhood Education*，1999，14，26—35.

③ Jones，I.，& Gullo，D. F. Differential social and academic effects of developmentally appropriate practices and beliefs. *Journal of Research in Childhood Education*，1999，14（1），26—35.

④ Marcon，R. A. Differential effects of three preschool models on inner-city 4 year olds. *Early Childhood Research Quarterly*，1992，7（4），517—530.

⑤ Marcon，R. A. Socioemotional versus academic emphasis：Impact on kindergartners' development and achievement. *Early Child Development and Care*，1993，96，81—91.

⑥ Mueller &Sherman. *Developmentally Appropriate Practice and Student Achievement in Inner-City Elementary Schools. Paper presented at Head Start's National Research Conference 3rd.* Washington，DC，1996，pp. 20—23.

续表

研究者	样本	研究结果
Stipek et al.（1998）①	228 个儿童 42 个班级（幼儿园班级和一年级）	研究表明：儿童在较少强调基本技能的课堂中表现更好，儿童在强调基本技能的课堂中学习成绩好而社会表现不好
Stipek, Feiler, Daniels, &Milburn（1995）②	227 个儿童 32 个班级（幼儿园班级）	研究表明：儿童在传授式课堂中，在读写方面表现好，但也会表现出较高的焦虑感、更多的依赖，和较低的成功期望值
Van Horn, M. L., & Ramey, S. L.（2003）③	9023 个儿童 3476 个班级（1—3 年级儿童）	研究表明：在对促进儿童的认知发展（包括阅读、书写、数学和语言技能）方面，发展适宜性实践和非发展适宜性实践没有一致的积极的或消极的影响，且性别和种族之间以及不同经济地位的儿童之间也不存在显著差异
Van Horn, M. L., Karlin, E. O., Ramey, S. L.（2012）④	5259 个儿童（1—3 年级儿童）	研究表明：在对促进儿童问题解决能力，发展适宜性实践和非发展适宜性实践没有一致的积极的或消极的影响，且性别和种族之间以及不同经济地位的儿童之间也不存在显著差异

　　总体而言，关于发展适宜性实践的效果研究的文献是有限的。且对于认知发展的影响研究多集中于保育中心和幼儿园。很少有研究考察对一到三年级儿童的认知发展的影响。

　　1. 关于保育中心的研究

　　一项以 17 名保育中心儿童为对象的研究⑤，通过对阅读能力的评估发

　　① Stipek, D. J., Feiler, R., Patricia, B., Ryan, R., Milburn, S., & Salmon, J. M. Good beginnings：What difference does the program make in preparing young children for school?. *Journal of Applied Developmental Psychology*, 1998, 19 (1), 41—66.

　　② Stipek, D. J., Feiler, R., Daniels, D., & Milburn, S. Effects of different instructional approaches on young children's achievement and motivation. *Child Development*, 1995, 66, 209—223.

　　③ Van Horn, M. L., & Ramey, S. L. The effects of developmentally appropriate practices on academic outcomes among former Head Start students and classmates from first through third grades. *American Educational Research Journal*, 2003, 40, 961—990.

　　④ Van Horn, M. L., Karlin, E. O., Ramey, S. L. Effects of developmentally appropriate practices on social skills and problem behaviors in 1st Through 3rd Grades. *Journal of Research in Childhood Education*, 2012, 26, 18—39.

　　⑤ Litdejohn, T. D., & Goetz, E. M. Beginnings of reading：The effects of the preschool reading center. *Behavior Modification*, 1989, 13 (3), 306—321.

现，发展适宜性实践原则的实施，使得儿童的阅读能力得到提高，不仅仅是词汇的掌握，更在于阅读技能的获得，这主要是通过阅读环境的创设和词汇的迁移运用达到的（littejohn & Goetz，1989）。其实发展适宜性实践对儿童的认知发展影响的研究是不一致的。两个大样本的研究中，分别对295名和721名儿童分实验组（发展适宜性实践组）和对照组（非发展适宜性实践组、混合组）研究发现，混合组的儿童在各项表现上都比其他两组差，发展适宜性实践组的儿童较之非发展适宜性实践组的儿童数学和科学以及语言技能的分数更高（Marcon，1992，1999）。另外一项研究表明强调发展适宜性实践的保育中心的儿童较之非发展适宜性实践保育中心的儿童在书写和数数技能上也更好（Stipek et al.，1998）。这些研究都表明发展适宜性实践的课堂给儿童提供了一个更积极的探索环境。

然而，也有研究得出了差异不明显的结论。一个研究比较了90个儿童，发现总体而言，发展适宜性实践和非发展适宜性实践对儿童的认知发展没有显著性差异（Hirsh-Pasek，Hyson & Rescorla，1990）。另一个研究将106名儿童作为研究对象，甚至得出了相反的结论，即非发展适宜性实践组的儿童在阅读方面较之发展适宜性实践组的儿童更好，而在数学方面不存在显著相差（Stipek，Feiler，Daniels& Milburn，1995）。所以，这些研究并没有得出一致的对儿童认知发展促进作用的结论。

2. 关于幼儿园的研究

关于发展适宜性实践与儿童认知发展的结论也是不一致的。一些研究报告指出其对儿童有积极的促进作用。一项研究发现，发展适宜性实践幼儿园中儿童在科学、动作技能及社会技能方面表现更好（Marcon，1993）。另一项对66个非裔美国儿童的比较研究发现，发展适宜性实践幼儿园中的儿童在记忆性知识的学习和技能的迁移上表现更好，但在数学计算上没有明显差异（Huffman & Speer，2000）。

然而，其他一些研究则出现了不一致的结论。一个对228个儿童的研究发现，在数学方面，非发展适宜性实践组的儿童表现比发展适宜性实践组的儿童更好（Stipek et al.，1995）。其在1988年的进一步研究也得出了同样的结论，非发展适宜性实践组的儿童在数学和阅读方面比发展适宜性实践组的儿童更优。然而这些研究包括同时也肯定了发展适宜性实践的作用，表现在发展适宜性实践组儿童在解决问题的能力和语言和概念理解上都比非发展适宜性实践组儿童更好。从这些研究中，我们发现，在促进儿童阅读和数学方面，发展适宜性实践并不具有确定的积极作用。

3. 对一年级到三年级儿童的研究

只有三四个研究涉及了一到三年级的研究。一个小样本的仅47个非裔美国儿童和西班牙语系儿童的研究中，关于认知的数学计算方面得到了积极的结论（Huffman & Speer，2000）。然而，其他几项的大样本研究报告则都声称发展适宜性实践和非发展适宜性实践之间没有明显的差异（Jones & Gullo，1999；Van Horn & Ramey，2003，2012）。

从以上各项研究我们发现，并没有一致的结论。还有一些研究表明非发展适宜性实践课程中儿童的阅读成绩更好，但数学成绩没有差异（Jones & Gullo，1999；Stipek et al.，1995，1998）。另外一些研究结果更支持发展适宜性实践课程中儿童的表现更好（Marcon，1992，1993，1999；Sfipek et al.，1998）。仍然有其他一些研究发现了复杂的结果，或没有显著差异在发展适宜性实践和非发展适宜性实践之间（Hirsh-Pasek et al.，1990；Stipek et al.，1998；Van Horn & Ramey，2003）。

就像研究结果缺乏一致性一样，关于研究方法的不同也存在争议。尽管很多研究，都是使用观察评级来评估发展适宜性实践的效果（Hirsk-Pasek et al.，1990；Huffman & Speer，2000；Stipek et al.，1995，1998；Van Horn & Ramey，2003），也有一些研究使用教师的自我报告（Jones & Gullo，1999；Marcon，1992，1993，1999），只有一个研究使用了多层次的嵌套技术分析（Van Horn & Ramey，2003）。加之研究中的样本的大小和样本的多样性都会影响研究的结果。所以使用适当的统计分析方法有助于我们评估发展适宜性实践对早期教育的影响。

二　对儿童情感、社会性发展的影响

不少研究者关注发展适宜性实践对儿童情感、社会性发展影响的研究，在发展适宜的教室中儿童学习及行为研究（见表8-2）。

对于发展适宜性实践促进儿童社会性发展的结论较为一致。大多数的研究报告发现发展适宜性实践与各种积极的社会行为表现密切相关，特别是减轻压力，提高创造性。并且，多数研究将关注的焦点放在保育中心和幼儿园的儿童，只有两三项研究是将学龄儿童作为对象的。

表 8 - 2　　　　　　　　发展适宜性教室中儿童学习及行为研究

研究者	研究结果
Burts, Hart, & Kirk (1990)	研究进入幼儿园里以孩子的行为研究为主题，在观察过程中发现，在实施发展适宜性实践的幼儿园里，显示出这里的孩子的压力行为较少；反之，相对于在非发展适宜性实践幼儿园的孩子，其压力行为明显的较多
Bidne (1990)①	该研究运用对教师、行政人员的访问，及儿童教室内的观察进行研究，来了解实施发展适宜性实践教室内的特征及教室内的课程结构。研究发现，在发展适宜性的课程开放度，所呈现出来的课程结构是具有较大的开放性的
Gottlieb Pinzur (1995)②	研究者以长时间的观察进入教室中。结果发现较支持发展适宜的教师，在教室中会提供非儿童较适宜、有效地教具以及较适宜儿童生活的开放教学环境，并且会视需要给予具有挑战的工作及课程，教师也会引导孩子投入教学的过程当中。而在传统教室里的孩子，教室桌椅大部分为排排坐，因此在传统教室中的孩子表现的行文较为羞怯
Croom (1993)③	研究对象为 14 位小学二年级的教师与他们教室内的孩子，给予教师一份评量表，来了解教师对发展适宜性实践的信念水平，并且根据结果给这些教师进行分类，研究结果显示，在高信念的教师班级的孩子比起其他的孩子显示出有较高的自我概念
Shuster (1995)④	该研究透过对教师的训练，在三岁的儿童教室内进行观察及每月一次教师的讨论回馈，主要的目的在于协助改善教师在课程的进行中有更多发展适宜性实践历程；希望教师支持教室里的儿童的活动与学习；减少师生间的比例；在幼儿园里排除成绩的测验；发展新的幼儿园课程和父母手册；发展不同的评量方式；在教室里去欣赏每位孩子的能力和改变教材；发展一个新的角色—他们是一个学习的促进者。最后研究指出长时间的培养教师们的模式确实有改变，能明确地去改变原本教师、行政人员的教育过程

① Bidne. A Study of "Developmentally Appropriate" Kindergarten Programs in Practice [R]. Paper presented at the Biennial Conference on Human Development (11th, Richmond, VA, March 1990). 29—31. Master of Education Field Research Report, National College of Education.

② Gottlieb, M., & Rasher, S. P. Documenting developmentally appropriate practice in early childhood classrooms [R]. (1995, April). Paper presented at the annual meeting of the American Educational Research Association, San Francisco.

③ Croom, Laura L. The Relationship between the Construction of Multidimensional Self-Concept in Second Grade Children and the Level of Teacher Endorsement of Developmentally Appropriate Practice. Washington, D. C, 1993. http: //www. eric. ed. gov/contentdelivery/servlet/ERICServlet? accno = ED373871.

④ Shuster, C. Effects of inservice training on the developmental appropriateness in early childhood education programs [R]. Paper presented at the annual meeting of the American Educational Research Association, San Francisco, CA. 1995.

续表

研究者	研究结果
Hirsh-Pasek，Hyson，&Rescorla（1990）①	研究表明：在高度强调知识学习的课堂和不强调知识学习的课堂中，儿童的紧张情绪差异明显。儿童在不强调知识学习的课堂中更自在
Ruckman，Burts，& Pierce（1999）②	研究表明：在非发展适宜性实践课堂中儿童会感受到更多的压力和出现不适宜的行为，在发展适宜性实践课堂中则会少很多
Wien（1996）③	透过对三位教师的观察、访谈、录影，发现当教师在时间的组织上，若有系统的、死板的排定课程，则无法在该教室中观察到发展适宜性实践的课程。发现教师在时间压迫下，所进行的课程是相当仓促的，并会于无形当中，破坏儿童的游戏及课程的进行，相同的，儿童教育课程的品质也就明显较低落
Mueller（1997）④	该研究采用质性研究，研究者进入幼儿园班级中，进行长时间的参与观察及访问，研究发现实施发展适宜性实践的教室里，孩子出现较少的负向行为，同时影响孩子发展出更多正向的、有利于社会技巧，有助于未来的人际上的发展
Tercek（1997）⑤	这项实验研究选择在俄亥俄州、肯塔基州48所公私立幼儿园混龄班级的学生，发现适宜的教学，以学生为中心、同伴间的学习促进学生的发展、促进家庭气氛、减少竞争的压力
Van Horn，M. L.，Karlin，E. O.，Ramey，S. L.（2012）⑥	研究表明：在对促进儿童的社会技能发展（包括合作、人际交往、沟通）方面发展适宜性实践和非发展适宜性实践没有一致的积极的或消极的影响，且性别和种族之间以及不同经济地位的儿童之间也不存在显著差异

①　Hirsh-Pasek，K.，Hyson，M. C.，& Rescorla，L. Academic environments in preschool：Do they pressure or challenge young children. *Early Education and Development*，1990，1（6），401—423.

②　Ruckman，A. Y.，Burts，D. C.，& Pierce，S. H. Observed stress behaviors of first grade children participating in more and less developmentally appropriate activities in a computer-based literacy laboratory. *Journal of Research in Childhood Education*，1999，14（1），36—46.

③　Wien，C. Time，work，and developmentally appropriate practice. *Early Childhood Research Quarterly*，1996，11（3），377—403.

④　Mueller. The Implementation of Developmentally Appropriate Practice in Inner City Primary-Grad Classroom and Its Effects. Paper prepared at the Annual Meeting of the American Educational Research Association（Chicago，IL，March 24—28，1997）.

⑤　Tercek（1997）. Mixed-Age Grouping in Kindergarten：A Best Case Example of Developmentally Appropriate Practice or Horace Mann's Worst Nightmare Master's Research Practicum，Malone College.（1997–11）. http：//www. eric. ed. gov/ERICDocs/data/ericdocs2sql/content_ storage_ 01/0000019b/80/15/12/35. pdf

⑥　Van Horn，M. L.，Karlin，E. O.，Ramey，S. L. Effects of developmentally appropriate practices on social skills and problem behaviors in 1st Through 3rd Grades. *Journal of Research in Childhood Education*，2012，26，18—39.

1. 对保育中心儿童的研究

对保育中心的许多研究都集中于压力。最近的一项对 102 名儿童的研究发现非发展适宜性实践教室中的儿童表现出更重的压力行为，如咬指甲，对其他孩子的侵犯性行为和紧张的笑声（Hart et al. , 1998）。另一项 90 个儿童的研究表明非发展适宜性实践教室中的儿童较之发展适宜性实践教室中的儿童表现出更大的考试焦虑（Hirsh-Pasek et al. , 1990）。两个研究比较了发展适宜性实践和非发展适宜性实践教室中儿童，发现在非发展适宜性实践教室中的儿童通常表现出较高的焦虑感和担忧。并且发展适宜性实践教室中的儿童较少经历认知压力（Stipek et al. , 1995, 1998）。

发展适宜性实践的社会性效果也通常与其他积极的社会行为联系起来，如研究发现发展适宜性实践教室中的儿童通常会表现出更高的创造性和更乐观的态度（Hirsh-Pasek et al. , 1990）。另一研究发现，非发展适宜性实践教室中的儿童通常表现出更多的负面行为，如不符合教师要求行为的增多和对其他的依赖增强，而发展适宜性实践教室中的儿童则表现为更高的自我肯定，成功机会的增多和更高的成就感（Stipek et al. , 1995, 1998）。只有两项研究表明这种影响不明显。一项研究是通过教师报告儿童的自我能力来评估 91 位儿童，发现在自我能力的四个组成部分中，只有同伴接纳与发展适宜性实践的实施呈正相关，而认知能力和身体能力及自我肯定都与发展适宜性实践的实施没有明显差异（Jambunathan, Burts & Pierce, 1999）。另一项研究比较了发展适宜性实践和非发展适宜性实践以及混合型教室中的儿童的适应技能，尽管各组之间有差异，但并没有显著差异存在。另一项研究，使用了同样的研究框架和大量的样本，却发现发展适宜性实践和非发展适宜性实践教室中的儿童行为存在明显差异，发展适宜性实践教室中的儿童在人际交往技能上的得分更高，而非发展适宜性实践教室中的儿童在游戏技能上得分更高（Marcon, 1999）。总体而言，这些结论基本都支持了发展适宜性实践实施对保育中心儿童社会性发展的积极作用。

2. 对幼儿园儿童的研究

对于幼儿园儿童的研究也大多集中于压力行为。两项研究使用相同的研究框架发现在非发展适宜性实践教室中的儿童较之发展适宜性实践教室中的儿童表现出更多的压力行为。儿童在非发展适宜性实践教室中的集体活动表现出更多的压力行为，而发展适宜性实践教室中的儿童在中心工作和过渡阶段会有更多压力行为（Burts et al.，1992；Burts，Hart，Charlesworth & Kirk，1990）。比较令人惊讶的是，发展适宜性实践原则应强调的中心工作的有效性和通过详细描述的方式以确保过渡平稳（Bredekamp & Copple，1997）。然而，最近的一项较大规模的研究显示非发展适宜性实践教室中的儿童表现出更多的压力行为在过渡环节，这一研究则支持了发展适宜性实践教室中教师较注重让儿童平稳过渡的原则（Burts et al.，1992）。当然也有一项研究比较了发展适宜性实践和非发展适宜性实践教室中儿童的社会行为发现了较为复杂的结论（Stipek et al.，1998）。非发展适宜性实践教室中的儿童对完成一个困难的任务表现出高的期望，更愿意接受挑战性任务，并且坚持的时间更长。然而，这些儿童同样也表现出一些消极的社会行为，如过度依赖成人，违反规则和更容易陷入麻烦。还有一项研究以 307 位幼儿园儿童为对象进行研究发现，发展适宜性实践和非发展适宜性实践的实施对儿童的社会行为并没有显著的影响（Marcon，1993）。

3. 对一年级及以上学龄儿童的研究

两项研究评估了发展适宜性实践的实施对一年级学龄儿童的社会发展的影响。一项研究发现，儿童的压力行为与发展适宜性实践的实施与否关系不密切。但发现在非发展适宜性实践教室的计算机活动中儿童的压力行为还是有所增多的（Ruckman，Burts & Pierce，1999）。一个更大规模的对 293 位学龄儿童的研究发现，在发展适宜性实践教室中儿童的社会技能较之非发展适宜性实践教室中的儿童（Jones & Gullo，1999）得分更高。新近的一项大规模的 5259 个一到三年级儿童的研究表明，在促进儿童的社会技能发展（包括合作、人际交往、沟通）方面和问题解决能力上，发展适宜性实践和非发展适宜性实践的实施没有一致的积极的或消极的影响（Van Horn，Karlin，Ramey，2012）。

三　发展适宜性实践实施影响的性别差异和经济地位影响

1. 性别差异影响

一些研究发现发展适宜性实践的实施对男孩和女孩的影响有差异。有两项关于幼儿园儿童的研究发现，男孩在非发展适宜性实践教室中表现出更多的压力行为，对女孩来说，两者之间差异不大（Burts et al.，1990，1992）。一项对 102 位保育中心的儿童的研究也显示，在非发展适宜性实践教室中男孩表现出更多的压力行为。有趣的是，在音乐活动、集体故事和小组活动这些通常被认为是符合发展适宜性实践原则的活动中，男孩也表现出较多的压力行为。也许是因为这些活动需要更多一些年幼男孩还没有掌握的社会性技能（Hart et al.，1998）。目前还没有研究发现，在发展适宜性实践的实施促进儿童认知发展方面，有性别差异的存在。

一项对721位保育中心的儿童的研究，将儿童分成三组（发展适宜性实践、非发展适宜性实践和混合组），尽管女孩较之男孩在各个方面都表现较好，但二者之间没有显著差异，无论是在社会性发展方面还是认知发展方面（Marcon，1999）。另一些研究选取了各年龄段的儿童作为研究对象，研究显示发展适宜性实践和非发展适宜性实践的实施对儿童的发展影响也不存在性别差异（Huffman & Speer，2000；Stipek et al.，1995；Van Horn & Ramey，2003）。

2. 经济地位的影响

一些研究表明发展适宜性实践的实施对不同经济地位的儿童发展影响也存在差异。在一项对102位儿童的研究中，低收入家庭的儿童，在非发展适宜性实践教室里表现出更多的压力行为，而在发展适宜性实践教室里，低收入家庭的儿童与高收入家庭的儿童行为表现没有明显差异。并且，低收入家庭的儿童，在非发展适宜性实践教室中还表现出大量的不适宜行为，如看电视等。低收入家庭的儿童会花费大量的时间来进行抄写工作，而高收入家庭的儿童会花更多的时间来进行区域活动（Hart et al.，1998）。甚至有研究指出，即使是在发展适宜性实践实施的教室中，低收入家庭的儿童也倾向于进行这些不适宜的行为。但一般而言，非发展适宜性实践的实施给低收入家庭的儿童带来了更大的压力（Burts et al.，1992）。相反，这种不同经济地位的影响好像随着年龄的增长变弱，两项研究，对一到三年级的学龄儿童进行评估，经济地位的差异没有明显影响儿童的行为表现（Van Horn & Ramey，2003，2012）。

同样的结论也出现在非裔美国儿童和非英语母语国家儿童与白人儿童之间。一项研究发现，在非发展适宜性实践教室里，非裔美国儿童较之白人儿童表现出更多的压力行为，尤其是在集体活动，过渡环节和等待时间。而白人儿童会在分组讲故事活动中表现出更多压力行为。非裔美国儿童和白人儿童在非发展适宜性实践教室中也会分别投入到不同的活动中，白人儿童会选择音乐活动，分组故事和部分的抄写活动，而非裔美国儿童会花更多的时间参与集体活动，过渡活动中只是等待。但在发展适宜性实践教室中，非裔美国儿童和白人儿童之间的表现行为没有明显差异（Burts，1992）。另一项研究发现，非裔美国儿童在发展适宜性实践教室中，其认知发展评估较之在非发展适宜性实践和混合教室要好得多（Marcon，1999）。两项研究比较了一到三年级的非裔美国儿童、白人儿童和西班牙语系儿童在发展适宜性实践实施教室中的表现发现，三者之间并没有明显差异（Van Horn & Ramey，2003，2012）。

但无论如何，对不同经济地位儿童的研究部分地支持了这样的结论：发展适宜性实践的实施对弱势儿童的发展具有一定的促进作用。

四　长期追踪研究

也有一些研究关注了发展适宜性实践实施的长期效果。但这方面的研究还是比较少的，并且大多数的研究只有 5 年的跟踪时间。一项研究选取了 56 名幼儿园儿童为对象进行了追踪研究，发现在认知发展方面，发展适宜性实践的实施和非发展适宜性实践的实施效果没有明显差异，但是在社会性发展方面，参与发展适宜性实践课堂的儿童表现更好，尤其是表现在较少的考试焦虑和更多的创造性行为（Hirsh-Pasek et al.，1990）。另一项研究选取了 166 名幼儿园和一年级的儿童为对象进行追踪研究，发现发展适宜性实践的实施对低收入家庭儿童的持续影响效果更显著，尤其是游戏在促进儿童发展中起重要的作用。而对于高收入家庭儿童这种差异不明显（Burts et al.，1993）。另外一项更为复杂的研究以 93 名保育中心和幼儿园的儿童为对象，比较了发展适宜性实践和非发展适宜性实践实施对其的长期影响，发现当他们在幼儿园和小学一年级的时候，在认知发展方面没有明显差异，只是参与发展适宜性实践实践的儿童成绩略好，表现在对概念和词语的理解上更优。而在社会性发展方面发现，非发展适宜性实践的实施给孩子带来更多的压力和焦虑（Stipek et al.，1998）。

有两项研究对一年级以后的儿童进行了追踪观察。一项研究对 461 名一年级到四年级的儿童长期观察发现，非发展适宜性实践教室里的儿童的社会性适应能力更困难，出现了较难从一年级顺利过渡到四年级的状况，并且在学业上也会受到更多挫折和失败。相反，发展适宜性实践教室里的儿童无论在认知发展还是社会性发展方面均表现更好（Marcon，1994）。另一项研究观察了儿童从一年级到二年级再到三年级的持续性变化，报告显示发展适宜性实践的长期影响效应不明显。

另外还有几项长期研究。一项对233名儿童从保育中心到一年级的追踪研究发现，参与高瞻课程的儿童阅读能力更好（Frede & Barnett，1992）①。另一项研究追踪了196名儿童从保育中心到三年级，发现男孩在发展适宜性实践课程实施中表现更好，而女孩在发展适宜性实践课程和非发展适宜性实践课程中表现没有明显差异（Larsen & Robinson，1989）②。还有一项更长期的研究，一直从保育中心追踪到15岁，报告显示认知发展没有显著差异，但是参与非发展适宜性实践课程的儿童有更多的消极社会行为，如拖拉、不良的社会关系和滥用药物（Schweinhart，Weikart & Larner，1986③；Weikart，1987④）。还有一项研究比较了蒙台梭利课程、传统的进步主义课程和直接教学课程，214名儿童从六年级到九年级的长期发展，发现男孩在非直接教学课程中的表现要好得多，但女孩没有差异（Miller & Bizzell，1983，1984）。

关于发展适宜性实践的长期影响效应的研究还不丰富，随着人们越来越关注其实施效果，相信这方面的研究会丰富起来，而这些研究结论也将为发展适宜性实践的进一步发展提供可靠依据。

总体而言，关于发展适宜性实践效果的研究虽有一定的数量，但是由于样本选择上和研究方法上的差异，使得研究结果不明确。但我们可以从这些研究中得出如下一些结论⑤：

●实施发展适宜性实践的课堂教学，减少了儿童的情绪压力，促进了儿童的社会性情感的发展，如自信、乐观等。

---

① Erede，E.，& Barnett，W. S. Developmentally appropriate public school preschool：A study of implementation of the High/Scope curriculum and its effcts on disadvantaged cliildren's skills at first grade. *Early Childhood Research Quarterly*，1992，7，483—499.

② Larsen，J. M.，& Robinson，C. C. Later effects of preschool on low-risk children. *Early Childhood Research Quarterly*，1989，4（1），133—144.

③ Schweinhart，L.，Weikart，D. P.，& Larner，M. B. Consequences of three preschool curriculum models through age 15. *Early Childhood Research Quarterly*，1986，1（1），15—45.

④ Weikart，D. P. Curriculum quality in early education. In S. L. Kagan & E. F. Ziegler（Eds.），*Early schooling：The national debate*. New Haven，CT：Yale University Press，1987，pp. 168—189.

⑤ Van Horn，M. L.，Karlin，E. O.，Ramey，S. L.，Aldridge，J.，&Snyder，S. W. Effects of developmentally appropriate practices on children's development：A review of research and discussion of methodological and analytic issues. *Elementary School Journal*，2005，105，325—352.

●部分研究证实，在实施发展适宜性实践的课堂中，有利于儿童阅读能力和语言能力的提高。

●实施发展适宜性实践的课堂教学，对男孩的影响较之女孩的影响更大。

●实施发展适宜性实践的课堂教学，对非裔美国儿童和其他种族的儿童更有利。

●发展适宜性实践对儿童发展的影响，较之于小学 1—3 年级儿童，幼儿园和托儿所的研究表明其更有积极的意义。

第二节　发展适宜性实践实施中教师观念与行为研究

一　教师发展适宜性实践观念与行为一致性研究

尽管研究儿童学习和发展的复杂性很重要，但很多教育研究者开始关注影响发展适宜性实践实施的因素有哪些，尤其是探讨教师的观念对其实践的影响。以教师和儿童之间的互动为标准进行衡量时，会发现教师积极的教学风格可以很大程度地影响儿童保育的质量。目前调查教师的发展适宜性实践理念和行为一般用的都是查尔斯沃斯（Charlesworth）等根据发展适宜性实践原则编制的教师问卷。[1] 根据鲍曼（Bowman，1994）[2] 的观点，影响教师课堂实践通常有两个知识体系，一个是传统的确定性知识体系，一个是相对的获得性知识体系。持有前一种知识体系的教师认为实践就是他们自己观念的传授，而持有后一种知识体系的教师则会改变他们个人的知识观念以适应新的活动，对已有知识加以改变适应当前需要。所以，许多研究者通过实验和观察发现学前机构、幼儿园和部分小学教师的观念会很大程度上影响他们的课堂实践。一项调查发现希腊幼儿园教师的发展适宜性实践理念和行为有高度的相关。认为自己和家长能决定课程的

---

① Horn, M. L. V., Karlin, E. O., Ramey, S. L., Aldridge, J., & Snyder, S. W. Effects of developmentally appropriate practices on children's development: A review of research and discussion of methodological and analytic issues. *The Elementary Schools Journal*, 2005, 105 (4), 325—351.

② Bowman, B. T., & Stott, F. M. Understanding development in a cultural context: The challenge for teachers. In B. L. Mallory & R. S. New (Eds.), *Diversity and developmentally appropriate practices: Challenges for early childhood education*. New York: Teachers College Press, 1994, pp. 119—134.

教师在观念和行为上更符合发展适宜性实践原则，而认为国家政策对课程有较大影响的教师较多表现出不适宜的教学行为。并指出班级人数较多的和教学经验丰富的教师表现出更多不适宜的教学理念与行为（Dolinpoulou，1996）[1]。另一研究比较了教育部门负责人、韩国家长和教师对公立幼儿园课程的观点，结果表明，教师比家长或教育部门负责人的观念更符合发展适宜性实践的原则。并且教师的受教育水平也是重要影响因素，受教育水平越高其理念也越符合发展适宜性实践原则（suh，1994）[2]。而研究针对美国中西部四间公立校学校一年级的孩子及教师进行研究，其结果显示，发展适宜性信念越高的教师，较尊重以孩子为中心的观点，且适宜信念较高的教师，该班孩子的社会技巧、行为表现较佳。心中持有非发展适宜性实践信念的教师，做法一定是较不利于学生的（Jones & Gullo，1999）[3]。亦有研究针对纽约华盛顿的教师做调查，其研究发现，教师儿童教育经验越久，越能达到发展适宜性实践，但其显著性并不是很高。而关于教师对于使用发展适宜的看法及早期儿童教育的培养背景，则会影响教师是否从事发展适宜性实践。该研究在最后建议，教师要从事发展适宜性实践之前，必须先做好有关于儿童发展的相关知识，并以儿童的发展知识及文化背景作为课程设计的基本概念（Hao，2000）[4]。研究指出，幼儿园教师持有发展适宜性实践信念的程度是高于小学老师的，但因年资不同，在发展适宜性信念及教学行为上有差异，最终结果显示，教师幼教知识对于教师信念及课程实施上是有显著影响的（Vartuli，2000）[5]。研究指出，教师的知识和受教育水平会直接影响其教育实践的质量（Tout，

---

[1]　Doliopoulou，E. Greek kindergarten teachers'beliefs and practices. How appropriate are they. *European Early Childhood Education*，1996，4，33—49.

[2]　Suh，Y. S. The beliefs and values of parents，Kindegarten teachers，and principals regarding public kindergarten programs and practices in Korea. （UMI No. 9439460）. 1994.

[3]　Jones & Gullo. Differential Social and academic effect developmentally appropriate practices and beliefs. *Journal of Research in Childhood Education*，1999，14（1），26—35.

[4]　Hao，Yi. Relationship between Teachers' Use of Reflection and other Selected Variables and Preschool Teachers' Engagement in Developmentally Appropriate Practice. Eric Document Reproduction Service. 2000.

[5]　Vartuli，S. How early childhood teacher beliefs vary across grade level. *Early Childhood Research Quarterly*，1999，14（4），489—514.

Zaslow & Berry，2005）[1]。

二　教师发展适宜性实践观念与行为不一致的研究

尽管如此，还是有很多研究者发现教师的观念和实践之间存在着很大的不一致，因为教师的实践还受到其他各方面因素的影响。如研究对 204 位幼儿园教师的教育观念和实践观察比较发现，大部分教师都认为适宜教育很重要，但是在课堂中却会进行非适宜性实践。也发现有些教师在问卷上填写自己的实施方式是属于非发展适宜性实践的教学方法，但实际的实施观察上却出现很多发展适宜性实践的教学方法。但通常持有非发展适宜性实践信念的教师在教学的实施上也较偏向非发展适宜性实践的行为（Charlesworth，et al.，1993b）[2]。在研究中，通过对 36 位教师进行观察，其结果说明，有一半以上的教师表示，在教室里要将所习得的信念、原理实践于教学中，是有冲突的（Amos-Hatch & Freeman，1988）[3]。许多的研究表明其他一些环境因素对教师的发展适宜性实践行为有很大的影响。这些因素包括，家长的压力（Hatch & Freeman，1988；Haupt & Ostlund，1997；Knudsen-Lindauer &Harris，1989）、学校行政的压力（包括管理制度、州教育标准和学业测试等）（Charlesworth，et al.，1991；Charles-worth，et al.，1993a）、教师的教学经验与知识背景（Hausken，Walston & Rathbun，2000）[4]。如史密斯在 1988 年研究发现，地方的管理制度作用于学校课程和教学，从而迫使教师实行以知识传授为主的课堂教学。那些能够成功贯彻实施发展适宜性实践教育的教师多是具有一定教育自主权的教

---

① Tout, K., Zaslow, M., & Berry, D. Quality and qualifications: Links between professional development and quality in early care and education settings. In M. Zaslow & I. Martinez-Beck (Eds.), *Critical issues in early childhood professional development*. Baltimore, MD: Paul H. Brookes, 2005, pp. 77—110.

② Charlesworth & Hart & Burts. Measuring the Developmentally Appropriate of Kindergarten Teacher' Beliefs and Practices. *Early Childhood Research Quarterly*, 1993, 8 (3), 255—276.

③ Amos-Hatch & Freeman. Kindergarten philosophies and practices: Perspectives of teachers, principals, and supervisors. *Early Childhood Research Quarterly*, 1988, 3 (2), 151—166.

④ Hausken &Walston &Rathbun. Kindergarten Teachers' Use of Developmentally Appropriate Practices: Rusults from the Early Childhood Longitudinal Study Kindergarten Class of 1998—1999. Paper presented at the Annual Meeting of the American Educational Research Association (New Orleans, LA, April 24—28, 2000).

育者。研究提到，若教师的信念越强烈，越有可能让信念实践出来，但是在将理念转换进入实践中，是需要学校的行政人员支持的（Dunn & Kontons，1997）[1]。研究针对北卡罗来纳州的公立幼儿园教师和行政人员进行访谈，其结果显示，在部分受访者之中，仅有百分之二十的幼儿园教师符合发展适宜性实践的标准（Clifford & Peisner，1991）[2]。研究进行了主班教师和助理教师的发展适宜性实践信念研究，其结果比较耐人寻味，助理教师的发展适宜性实践信念更高，但主班教师的实践更倾向于发展适宜性实践（Jisu Han & Neuharth-Pritchett，2010）[3]。

由上述研究可以看出教师理念与行为有着某种程度的一致性，很多因素会影响教师的观念与行为，如教师的受教育水平，上级的政策和家长的理念等。在深入探究发展适宜性实践没有被美国幼儿园教师完全接纳的原因时，大致上规纳为以下几点：

●教师不知如何区分适宜与不适宜的课程。

●发展适宜性实践的指导原则说明并不够详细，且教师较缺乏儿童发展知识时，将不知如何遵循。

●有些教师认为以儿童为中心的教学，只是一种遥不可及的想法，于现实中是难以实现的。

●有些教师认为发展适宜性实践的信念是好的，但就有的课程已经很熟悉，而不愿多做改变。

●把迎合家长当成第一要务，即使家长观念不正确，但投其所好，就能省时省事。

●教师并不明白未能满足孩子的内在动机，将产生何种严重的负面影响。

由以上研究可以看出，教师的信念在课程实施上虽有差异，但信念越强的教师，较会将理念落实于实践，对儿童教师的实践是有助益的。教师

① Dunn, L., & Kontos, S. Research in review: What have we learned about developmentally appropriate practice. *Young Children*, 1997, 52 (5), 4—13.

② Bryant, D. M., Clifford, R. M., & Peisner, E. S. Best practices for beginners: Developmental appropriateness in the kindergarten. *American Educational Research Journal*, 1991, 28 (4), 783—803.

③ Jisu Han & Neuharth-Pritchett. Beliefs About Classroom Practices and Teachers' Education Level: An Examination of Developmentally Appropriate and Inappropriate Beliefs in Early Childhood Classrooms. *Journal of Early Childhood Teacher Education*, 2010, 31, 307—321.

的信念在实践层面上主要受到的影响很多，有教师本身的知识、园方理念、家长的支持、行政人员支援、专业人员的介入、师资培育机构训练过程、社会环境、儿童因素等等。

第三节 发展适宜性实践对我国的启示

20 世纪 80 年代，全美幼教协会提出发展适宜性实践的声明，受其影响，我国自 20 世纪 80 年代开始，也发起了学前教育改革，集中表现在三次国家层面的文件（"幼儿园工作规程（1989）""幼儿园教育指导纲要（2001）"和"3—6 岁儿童学习与发展指南（2012）"）的出台。这些纲领性的文件的颁布与实施对过分强调系统的知识和技能，过分强调教师的作用，忽视儿童的发展和需要，忽视儿童的活动和直接经验等提出了挑战。

我国学前教育经过改革，某种意义上说，在理念上已经具有明显的发展适宜性实践的倾向。认识上达到了捍卫儿童发展权利和民族复兴的战略高度，学前教育的目标强调以儿童发展为本，促进儿童身心和谐发展，培养完整的人；学前教育中师幼双方平等、独立，在教育活动中儿童处于主体地位，教师成为支持者、合作者、引导者；教育内容应贴近儿童生活经验，应创设各种环境和活动机会，寓教育于生活、游戏之中，要运用发展性评价促进儿童发展。这些理念从理论层面而言无疑是与世界先进的教育理念接轨的。然而，正如朱家雄在《已经走过的、正在走的和将要走的"路"》一文中所反思的，原本教育改革所倡导的各种旨在解决现实问题的"正确理念"，到了实践中却没法变成"正确的实践"。[①] 许多理应如此的事，却无法真正如此。麦克马伦（McMullen，2005）对中国、中国台湾、土耳其、韩国和美国五个国家和地区的教师 DAP 观念和实践进行了比较研究发现，中国的儿童教师也比较支持和认可发展适宜性实践观念，但在五个国家和地区中却最低，且其观念和行为的一致性也是最低的。研究者认为尽管《新纲要》强调了发展适宜性实践的观念，但并没有落实到教师的行动中。因为教师受到各种因素的制约：① 20—40 人的大班教

---

① 朱家雄：《已经走过的、正在走的和将要走的"路"》，《儿童教育》（教师版）2007 年第 3 期。

学；②对集体教学的传统观念的强调；③儿童教师的总体受教育水平不高。① 中国的研究者在比较中也得出大致相同的结果，并且发现发展适宜性实践与教师的教学经验等有关。② 而根据 2003 年的联合国教科文组织 E-9 国家的开罗报告，目前包括中国、埃及、巴西、印度、墨西哥等在内的 9 个世界上人口最多的发展中国家的学前教育，普遍都强调儿童的整体发展——认识的、情感的、社会的、身体的，强调对儿童的鼓励和尊重等。但是，另一方面，在包括中国在内的 E-9 大部分国家中，现实的学前教育实践还是比较强调对读写算基本技能的掌握的。③

美国早期教育的发展适宜性实践从根本上说是一个理论框架，而不是一部需要亦步亦趋的"教育圣经"。正如胡适先生在当年颇有远见地指出，"多解决些问题，少谈些主义"。我们讨论和应用国外儿童教育方案的价值也在此，不是人云亦云、跟风吹捧，而是从我们自己所需要解决的问题出发，看看这些主义可以给我们提供什么样的解题思路。④ 目前最大的问题可能就在于缺乏一个落实《新纲要》《指南》等的桥梁。任何一个教育改革都是一把"双刃剑"，任何改革的行动和举措都会带来正面和负面的结果。因此，我们不能运用"两极"思维，不可"从一个极端走向另一个极端"。我们应本着这样的思维方式，始终反对"非此即彼"，而是强调"以实践为导向"。

一　提高学前教育的质量不能脱离社会文化考量

文化是人类社会中各种环境的集合，也是家庭、学前教育机构、社区等运作的基础。世界上是不存在脱离各种环境的人的发展和教育。美国发

---

① McMullen, M., Elicker, J., Wang, J., Erdiller, Z., Lee, S., Lin, C., & Sun, P. Comparing beliefs about appropriate practice among early childhood education and care professionals from the U. S., China, Taiwan, Korea, and Turkey. *Early Childhood Research Quarterly*, 2005, 20（4）, 451—464.

② Bi Ying Hu. Exploring the cultural relevance of developmentally appropriate practices from the point of view of preschool teachers in Beijing. Texas A&M University- Corpus Christi.

③ Section for Early Childhood and Inclusion Education Division of Basic Education, Education Sector, UNESCO. Early childhood Care and Education in E-9Countries：Status and Outlook. 2003. http：//unsedoc. unesco. org/images/0013/001354/135471e. pdf.

④ 转引自李敏谊《试析美国儿童教育课程模式的理论流派及其启示》，《比较教育研究》2007 年第 11 期，第 69—74 页。

展适宜性实践是全美幼教协会为了改变和遏制国内早期教育小学化的趋势，主要基于建构主义理论提出的教育方案。二十几年来，发展适宜性实践始终坚持早期教育应该是符合儿童学习和发展水平的，随着时间的推移，其主要内容也发生了一些重大变化，一是受到时代背景和学术界的影响，二是这些变化也反映出全美幼教协会与美国政府间的关于早期教育理念的博弈与融合。发展适宜性实践越来越强调了 0—8 岁这个连贯体系的发展衔接，赋予教师更多的内涵，对多元文化投入更多的关注等都是其越来越贴近社会发展需求的体现。特别是 20 世纪 90 年代以来，发展适宜性实践指导思想上开始注重个人价值和社会价值的融合。在课程目标上注重学前儿童的入学准备，尤其注重贫困儿童在数学、语言、科学等学业方面的入学准备。入学准备是指学前儿童能够在即将开始的正规学校教育中适应新的学习环境和任务要求的身心发展的水平与状态。[①] 其实已有研究表明：学前儿童的入学准备不仅仅对其之后的学业成绩具有预测性，而且对人的未来终身学习和发展具有重大意义。所以，学前儿童的入学准备问题已经成为当今美国学前教育的焦点问题之一，联邦政府不仅通过立法加强学前儿童的数学、语言、科学方面的学习，并且鼓励各州开发符合地方实际情况的儿童早期发展与学习标准，以提高学前教育质量。

当今我国已经认识到早期脑开发的意义，特别关注和前所未有的投入推进学前教育事业的发展，开始重视学前教育对于儿童发展和成长的价值，主张遵循儿童身心发展需要，坚持科学保教方法等。但离开当前我国的政治、经济、社会和文化，泛泛而谈提高学前教育质量是没有意义的。[②]"用于描述儿童发展的理论有一种倾向，好像它们描述的是现实的'真实模型'一般，由此成为涵盖儿童发展与养育的抽象地图……通过描绘和依赖这些儿童生活的抽象图画，而使儿童脱离其生活背景，我们对儿童及其生活视而不见：他们的具体经验，他们的实际能力，他们的理论、感受和希望。"[③] 具体来说，就是儿童的身心发展需要是复杂多变的，且

---

① Gredler, Gilbert R. Early childhood education—assessment and intervention: What the future holds. *Psychology in the School*, 2000, 37 (1), 73—79.

② 朱家雄：《西方学前教育思潮在中国大陆的实践和反思》，《基础教育学报》（香港中文大学）2008 年第 1 期。

③ ［美］冈尼拉·达尔伯格、彼得·莫斯、艾伦·彭斯：《超越早期教育保育质量——后现代视角》，朱家雄、王峥等译校，华东师范大学出版社 2006 年版，第 42 页。

是离不开社会的发展需求的。个体的发展要以社会的发展为基础，要受到社会发展的制约，要服从社会发展的需要。① 因此，追求学前教育的高质量既要考虑儿童个体的发展，也要兼顾社会的发展和国家竞争力的提高。顾此失彼的学前教育改革，不能实现高质量的学前教育目标。

目前，在我国学前教育实践中，存在两种矫枉过正的倾向：学前教育小学化和弱化了所谓传统的核心学科，完全抵制儿童基本知识、基本技能的学习。

以儿童科学教育领域为例来说。在当前这个日新月异，知识迅猛增长的时代，其对儿童科学教育的目标提出的要求就是不仅要关注儿童知识经验的获得，要提高儿童的探究能力和发展其科学思维品质。所以，小班的认识草莓，不仅要培养孩子用多种感官来探索认识草莓的典型特征，还要通过活动的组织让孩子体验由表及里的认识事物的逻辑顺序。不是先尝草莓，而是先看草莓，并不是如很多教师所认为的只是因为草莓吃了就没有东西观察了。再如一个中班的活动《妈妈肚子里的宝宝》，教师很注重让儿童自主进行探索，活动中让孩子自己提问题，自己通过多种途径（看录像、看书、咨询专家等）来寻找答案。但是遗憾的是这个教师在与孩子一起讨论问题的时候，并没有有意识地将问题按事物的发展顺序进行逻辑梳理，即按照宝宝是怎么来的——他/她在肚子里是怎样的——宝宝在肚子里大概多长时间——宝宝是怎样顺利出生的。结果孩子只是获得了零散的知识点，而没有获得系统的关于事物发展的顺利的认识。我们应注重适宜儿童发展，也不能因此而完全摈弃儿童基本技能的获得，只有这样，才能既有益于儿童发展的需要，又有益于社会发展的需要。

还以科学活动为例，从发展能力来看，科学活动要培养儿童的自主探究能力，主张让儿童在不断探索和反复体验中去发现。以下是笔者在幼儿园科学活动中观察到的真实案例：

　　●中班科学课堂上，浮沉实验时，教师让孩子们依次验证所有的物品是沉的还是浮的。
　　●小班下学期课堂上，教师和孩子都将豆子装进瓶子中摇一摇发出声音，听听声音的大小。

―――――――――――――――――

① 柳海民：《教育原理》，东北师范大学出版社 2000 年版，第 276—277 页。

●大班科学课堂上，乌鸦喝水的实验中，孩子们将沙子、石子、树枝等放到水里，观察水面上升现象。

我们看到科学实验中虽然儿童动手操作的机会多了，但这种实验或操作是否是适合的则没有被关注。一个活动只是简单地将豆子装进瓶子摇一摇，这对于小班下学期的孩子来说过于简单，过于肤浅，一个2、3岁的孩子在日常生活操作中这样的现象早已掌握；浮沉实验中，材料不加任何分层，一股脑都推给孩子操作，结果当纸张、曲别针等先浮后沉的时候，教师也只是给予集中答案——沉下去即可；乌鸦喝水实验中，教师不是让孩子自由表达和分享观察到的现象，而是不断追问孩子为什么不同材料水面上升的不一样，可怜的孩子们只能猜谜语似地回答，"因为×××不认真""因为×××时间不够""因为石头重"等，最终还是强调以知识的学习代替孩子的体验性学习。

其实我们要摈弃非此即彼的极端思维模式，基于以上两种情况，我国的学前教育改革应该在儿童发展与社会协调、儿童经验与知识逻辑、儿童主体与教师主导以及过程导向与目标导向之间进行兼容和平衡。[①] 当然这对儿童教师的专业素质提出了较高的要求。

二　教师专业发展的方向是培养有准备的优秀教师

在第二版的发展适宜性实践立场声明中强调了教师是实践的关键环节，在第三版声明中，全美幼教协会又专门解释了所谓的"优秀教师"，并系统地论述了如何做一名有准备的优秀教师，以让儿童得到最优化的发展。有准备的教师是对儿童的年龄特征、个体差异和文化背景有了充分了解并能在教育教学实践中有所体现的教师。全美幼教协会有专门的儿童教师专业标准的规定，重点是与孩子互动，课程设置，工作人员与家长的沟通，更多的工作人员资格，物理环境和项目评估（NAEYC，2003）。这也代表了目前美国儿童专业人士的定义。一些研究发现，有准备的教师能够保证高等或中等质量的课堂教育，并能够表现出更为适当的教学实践、更

---

① 朱家雄：《对"发展适宜性教育"的反思》，《学前教育》2009年第7—8期。

好的教学行为和对受教育者家庭做出更为积极的回应。[①] 儿童在由这样的教师所掌控的课堂中，在社会性、语言和认知能力等方面能够获得更好的发展。[②]

教师上岗的前提条件是教师接受适宜的培训并取得相关的资格，然而，这却不是有准备的教师的全部。在教师的专业发展方面，美国儿童教育更强调在职教师培训是非常有效的。美国早期教育研究者凯茨借瑞吉欧教育中的成功经验提示美国儿童教育工作者"从根本上说，瑞吉欧的教师和那里的儿童一样都不是'培训'出来的。相反，教师投入到一个学习环境之中，这个学习环境支持教师和儿童、家长、其他教师以及其他工作人员建立各种联系，这些联系反过来支持教师之间共同建构关于儿童、学习过程以及教师角色的有关知识。"[③] 也就是说，就教师的专业知识建构而言，"实践者的知识比许多学术界研究者的知识具有更深一层的含义，教师是能够解释教育现象的人"[④]。一个优秀的教师专业化发展过程有6个核心要素[⑤]：①对教育机构的使命感以及共同的教育价值观。②每一个教室中设置两位地位平等的教师，为合作、共同建构以及强弱互补的专业发展提供了基础。③设置教育协调员这个专业职位。教育协调员不是培训者，他是在教师、儿童、家长和教育机构之间建立联系的关键人员。除了为教师提供高水平的理论与实践方面的专业知识以外，教育协调员是让瑞吉欧教育法之火熊熊燃烧的"火柴"不断促使教师探索不同的视角、反

---

① 康永祥：《美国教师预备与学前教育收益研究述评》，《学前教育研究》2008 年第 6 期，第 3—7 页。

② 康永祥：《美国教师预备与学前教育收益研究述评》，《学前教育研究》2008 年第 6 期，第 3—7 页。

③ Philips, C. B., & Bredekamp S. Reconsidering early childhood education in the United States：Reflection from our encounters with Reggio Emilia. In Carolyn Edwards, Lella Gandini, & George Forman (Eds.). *The Hundred Languages of Children：The Reggio Emilia approach：advanced reflections* (2nd Edition). Greenwich, NJ：Ablex Publishing Corporation, 1998, p. 442.

④ C. Edwards 等编著：《儿童的一百种语文：瑞吉欧·艾蜜莉亚教育取向— 进一步的回响》，台湾心理出版社 2000 年版，第 79、95 页。

⑤ Philips, C. B., & Bredekamp S. Reconsidering early childhood education in the United States：Reflection from our encounters with Reggio Emilia. In Carolyn Edwards, Lella Gandini, & George Forman (Eds.). *The Hundred Languages of Children：The Reggio Emilia approach：advanced reflections* (2nd Edition). Greenwich, NJ：Ablex Publishing Corporation, 1998, pp. 442—447.

思现状、重新思考他们的教育经验以成为一名反思型的教师。④足够的专业发展时间，例如花三年时间和同一组儿童待在一起，以对儿童的发展有一个完整的认识。⑤把对儿童工作的记录作为教师专业发展的工具。⑥教师专业发展是一个持续发展的历程，这不仅是一个个人的历程，更是一个集体反思的历程。凯茨进一步指出："我认为师生之间关系的内容可以用来评价一个儿童教育方案的质量。假如某个教育方案中的教师个体之间和群体之间的互动主要关注儿童的学习、计划和思考以及他们之间的兴趣，而很少关注有关规则和常规的那些问题，那么我认为这个教育方案就具有知识上的生命力。"①

借鉴美国的学前教育经验，我国学前教育面临教师队伍建设与专业发展的巨大挑战，国家和儿童教育工作者需要一起努力，逐步提高儿童教师队伍的整体素质，培养有准备的优秀教师。重视教师在职培训中的实践性知识的学习与运用，促进教师积极参与反思性行为，形成革新的和支持的保教环境，是促进我国儿童教师专业发展的重要途径。教师的多种专业角色应该包括：创建儿童成长的关怀环境，制定教学目标，精心策划为了实现重要的发展目标的课程，与家庭建立互惠合作关系，评价儿童的发展与学习。其中精心设计的课程是集中体现。

三 运用整合和多元思维重新思考我国幼儿园课程模式问题

发展适宜性实践并没有偏好哪一种课程模式，而是倡导殊途同归的理念。且各种课程模式在某种意义上具有非常好的相容性。如本研究探讨了美国多种早期教育课程模式之间的关系。也有研究者探讨了蒙台梭利教育法和建构主义②、蒙台梭利教育法和加德纳的多元智力理论③以及蒙台梭利教育法与瑞吉欧教育法④之间的融合。改革开放以来，我国幼儿园课程

---

① Katz, L. What can we learn from Reggio Emilia?. In Carolyn Edwards, Lella Gandini, & George Forman (Eds.). *The Hundred Languages of Children: The Reggio Emilia approach: advanced reflections (2nd Edition)*. Greenwich, N7: Ablex Publishing Corporation, 1998, p.37.

② Elkind, D., Montessori and constructivism. *Montessori Life*, Winter 2003, 15 (1), 26—29.

③ Vardin, P. A., Montessori and Gardner's theory of multiple intelligences. *Montessori Life*, Winter 2003, 15 (1), 40—43.

④ Edwards, C. P., "Fine designers" from Italy: Montessori education and the Reggio Emilia Approach. *Montessori Life*, Winter 2003, 15 (1), 34—39.

改革就是一部学习西方幼儿园课程模式的历史，学习西方学前教育课程模式也是当前我国幼儿园课程改革和发展过程中一股势不可挡的潮流。西方一些优秀的课程模式，如瑞吉欧教育法、高瞻方案等，对我国学前教育的改革和发展产生了重要的影响。因其关注了儿童的学习和发展特点，且实践性强。但是，反思我国学习和借鉴西方多种学前教育课程模式的现实状况却不容乐观。"活动学习"之后，"蒙台梭利""瑞吉欧""多元智能"轮番登台……在各种课程模式间徘徊和打转，却少有突破。所以说，20世纪80年代以来，我国学前教育课程改革走了一条盲从西方学前教育课程模式的道路。

所以，某种意义上来说，这种课程模式改革与教育实践的改革脱节问题是必然的。我国的改革多半只是接受某种理论，然后由改革的推进者高喊改革的口号，继而全面"扫荡式"地更换旧的课程。美国专家施瓦布（J. J. Schwab）对此作了诊断，盲目地依赖理论，会使改革处于危机之中。我国幼儿园教师在改革实施中多是"忠实取向"的，但实施远非"应该怎么做，就要怎么做"一般简单，实施会受多种因素的影响。如教师在教育、教学上的"惰性"，有意无意会产生对新理念的抵触和抗拒。这样必然会导致改革的落空。除此之外，教育行政部门的推动和园长的支持、家长和社会的可接受程度和幼儿园教师的专业水平和能力等等都会影响教育实践。填补教育理念与教育实践的脱节，其依据并非是孰优孰劣，孰是孰非，而是其适宜性。

美国国家研究院早期教育委员会于21世纪初曾发表过题为《渴望学习》的研究报告，指出了没有任何一种课程或教学模式被证明是完美的，儿童接受精心策划，课程目标明确又能整合各个领域的优质早期教育，将使他们掌握更多更好的学习技能，为适应下一阶段学校教育的复杂要求打好基础。优质的学前课程应该关注儿童阅读、数学和科学的内容，因为他们认为在这些领域，对于生活在贫困、母亲受教育水平低等家庭中的儿童能够学习的东西要比我们了解得更多。所以，不是一味地反对读、写、算等知识技能的教学，而是要根据社会文化要求进行调整，找到其适宜的教育方式。

其实，正如发展适宜性实践课程所言，课程模式本身应是开放的，各种课程模式都在"博取众家之长"。这也就也就意味着世界上并不存在一种最优的、放之四海而皆准的课程模式。因为每一所幼儿园、每一个教室，都可以有自己的发展适宜性实践课程。每个儿童教育机构，每个幼儿园教师都有其自身的文化背景、成长历史、信仰、知识、价值观和兴趣等，都需要从自身的具体情况思考幼儿园课程设计。发展适宜性实践的核心理念：年龄适宜性、个体适宜性、文化适宜性和教师教学的有效性，这四个要素才是优质的学前教育课程模式的保证。这四个要素可以帮助我们拨开众多课程模式的层层迷雾，我们需要深刻认识到在此理念的支撑下，如今我们需要以整合和多元的思维来认真审视目前我国多种学前教育课程模式，不是去致力于寻找最优的单一课程模式，而是试图在多种课程模式的学习与借鉴过程中，创造出自己的课程模式。

四 重视"让儿童的学习看得见"的质性评估

尽管发展适宜性实践提出了儿童早期学习标准，但发展适宜性实践强调对儿童的发展进行质性评估，那就是记录。这二者之间并不矛盾，因为学习标准是结果，是目标，而记录的质性评估则是关注发展的过程，只有发展的过程是适宜，那么达到的目标才能是适宜的。凯茨指出记录有着四个方面、同等重要的启示：首先，记录有助于儿童拓展和深化他们从"方案活动"和其他工作中所进行的学习；其次，记录可以帮助父母敏锐地意识到他们孩子在学校中的经验；再次，记录是教师研究的一种重要类型，它可以锐化和聚焦教师对于儿童意图和理解的注意力，同时记录还可以帮助教师锐化和聚焦他们在儿童经验中的作用；最后，记录可以为我们了解儿童的学习和进步提供信息，这些信息是不能通过正式的标准化测验以及核查表所发现的。[①] 发展适宜性评价的核心是关注每一个婴儿童的现有水平及其发展状况；教师细致观察和认真记录婴儿童的身心特征与实际需要，强调家长参与的重要性；注重借助各种信息渠道充分而全面地了解婴儿童的发展状况，进而为设计教养方案提供具体参考，以更好地促进婴儿童发展。[②] 旨在让教师通过观察、记录、解读、对话、意义生成等过程，让教师认识儿童，提供适合他们发展的教育。

---

① Katz, L. What can we learn from Reggio Emilia?. In Carolyn Edwards, Lella Gandini, & George Forman (Eds.). *The Hundred Languages of Children*：*The Reggio Emilia approach*：*advanced reflections* (*2nd Edition*). Greenwich, N7：Ablex Publishing Corporation, 1998, pp. 38—39.

② 尹坚勤：《美国0—3岁婴儿童发展适宜性评价简介》，《儿童教育》（教育科学）2010年第6期，第53—56页。

　　我国幼教教育界也强调使用档案袋评价等质性评价，但教师一般是为了评价儿童的学习结果，而发展适宜性评价强调使用记录是为了评价儿童的学习过程，以及如何进一步引导儿童建构自己的知识。我国教育部和儿童教育工作者历时 6 年之久的研讨，提出了我国特色的《指南》，目前状况下这一指南的提出更加剧了教师对学习结果的关注。笔者曾就《指南》的意义和实施访谈过杭州部分幼儿园园长，主要有三种实施的错误倾向：一是将这个标准作为评估的标准来使用，而不会将标准与教育、教学活动联系起来加以贯彻实施，缺乏将其作为自我实践反思的工具；二是表示这个标准太简单了，80%—90% 的孩子都能达到，所以对其教育教学几乎不会有影响；三是认为这个标准的达成比较容易，其意义就是减负，在教育教学中就是减负，将原来比较多的知识技能的内容变简单。这几种认识让我们对《指南》的实施捏一把汗。

　　我们应借鉴发展适宜性评价的真正要义，切实地关注儿童的发展过程，推动我国学前"适合儿童发展的教育"的发展。全美幼教协会 2002 年报告指出："考量任何一个学习指标的基准在于，它是否能够提升正面的教育和儿童发展的成果表现。"①

　　当然，对于发展适宜性实践我们不能简单地照搬，诚如托宾所言："无疑，许多美国的学前教育工作者很高兴看到在中国的幼儿园中推广建构主义、活动区角、自我表达、方案教学。但是作为一个教育人类学者，我担心这些教学法将如何融入中国的文化传统和价值观之中，以及在贯彻这些方法时，如何考虑中国社会本土的实际情况。"② 杜威当年在中国演讲的时候曾经对中国渴望通过学习外国强盛民族和国家的心情表示了解，但是他语重心长地提示说："一国的教育决不可胡乱模仿别国。为什么呢？因为一切模仿都只能学到别国的表面种种形式编制，决不能得到内部的特殊精神。况且现在各国都在逐渐改良教育，等到你们完全模仿成功时，他们早已暗中把旧制度逐渐变换过了。你们还是落后赶不上。所以我希望中国的教育家一方面实地研究本国本地的社会需要，一方面用西洋的教育学说作为一种参考材料，如此做法，方才可以造成一种中国现代的新

---

　　① 李季湄、冯晓霞主编：《3—6 岁儿童学习与发展指南》，人民教育出版社 2013 年版，第 34 页。

　　② 朱家雄主编：《国际视野下的学前教育》，华东师范大学出版社 2007 年版，第 142 页。

教育。"① 英国比较教育学家萨德勒（M. E. Sadler）也曾经不无讽刺地指出："我们不能随便漫步于世界教育制度之林，犹如一个小孩逛花园一样，不时地从一堆灌木丛中摘下一朵花，从一棵树上采一些枝丫，并期望如果我们将这些采集的东西移植到本国的国土上，我们就能拥有一颗茂盛的大树。"②

这里以这样的思维来分析《指南》的适宜性。《指南》的颁布实际上是受美国早期儿童学习标准的影响，但二者之间还是有差异的，主要表现在当前社会背景下，不同的文化背景对儿童学习标准的要求是不同的。美国早期儿童学习标准是有挑战性的目标，而我国《指南》的目标是基础性的目标；美国早期儿童学习标准强调标准的一致性和连续性，而我国《指南》的目标则强调不同年龄阶段的差异性；美国早期儿童学习标准的框架是一个强框架，即不仅对学习结果有要求，还有规定达到标准化的程度；而我国《指南》在结构框架上体现了弱框架的弹性特点。即其所规定的课程内容与要求相对比较宽泛，对教师的教学指导也往往是建议性的，而非规定性的。其实，发展适宜性实践的最大生命力也正在于其切中美国的社会和时代背景，并随着时代的发展而不断完善，这对我国学前教育在其内部的发展和完善无疑是有重要的警示作用的。我们在参考的时候应该关注的是发展适宜性实践早教方案总的指导原则，对于其具体到教学情境中的指导环节应该根据本国实际情况考虑。

《指南》为学前教育工作者促进儿童的学习提供了广泛的指导，帮助他们规划、实施和质量评估，同时也为各个地方和各种学前教育机构的具体实施奠定了基础。但这个框架不是被强制执行的，其所规定的学习标准，不是主要让儿童去学习这些领域中的学科知识内容，而是引导儿童初步形成探究周围世界这些领域中各种现象的能力和方法，因为这其中的每一个领域都有补充的其特定的方式方法的内容。其隐含的含义有三层：

第一，这个框架就像一个透镜，为认识儿童和学前教育事业提供了一种视角，为理解学前教育实践并确保其有意义提供了一种取向；

---

① 杜威：《杜威在华演讲集》，《杜威教育论著选》，赵祥麟、王承绪编译，华东师范大学出版社 1981 年版，第 44 页。

② 《萨德勒我们从对外国教育制度的研究中究竟能学到多少有实际价值的东西？》，开振南译，赵中建校，赵中建，顾建民选编：《比较教育的理论与方法——国外比较教育文选》，人民教育出版社 1994 年版，第 11 页。

第二，这个框架就像是一个筛子，透过它，教师过滤他们对教学实践的反思性思考；

第三，这个框架还像房子的设计，房子的设计会给出一些基本的规定：如房子的地理位置、形状、基本的尺寸、房间的大小等等，但再详细的设计，也不可能完全反映出房子建造好之后的全貌，儿童早期学习标准也是如此，它具体规定并详细阐述了儿童学习和发展的结果目标，但同时也努力促进多样化、创新性和独特性，它不是强制和限制，不规定同质化、单一性的教学实践，而是为课程与教学的多样化提供充分的空间，它也不是教师照着做的教条，而是为教师理解怎样教和为什么教提供一种思考方式。

其优点是实施起来比较灵活，能顾及教学实践的情境性，为教育机构和教师在实践中的创造性发挥提供了较大的空间。但同样有一定的缺点，由于这种课程纲要的实施对教师的专业素质要求比较高，因此如果教师的专业素质跟不上，则往往很难落实其目标。

《指南》在内容领域划分上看，根据领域划分的基本思路分为基于学科领域的划分和基于儿童生活的划分。基于学科领域的划分思路是按照学科领域的形式来建构儿童要学习的经验和知识，而基于儿童生活的划分思路是指不是把儿童作为一个要学习各种学科领域知识的学习者，而是把儿童作为身处在具体社会文化生态之中的生活主体，他们要过一种有意义的生活，一种不脱离其具体社会文化处境的生活。虽然《指南》沿用了以往《规程》《新纲要》的基于学科领域的划分方式，但特别强调了二者之间的平衡与兼容，而非对立。《指南》构建了健康、语言、社会、科学、艺术五大领域。但是，对于这五大领域，强调其为"教育内容"而不是"课程内容"，这在一定程度上应该是反映了力图规避我国学前教育领域对幼儿园课程的学科化、知识化理解的传统倾向。并且在《指南》中还特别强调了要注重学习与发展各领域之间的相互渗透和整合，从不同角度促进儿童全面协调发展，而不要片面追求某一方面或几方面的发展。这种对内容领域之间结构关系的定位，有利于推动儿童的整体性发展，儿童的认知和生活是内在统一的。

另外，在《指南》中有了以往政策法规所没有使用的解释性语言。一般政策文本的语言讲究简洁、明了，不做过多的解释。比如我国2001年颁定的《新纲要》中，就几乎没有解释性的话语表达。《指南》使用简单和通俗的语言来解释儿童学习和发展标准，有助于教师和家长的理解。当以可理解的语言解释标准时，来自不同背景的教师和家长都会对政策获得较好的理解。这当然会继而推进标准的有效实施。并且也正是从这一点上，很多研究者看出了其对家园共育的一种新的表达。

第四节 问题：干预应该产生立竿见影的效果吗？

许多的早期教育干预项目在提高儿童的智商和小学前两年的学业成就测试分数上体现了一些短期的效果（Lee，Brooks-Gunn，Schnur & Liaw，1990；Royce，Darlington & Murray，1983；Schweinhart & Weikart，1985）。然而，我们看到这种短期的效果并不能弥补他们长期遭受的多种多样的社会弊病所带来的损失。我们期望其在更广泛的范围内，持续产生长期的积极的影响。那就不应该仅仅关注短期的学业成就，更应该关注其社会性和情感发展水平的提高。一项对学前参加认知发展课程的人在 27 岁时的进一步跟踪调查显示了持续的积极效果（Schweinhart，Barnes & Weikart，1993）。结果表明，与控制组相比，这些人在成年时收入更高，成家立业的比率更高，显示出对婚姻更强的责任感，较少依赖社会福利，犯罪率明显要少。这一纵向研究证实了高质量的儿童早期干预使儿童终身受益，对整个社会也有积极作用。海伊斯科普基金会的研究者估计，社会在参加者的早期教育中每投入 1 美元，便可以得到 17 美元的回报（Schweinhart et al. ，2005）。[1]

正如全美幼教协会最近有一份报告《早教的科学发展：填平所知和所做之间的鸿沟》，里面有这样的陈述，"如果我们现在对儿童和家庭进行明智的投资，就能从下一代收到回报。他们会一辈子都有所作为，做有责任的公民。如果我们不能为儿童提供所需，不能为他们未来的健康、有创意的生活打下坚实基础，我们未来社会的繁荣和安全就会陷入危险境

---

① Schweinhart, L. J. , Montie, J. , Xiang, Z. , Barnett, W. S. , Belfield, C. R. , & Nores, M. *Lifetime effects*: *The High/Scope Perry Preschool study through age 40*. Monographs of the High/Scope Educational Research Foundation, 14. Ypsilanti, MI: High/Scope Press. 2005.

地"①。这份报告由神经生物学家、发展心理学家和经济学家共同撰写，为确保对下一代进行明智的投资，提供了科学研究方面的支持。报告还有很重要的一个内容是持续强化了认知和社会情感发展之间的相互关系。"大脑是高度复杂的器官，工作时多项功能充分协调。情感愉悦和社交能力为新兴的认知能力奠定了坚实的基础，它们又共同构成人类发展的基石。"②

"但是，所有这些利好发生之前，要满足一个必要的前提条件，即必须是高质量的学前教育。仅扩大学前教育服务范围，而不注意质量，对儿童来说，将不能获得好的结果，对社会来说，也将无法获得长期的生产力效益。"③ 所以，对于发展适宜性实践的影响结论，并不必纠结于上面很多研究指出的其对儿童认知发展的效果不显著，其对儿童的社会性发展产生影响的结论基本是一致的。如埃里克森等理论家所指出的，这些品质的发展在儿童早期至关重要，帮助儿童培养良好的社会性适应能力或许具有长远的影响。并且，发展适宜性实践的实施，在一定程度上促进了弱势贫困的和面临风险的儿童的发展具有促进作用，对于解决一定的社会问题意义重大。我们需要的是未雨绸缪，而不是仓促应对。"一个国家创造伟大财富的关键因素，向来就是该国乐于为它的所有儿童的新机遇而投资，帮助他们成为社会的有用成员。"④

---

① National Scientific Council on the Developing Child. Cambridge：The Council，2005.1．［cited 2007 April 9］. Excessive stress disrupts the architecture of the developing brain. Working Paper No. 3. http：//www. developingchild. net/pubs/wp/Stress_ Disrupts_ Architec-ture_ Developing_ Brain. pdf.

② National Scientific Council on the Developing Child. Cambridge：The Council，2005.8．［cited 2007 April 9］. Excessive stress disrupts the architecture of the developing brain. Working Paper No. 3. http：//www. developingchild. net/pubs/wp/Stress_ Disrupts_ Architec-ture_ Developing_ Brain. pdf.

③ OECD. *Starting Strong* Ⅲ：*A Quality Toolbox for Early Childhood Education and Care*. OECD，2012. 9. http：//www. oecd. org/edu/preschoolandschool/startingstrong-aqulitytoolboxforearlychildhoodeducationandcare. htm. 2012 – 05 – 28.

④ Department of Education and Skills. *Every Child Matters*，*Change for Children*，*Common Assessment Framework*. 2007. 1. http：//www. everychildmatters. gov. uk/deliveringservices/caf/.

结　语

不会游泳的小鸭子①

从前，有一个老头和一个老太婆生活在山顶的一所大房子里。每天，在工作结束后，他们都会坐在门廊下休息。老头和老太婆都非常喜欢欣赏山谷下那个美丽的大池塘，他们也很喜欢看夕阳西下在水面倒映出层层波光，微风拂过，树梢摇曳。

一天傍晚，当老头和老太婆正在欣赏池塘的美景时，他们突然想到，如果池塘里还能有几只小白鸭游来游去，也许会更美丽。于是，他们开始在报纸上寻找出售鸭子的广告。终于有一天，他们发现了写着"卖鸭子"的广告，他们打了电话，立刻去了卖鸭子的地方。一路上，他们都在想象着鸭子在池塘里游泳的美丽场景。

老头和老太婆开着他们的卡车往山上爬，绕过弯弯曲曲的小路，越来越高。最后，他们终于到了卖小白鸭的地方。卖主把他们带到了一个很大的鸡舍里，鸭子们一生都在这里生活。老头和老太婆一看到那些美丽的白鸭子就激动得不得了，一口气买下了 5 只。他们把鸭子放在了卡车上的笼子里，之后开车回家。翻过山岭，绕过弯曲的小路，鸭子们一路都在嘎嘎叫。

当老头和老太婆到家时，他们迫不及待地想把 5 只小白鸭带到池塘。于是，他们直接把卡车开到了池塘边，放下笼子。小白鸭立刻跑出笼子，可是，却迟迟不跳进池塘。鸭子们站在池塘边，绕着池塘散步，但就是不进入水中。老头开始吆喝鸭子，想把它们赶到池塘里。然而，鸭子还是在池塘边上打转，怎么也不肯把长着蹼的鸭掌放进水

---

① 选自 ［美］ Rebecca T. Isbell Shirley C. Raines：《儿童创造力与艺术教育》，王工斌、杨彦捷、王景瑶、顾理澜、张丽娟译，北京师范大学出版社 2012 年版，第 193 页。

里。鸭子们看着池塘，却似乎不想尝试在池塘里游泳。

老头和老太婆感到非常奇怪，为什么这些鸭子会害怕水呢？鸭子会游泳不是天经地义的吗？他们每天都会走到池塘边，试着赶鸭子下水，而鸭子却每次都只是绕着池塘走，从不下水。有一次，老头把一只鸭子赶到了水边，那只鸭子却在碰到水的瞬间马上缩回了脚，好像水很烫似的。几个月过去了，鸭子们从来都没有在池塘里游过泳，它们只是不断地绕着池塘走。这些鸭子绝不下水游泳。直到今天，这5只鸭子还是不知道自己能游泳，它们只是一圈一圈地绕着美丽的池塘走着。

故事中的鸭子之所以不会游泳，根本的原因就是饲养者的态度和价值观的问题。不尊重鸭子的生活特点，将其放在鸡舍中饲养，鸭子当然不会游泳。

发展适宜性实践其实质就是一套在尊重儿童基础上促进儿童发展的价值理念，即早期教育实践应该适合儿童的发展和学习特点，适合儿童的个性特点，适合儿童的社会文化背景，并确保教师教学的有效性。

本研究描述了一个以此价值理念为基础建构的早期教育立方体。定义和分析了早期教育的知识基础，因为教育与儿童打交道的大人，仅告诉他们做什么、在哪儿做、什么时间做是不够的。"怎样"和"为什么"也必须使他们知道。课程、教学和评价建立在清楚表明的早期教育的知识基础之上，使参与其中、经历了具体状况的人对复杂、多元、动态的早期教育产生了更好的理解，从而建构一个完整的早期教育图画，而不是一些碎片。

发展适宜性实践起源甚至可以追溯到20世纪初，早期儿童哲学家受教育家约翰·杜威、帕蒂·史密斯·希尔和卡罗林·帕莱特等思想的影响。皮亚杰、维果茨基、埃里克森等的思想都是其继承和发展。并且，发展适宜性实践这个讨论将不会停止，全美幼教协会将会每6—10年对其立场声明进行回顾和修订。"教学策略可能会改变，但是知识和态度将一直不变。"[1] 我们可以把发展适宜性想成是"一种专业思想的演变，这还继

---

[1] Copple, C. and S. Bredekamp, *Developmentally Appropriate Practice in Early Childhood Programs Serving Children from Birth through Age 8*, *3d ed.* Washington, DC: NAEYC, 2009, p. 333.

续会在几十年之后出现"。① 如2012年11月7—10日在佐治亚州的亚特兰举行的全美幼教协会年会议题就是"21世纪的发展适宜性教育实践"（Developmentally Appropriate Practice in the 21st Century）。探讨了迎接挑战——在标准与问责时代的发展适宜性教育实践。追求适宜性是一种历史责任。随着儿童发展科学的兴起，人们对儿童的认识越来越深入，适宜性是一个历史的、相对的概念，是教育的一种核心追求，追求适宜性永无止境。

美国发展适宜性实践旨在提高美国的早期保育与教育质量，具有典型的美国特征。但支持美国早期教育的核心信念和价值观又何尝不是我们正在追寻的提高国内早期教育质量的方法。发展适宜性实践被美国学前教育界奉为"绿色圣经"（the Green Bible），不仅是因为书的最初版本的封面是绿色的，更因为它倡导了"绿色教育"的思想，即"以儿童为本"，倡导可持续的、生态的、健康全面的发展。俗语说："有志者，事竟成。"我国早期保育与教育的未来依赖于反说这句俗语是否成立：那里有一条路，但你有意志吗？实践中，今天的教师不是被要求去开始新的东西和改变他们所做的所有事情，相反，他们被要求结合自己有关儿童发展的知识开展工作。不变的问题是："我所做的是依据了我对这一个/群儿童的认识吗？"出路很清楚——现在就开始吧！

最后，笔者想用国际早期教育协会（The Association for Childhood Education International）2001年发表过的文章《以儿童为中心的幼儿园》中的一首小诗与全体幼教工作者共勉。

　　　"准备好去幼儿园"意味着什么？②
　　　准备好去幼儿园
　　　我不理解大家最关心的东西，
　　　不知为何它看起来不适合这里，
　　　而且是错误的，

---

①　Kostelink, M. J. Myths associated with developmentally appropriate programs. *Young Children*, 1992, 45（4），17—23.

②　Moyer, J. The child-centered kindergarten. A position paper, Association for Childhood Education International. *Childhood Education*, 2001, 77（3），161—166.

就像正在演奏的旋律配合不上所唱的歌曲。

我曾认为学校是服务于儿童的，不是儿童服务于学校，

或者我们已经丢弃了这种观点，

混淆了规则。

难道我们不是把幼儿园设想为一个支持儿童学习的地方，

而不是一个需要拼命去掌握各种复杂能力的学习室？

看一看我们给父母的

关于儿童需要知道哪些东西的建议吧，

为的是让儿童在进入幼儿园之前做好准备。

它们是入园评估注意事项，

包括身体灵巧的、社会技能以及学业准备。

我不理解大家最关心的东西，

不知为何它看起来不适合于这里，

而且是错误的，

就像正在演奏的旋律配合不上所唱的歌曲。

把幼儿园作为儿童的学习室

这一观念看起来极其荒唐，

但是我没有听到有很多人问，

幼儿园为儿童做好准备了吗？

参考文献

（一）外文参考文献

1. Adams, G. L. , & Engelmann, S. E. （1996）. *Research on direct instruction：Twenty-five years beyond DISTAR.* Seattle：Educational Achievement Systems.

2. Ahola, D. , & Kovacik, A. （2007）. *Observing and understanding child development：A child study manual.* Clifton Park, NY：Delmar/Cengage.

3. Allen, K. E. , & Marotz, L. R. （2003）. *Developmental profiles：Pre-birth through twelve* （*4th ed*）. Canada：Delmar Learning.

4. Althouse, R. , Johnson, M. H. , & Mitchell, S. T. （2003）. *The colors of learning ：Intergrating the visual arts into the early childhood curriculum.* New York：Teachers College Press; and Washington, DC：NAEYC.

5. Amos-Hatch, J. , &Freeman E. B. （1988）. Kindergarten philosophies and practices：Perspectives of teachers, principals, and supervisors. *Early research quarterly*, No. 3, pp. 151–166.

6. Archana, V. H. , & Deborah, J. C . （2009）. Teachers' beliefs and practices regarding developmentally appropriate practices：a study conducted in India. *Early Child Development and Care*, Vol. 179, No. 7, pp. 837–847.

7. Bank Street College of Education. （2000）. *Bank Street School for Children Curriculum Guide.* New York：the Author .

8. Banks, J. A. , & McGee-Banks, C. A. （Eds. ）. （2003）. *Multicultural education：Issues and perspectives* （4th*ed.* ）. New York：Wiley.

9. Barbour, N. H. , & Seefeldt, C. （1993）. *Developmental continuity across preschool and primary grades：Implications for teachers.* Wheaton, MD：Association for Childhood Education International.

10. Barbour, C. , Barbour, N. & Scully, P. （2008）. *Families, schools, and communities：Building partnerships for educating children.* Upper Saddle River, NJ：Pearson Education.

11. Baroody, A. J. (2000). Does mathematics instruction for three to five-year-olds really make sense?. *Young Children*, Vol. 55, No. 4, pp. 61 – 67.

12. Beatty, A. (1995). *Preschool Education in America: The Culture of Young Children From the Colonial Era to the Present*. New Haven, Conn: Yale University Press.

13. Benjamin, A. C. (1994). Observations in early childhood classrooms: Advice for the field. *Young Children*, Vol. 49, No. 6, pp. 14 – 20.

14. Bentley, S., & Wilson, E. (1989). NAEYC's developmentally appropriate practice guidelines: Current research. Paper presented in the preconference sessions at the meeting of the National Association for the Education of Young Children, Atlanta, GA.

15. Bentzen, W. R. (2005). *Seeing young children: A guide to observeing and recording behavior* (5th ed.). Clifton Park, NY: Cengage.

16. Bergen, D. (Ed.). (1987). *Play as a medium for learning and development: A handbook of theory and practice*. Portsmouth, NH: Heinemann, pp. 81 – 101.

17. Berger, E. (2004). *Parents as partners in education: Families and schools working together*. Upper Saddle River, NJ: Pearson Education.

18. Bereiter, C. (1986). Does direct instruction cause delinquency? *Early Childhood Research Quarterly*, No. 1, pp. 289 – 292.

19. Biber, B., Shapiro, E., & Winsor, C. (1971). *Promoting cognitive growth from a developmental-interaction point of view*. Washington, D. C.: National Association for the Education of Young Children.

20. Biber, B. (1977). A developmental-interaction approach: Bank Street College of Education. In M . C. Day& R . K. Parker (Eds.), *The preschool in action: Exploring early childhood programs (2nd Edition)*. Boston: Allyn & Bacon.

21. Billman, J. & Sherman, J. (2003). *Observation and participation in early childhood settings: A practicum guide*. Boston, MA: Pearson Education.

22. Birnson, S. A. (2005). R-E-S-P-E-C-T for family diversity. *Dimensions of Early Childhood*, Vol. 33, No. 2, p. 24.

23. Blackburn, S. (Ed.). (1996). *Dictionary of philosophy*. Oxford: Oxford University Press.

24. Bloom, P. J., Isenberg, P., & Eisenberg, E. (2003). *Reshaping early childhood programs to be more family responsive*. America's Family Support Magazine.

25. Bloch, M. N. (1991). Critical science and the history of child development's influence on early educational research. *Early Education and Development*, Vol. 2, No. 2, pp. 95 – 108.

26. Bodrova, E., & Leong, D. (2004). *Chopsticks and counting chips: Do play and foun-*

dational skills need to compete for the teacher's attention in an early childhood classroom? In Spotlight on young children and play. Washington DC: NAEYC.

27. Bowman, B. T., Donovan, S., & Burns, M. S. (Eds.). (2000). *Eager to Learn: Educating Our Preschoolers.* Washington DC: National Academies Press.

28. Bowman, B. T. (2006). Standards at the heart of educational equity. *Young Children,* Vol. 61, No. 5, pp. 42 – 48.

29. Bransford, J. D., Brown, A. L., & Cocking, R. R. (Eds.). (1999). *How people learn: Brain, mind, experience, and school,* Washington, DC: National Research Council.

30. Bredekamp, S. (Ed.). (1987). *Developmentally appropriate practice in early childhood programs serving children from birth through age* 8 (*Exp. ed.*). Washington, DC: National Association for the Education of Young Children.

31. Bredekamp, S. (1993). Myths About Developmentally Appropriate Practice: A Response to Fowell and Lawton. *Early Childhood Research Quarterly,* No. 8, pp. 117 – 119.

32. Bredekamp, S., & Copple, C. (Eds.). (1997). *Developmentally appropriate practice in early childhood programs* (*Rev. ed.*). Washington, DC: National Association for the Education of Young Children.

33. Bredekamp, S., & Copple, C. (2006). *Basics of Developmentally Appropriate Practice.* Washington, DC: National Association for the Education of Young Children.

34. Bredekamp, S., & Copple, C. (Eds.). (2009). *Developmentally appropriate practice in early childhood programs* (*Rev. ed.*). Washington, DC: National Association for the Education of Young Children.

35. Bredekamp, S., & Copple, C. (2005). *Basics of Developmentally Appropriate Practice: An Introduction to Teachers of Children* 3 *to* 6. Washington, DC: NAEYC.

36. Bredekamp, S., Knuth, R. A., Kunesh, L. G., & Shulman, D. D. (1992). *What does research say about early childhood education?* Oak Park: North Central Regional Educational Laboratory.

37. Bredekamp, S., & Rosegrant, T. (Eds.). (1992). *Reaching potentials: Appropriate curriculum and assessment for young children.* Washington, DC: National Association for the Education of Young Children, Vol. 1.

38. Bredekamp, S., & Rosegrant, T. (Eds.). (1995). *Reaching potentials: Transforming early childhood curriculum and assessment.* Washington, DC: National Association for the Education of Young Children, Vol. 2.

39. Bredekamp, S., & Shepard, L. (1989). How best to protect children from inappropriate school expectations, practices, and policies. *Young Children,* Vol. 44, No. 3, pp.

14 – 24.

40. Bredekamp, S. (1993). Reflections on Reggio Emilia. *Young Children*, Vol. 49, No. 1, pp. 13 – 17.

41. Brickman, N. A. (1996). *Supporting young learners 2: Ideas for child care providers and teachers*, ed. Ypsilanti, MI: High/Scope Press.

42. Brickman, N. A., Barton, H., & Burd, J. (2005). *Supporting young learners 4: Ideas for child care providers and teachers*, eds. Ypsilanti, MI: High/Scope press.

43. Bronfenbrenner, U. (1979). *The ecology of human development . experiments by nature and design*. Cambirge, Mass: Harvard University Press.

44. Bronfenbrenner, U., & Morris P. A. (1998). *In Handbook of child psychology. Of Theoretical models of human development*. New York: Wiley. Vol. 1.

45. Bronfenbrenner, U. (2005). *Making human beings human: bioecological perspectives on human development/Urie Bronfenbrenner*. Thousand Oaks, Calif: Sage Publicaitons.

46. Brown, M. S., Bergen, D., House, M., Hittle, J., & Dickerson, T. (2000). An observational study: Examining the relevance of developmentally appropriate practices, classroom adaptations, and parental participation in the context of an integrated preschool program. *Early Childhood Education Journal*, Vol. 28, No. 1, pp. 51 – 56.

47. Bruner, J., & Haste, H. (1987). Introduction. In J. Bruner & H. Haste (Eds.), *Making sense: The child's construction of the world*. New York: Methuen.

48. Bryant, D. M., Burchinal, M., Lau, L. B., & Sparling, J. J. (1994). Family and classroom correlates of Head Start children's developmental outcomes. *Early Childhood Research Quarterly*, No. 9, pp. 289 – 309.

49. Bryant, D. M., Clifford, R., & Peisner, E. S. (1991). Best practices for beginners: Developmental appropriateness in kindergarten. *American Educational Research Journal*, Vol. 28, No. 4, pp. 783 – 803.

50. Buchanan, T. K., Burts, D. C., Bidner, J., & White, V. F., & Charlesworth, R. (1998). Predictors of developmental appropriateness of the beliefs and practices of first, second, and third grade teachers. *Early Childhood Research Quarterly*, Vol. 13, No. 3, pp. 459 – 483.

51. Buchanan, T. K., & Burts, D. C. (2007). Using Children's Created Cultures: Culturally Appropriate Practice in the Primary Grades. *Early Childhood Education Journal*, Vol. 34, No. 5.

52. Burts, D., Hart, C. H., Charlesworth, R., DeWolf, D. M., Ray, J., Manuel, K., & Fleege, P. O. (1993). Developmental appropriateness of kindergarten programs and academic outcomes in first grade. *Journal of Research in Childhood Education*, Vol. 8,

No. 1, pp. 23 – 31.

53. Burts, D. C. , Hart, C. H. , Charlesworth, R. C. , Fleege, P. O. , Mosley, J. , & Thommason, R. (1992). Observed activities and stress behaviors of children in developmentally appropriate and inappropriate kindergarten classrooms. *Early Childhood Research Quarterly*, Vol. 7, No. 2, pp. 297 – 318.

54. Burts, D. , Hart, C. H. , Charlesworth, R. C. , & Kirk, L. (1990). A comparison of frequencies of stress behaviors observed in kindergarten children in classrooms with developmentally appropriate versus developmentally inappropriate instructional practices. *Early Childhood Research Quarterly*, Vol5, No. 3, pp. 407 – 423.

55. Butterfield, E. , & Johnston, J. (1995). The NAESP standards for quality programs for young children: Principals' beliefs and teachers' practices. (ERIC Document Reproduction Service No. 392536).

56. Cannella, G. S. (1997). *Deconstructing early childhood education: Social justice and revolution*. New York: Peter Lang.

57. Carta, J. J. (1994). Developmentally appropriate practice: Shifting the emphasis to individual appropriateness. *Journal of Early Intervention*, Vol. 18, No. 4, pp. 342 – 343.

58. Carta, J. J. (April). (1995). Developmentally appropriate practice: A critical analysis as applied to young children with disabilities. *Focus on Exceptional Children*, Vol. 27, No. 8, pp. 1 – 14.

59. Carta, J. J. , Schwartz, I. S. , Atwater, J. B. , & McConnell, S. R. (1991). Developmentally appropriate practice: Appraising its usefulness for young children with disabilities. *Topics in Early Childhood Special Education*, Vol. 11, No. 1, pp. 1 – 20.

60. Carter, M. , & Curtis, D. (1996). *Spreading the news: Sharing the stories of early childhood*. St. Paul, MN: Redleaf press.

61. Chattin-McNichols, J. (1992). *The Montessori controversy*. Albany, NY: Delmar.

62. Charlesworth, R. (1998). Developmentally appropriate practice is for everyone. *Childhood Education*, Vol. 74, pp. 274 – 282.

63. Chalufour, I. , & Worth, K. (2004). *Building structures with young children. The Young Scientist Series*. St. Paul, MN: Redleaf Press; and Washington, DC: NAEYC.

64. Christie, J. (2001). Play as a learning medium-revisited. In S. Reigel (Ed.), *Theory in context and out* . Westport, CT: Ablex, No. 3, pp. 357 – 366.

65. Clarke-Stewart, K. A. , Lee, Y. , Allhusen, V. D. , Kim, M. S. , &McDowell, D. J. (2006). Observed differences between early childhood programs in the U. S. and Korea: Reflections of "developmentally appropriate practices" in two cultural contexts. *Journal of Applied Developmental Psychology*, Vol. 27, pp. 427 – 443.

66. Clifford, B. R. & Peisner, E. S. (1991). Best practices for beginner: Developmentally appropriateness in Kindergarten. *American Educational Research Journal*, Vol. 28, pp. 783 – 803.

67. Click, P. (2000). *Administration of schools for young children*. Albany, NY: Delmar.

68. Conezio, K, & French, L. (2002). Science in the preschool classroom: capitalizing on children's fascination with the everyday world to foster language and literacy development. *Young Children*, No. 9, pp. 12 – 18.

69. Connell, W. F. (1980). *A History of Education in the Twentieth Century World*. New York: Columbia University Press .

70. Copley, J. V. (1999). *Mathematics in the early years*, ed. Reston, VA: National Council of Teachers of Mathematics; and Washington, DC: NAEYC.

71. Copley, J. V. (2000). *The young child and mathematics*. Washington, DC: NAEYC.

72. Cossentino, Jacqueline. (2005). Ritualizing Expertise: A Non-Montessorian View of th e Montessori Method. *American Journal of Education*, Vol. 111, No. 2, p. 212.

73. Couchenor, D. & Chrisman, K. (2008). *Families, Schools, and Communities Together for young children. Third Edition*. Clifton, Park, N. Y. : Thomson Delmar Learning.

74. Curtis, D. & C arter, M. (2006). *The art of awareness: How observation can transform your teaching*. Upper Saddle River, NJ: Merrill/Prentice Hall.

75. Curtis, D. & Carter, M. (2008). *Learning together with young children: A curriculum framework for reflective teachers*. St. Paul, MN: Redleaf Press.

76. Charlesworth, R. , Hart, C. H. , Burts, D. C. , & Hernandez, S. (1991). Kindergarten teachers' beliefs and practices. *Early Child Development and Care*, Vol. 70, pp. 17 – 35.

77. Charlesworth, R. , Hart, C. H. , Burts, D. C. , Thommason, R. H. , Mosley, J. , & Fleege, P. O. (1993). Measuring the developmental appropriateness of kindergarten teachers' beliefs and practices. *Early Childhood Research Quarterly*, Vol. 8, No. 1, pp. 255 – 276.

78. Cross, T. (1995). The early childhood curriculum debate. In M. Fleer (Ed.), *DAP centrism: Challenging developmentally appropriate practice*. Australia: Australian Early Childhood Association, pp. 87 – 108.

79. Curtis, D. , & Carter, M. (1996). *Reflecting children's lives: A handbook for planning child-centered curriculum*. St. Paul, MN: Redleaf Press.

80. Dahlberg, G. , Moss, P. & Pence, A. (1999). *Beyond Quality in Early Childhood Education and Care: Postmodern Perspectives*. Routledge Falmer.

81. David, F. A, & Mcleod, T. M. (1995). Using Developmentally Appropriate Practice for

Teacher Self-Assessment and Attitudinal congruence: Summative Result. Research Reports.

82. Davidson, J. , & Davidson, B. (2004). *Genius denied: How to stop wasting our brightest young minds*. New York: Simon & Schuster.

83. Decker, G. & Decker, J. (2001). *Planning and administering early childhood programs*. Columbus, OH: Prentice Hall.

84. Derman-Sparks, L. (1989). How well are we nurturing racial and ethnic diversity?. *Connections*, Vol. 18, No. 1, pp. 3 – 5.

85. DeWolf, D. M. (1992). Developmentally appropriate and inappropriate practices and observed stress behaviors in preschool children. Paper presented at the preconference sessions of the meeting of the National Association for the Education of Young Children, Denver.

86. Diffily, D. (2001). Family meetings: Teachers and families build relationships. *Dimensions of Early Childhood*, Vol. 29, No. 3, pp. 5 – 10.

87. Dobbs, S. M. (1998). *Learning in and through art*. Los Angeles. CA: The Getty Education Institute for the Arts.

88. Dodge, D. T. , Heroman, C. , Charles, J. , & Maioca, J. (2004). Beyond outcomes: How ongoing assessment supports children's learning and leads to meaningful curriculum. *Young Children*, Vol. 59, No. 1, pp. 20 – 28.

89. Drew, W. F. , Christie, J. , Johnson, J. E. , Meckley, A. M. , & Nell, M. L. (2008). Constructive play: A value-added strategy for meeting early learning standards. *Young Children*, Vol. 63, No. 4, pp. 38 – 44.

90. Dugan, &Marie M . (2004). Meeting the Centennial Challenge: Achieving Montessori's Vision in the 21st Century. *Montessori Life*, Vol. 16, No. 2, p. 4.

91. Duncan, T. K. , Kemple, K. M. , & Smith, T. M. (Summer). (2000). Reinforcement in developmentally appropriate early childhood classrooms. *Childhood Education*, Vol. 76, No. 4, pp. 194 – 203.

92. Dunn, L. , & Kontos, S. (1997). Research in review: What have we learned about developmentally appropriate practice? *Young Children*, Vol. 52, No. 5, pp. 4 – 13.

93. Dunn, L. , Beach, S. A. , & Kontos, S. (1994). Quality of the literacy environment in day care and children's development. *Journal of Research in Childhood Education*, Vol. 9, No. 1, pp. 24 – 34.

94. Edwards, C. P. (2003). "Fine designers" from Italy: Montessori education and the Reggio Emilia Approach. *Montessori Life*, Winter Vol. 15, No. 1, pp. 34 – 39.

95. Elkind, D. (1989). *Developmentally appropriate practice: Philosophical and practical implications*. Phi Delta Kappan, Vol. 71, pp. 113 – 117.

96. Elkind, D. (2003). Montessori and constructivism. *Montessori Life*, Winter Vol. 15,

No. 1, pp. 26 – 29.

97. Elias, C. L. , & Berk, L. E. (2002). Self-regulation in young children: Is there a role for sociodramatic play? *Early Childhood Research Quarterly*, Vol. 7, No. 2, pp. 216 – 238.

98. Elias, M. J. , Zins, J. E. , Weissberg, R. P. , Frey, K. S. , Greenberg, M. T. , Haynes, N. M. , Kessler, R. , Schwab-stone, M. E. , &Shriver, T. P. (1997). *Promoting social and emotional learning: Guidelines for educators*. Alexandria, VA: Association for Supervision and Curriculum Development.

99. Eliason, C. , & Jenkins, L. (1999). *A practical guide to early childhood curriculum*. Upper Saddle River, NJ: Prentice Hall.

100. Emily D. C. (1989). *Past Caring: A History of U. S. Preschool Care and Education for the Poor*, 1820 – 1965. National Center for Children in Poverty.

101. Epstein, A. S. &Schweinhart L. J &McAdoo, L. (1996). *Model of Early Childhood Education*. DC: /Head Start Bureau.

102. Epstein, A. S. (2003). How planning and reflection develop young children's thinking skills. *Young Children*, Vol. 58, No. 5, pp. 28 – 36.

103. Ernest, &James M. (2001). Parents' and Teachers' Subjective Beliefs about Developmentally Appropriate Practices. Paper Presented at the Annual Meeting of the American Educational Research Association. Seattle, WA, pp. 10 – 14.

104. Epstein, P. (1990). A republic schools ready for Montessori? *Principal*, Vol. 70, p. 2.

105. Erede, E. , & Barnett, W. S. (1992). Developmentally appropriate public school preschool: A study of implementation of the High/Scope curriculum and its effcts on disadvantaged cliildren's skills at first grade. *Early Childhood Research Quarterly*, No. 7, pp. 483 – 499.

106. Escobedo, T. H. (1993). Curricular issues in early education for culturally and linguistically diverse populations. In S. Reifel (Ed.), *Perspectives on developmentally appropriate practice: Advances in early education and day care*, Greenwich. CT: JAI Press Inc, pp. 213 – 246.

107. Eunsook, R. (1994). Early Childhood Teacher Preparation for Developmental and Culturally Appropriate Practice (DCAP). Eric Document Reproduction Service.

108. Evans. (2002). *You Can't Come to My Birthday Party! Conflict Resolution with Young Children*. Ypsilanti, MI: High/Scope Press.

109. Feeney, S. , & Freeman, N. K. (2006). *Ethics and the early childhood educator: Using the NAEYC code*. Washington, DC: NAEYC.

110. Feeney, S. , Moravcik, E. , & Nolte, S. (2009). *Who am I in the lives of children? An introduction to early childhood education* (8th ed.). Upper Saddle River, NJ: Prentice Hall.

111. Fowell, N. , & Lawton, J. (1992). An alternative view of appropriate practice in early childhood education. *Early Childhood Research Quarterly*, No. 7, pp. 53 – 73.

112. Fowell, N. , & Lawton, J. (1993). Beyond Polar Descripton of Developmentally Appropriate Practice: A Reply to Bredekamp. *Early Childhood Research Quarterly*, No. 8, pp. 121 – 124.

113. Frede, E. , & Barnett, W. S. (1992). Developmentally appropriate public school preschool: A study of implementation of the High/Scope curriculum and its effect on disadvantaged children's skills at first grade. *Early Childhood Research Quarterly*, Vol. 7, No. 4, pp. 483 – 499.

114. French, L. , & Song, M. (1998). Developmentally appropriate teacher-directed approaches: Images from Korean kindergartens. *Curriculum Studies*, Vol. 30, No. 4, pp. 409 – 430.

115. Frobel, (1887). *The Education of man.* New York: DC.

116. Fromberg, D. P, & Bergen, D. M. (Eds.). (1998). *Play from birth to twelve and beyond: Contexts, perspectives, and meanings.* New York: Garland.

117. Fullan, M . (1982). *The meaning of education change.* New York: Teachers College Press.

118. Gandini, L. (1997). Foundations of the Reggio Emilia approach. In J. Hendricks (Eds.), *First steps toward teaching the Reggio way.* Upper Saddle River, NJ: Merril/ Prentice Hall.

119. Gardner, H. (1991). *The unschooled mind: How children think and how schools should teach.* New York: Basic Books.

120. Gelman, R. , &Brenneman, K. (2004). Science learning pathways for young children. *Early Childhood Research Quarterly*, Vol. 19, No. 1, pp. 150 – 158.

121. George S. (2007). *Morrison. Early childhood education today* (10th ed.). Upper Saddle River, NJ: Pearson Educaiton.

122. Gestwicki, C. (Eds.) (2007). *Developmentally appropriate practice: Curriculum and development in early education.* United States: Thomson Delmar Learning.

123. Goffin, S . G, & Wilson, C . (2001). *Curriculum models and early childhood education: Appraising the relationship* (2nd ed.). Upper Saddle River, NJ: Merrill/Prentice Hall.

124. Goldstein, L. (1997). Between a rock and a hard place in the primary grades: The

challenge of providing developmentally appropriate early childhood education in an elementary school setting. *Early Childhood Research Quarterly*, No. 12, pp. 3 – 27.

125. Gottlieb, M. , & Rasher, S. P. (1995). Documenting developmentally appropriatepractice in early childhood classrooms. Paper presented at the annual meeting of the American Educational Research Association, San Francisco.

126. Grave, J. , & Blissett, J. (2004). Is cognitive behavior therapy developmentally appropriate for young children? A critical review of the evidence. *Clinical Psychology Review*, Vol. 24, pp. 399 – 420.

127. Greenberg, P. (1987). Lucy Sprague Mitchell: A majotr missing link between early childhood education in the 1980s and progressive education in the 1980s – 1930s. *Young Children*, Vol. 42, pp. 70 – 84.

128. Greenberg, P. (1991). Make a difference! Make your programs more developmentally appropriate. *Young Children*, Vol. 47, No. 1, pp. 32 – 33.

129. Gredler, &Gilbert R. (2000). Early childhood education—assessment and intervention: What the future holds. *Psychology in the School*, Vol. 37, No. 1, pp. 73—79.

130. Greenman, J. (1988). *Caring spaces, learning spaces: Children's environments that work. Redmond. WA* : Exchange Press .

131. Gronlund, G. , & James, M. (2005). *Focused observations: How to observe children for assessment and curriculum planning.* St. Paul, MN: Redleaf Press .

132. Gronlund, G. (2006). *Make early learning standards come alive: Connecting your practice and curriculum to state guidelines.* St. Paul, MN: Redleaf Press; and Washington, DC: NAEYC.

133. Gronlund. (2010). *Developmentally Appropriate Play: Guiding Young Children to a Higher Level.* St. Paul, MN: Redleaf Press.

134. Gullo, D. F. (1994). *Developmentally appropriate teaching in early childhood: Curriculum, implementation, evaluation.* Washington, DC. : National Education Association.

135. Gupta, A. (2003). Socio-cultural-historical constructivism in the preparation and practice of early childhood teachers in New Delhi, India. *Journal of Early Childhood Teacher Education*, Vol. 24, No. 3, pp. 163 – 170.

136. Gullo, D. K. (2006). *Today: Teaching and learning in the kindergarten year, ed.* Washiongton, DC: NAEYC.

137. Hao, Yi. (2000). Relationship between Teachers' Use of Reflection and other Selected Variables and Preschool Teachers' Engagement in Developmentally Appropriate Practice. Eric Document Reproduction Service.

138. Harkins, M. A. (2001). Developmentally Appropriate Career Guidance: Building Con-

cepts to Last a Lifetime. *Early Childhood Education Journal*, Vol. 28, No. 3.

139. Hart, C. H., Burts, D. C., & Charlesworth, R. (Eds.). (1997). *Integrated curriculum and developmentally appropriate practice: Birth to age eight*. Buffalo, NY: SUNY Press.

140. Harris, T., & Fuqua, J. D. (1996). To bulid a house: Designing curriculum for primary-grade children. *Young Children*, Vol. 51, No. 6, pp. 77 – 84.

141. Hart, C. H., Burts, D. C., Durland, M. A., Charlesworth, R., DeWolf, M., & Fleege, P. O. (1998). Stress behaviors and activity type participation of preschoolers in more and less developmentally appropriate classrooms: SES and sex differences. *Journal of Research in Childhood Education*, Vol. 12, No. 2, pp. 76 – 196.

142. Haupt, J. H., Larsen, J. M., Robinson, C. C., & Hart, C. H. (1995). The impact of DAP inservice training on the beliefs and practices of kindergarten teachers. *Journal of Early Childhood Teacher Education*, Vol. 16, No. 2, pp. 12 – 18.

143. Helm, J. H., &Katz, L. (2001). *Young investigators: The project approach in the early years*. New York: Teachers College Press.

144. Helm, J. H. (2008). Got standards? Don't give up on engaged learning! *Young Children*, Vol. 63, No. 4, pp. 14 – 20.

145. Hewes, D. W. & the NAEYC Organizational History and Archives Committee. (1976). NAEYC's first half century: 1929 – 1976. *Young Children*, Vol. 31, No. 6, pp. 461 – 467.

146. Hirsh-Pasek, K., Hyson, M. C., & Rescorla, L. (1990). Academic environments in preschool: Do they pressure or challenge young children? *Early Education and Development*, Vol. 1, No. 6, pp. 401 – 423.

147. Hohmann, M., & Weikart, David P. (1995). *Educating Young Children: Active Learning Practices for Preschool and Children care program*. Ypsilanti, Michigan: High/Scope Press.

148. Hohmann, M., &Weikart, D. P. (2002). *Education young children: Active learning practices for preschool and child care programs*. 2d ed. Ypsilanti, MI: High/Scope Press.

149. Hohmann, M., Banet, B., & Weikart, D. P. (1979). *Young children in action: A manual for preschool educators*. Ypsilanti, MI: Th e High/Scope Press.

150. Hohmann, M. (2005). *Supporting young learning 4: Ideas for child and child care programs*. 2d ed. Ypsilanti, MI: High/Scope Press.

151. Hohmann, M., Weikart, D. P., & Epstein, A. S. (2008). *Educating young children: Active learning practices for preschool and child care programs* (3rd ed.). Ypsilanti, MI: High Scope Press.

152. Holland, T. J. B. and Powell, R. (1998). An internally-consistent thermodynamic data set for phases of petrologic interest. *Journal of Metamorphic Geology*, Vol. 16, pp. 309 – 343.

153. Huffman, L. R. , & Speer, P. W. (2000). Academic performance among at-risk children: The role of Developmentally Appropriate Practices. *Early Childhood Research Quarterly*, Vol. 15, No. 2, pp. 167 – 184.

154. Hunt, J. M. (1964). Introduction: Revisiting Montessori. In M . Montessori, *The Montessori method*, New York: Schocken Books.

155. Hsue, Y. , & Aldridge, J. (1996). Developmentally appropriate practice and traditional Taiwanese Culture. *Journal of Instructional Psychology*, Vol. 22, No. 4, pp. 320 – 323.

156. Husen, & Postlethwaite, N. (Eds.). (1994). *International Encyclopedia of Education: Research and studies*, Vol. 3, 2nd ed. Oxford: Pergamon Press.

157. Hyson, M. D. , Hirsh-Pasek, K. , & Rescorla, L. (1990). The classroom practices inventory: An observation instrument based on NAEYC's guidelines for developmentally appropriate practices for 4- and 5-year old children. *Early Childhood Research Quarterly*, Vol. 5, No. 4, pp. 475 – 494.

158. Hyson, M. C. , Van Trieste, K. L. , & Rauch, V. (1989). NAEYC's developmentally appropriate practice guidelines: Current research. Paper presented at the pre-conference sessions of the meeting of the National Association for the Education of Young Children, Atlanta, GA.

159. Hyson, M. (2000). Is it okay to have calendar time? Look up to the star···look within yourself. *Young Children*, Vol. 55, No. 6, pp. 60 – 61.

160. Hyun, E. (1998). *Making sense of developmentally and culturally appropriate practice (DCAP) in early childhood education*. New York: Peter Lang.

161. Im. J. , Parlakian, R. , & Sanchez, S. (2007). Understanding the influence of culture on caregiving practices···From the inside out. *Young Children*, Vol. 62, No. 5, pp. 65 – 66.

162. Isbell, R. (2002). Telling and retelling stories: Learning language and literacy. *Young Children*, Vol. 57, No. 2, pp. 26 – 30.

163. Isenberg, J. , & Jalongo, M. (Eds.). (2003). *Major trends and issues in early childhood education: Challenges, controversies, and insights* (2nd ed.). New York: Teacher's College Press.

164. Isenberg, J. , & Quisenberry, N. (2002). Play: Essential for all children. *Childhood Education*, Vol. 79, No. 1, pp. 33 – 39.

165. Jablon, J. R. , Dombro, A. L. , & Dichtelmiller, M. L. (2007). *The power of obser-vation for birth through eight* (2nded.). Washington, DC: Teaching Strategies/NAEYC.

166. Jaipaul L . R. , & James E . J (Eds.). (1993). *Approaches to Early Childhood Educa-tion* (2nd*Edition*). New York: Macmillan Publishing Company.

167. Jaipaul L. R. , & James E. J (Eds.). (2005). *Approaches to Early Childhood Education* (4th *Edition*). Upper Saddle River, New Jersey: Pearson Education, Inc.

168. Jambunathan, S. , Burts, D. C. , & Pierce, S. H. (1999). Developmentally appro-priate practices and beliefs. *Journal of Research in Childhood Education*, Vol. 14, pp. 26 – 35.

169. Jambunathan, S. (2005). Beliefs about the Importance of Use of Developmentally Ap-propriate Practices Among Early Childhood Teachers in India. *Journal of Early Childhood Teacher Education*, Vol. 26, pp. 275 – 281.

170. Jipson, J. (1991). Developmentally appropriate practice: Culture, curriculum, con-nections. *Early Education and Development*, Vol. 2, No. 2, pp. 120 – 136.

171. Joanna So Suk Lin. (1990). The Developmental Appropriateness of Preschool Science Programmes in Hong Kong. M. Ed. Dissertation. Dept. Education. , Univ. hong kong.

172. Jones, I. , & Gullo, D. F. (1999). Differential social and academic effects of develop-mentally appropriate practices and beliefs. *Journal of Research in Childhood Education*, Vol. 14, No. 1, pp. 26 – 35

173. Jones, E. , & Reynolds, G. (1992). *The play's the thing*. Teachers' college Press.

174. Judith, V. H. (1999). *Play at the center of the curriculum*. NY: Prentice Hall.

175. Kessler, S. , & Swadener, B. B. (Eds.). (1992). *Reconceptualizing the early child-hood curriculum: Beginning the dialogue*. New York: Teachers College Press, pp. 3 – 20.

176. Kessler, M. E. , Schwab-stone, &Shriver, T. P. (1997). *Promoting social and mo-tional learning: Guidelines for educators*. Alexandria, VA: Association for Supervision and Curriculum Development.

177. Kaminski, R. , & Carey, S. (1993). Developmentally appropriate practice and early childhood special education: Bridging the gap. *Effective School Practice*, Vol. 12, No. 2, pp. 81 – 86.

178. Katz, L. (1996). *The essence of developmentally appropriate practice for children from birth to age* 8. Keynote address, Michigan Association for the Education of Young Chil-dren, Grand Rapids, MI.

179. Katz, L. , &McClellan, D. (1997). *Fostering children's social competence: The teach-er's role*. Washington, DC: NAEYC.

180. Katz, L. (2003). Program content and implementation. In D. Cryer & R. M. Clifford

(*Eds.*). *Early Childhood Education and Care in the USA*, Baltimore, MD: Paul H. Brookes.

181. Kay E. S, Amy Deihl, Amy Kyler. (2007). DAP in the 'hood: Perceptions of child care practices by African American child care directors caring for children of color. *Early Childhood Research Quarterly*, Vol. 22, pp. 394 – 406.

182. Klein, M. D. , & Chen, D. (2001). *Working with children from culturally diverse backgrounds*. New York: Delmar.

183. Kelly L. M, McWilliam, R. A. , Hemmeter, M. L. , Ault, M. J. , &Schuster, J. W. (2001). Predictors of developmentally appropriate classroom practices in kindergarten through third grade. *Early Childhood Research Quarterly*, Vol. 16, pp. 431 – 452.

184. Kennedy, D. (1996). After Emilia: May the conversation begin! *Young Children*, Vol. 51, No. 5, pp. 24 – 27.

185. Keyser, J. (2006). *From parents to partners: Building a family centered early childhood program*. Washington, DC: National Association for the Education of Young Children.

186. Ketner, C. S. , Smith, K. E. , & Parnell, M. K. (1997). Relationship between teacher theoretical orientation to reading and endorsement of developmentally appropriate practice. *Journal of Educational Research*, Vol. 90, No. 4, pp. 212 – 220.

187. Kim, J. , Kim, S. , & Maslak, M. N. (2005). Toward an integrative "Educare" system: An investigation of teachers' understanding and use of developmentally appropriate practices for young children in Korea. *Journal of Research in Childhood Education*, Vol. 20, No. 1, pp. 49 – 56.

188. Koch, P. K. , & McDonough, M. (1999). Improving parent-teacher conferences through collaborative conversations. *Young Children*, Vol. 54, No. 2, pp. 11 – 15.

189. Kostelink, M. J. (1992). Myths associated with developmentally appropriate programs. *Young Children*, Vol. 45, No. 4, pp. 17 – 23.

190. Kostelnik, M. J. , Soderman, A. K. , & Whiren, A. P. (1993). *Developmentally appropriate programs in early childhood education*. New York: Macmillan.

191. Kostelnik, M. , Soderman, A. & Whiren, A. (1999). *Developmentally appropriate curriculum: Best practices in early childhood education*. Upper Saddle River, NJ: Prentice Hall.

192. Larsen, J. M. , & Robinson, C. C. (1989). Later effects of preschool on low-risk children. *Early Childhood Research Quarterly*, Vol. 4, No. 1, pp. 133 – 144.

193. Lee, Y. S. , Baik, J. , & Charlesworth, R. (2006). Differential effects of kindergarten teacher's beliefs about developmentally appropriate practice on their use of scaffolding following in-service training. *Teaching and Teacher Education*, Vol. 22, pp. 935 – 945.

194. Levin, D. E. (2003). *Teaching young children in violent times: Building a peaceable classroom*. 2*d ed*. Washington, DC: NAEYC.

195. Lin, H. L., Gorrell, J., & Taylor, J. (2002). Influence of Culture and Education on U. S. and Taiwan Preservice Teachers' Efficacy Beliefs. *Journal of Educational Research*, Vol. 96, No. 1, pp. 37 – 46.

196. Linda Z. (2005). Cooper. Developmentally Appropriate Digital Environments for Young Children. *Library Trends*, Vol. 54, No. 2, p. 286.

197. Linda M. (2006). Gagen and Nancy Getchell. Using 'Constraints' to Design Developmentally Appropriate Movement Activities for Early Childhood Education. *Early Childhood Education Journal*, Vol. 34, No. 3.

198. Mallory, B. L., & New, R. S. (Eds.). (1994). *Diversity and developmentally appropriate practices: Challenges for early childhood education*. New York: Teachers College Press, pp. 17 – 43.

199. Lubeck, S. (1998). Is developmentally appropriate practice for everyone? *Childhood Education*, Vol. 74, pp. 283 – 292.

200. Lucos, L. (2007). The pain of attachment- "You have to put a little wedge in there. ". *Childhood Education*, Vol. 84, No. 2, pp. 85 – 90.

201. Mallory, B. L. (1992). Is it always appropriate to be developmental? Convergent models for early intervention practice. *Topics in Early Childhood Special Education*, Vol. 11, No. 4, pp. 1 – 12.

202. Mallory, B. L., & New, R. S. (1994). *Diversity and developmentally appropriate practice: Challenges for early childhood education*. New York: Teachers College Press.

203. Manross, M. A. (2000). Learning to throw in physical education class: Part3. *Teaching Elementary Physical Education*, Vol. 11, No. 3, pp. 56 – 129.

204. Marcon, R. A. (1992). Differential effects of three preschool models on inner-city 4 year olds. *Early Childhood Research Quarterly*, Vol. 7, No. 4, pp. 517 – 530.

205. Marcon, R. A. (1993). Socioemotional versus academic emphasis: Impact on kindergartners' development and achievement. *Early Child Development and Care*, Vol. 96, pp. 81 – 91.

206. Majure, J. (1995). It's playtime. *Arthritis Today*, Vol. 9, No. 1, pp. 46 – 51.

207. Mallory, B. L., & New, R. S. (Eds.). (1994). *Diversity and developmentally appropriate practices: Challenges for early childhood education*. New York: Teachers College Press, pp. 119 – 134.

208. McFarland, L. (2008). Anecdotal records. Valuable tools for assessing young children's development. *Dimensions of Early Childhood*, Vol. 36, No. 1, pp. 31 – 36.

209. McGill-Franzen, A. (1992). Early literacy: What does "developmentally appropriate" mean? *The Reading Teacher*, Vol. 46, No. 1, pp. 56 – 58.

210. McIntyre, E. (1995). The struggle for developmentally appropriate literacy instruction. *Journal of Research in Childhood Education*, No. 9, pp. 145 – 156.

211. McKee, J. S., & Paciorek K. M. (Eds.). (1990). *Early Childhood Education 90/91*. Guilford, CT: Dushkin Publishing Group.

212. McMullen, M., Elicker, J., Wang, J., Erdiller, Z., Lee, S., Lin, C., & Sun, P. (2005). Comparing beliefs about appropriate practice among early childhood education and care professionals from the U. S., China, Taiwan, Korea, and Turkey. *Early Childhood Research Quarterly*, Vol. 20, No. 4, pp. 451 – 464.

213. McMullen, M., Elicker, J., Jianhong Wang, Erdiller, Z., Sun-Mi Lee, Chia-Hui Lin, &Ping-Yun Sun. (2005). Comparing beliefs about appropriate practice among early childhood education and care professionals from theU. S., China, Taiwan, Korea and Turkey. *Early Childhood Research Quarterly*, Vol. 20, pp. 451 – 464.

214. Mitchell, L. S. (1951). *Our children and our schools*. New York: Simon & Schuster.

215. Mitchell, A. & David, J. (1992). *Explorations with Young Children—A Curriculum Guide from the Bank Street College Of Education*. Gryphon House Inc. 216. Montessori, M. (1967). *The Montessori Method*. New York: Schocken Books.

217. Montessori, M. (1967). *The absorbent mind*. New York: Dell.

218. Montessori, M. (1967). *Discovery of the child*, Trans. M. J. Costelloe Notre Dame, IN: Fides.

219. Morrow, L. M. (2005). *Literacy Development in the Early Years: Helping Children Read and Write* (5thed). Needham Heights, MA: Allyn & Bacon.

220. Morrison, G. (1998). *Early childhood education today*. Upper Saddle River, NJ: Prentice Hall.

221. Moyer, J. (2001). The child-centered kindergarten-A position paper, Association for Childhood Education International. *Childhood Education*, Vol. 77, No. 3, pp. 161 – 166.

222. NAEYC (National Association for the Education of Young Children). (1986). NAEYC position statement on developmentally appropriate practice in early childhood programs serving children from birth through age 8. *Young Children*, Vol. 41, No. 6, pp. 4 – 29.

223. NAEYC. (2001). Five essential lessons learned from NAEYC's first 75 years. *Young Children*, Vol. 56, No. 1, pp. 51 – 52.

224. NAEYC. (2005). *NAEYC early childhood program standards and accreditation criteria: The mark of quality in early childhood education*. Washington, DC: Author.

225. NAEYC & NAECS/SDE (National Association for the Education of Young Children and National Association of Early Childhood Specialists in State Departments of Education). (1991). Guidelines for appropriate curriculum content and assessment in programs serving children ages 3 through 8. *Young Children*, Vol. 46, No. 3, pp. 21 – 37.

226. NAEYC. (2005). *Families and community relationship: A guide to the NAEYC early childhood program standards and related accreditation criteria*. Washington. DC: National Association for Education of Young Children.

227. National Council for Curriculum and Assessment (NCCA). (2009). The Story of Aistear: the Early Childhood Curriculum Framework: Partnership in Action. *The OMEP Ireland Journal of Early Childhood Studies*, Vol. 3, No. 1.

228. NCSESA (National Committee on Science Education Standards and Assessment), National Research Council. (1996). *National Science Education Standards*. Washington, DC: National Academy Press.

229. NRP (National Reading Panel). (2000). *Teaching children to read: An evidence-based assessment of the scientific research literature on reading and its implications for reading instruction*. Washington, DC: National Institution of Child Health and Human Development, National Institutes of Health.

230. Nuttall, E. V., Romero, I., & Kalesnik, J. (Eds.). (1999). *Assessing anda screening preschoolers' psychological and educational dimensions*. Boston: Allyn & Bacon.

231. Oakes, P. B., & Caruso, D. A. (1990). Kindergarten teachers' use of developmentally appropriate practices and attitudes about authority. *Early Education and Development*, Vol. 1, No. 6, pp. 445 – 457.

232. Oberhuemer, P. (2005). International Perspectives on Early Childhood Curricula. *International Journal of Early Childhood*, Vol. 37, No. 1, pp. 27 – 37.

233. OECD. (2012). *Starting Strong Ⅲ: A Quality Toolbox for Early Childhood Education and Care*. OECD.

234. Ok-Hee, L. (2004). Deconstructing Developmentally Appropriate Practice. Ph. D. dissertation, Dept. Curriculum and Instruction, Univ. Indiana.

235. O'Loughlin, M. (1992). Appropriate for whom? A critique of the culture and class bias underlying developmentally appropriate practice in early childhood education. Paper presented at the conference on Reconceptualizing Early Childhood Education: Research, Theory, and Practice, Chicago, IL.

236. Osborn, D. K. (1980). *Early childhood education in historical perspective*. Athens, GA: Education Associates.

237. Omstein, &Allan G. (2003). *Teaching and Schooling in Ameirca. Pre-and Post-Sep-

*tember*11 . Boston, M A : Pearson Education Group, Inc.

238. Pai, &Chiao-ju, B. A. (2003). *A Study of A Kindergarten Teacher's Efforts Toward Developmentally Appropriate Practice*. M. Ed. Dissertation. Dept. Youth and Child Welfare . , Univ. Providence.

239. Pena, D. (2000). Parent involvement: Influencing factors and implications. *Journal of Educational Research*, Vol. 94, No. 1, pp. 42 – 54.

240. Pica, R. J. (1997). Beyond physical development: Why young children need to move. *Young Children*, Vol. 52, No. 6, pp. 4 – 11.

241. Phillips, C. B. (1991). Culture as a process. Unpublished paper.

242. Powell. D. R. (1998). Research in review. Reweaving parent into the fabric of early childhood programs. *Young Children*, Vol. 53, No. 5, p. 60.

243. Powell, D. R. (2005). The Head Start program. In JaipaulL . Roopnarine, & James E . Johnson (Eds.), *Approaches to Early Childhood Education* (4ᵗʰ Edition). Upper Saddle River, New Jersey: Pearson Education, Inc.

244. Powell, M. & Smith, A. (2009). Children's participation rights in research. *Childhood*, Vol. 16, pp. 124 – 142.

245. Prescott, E. (1994). The physical environment-a powerful regulator of experience. *Child Care Information Exchange*, Vol. 100, pp. 9 – 15.

246. Project Zero & Reggio Children. (2001). *Making learning visible: Children individual and group learners*. Reggio Emilia, Italy: Reggio Children.

247. Puckett, M. & Black, J. (2000). *Authentic assessment of the young child: celebrating development and learning*. Upper Saddle River, NJ: Prentice Hall.

248. Quick, B. N. (1998). Beginning reading and developmentally appropriate practice (DAP): Past, present, and future. *Peabody Journal of Education*, Vol. 73, No. 3 – 4, pp. 253 – 272.

249. Ozretich, R. [et al.]. (2009). *Case studies in early childhood education: implementing developmentally appropriate practices*. Pearson Education, Inc, Upper Saddle River, New Jersey.

250. Ramsey, P. G., & Myers, L. C. (1990). Salience of race in young children's cognitive, affective and behavioral responses to social environments. *Journal of Aplied Developmental Psychology*, No. 11, pp. 49 – 67.

251. Ranweiler, L. (2004). *Preschool readers and writers: Early literacy strategies for teacher*. Ypsilanti, MI: High/Scope Press.

252. Rathburn, A. H., Walston, J. T., & Germino Hausken, E. (2000). Kindergarten teachers' use of developmentally appropriate practices: Results from the Early Childhood

Longitudinal Study, Kindergarten Class of 1998 – 1999. Paper presented at the annual conference of the American Educational Research Association, New Orleans.

253. Reginald D. A, Ed. , (1964). *John Dewey on Education: Selected Writings.* New York: Random House.

254. Reifel, S. (Ed.). (1993). *Advances in early education and day care: Perspectives on developmentally appropriate practice.* Greenwich, CT: JAI Press Inc, pp. 75 – 93.

255. Reynolds, Cecil R. , and Randy W. K, eds. (2003). *Handbook of psychological and educational assessment of children: Personality, behavior, and context.* Guilford Press, Vol. 2.

256. Rogoff. B. (2003). *The cultural nature of human development.* New York: Oxford Uiversity Press.

257. Ruckman, A. Y. , Burts, D. C. , & Pierce, S. H. (1999). Observed stress behaviors of first grade children participating in more and less developmentally appropriate activities in a computer-based literacy laboratory. *Journal of Research in Childhood Education*, Vol. 14, No. 1, pp. 36 – 46.

258. Sandall, S. (2004). *Play modifications for children with disabilities. In Spotlight on young children and play.* Washington, DC: NAEYC.

259. Sanders, S. W. (2002). *Active for life: Developmentally appropriate movement programs for young children.* Washington, DC: NAEYC.

260. Scott-Little C, Kagansl, Frelowvs. (2006). Conceptualization of readiness and the content of early learning standards: The intersection of policy and research. *Early Childhood Research Quarterly*, Vol. 21, No. 3, pp. 153—173.

261. Schwab, J. J. (1970). The Practical: A Language for Curriculum. *The School Review*, Vol. 78, No. 1, pp. 1 – 23.

262. Schweinhart, L. J. , Weikart, D. P. , & Larner, M. B. (1986). Consequences of three preschool curriculum models through age 15. *Early Childhood Research Quarterly*, Vol. 1, No. 1, pp. 15 – 45.

263. Schweinhart, L. J. , Montie, J. , Xiang, Z. , Barnett, W. S. , Belfield, C. R. , & Nores, M. (2005). *Lifetime effects: The High/Scope Perry Preschool study through age 40.* Monographs of the High/Scope Educational Research Foundation, 14. Ypsilanti, MI: High/Scope Press.

264. Shapiro, E. , & Biber, B. (1972). The education of young children: A developmental-interaction point of view. *Teachers College Record*, Vol. 74, p. 61.

265. Seefeldt, C. (1999). *The early childhood curriculum: Current findings in theory and practice 3d ed.* New York: Teachers College Press.

266. Sherman, C. W. , & Mueller, D. P. (1996). Developmentally appropriate practiceand student achievement in inner-city elementary schools. Paper presented at Head Start's National Research Conference. Washington, DC.

267. Shonkoff, Jack P. , Phillips, Deborah A. (2000). Committee on Integrating the Science of Early Childhood Development. *From Neurons to Neighborhoods : The Science of Early Childhood Development.* Washington, DC, USA: National Academies Press.

268. Shuster, C. (April). (1995). Effects of inservice training on the developmental appropriateness in early childhood education programs. Paper presented at the annual meeting of the American Educational Research Association, San Francisco, CA.

269. Sillin, J. U. (1956). Psychology, politics, and the discourse of early childhood educators. *Teachers College Record*, Vol. 87, p. 615.

270. Singer, D. , Golinkoff, R. , & Hirsch-Pasek, K. (Eds.). (2006). *Play = learning : How play Motivates and Enhances Children's Cognitive and Social-Emotional Growth.* New York: Oxford University Press.

271. Smith, K. E. (1997). Student teachers' beliefs about developmentally appropriate practice: Pattern, stability, and the influence of locus of control. *Early Childhood Research Quarterly*, Vol. 12, No. 2, pp. 221 – 243.

272. Smith, K. E. (1990). Developmentally appropriate education or the Hunter teacher assessment model: Mutually incompatible alternatives. *Young Children*, Vol. 45, No. 6, pp. 12 – 13.

273. Smith, K. , & Croom. L. (2000). Multidimensional self-concepts of children and teacher beliefs about developmentally appropriate practices. *Journal of Educational Research*, Vol. 93, No. 5, pp. 312 – 321.

274. Snider, M. H. , & Fu, V. R. (1990). The effects of specialized education and job experience on early childhood teachers' knowledge of developmentally appropriate practice. *Early Childhood Research Quarterly*, No. 5, pp. 69 – 78.

275. Snow, C. E. , Burns, M. S. , & Griffin, P. eds. (1998). Preventing reading difficulties in young children. A Report of the Committee on the Prevention of Reading Difficulties in Young Children, National Research Council. Washington, DC: National Academy of Sciences.

276. Soe, &January, K. H. (2003). What children's play tells us about teaching mathematics. *Young Children*, Vol. 58, No. 1, pp. 28 – 34.

277. Spodek, B. , & Walberg, H. J. (1977). Introduction: From a time of plenty. In Spodek, B. , & Walberg, H. J. (Eds.), *Early childhood education: Issues and insights*, Berkeley, CA: McCutchan.

278. Spodek, B. (Ed.). (1991). *Educationally appropriate kindergarten practices*. Washington DC: National Educational Association.

279. Spodek, B., & Saracho, O. N. (1994). *Dealing with individual differences in the early childhood classroom*. New York: Longman.

280. Stake, R. E. (1995). *The Art of Case Study Research*. Thousand Oads: Sage Publications.

281. Staggs, L. (2000). Curriculum Guidance for the Early Years. *Early Years Educator*, Vol. 2, No. 1, pp. 21 - 23.

282. Stipek, D. J., Feiler, R., Daniels, D., & Milburn, S. (1995). Effects of different instructional approaches on young children's achievement and motivation. *Child Development*, Vol. 66, pp. 209 - 223.

283. Stipek, D. (1994). Reconceptualizing the debate on appropriate early childhood education. Symposium presented at the annual meeting of the American Educational Research Association, New Orleans, LA.

284. Stipek, D. J., Feiler, R., Patricia, B., Ryan, R., Milburn, S., &Salmon, J. M. (1998). Good beginnings: What difference does the program make in preparing young children for school? *Journal of Applied Developmental Psychology*, Vol. 19, No. 1, pp. 41 - 66.

285. Susam, W. C. (2004). Assessing standards in the "real" kindergarten classroom. *Early Childhood Education Journal*, No. 10, pp. 95 - 99.

286. Susan, B. N., Copple, C., & Bredekamp, S. (1998). *Learning to Read and Write: Developmentally Appropriate Practices for Young Children*. National Association for the Education of Young Children - Washington DC.

287. Swick, K. (2004). *Empowering parents, families, schools and communities during the early childhood years*. Champaign, IL: Stipes Publishing L. L. C.

288. Taunton, M., & M. Collbert. (2000). *Promoting meaningful learning: Innovation in educating early childhood professionals, ed*. Washington, DC: NAEYC.

289. Thompson, C. M. (1995). Transforming curriculum in visual arts. In Reaching potentials. Vol. 2: Transforming early childhood curriculum and assessment, eds. Washington, DC: NAEYC.

290. Walsh, D. J. (1991). Extending the discourse on developmental appropriateness: A developmental perspective. *Early Education and Development*, Vol. 2, No. 2, pp. 109 - 119.

291. Warner, L., & Sower, J. (2005). *Educating young children from preschool through primary grades*. Boston, MA: Pearson Education.

292. Weber, E. (1969). *The kindergarten: Its encounter with educational thought in Ameri-ca*. New York: Teachers College Press.

293. Weikart, P. S. (2000). *Round the circle: Key experiences in movement for young chil-dren*. Ypsilanti, MI: High/Scope Press.

294. Weinberg, R. A. (1979). Early childhood education and intervention : Establishing an American tradition. *American Psychologist*, Vol. 34, pp. 912 – 916.

295. Weiss, H. B. , & Jacobs, F. H. (Eds.). (1988). *Evaluating Family Programs.* ? New York: Aldine De Gruyter.

296. Wenner, G. (1998). *Predictive validity of three preschool development assessment instru-ments for the academic performance of kindergarten students*. State University of New York at Buffalo.

297. Wien, C. (1995). *Developmentally appropriate practice in "real life": Stories of teachers' practical knowledge*. New York: Teachers College Press.

298. Wien, C. (1996). Time, work, and developmentally appropriate practice. *Early Child-hood Research Quarterly*, Vol. 11, No. 3, pp. 377 – 403.

299. Wolfgang, C. H. , & Wolfgang, M. E. (1999). *School for young children: Developmen-tally appropriate practices*. Boston: Allyn & Bacon.

300. Wright, K. , Stegelin, D. A. , & Hartle, L. (2007). *Building family, school, and community partner-ships* (3^{rd}ed.). Upper Saddle River, NJ: Merrill/Prentice Hall.

301. Worth, K. , & Grollman, S. (2003). *Worms, shadows, and whirpools: Science in the early childhood classroom*. Ports mouth. NH: Heinrmann; and Washington, DC: NAEYC.

302. Wortham, S. C. (2008). *Assessment in early childhood education* (5^{th}ed.). Upper Sad-dle River, NJ: Merrill/ Prentice Hall.

303. Van Horn, M. L. , & Ramey, S. L. (2003). The effects of developmentally appropriate practices on academic outcomes among former Head Start students and classmates from first through third grades. *American Educational Research Journal*, Vol. 40, pp. 961 – 990.

304. Van Horn, M. L. &, Ramey, S. L. (2004). Anew measure for assessing developmen-tally appropriat practicesin early elementaryschool, A Developmentally Appropriate Prac-tice Template. *Early Childhood Research Quarterly*, Vol. 19, pp. 569 – 587.

305. Van Horn, M. L. , Karlin, E. O. , Ramey, S. L. (2012). Effects of developmentally appropriate practices on social skills and problem behaviors in 1st Through 3rd Grades. Journal of Research in Childhood Education, Vol. 26, pp. 18 – 39.

306. Vance, E. , & Weaver, P. J. (2002). *Class meeting: Young children solving problem*

together. Washington，DC：NAEYC.

307. Vardin，P. A.（2003）. Montessori and Gardner's theory of multiple intelligences. *Montessori Life*，Winter Vol. 15，No. 1，pp. 40 – 43.

308. Zambo，D.（2008）. Childcare Workers' Knowledge About the Brain and Developmentally Appropriate Practice. *Early Childhood Education*，Vol. 35，pp. 571 – 577.

（二）中文参考文献

1. ［美］D. 爱尔金德：《儿童发展与教育》，刘光年译，华东师范大学出版社 1988 年版。

2. ［美］D. 爱尔金德：《儿童与青少年：皮亚杰理论之阐释》，周毅等译，西南师范大学出版社 1988 年版。

3. ［英］M. 艾森克主编：《心理学——一条整合的途径》，华东师范大学出版社 2000 年版。

4. ［美］安·迈尔斯·戈登、凯思林·威廉·布朗：《儿童教育学导论（下册）》，梁玉华等译，四川少年儿童出版社 2010 年版。

5. ［美］安·爱泼斯坦（Ann S. Epstein）：《有准备的教师——为儿童学习选择最佳策略》，教育科学出版社 2012 年版。

6. ［美］B. J. 沃兹沃思：《皮亚杰的认知发展理论》，周镐等译，华中师范大学出版社 1987 年版。

7. 卜卫：《大众媒介对儿童的影响》，新华出版社 2002 年版。

8. 卜卫：《媒介与儿童教育（中国教育名家思想库）》，新世界出版社 2002 年版。

9. ［瑞士］布律迈尔主编：《裴斯泰洛齐选集（第 1 卷）》，教育科学出版社 1994 年版。

10. ［美］布鲁姆：《美国的历程（下册）》，戴瑞辉等译，商务印书馆 1995 年版。

11. ［美］布卢姆等编：《教育目标分类学（第二分册情感领域）》，华东师范大学出版社 1987 年版。

12. ［美］布鲁柏克：《教育问题史》，吴元训主译，安徽教育出版社 1991 年版。

13. ［美］布鲁纳：《布鲁纳教育论著选》，邵瑞珍等译，人民教育出版社 1989 年版。

14. ［美］Bredekamp，S. & Copple，C.（Eds.）：《幼教绿皮书》，洪毓瑛译，台湾和英出版社 2000 年版。

15. 陈思帆：《社会转型时期的中国幼儿园——从幼儿园的一天看中国幼儿园的现状》，华中师范大学硕士学位论文，2005 年。

16. 陈时见、何茜主编：《幼儿园课程的国际比较——侧重幼儿课程设置的经验、案例与趋势研究》，西南师范大学出版社 2011 年版。

17. 陈淑芬：《美国发展适宜性实践指引的发展和修订对我国幼儿园课程修订之启示》，

《幼儿园中教学的对谈学术研讨会论文集》2002 年。

18. 陈淑敏：《从发展适宜课程的实施看我国幼教现况》，《教育研究资讯》1993 年第 1 （4）期。

19. 陈淑敏：《适合发展的教学迷思》，《国立屏东师范学院》1996 年第 5 期。

20. ［美］杜威：《明日之学校》，朱经农等译，商务印书馆 1993 年版。

21. ［美］杜威：《杜威在华演讲集》，《杜威教育论著选》，赵祥麟、王承绪编译，华东师范大学出版社 1981 年版。

22. 大卫·杰弗里·史密斯：《全球化与后现代教育学》，郭洋生译，教育科学出版社 2000 年版。

23. ［美］伊萨：《儿童早期教育导论》，马燕、马希武、王连江译，中国轻工业出版社 2012 年版。

24. C. Edwards 等编著：《儿童的一百种语文：瑞吉欧·艾蜜莉亚教育取向——进一步的回响》，心理教育出版社 2000 年版。

25. 冯晓霞：《多元智能理论与幼儿园教育评价改革——发展性教育评价的理念》，《学前教育研究》2003 年第 9 期。

26. ［德］福禄贝尔：《人的教育》，孙祖复译，人民教育出版社 2001 年版。

27. ［奥］弗洛伊德：《精神分析引论》，高觉敷译，商务印书馆 1986 年版。

28. 高觉敷主编：《西方心理学史》，中国大百科全书出版社 1985 年版。

29. ［美］冈尼拉·达尔伯格、彼得·莫斯、艾伦·彭斯：《超越早期教育保育质量——后现代视角》，朱家雄、王峥等译，华东师范大学出版社 2006 年版。

30. George，S. Morrison、徐联恩、刘慧君、陈威胜、陈芝萍：《儿童教育导论》，孙丽卿、陈雅玲译，台湾华都文化事业有限公司出版 2007 年版。

31. ［美］国家教育优异委员会：《国家在危机之中：教育改革势在必行》，瞿葆奎主编、马骥雄选编：《美国教育改革》人民教育出版社 1990 年版。

32. 郭力平：《早期学习标准与发展适宜性教育的冲突、融合及其启示》，《儿童教育》（教育科学）2008 年第 10 期。

33. 郭力平、武玮、孙慧妍：《早期学习标准在美国的发展及其对我的启示》，《外国教育研究》2008 年第 12 期。

34. 何峰：《美国幼儿园课程的实录——以阿拉斯加福禄贝尔幼儿园为例》，《教育导刊》2006 年第 3 期。

35. 胡伊青加：《人：游戏者》，贵州人民出版社 1998 年版。

36. ［美］怀特、曹锦清：《文化科学》，杨雪芳等译，浙江人民出版社 1988 年版。

37. 霍力岩：《蒙台梭利教育法》，北京师范大学博士学位论文，1996 年。

38. 黄进：《儿童游戏文化引论》，南京师范大学出版社 2012 年版。

39. 黄人颂：《美国发展适宜性早期教育课程方案的述评》，《华东师范大学学报》

1998 年。

40. ［美］珍妮特·冈萨雷斯－米纳：《儿童、家庭和社区——家庭中心的早期教育（第 5 版）》，郑福明、冯夏婷等译，高等教育出版社 2012 年版。

41. 吉姆·欧文：《南亚和基础教育：联合国儿童基金会教育发展与合作战略观点的转变》，《教育展望》2001 年第 3 期。

42. 教育部基础教育司组织编写：《幼儿园教育指导纲要（试行）解读》，江苏教育出版社 2002 年版。

43. 贾徽：《可悲的"超级宝贝"》，《儿童教育》1989 年第 2 期。

44. 简楚瑛：《学前教育课程模式》，华东师范大学出版社 2005 年版。

45. ［美］伊森伯格、贾隆戈：《创造性思维和基于艺术的学习——学前阶段到小学四年级（第 5 版）》，叶平枝、杨宁译，高等教育出版社 2012 年版。

46. ［美］卡罗尔·格斯特维奇：《发展适宜性实践——早期教育课程与发展》，霍力岩等译，教育科学出版社 2011 年版。

47. 卡洛琳·爱德华兹、莱拉·甘地尼、乔治·福尔曼编著：《儿童的一百种语言》，罗雅芬、连英式、金乃琪译，南京师范大学出版社 2006 年版。

48. ［美］凯·海莫威茨：《成长的准备——把孩子培养成小大人的危害》，李静澄译，哈尔滨北方文艺出版社 2001 年版。

49. 康永祥：《美国教师预备与学前教育收益研究述评》，《学前教育研究》2008 年第 6 期。

50. 联合国教科文组织国际教育发展委员会：《学会生存——教育世界的今天和明天》，教育科学出版社 1996 年版。

51. 联合国教科文组织国际教育发展委员会：《教育——财富蕴藏其中》，教育科学出版社 1996 年版。

52. 林沐恩：《台中市幼儿园三岁以下班级教师背景因素、适宜教学信念之相关研究》，台湾私立静宜大学少年儿童福利系硕士论文，2002 年。

53. 林崇德、申继亮、辛涛：《教师素质的构成及其培养途径》，《中小学教师培训》（中学版）1998 年第 1 期。

54. 林秀锦：《美国的早期保育与教育》，江苏教育出版社 2006 年第 10 期。

55. 林玉体：《一方活水：学前教育思想的发展》，台湾信谊基金出版社 1990 年版。

56. ［美］雷蒙德·保罗·库佐尔特、艾迪斯.VW 金：《二十世纪社会思潮》，张向东等译，中国人民大学出版社 1991 年版。

57. 李季湄、冯晓霞主编：《3—6 岁儿童学习与发展指南》，人民教育出版社 2013 年版。

58. 李克建：《追寻教育研究之道——结构主义、后结构主义与教育研究方法论》，光明日报出版社 2011 年版。

59. 李生兰：《美国儿童教育中存在的两种主要错误》，《儿童教育》1989 年。

60. 李生兰：《比较学前教育》，华东师范大学出版社 2000 年版。

61. 李生兰：《儿童的乐园——走进 21 世纪的美国学前教育》，南京师范大学出版社 2011 年版。

62. 梁魏：《适宜发展性教育》，《中国听力语言康复科学杂志》2008 年第 3 期。

63. 柳海民：《教育原理》，东北师范大学出版社 2000 年版。

64. 刘少杰：《后现代西方社会学理论（现代社会学文库）》，社会科学出版社 2002 年版。

65. 刘霞：《基于内容分析法的美国早期学习标准内容探析》，《学前教育研究》2012 年第 1 期。

66. 刘晓东：《儿童精神哲学》，南京师范大学出版社 1999 年版。

67. 刘晓东：《教育者应当学会等待》，《早期教育》2002 年第 10 期。

68. 刘晓东：《儿童文化与儿童教育》，教育科学出版社 2006 年版。

69. 刘炎：《DAP-学前教育领域中的新概念》，《学前教育研究》1994 年第 6 期。

70. 卢明兴、黄淑苓：《幼教教师适性教学之信念与教学的研究》，《兴大人文社会学报》1996 年第 5 期。

71. ［法］卢梭：《爱弥尔》，李平沤译，人民教育出版社 2001 年版。

72. 罗星凯等执笔：《探究式学习：含义、特征及核心要素》，《教育研究》2001 年第 12 期。

73. 吕达、刘立德、邹海燕主编：《杜威教育文集（第 2 卷）》，人民教育出版社 2008 年版。

74. 吕翠夏：《适性发展的儿童教育》，《师友》1988 年第 248 期。

75. 邓虹婵：《美国幼教 DAP 理论发展及其教育学意蕴》，《琼台学刊》2009 年第 1 期。

76. ［意］蒙台梭利：《童年的秘密》，马荣根译，人民教育出版社 1990 年版。

77. ［意］蒙台梭利：《蒙台梭利儿童教育科学方法》，任代文主译校，人民教育出版社 2001 年版。

78. 缪胤、房阳洋：《蒙台梭利教育和瑞吉欧教育之比较研究》，《学前教育研究》2002 年第 5 期。

79. 牟映雪：《新中国儿童教育改革与发展》，重庆大学出版社 2004 年版。

80. ［美］尼尔·波兹曼：《童年的消逝》，萧昭君译，台湾台北远流出版公司 1996 年版。

81. 庞丽娟、胡娟、洪秀敏：《论学前教育的价值》，《学前教育研究》2003 年第 1 期。

82. ［瑞士］皮亚杰：《教育科学与儿童心理学》，傅统先译，文化教育出版社 1981 年版。

83. ［瑞士］皮亚杰：《皮亚杰教育论著选》，卢睿选译，人民教育出版社 1990 年版。

84. ［瑞士］皮亚杰：《发生认识论原理（汉译世界学术名著丛书）》，王宪钿等译，商务印书馆1997年版。

85. ［意］皮耶罗·费鲁奇：《孩子是个哲学家》，陆妮译，海南出版社2002年版。

86. ［美］Rebecca T. Isbell Shirley C. Raines：《儿童创造力与艺术教育》，王工斌、杨彦捷、王景瑶、顾理澜、张丽娟译，北京师范大学出版社2012年版。

87. 任钟印主编：《西方近代教育论著选》，人民教育出版社2008年版。

88. 单中惠主编：《西方教育思想史》，山西人民出版社1996年版。

89. 史大胜：《美国儿童早期阅读教学研究》，北京师范大学出版社2011年版。

90. 申继亮：《姚计海心理学视野中的教师专业化发展》，《北京师范大学学报》（社会科学版）2004年第1期。

91. 史慧中主编：《新中国儿童教育50年简史》，《中国学前教育研究会内部资料》，1999年。

92. 施良方：《学习论》，人民教育出版社1994年版。

93. 舒新城编：《现代教育方法》，商务印书馆1930年版。

94. ［日］松浦晃一郎：《经济全球化能创造新文明的价值观吗?》，《教育展望》2001年第4期。

95. 滕大春：《卢梭——教学论发展史上的丰碑》，《河北大学学报》1962年第3期。

96. 屠美如主编：《向瑞吉欧学什么——〈儿童的一百种语言〉解读》，教育科学出版社2003年版。

97. 王坚红：《人类发展生态学对儿童教育的启示》，黄人颂编，《学前教育学参考资料》（上册），人民教育出版社1991年版。

98. 王坚红：《适宜婴儿童发展的教育——DAP基本原理及其实践指南》，《儿童教育》（教育科学），2008年第11期。

99. 王明鹤：《幼儿园运动在美国》，华东师范大学，2005年。

100. 王湛：《发展儿童教育，政府有义不容辞的责任——在全国教育工作座谈会上的讲话》，《儿童教育》2002年第1期。

101. ［美］沃尔夫、吉伊根：《艺术批评与艺术教育》，滑明达译，四川人民出版社1998年版。

102. ［俄］维果茨基：《维果茨基教育论著选》，余震球选译，人民教育出版社1994年版。

103. 魏淑君：《幼教教师适性教学量表运用于幼教教师智能改善之初探——中部海线偏远地区某托儿所一位教师作为依据》，《行动研究国际学术研讨会幼教组论文集》，台湾台东师范学院，1999年。

104. 夏之莲等译：《裴斯泰洛齐教育论著选》，人民教育出版社2001年版。

105. 熊川武：《试析反思性教学》，《教育研究》2000年第2期。

106. 许卓娅：《用历史生态的眼光看我国幼儿园游戏的理论与实践》，《儿童教育》2005 年第 4 期。

107. 姚伟：《美国以皮亚杰认知发展理论为基础的早期教育方案》，《学前教育研究》1996 年第 5 期。

108. 姚伟：《儿童观的时代转换》，东北师范大学，博士论文，2001 年。

109. 姚伟，郝苗苗：《终身教育思想对学前教育的启示》，《外国教育研究》2003 年第 7 期。

110. 杨汉麟、周采：《外国儿童教育史》，广西教育出版社 1998 年版。

111. 杨汉麟：《外国儿童教育史》，人民教育出版社 2011 年版。

112. 尹坚勤：《美国 0—3 岁婴儿童发展适宜性评价简介》，《儿童教育》（教育科学）2010 年第 6 期。

113. 殷洁：《适宜发展性教育对我国学前教育的启示》，《山东教育》2004 年第 9 期。

114. 殷洁：《适宜发展性教育对我国学前教育的启示》，《山东教育》（幼教版）2004 年第 3 期。

115. 游淑燕：《美国幼教协会发展适宜课程实施之基本观点与评析》，台湾《嘉义师院学报》1994 年第 8 期。

116. 虞永平：《儿童教育与儿童幸福》，《儿童教育》2000 年第 4 期。

117. 虞永平：《心罚论》，《学前教育》2001 年第 5 期。

118. 虞永平：《儿童教育观新论》，人民教育出版社 2006 年版。

119. 赵祥麟、王承绪编译：《杜威教育论著选》，华东师范大学出版社 1981 年版。

120. 张春兴：《教育心理学》，浙江教育出版社 2000 年版。

121. 张俊：《后现代主义与儿童科学教育》，《早期教育》2003 年第 3 期。

122. 《中华人民共和国教育部幼儿园教育纲要（试行草案）》，《中国学前教育研究会中华人民共和国儿童教育重要文献汇编》，北京师范大学出版社 1999 年版。

123. 周念丽、朱家雄：《探索学前教育在现代主义和后现代主义影响下的发展轨迹》，《儿童教育》2003 年第 2 期。

124. 朱家雄：《幼儿园课程》，华东师范大学出版社 2003 年版。

125. 朱家雄、裴小倩：《对面向未来的早期儿童教育的思考》，《儿童教育》2003 年第 1 期。

126. 朱家雄：《幼儿园课程的文化适宜性》，《教育导刊》2006 年第 9 期。

127. 朱家雄主编：《国际视野下的学前教育》，华东师范大学出版社 2007 年版。

128. 朱家雄：《已经走过的、正在走的和将要走的"路"》，《儿童教育》（教师版）2007 年第 3 期。

129. 朱家雄：《由"发展适宜性教育实践"想到的——对我国幼儿园课程改革的反思之四》，《儿童教育》（教育科学）2007 年第 5 期。

130. 朱家雄：《西方学前教育思潮在中国大陆的实践和反思》，《基础教育学报》（香港中文大学）2008 年第 1 期。

131. 朱家雄：《建构主义视野下的学前教育》，华东师范大学出版社 2009 年版。

132. 朱家雄：《对"发展适宜性教育实践"的反思》，《儿童教育》（教育科学）2009 年第 7/8 期。

133. 朱家雄：《幼儿园课程理论与实践》，华东师范大学出版社 2012 年版。

134. 朱家雄：《朱家雄学前教育文选（一）》，上海教育出版社 2012 年版。

135. 朱家雄：《当今我国学前教育事业发展面临的主要问题和政策导向》，《儿童教育》2012 年第 6 期。

136. 朱智贤、林崇德：《儿童心理学史》，北京师范大学出版社 2002 年版。

137. ［美］茱蒂·H.海姆等：《开启学习的视窗》，李郁芬译，台湾光佑文化事业股份有限公司 2001 年版。

（三）网络资源

1. Academic Content Standards Revision Social Studies：Pre-Kindergarten Through Grade Eight. http：//education. ohio. gov/GD/Templates/Pages/ODE/ODEDetail. aspx？page = 3&TopicRelationID = 1706&ContentID = 76598&Content = 91442. 2011 − 2 − 20.

2. UNESCO（2010）. UNESCO Policy Brief on Early Childhood：What is Your Image of the Child？http：//211. 154. 83. 47/1Q2W3E4R5T67U8I9O0P1Z2X3C4V5B/www. waece. org/contenidoingles/notas/47eng. pdf.

3. NAEYC & NAECS/SDE. Early childhood curriculum，assessment，and program evaluation：Buliding an effective，accountable system in programs for children birth through age 8. Joint Position Statement，Washington，DC：Authors，2003. 4. www. naeyc. org/about/positions/pdf/pscape. pdf.

4. Texas Education Agency（2008）. Revised Texas Prekindergarten Guidelines. http：//ritter. tea. state. tx. us/curriculum/early/.

5. NCTM（National Council of Teachers of Mathematics）. Principles and standards for school mathematics. Reston，VA：Author. 2000. ix. http：//standards. Nctm. Org/document/ index. htm.

6. Massachusetts Department of Education. Guidelines for Preschool learning Experiences. 2003. 39. http：//211. 154. 83. 45：83/1Q2W3E4R5T6Y7U8I9O0P1Z2X3 C4V5B/www. eec. state. ma. us/docs1/curriculum/20030401_ preschool_ early_ learning_ guidelines. pdf.

7. NAEYC & NCTM（National Council of Teachers of Mathematics）. Early childhood mathematics：Promoting good beginnings. Joint Position Statement，adopted April 2002. Wash-

ington，DC：NAEYC. www. Naeyc. org/about/positions/pdf/psmath. pdf.

8. Early Childhood Advisory Council to the Massachusetts Board of Education. Guidelines for Preschool Learning Experiences. 2003. 7. http：//www. eec. state. ma. us/docs1/research-planning/guidelines4preshool. pdf.

9. IRA（International Reading Association）& NAEYC. Learning to read and write：Developmentally appropriate practices for young children. Position Statement, Washington, DC：NAEYC. 1998.；www. naeyc. org/about/position/pdf/PSREAD98. PDF.

10. Georgia Department of Early Care and Learning. Georgia's Pre-K Program Content Standards. 2011. 50. http：//decal. ga. gov/documents/attachments/content＿standards＿full. pdf.

11. Taxas Education Agency. Revised Taxas Prekindergarten Guidelines. 2008. 101. http：//www. tea. state. ts. us/edinit/pkguidelines/index. html.

12. 王晓芬. 适应于 0—8 岁儿童早教项目中的发展适宜性课程方案. http：//www. preschool. net. cn/ShowArticle. asp？ArticleID＝22213

13. Georgia Department of Early Care and Learning. Georgia's Pre-K Program Content Standards. 2011. 45. http：//decal. ga. gov/documents/attachments/content＿standards＿full. pdf.

14. NAEYC. NAEYC standaeds for early childhood professional preparation：Initial licensure programs, Position Statement, In Preparing early childhood professionals：NAEYC's standards for programs. Washington, DC：Author. 2003. 39. www. naeyc. org/faculty/pdf/2001. pdf.

15. NAEYC. Resource on assessment. Beyond the Journal. 2004. 52. http：//www. journal. naeyc. org/btj/200401/resources. asp. ［Books and articles recommended by authors of articles published in Young Children's January 2004 "Assessment" cluster.］

16. United States Department of Education, Goals 2000：Educate America Act. 1996. http：//www. ed. gov/G2K/index. html.

17. Child Care Bureau. A Guide to Good Start, Grow Smart and Other Federal Early Learning Initiatives ［R］. http：//www. acf. hhs. gov/programs/ccb/initiatives/gsgs/fedpubs/GSGSBooklet. pdf.

18. McGraw-Hill, Pre-Kindergarten Standards. 2003. http：//www. ctb. com/media/articles/pdfs/resources/PreKstandards. pdf.

19. National Association for the Education of Young Children, Early Learning Standards：Creating the Conditions for Success. 2002. http：//www. naeyc. org/about/positions/pdf/elstandardsstand. pdf.

20. Florida Department of Education, Sunshine State Standards. 1996. http：//www. firn. edu/

doe/curric/prek12/frame2. htm.

21. Pennsylvania Learning Standards for Early Childhood . 2010. http: //www. pakeys. org/up-loadedContent/Docs/PD/Standards/Kindergarten 2010. pdf, 2011 – 07 – 11.

22. Indiana Department of Education. (2010). Indiana's Common Core Standards. http: //www. doe. in. gov/achievement/curriculum/resources-implementing-indianas-common-core-standards.

23. National Council for Curriculum and Assessment (NCCA). Astear: The Early Childhood Curriculum Framework-Principle and Themes. 2009. 56. http: : //www. ncca. ie.

24. Indiana Department of Education. Indiana Content Standards for Educators. 2010. 16—17. http: //dc. doe. in. gov/Standards.

25. Data from L. C. Rose and A. M. Gallup, "The Thirty-second Annual Phi Delta Kappa/Gallup Poll of the Public's Attitudes Toward the Public Schools," phi Delta Kappan, 2000. http: //www. pdkintl. org/kappan/kpol0009. htm.

26. L. Hodge, About National PTA: President's Message. 2003. http: //www. pta. prg/aboutpta/presidentsmessage. asp.

27. District of Columbia Public Schools, Even Start Family Literacy Program. 1999. Retrieved July 23, 2004. http: //www. k12. dc. us/dcps/evenstart/esdescription. html.

28. Ministry of Women and Child Development Government of India. Early childhood Education CurriculumFramework (Draft). 2012. 9—11. http: //www. wcd. nic. in. schemes/ECCE/curriculum_ draft_ 5 (1)%20 (1)%20 (9). pdf.

29. Australian Government Department of Education, Employment and Workplace. Belong, Being & Becoming: The Early Years Learning Framework for Australia. 2009. 7. http: //www. decd. sa. gov. au/barossa/pages/Barossa/37011/? reFlag = 1.

30. Rachel Langford. Innovations in Provincial Early Learning Curriculum Frameworks. 2010. http: //www. childcarecanada. org.

31. National Scientific Council on the Developing Child [R]. Cambridge: The Council, 2005. 1. [cited 2007 April 9]. Excessive stress disrupts the architecture of the developing brain. Working Paper. No. 3. http: //www. developingchild. net/pubs/wp/Stress_ Disrupts_ Architec-ture_ Developing_ Brain. pdf.

32. Department of Education and Skills. Every Child Matters, Change for Children, Common AssessmentFramework [M]. 2007. 1. http: //www. everychildmatters. gov. uk/delivering-services/caf/.

33. NAEYC Standards for Early childhood Professional Preparation Programs, Position Statement Approved by the NAEYC Governing Board, 2009. http: //www. naeyc. org/position-statements/prepstds_ draft.

34. National Board for Professional Teaching Standards (NBPTS), Early Childhood Generalist Standards, 3rd. ed. 2012. http：//www. nbpts. org/userfiles/file/Early_ Childhood_ 7_ 3_ 12. pdf.

35. Indiana Developmental Standards for Educators- Early Childhood Education, 2010. http：//dc. doe. in. gov/Standards.

36. Oklahoma Core competencies for Early childhood Practitioner, 2004. http：//ok. gov/sde/oklahoma-academic-standards#Standards.

37. Michigan Early childhood Professionals Core Knowledge and Core Competencies, 2003. http：//web. grcc. edu/FreyPDS/pdf_ msdocs/CoreKnowledge_ 0103. pdf.

38. Head Start Bureau. The Head Start Child Outcomes Framework. Head Start Bulletin, 2003, (76), 21 - 32. www. headstartinfo. org/pdf/Outcomes. pdf.

39. McGraw-Hill, Pre-Kindergarten Standards： Guidelines for Teaching and Learning. CTB/McGraw-Hill. March 10, 2003. http：//www. ctb. com/static/resources/prekstandards. jsp.

40. Conant, B. Developmentally appropriate practice： An explanation for parents. 2001. http：//www. nauticom. net/www/cokids/DAPparents. html.

41. Houser, D. , Osborne, C. Developmentally appropriate practices： Right for all kids. 2001. http：//www. nauticom. net/www/cokids/dapei. html.

42. Academic Content Standards Revision Social Studies： Pre-Kindergarten Through Grade Eight. http：//education. ohio. gov/GD/Templates/Pages/ODE/ODEDetail. aspx? page = 3&TopicRelationID = 1706&ContentID = 76598&Content = 91442. 2011 - 2 - 20.

附录一

儿童发展方案中的适宜做法和不适宜做法

（一）4—5 岁儿童发展方案中的适宜做法和不适宜做法（1987 版）（部分）[①]

具体方面	适宜的做法	不适宜的做法
教学策略	教师准备环境，使儿童能通过积极探索以及与成人、同伴、材料的相互作用来学习	教师只采用一种高度组织与控制的上课的形式
	儿童从教师准备的许多学习领域中选择自己的活动，包括角色游戏、搭积木、科学活动、数学、智力游戏、图书、录音、美术及音乐等	教师指导所有的活动，决定儿童要做什么、什么时候去做。教师替儿童完成活动的一大部分，如剪出形状、在实验中一步步地演示等
	期望儿童的身体和心理都处于积极状态。儿童可以从教室预设的活动中去选择，也可以自发地进行活动	希望儿童一直坐着观看，保持安静或用纸笔进行活动。儿童的大部分时间都花在消极地坐、听和等待上
	儿童将大部分时间花费在自己或在非正式小组活动中	儿童大部分时间都用于教师指导的集体教学中
	为儿童提供具体的、用实物的学习活动，这些活动中的材料和人物都与儿童自身经验有关	练习簿、描摹纸、幻灯片及其他抽象的材料占据了整个课程
	教师在小组及每个儿童之间来回走动，通过提问、提出建议、根据情境变化活动的材料或想法等去鼓励儿童积极参与活动及使用材料	教师控制环境的方法主要是大部分时间与整个集体的儿童谈话，告诉儿童做些什么
	教师允许有不同的答案。认识到儿童能从自主地解决问题和实验中学习	希望儿童用一个标准答案回答问题。强调练习和死记硬背

[①] 转引自朱家雄《建构主义视野下的学前教育》，华东师范大学出版社 2009 年版，第 173—177 页。

续表

具体方面	适宜的做法	不适宜的做法
社会/情感发展的指导	教师用正确指导的方法鼓励儿童发展自我控制能力，如树立榜样、鼓励期望的行为、制定明确的规则等。教师的期望适合并尊重儿童的发展能力	教师把大量时间都花费在如下方面：强调规则、惩罚不受欢迎的行为、贬低做错事的儿童、让儿童静静地坐着、处理儿童间的纠纷等
	给儿童提供许多机会来发展其社会性技能，如合作、助人、商量及通过与别人谈话来解决两人之间交往中的问题。教师始终为这些积极的社会性技能的发展提供便利	儿童大部分时间都在进行桌面游戏，或听从教师对全班的指导。教师干涉儿童之间的争议与问题的解决，强调教室的规则及时间安排
言语发展和读写能力	在教儿童学字母、发音及词语前，让他们有很多机会去了解阅读和写作的重要性。只有当儿童觉得这些基本技能十分有意义时才会去发展它们。以下这些形式多样的活动可以使儿童通过有意义的经验来发展言语和读写能力：听、读故事和诗歌、野外游玩、讲故事、看教室的挂图和其他印刷品、参加角色游戏或其他儿童和成人进行非正式的交流、通过临摹画和发明自己的拼写法等方式去体会如何书写	读写教学过于强调孤立的技能发展，如认识单个字母、背字母表、唱字母歌、在事先画好的线内涂色、教儿童在印好的线上用正确的格式写字母
认知发展	儿童通过观察、与周围的人与实物进行互动、尝试解决具体问题等途径，对自身、他人及周围环境有一定的理解。数学、科学、社会、健康及其他领域知识的学习，都是通过综合化的、有意义的活动加以实现的：如儿童搭积木、量沙、量水、观察周围环境的变化、做木工、按一定目的将东西分类、探究动植物等的奥秘、演唱、欣赏来自各种文化的音乐、绘画、涂色、捏泥等。进行这些活动时，要求遵守常规，以便于儿童保护自己的健康、安全	教学强调通过死记硬背发展孤立的技能，如数数、在纸上把条目圈起来、记忆事实、看演示、用幻灯片训练、看地图等，把儿童的认知发展看作在内容上是被分割为诸如数学、科学或社会学习领域的，在时间分配上也是相互不关联的
身体发展	儿童每天都有机会进行使用大肌肉的运动，如跑、跳、平衡等，每天都为儿童安排户外活动，这样的儿童可以发展其大肌肉技能、学习在户外环境中自由而大声地表现自我	进行大肌肉运动的机会十分有限，户外活动时间受到限制，因为教师认为这样做会挤压教学时间。如果给儿童提供户外活动时间，也只是当做一种休息（一种让儿童发泄剩余精力的途径），而不把它当作儿童学习环境的一个重要组成部分
	儿童每天都有机会发展运用小肌肉的技能，如进行这样一些活动：拼图、走迷宫、绘画、剪纸等	运用小肌肉的活动仅局限于用铅笔写、涂色或其他类似的活动
审美能力的发展	儿童每天都有机会通过美术和音乐活动去表现和欣赏美。儿童参与并享受各种形式的音乐活动。有许多媒体可以供儿童表现创造性，如黑板画、手指画、黏土等	美术和音乐活动只在时间允许时才提供给儿童。美术活动包括给预先画好的形状涂色、临摹成人的作品、按照成人预定的其他形式去进行此类活动

续表

具体方面	适宜的做法	不适宜的做法
动机	儿童天生具有了了解周围世界的好奇心与求知欲，成人利用儿童的这些特点去激发他们的学习动机，使之参与到学习活动中	要求儿童参加所有的活动。这种参与并非出于儿童自愿，而是为了得到教师的认可、得到外部奖励（如贴小红花或一些优待等），或者是为了避免惩罚

（二）3—5 岁儿童早教方案的适宜与不适宜的做法表（1997 版）（部分）①

	适宜的做法	不适宜的做法
增进孩子的发展与学习		
环境与作息	●老师规划与准备一个可以培育孩子主动积极探索事物的环境，不管是孩子们一起玩，或是跟大人一起玩，孩子们都能相当投入。选择教材与设备时，老 及师都会考虑到孩子的发展程度，以及与社会文化相关的事项，如学校的地理位置及学生的背景资料	●环境凌乱，毫无秩序可言，孩子漫无目的地漫游。环境与教材都缺乏多元性，没有太多孩子感兴趣的事物，孩子也没什么选择可言（比如说，拼图太简单，或是东缺一片、西缺一片）。噪声很大，孩子跟大人都受不了，妨碍谈话与学习。 ●环境的安排严重限制孩子间的互动及从事学习活动的机会。例如，一天的大部分时间都必须坐在座位上，或是必须要经常向老师索讨所需的活动材料
	●老师很注重环境的安全与清洁，而且经常仔细巡察，以预防意外状况的发生。孩子能自己做的事，老师会放手让他们去做，但是，老师同时也很注意他们的安全。在能力及安全范围内，老师会让他们稍微冒点风险，比如说，孩子用真正的工具做木质作品，老师会要求他们带上防护镜，或是孩子在攀爬装置得很稳固的攀爬设备时，即使下方铺设适当的软垫，老师还是会在一旁守护	●老师监护孩子时，经常都不注意或是不小心，也不在意室内与户外的环境安全。 ●为了节省时间，或怕孩子把环境弄脏，孩子已经会做的事，老师还为其代劳。孩子没有机会玩游戏区里的设施、工具或烹饪设备
	●老师在安排作息时，会将动态活动与静态活动交替穿插，也会注重孩子营养的摄取及让孩子有小睡的时间（尤其是年龄较小的孩子）。老师也会安排一段完整的时间让孩子玩游戏或做完一件工作（一次至少一个小时）。孩子有充分的时间探索及熟悉环境、深入探查那些引发他们好奇心的事物，并实验其中的因果关系	●老师安排太多活动，让孩子过于疲劳。 ●活动的时间太短，活动的种类又过多，因此，孩子不能长时间从事某一个活动，如深入探索、演戏或盖积木。孩子不能专注于或感兴趣的事物中，只能像无头苍蝇一般汲汲营养，或是情绪过于激昂。只有一早或傍晚才有游戏时间，而且时间都很短（有些孩子根本就完全错过这些游戏的时段）

① ［美］Bredekamp，S. & Copple，C.（Eds.）：《幼教绿皮书》，洪毓瑛译，台湾和英出版社 2000 年版，第 202—217 页。

续表

	适宜的做法	不适宜的做法
增进孩子的发展与学习		
学习经验	●为了提升孩子的学习兴趣、参与意愿及概念发展，老师规划各种学习活动，所选用的素材与人物都与孩子的生活经验相关。教学素材包括建构性的教具，如积木、语言艺术性的教具，如书籍、演戏、木偶戏、美劳及模型素材、砂、水及测量工具、及可做简单科学活动的工具。当然，其他的教学素材还很多，不止上述这些	●主要的教具都是一些练习薄、描画本、数字卡或图画卡等注重训练及反复练习的活动，缺乏较高等级的思考性活动，例如，如何解决某些问题。 ●活动的规划是以好玩与否、娱乐性高不高为主。没有尝试让孩子在活动中发展更高层次的能力，或是将智能社会发展等目标融入活动中
	●老师平常会留心每个孩子的兴趣及能力状况，并且依据这些平日的观察及教学目标，准备不同学习性质的活动及学习计划，以供孩子选择或自行规划。孩子可以根据自己的兴趣，从中选择自己喜欢的活动，如演戏、建构、科学、数学活动、棋艺、大富翁等游戏、拼图、书、录音带、唱片、电脑、美劳及音乐等等。老师也会运用这些不同的教具及活动规划学习活动，例如，演一场在餐馆吃饭的戏，让他们从中学习一点认读文字的能力，如看菜单，以及数学计算概念，使用钱及收银机等	●活动的规划严格呆板，很少给予孩子自行选择的机会。老师已经替孩子做完大部分的事，如剪好各种形状的纸片，或是预先替他们完成实验步骤。孩子如果有自己的方式，也会受到老师的责备。老师认为：让孩子学习大人的方式是比较重要的。 ●教具千篇一律，极少更新。孩子既没有新的玩具可玩，也缺乏可以挑战自己能力的机会
语言与沟通	●老师在一天的活动中经常跟孩子说话，讲话的时候口齿清晰，也会耐心聆听孩子的反应，并且让孩子有彼此交谈的机会，鼓励孩子发展语言及沟通技巧。老师会鼓励每个人或每个团体踊跃讨论一些真实的生活经验、工作及时事等。他们常鼓励孩子描述自己的作品或想法。当孩子主动跟他们讲话时，他们都仔细聆听并适当回应	●老师忙着按照自己的行程行事，没有给孩子自由交谈的机会。 ●老师不喜欢讲话或工作时被孩子的回答或反应打断。 ●老师认为保持安静最重要。如果孩子讲话或未经允许自闭口，老师就会给予忽视、斥责或惩罚。老师谈起话来，大部分都是单向的说教，比如说，孩子正在彼此讨价还价，老师却突然介入，指示孩子该如何做，而不是必要时才从旁协助。老师只有在教训或惩罚孩子时，才会对个别孩子说话。 ●老师跟孩子说话时，一副高高在上的样子，问一些孩子没兴趣的问题，或者是还用跟婴儿说话的方式跟孩子讲话
	●老师根据孩子的发展潜能，在活动中融入相关的学习经验，提升孩子主动聆听与观察的能力。例如，让孩子有机会聆听别的孩子描述某件事情，并提出问题，或以自己的想法回应	●要求孩子大部分时间都安静地坐在座位上从事观看性的活动，或是长时间做一些反复背诵的工作。老师期望孩子专心一致上课，但孩子们总是没耐心。 ●孩子经常都在枯坐与等待，比如说，两个活动的交接时段，老师没有预先予以规划，让孩子无聊地枯坐等待

续表

	适宜的做法	不适宜的做法
增进孩子的发展与学习		
教学策略	●老师会观察每个孩子，并且会以各种方式与每个孩子或小型团体互动（包括由老师规划，而由孩子自行选择的活动），以充分了解孩子在有师长教导或协助下的能力表现，以及没有师长协助时的能力。为了帮助孩子学习新的技能或增进对事物的了解，老师会使用许多的教学技巧，如提出问题、给孩子一点提示或建议、以身作则、视情况添加一些比较难的教具或想法，或者是让他们有机会跟同伴合作	●孩子在游戏、探索及活动时，老师都没有参与，单纯将自己定位于监督者的身份。在帮助孩子学习方面，教师无法担任一个积极主动的角色，以为孩子的技能与知识都是自然发展而来的。 ●大部分都让孩子在座位上自己做一些只有对与错两个答案的联系薄。因此，老师根本就不了解孩子是如何解答问题，或者是否有某些方面的困难等。于是，当孩子不了解或有挫折感时，老师不知道如何帮助他们。对于每题都会写的孩子，老师也不知道如何给予适当的挑战
	●老师会激励并帮助孩子投入游戏及他们自己选择的活动中。对于孩子自发性的活动，老师都会通过指出问题所在、问问题、建议、稍微提高难度、提供相关的咨询、素材，并适时给予协助的方式，扩展孩子的思考及学习领域，让他们能整合各种学习经验，朝下一个发展境界迈进	●老师没有帮助善加运用选择活动的时间。当孩子一再重复地做某些活动而感到焦躁无聊时，老师很少予以设法解决。老师不帮助孩子寻找其他的游戏方式，反而滥用惩处控制孩子焦躁不安的行为。 ●孩子在游戏或选择自己想玩的活动时，老师担任的是一个被动的角色。对于孩子的游戏及学习活动，老师极少有所贡献或根本没有花费心思
	●老师提供很多机会让孩子可以自行规划、思考、表现及重现他们的生活经验。老师让孩子投入讨论以及表达性的活动，如陈述、画画、写字或捏黏土。这些活动可以加深孩子的概念与理解。比如说，如果孩子对事物的原理有自己的一套假设的话，老师可以顺势让他们想想如何解决某些问题或做些实验	●大部分的时间里，老师期望孩子回答一些只有一个正确答案的问题。当孩子提出一些天真的想法时，老师只会直指其误，却没有趁机了解孩子的想法。老师根本不了解孩子的潜能有多大，从来不把孩子的想法当真，也不鼓励孩子用其他方式（非语言的方式）表达自己的想法。 ●老是在赶课程进度，认为重复过去教过的主题或生活经验是浪费时间。因为同一个主题只会出现一次，所以，无法让孩子有机会重新回想或温习，达到更深入、充分的了解。 ●老师低估孩子的能力，而且没有给孩子充分的学习时间帮助与孩子发展概念及技能
	●老师提供很多机会让孩子学习跟别人合作，并经由这些社会性的互动建构知识及发展社交能力，比如说，合作、帮助别人、协商、询问相关的资讯以解决问题。老师经常通过亲身示范、引导、分组及其他的教学策略培养孩子的社交能力与合作解决问题的能力	●老师希望孩子经常都乖乖在自己的座位上做自己的事情。老师在进行解说或指示时，都是针对整个群体，很少个别跟孩子进行优质的互动。 ●老师很少运用孩子的人际关系帮助孩子达成学习目标。没有设计一些能帮助孩子发展社交能力的教学策略

续表

适宜的做法	不适宜的做法
增进孩子的发展与学习	
动机与引导 ●老师利用孩子的好奇心及求知欲激励他们投入有趣的学习活动中。老师鼓励的言语很真实具体，不会不着边际。评论孩子的作品时，也会用比较详细的描述方式，比如说："你把姐姐画得好大，画哥哥就比较小！"对于有特别需要的孩子，比如说在"个别化教学计划表"中特别标明有残障问题的孩子，老师由观察中发现，可能某些环境因素引发孩子的行为问题，如环境压力（如暴力），或是孩子持续有侵略性的行为，而且已经对别人造成威胁，并已到达必须接受个别辅导的程度时，教师会拟定一套个别辅导的教育计划，包括如何激发孩子的学习动机，以及如何适时介入孩子的学习过程，帮助孩子学习自我控制或是适当的社会行为	●绝大多数的活动不是太容易就是太难，孩子经常不是感到无聊，就是感到挫折，以致削弱孩子的内在学习动机。为了让孩子参与活动，老师都是用外在奖励（如贴纸或特权等）或惩罚方式试图让孩子改变主意。对于有特殊需要或行为问题的孩子，老师不但没有为他们拟定适当的教学计划，还不时因为他们没有遵守团体的规定而予以责难或处罚。 ●老师经常赞美孩子，几乎达到泛滥的地步（画得好漂亮，好棒！）。因此，赞美本身已经变得没有什么意义，也无法激励孩子学习
●老师运用各种良好的引导技巧协助孩子学习社交能力、自我控制及自我规范。诸如以身作则、当孩子的举止合乎期望时，立即予以鼓励、当无法接受孩子的某些行为时，就立即介入，让孩子了解事情的严重性。老师对孩子的期望，会根据孩子的发展状况调整。老师具有耐心，知道不需稍有状况就立刻紧张不安	●老师花很多时间在处罚孩子不当的行为上。孩子若做错事，或是喜欢唱反调，老师不是贬抑孩子的价值，就是让一再犯错的孩子老是在处罚区禁足。或者用一些风马牛不相干的行动处罚孩子。 ●老师没有订立清楚的规则，孩子犯错也没有予以处罚。课堂上一团乱，老师没有帮助孩子订立规则及学习重要的团体规划与责任

（三）3—5岁儿童早教方案的适宜发展性实践的做法表（2009版）（部分）①

适宜的教育方式	相应
增进孩子的学习与发展	
环境和一日计划 教师确保环境是安全的，健康的和可让儿童独立探索的，他们从旁关注和观察。在安全的前提下，教师支持儿童的探索和新技能的学习（如用小刀削、爬上一个户外攀爬物）。尽管教师让儿童自己动手做他们能安全探索的，他们认识到一些文化强调相互依赖而不是独立，因此，教师要与家长沟通相互可以接受的策略	教师不熟悉安全规则和程序。或者他们不参与或不关心监督或监视孩子们室内和户外的各项安全。 为了节省时间或减少麻烦，教师代替孩子做本该他们自己做的事情。由于规则或教师的喜好，成人尽量避免某些看起来不学习的活动。（如野外活动，操场攀爬，野炊等）

① Bredekamp，S. & Copple，C. （Eds.）. Developmentally Appropriate Practice in Early Childhood Programs Serving Children from Birth through Age 8 （Third Edition）. Washington. DC：NAEYC，2009. 149—159.

续表

	适宜的教育方式	相应地
环境和一日计划	教师创设一个学习环境去培养儿童的主动性，积极的探索，以及与其他儿童、成人的合作。在选择材料和设备时，教师认为儿童的发展水平，兴趣和社会文化背景应加以考虑。（如提供他们生活经验相关的材料）	环境是无序的，没有结构和不可预测的。因此，孩子们的行为是杂乱和无所事事的。教室里的声音很嘈杂，使得孩子们和成人难以集中注意力或进行交谈。 教室布置环境的方式是限制孩子们的互动，以及限制他们探索的机会。如，孩子们更倾向于不断向教师索取材料而不是主动寻找可以找到的材料。 环境，材料和经验只反映单一的文化，或在另一方面缺乏提供多样的兴趣和选择给孩子们
	教室组织一日活动时，包括一些弹性的活动和安静的时间，足够的营养和睡眠（对于年儿童童的一日活动）	教师组织的一日活动是满满的，因此孩子们变得很累，那么多的活动而没有休息。频繁转换活动浪费时间，让儿童没有休息和分散注意力而不是让他们积极参与
	教师分配足够的时间（至少 60 分钟）以便孩子们能深层次地参与一项活动或保持戏剧性表演游戏在一个复杂的水平上。儿童有足够时间和机会去满足他们的好奇心	常规如如厕或过度活动占有了大量时间，或打断孩子们的活动和注意力，阻碍儿童从长时间的戏剧性表演游戏等活动中获益。 分配给游戏和儿童主导的活动的时间太短（如 15—20 分钟）。一日活动计划仅仅是关注开始和结束，一些孩子完全是迷失的
教学方法	为了参与儿童多种多样的学习活动，教师要捕捉孩子的兴趣点并提供丰富的材料，依据活动的目标和儿童的兴趣和能力的知识。材料包括积木、书，书写材料，数字游戏和操作活动，戏剧游戏，运动器械，艺术和造型材料，沙子和水，以及一些科学探索工具	学习材料是只是书本、工作簿、动画卡片，以及其他一些不能引起孩子兴趣，不能提高他们的自我管理以及不能让他们解决问题和其他高水平思考参与的活动。 同样的材料和活动日复一日。孩子很少有新的选择和缺乏多样性的材料和活动。 教师选择材料和活动只是好玩或娱乐（或满足家长要求）而不是去配合孩子们的能力，态度和知识
	教师使用各种形式，包括大的和小的群体，自由活动时间（在感兴趣的领域），以及常规。针对学习目标，教师选择适宜的（最佳的）方式	教师反复使用一到两种方法，很少使用其他方式。如，教师给予孩子们的自由活动时间很少或很少使用小组形式，当很显然这种形式更有效时。 教师倾向于说教，很少关注孩子的观点和意见
	为了帮助孩子获得新的技能和知识，教师要掌握大量的策略，选择和合并使得它们更适合目标、孩子和环境。而且，提供信息，教师可以选择策略如提问、提供线索或建议，增加难度和支持同伴合作	教师的角色就是布置环境和旁观，因此，他们失掉了很多机会去增进孩子们的学习。除了在集体中谈论，师幼互动不外乎给予直接指导，对帮助的应答，调解争端等。 教师大量使用非结构性指导（如给予指导，提供信息），这对于一些目标是有效的，但是不能作为一种主要的教育儿童的方式

续表

	适宜的教育方式	相应地
教学方法	教师增进儿童的学习和发展通过支架；也就是说，他们提供辅助或增加支持以使得每一个孩子达到最近发展区。教师逐步减少他们的支持当孩子们能独立加速发展时	教师提供了太多或太少的支架。他们可能没有关注到孩子的户外表现，或者他们没有根据孩子的需要来调整他们的支持
	教师认为儿童主导和成人主导都重要。在支持儿童深层次参与游戏和其他儿童主导的活动时，教师寻找机会来提高儿童的思维和学习	教师很少安排成人主导的学习活动。他们很少参与，甚至当孩子的行为是无目的的或破坏性的。当孩子们正参与游戏和感兴趣的领域，教师的角色是消极的，不介入的。教师没有认识到对儿童来说他们自主参与活动是多么重要。如游戏，他们经常打断和破坏孩子们的思维或他们自己的活动
	教师经常参与到儿童的活动中，讨论他们的经验，尊重他们的工作（如画画，书写）。这些机会帮助教师学到了什么是孩子们想的，并使得孩子们的学习加深和明确他们自己的概念和理解	鉴于课程的实施的压力，认为对相同主题或经验的反复是浪费时间，教师呈现一个主题或活动只是一次，而很少回顾，其实回顾可以帮助孩子更丰富地理解。当提问时，教师倾向于寻求唯一答案。没有意识到儿童的能力，教师并不把孩子的观点看重，他们也不鼓励孩子们努力分享他们的观点
	教师提供许多机会鼓励儿童与同伴合作学习和提高社会技能，如合作，相互帮助，协商以及与他们讨论解决问题等	儿童很少有机会真正意义上的社会互动。尽管教师意识到社会交往的重要，他们仍不把小组活动看成是儿童认知学习和发展的方式。因此，教师很少使用儿童互动和合作来进行教学，达到目标
沟通和语言使用	教师经常与每个儿童和蔼交谈——了解儿童，建立积极的相互关系和收集他们的信息	教师的语言大多数情况下是单向的，更多的时候是告知孩子什么事情而不是与他们沟通或倾听他们。教师经常把孩子当作一个群体。大多数情况下，教师强调个别儿童时是命令或惩罚他们时
	当与儿童交谈时，教师考虑儿童作为听者的能力，意识到儿童的回忆的能力，有意注意还在不断发展中。教师与儿童交流时语言简短，将新知识与已有经验相联系，考虑儿童的理解能力，以及提问或评论要考虑儿童的兴趣	教师的语言冗长或长时间大声读；他们期望通过这样保持注意力，但是儿童经常变得累或走神。教师通常希望儿童保持安静除非强调这些，如纠正儿童的说法或没有等待被叫到就说。教师忽视反应慢的孩子（如英语语言学习者）
	当孩子们交谈时，教师考虑儿童的语言能力，给予孩子时间去表达他们自己的观点，并对他们做出积极地反应。教师与儿童一起分享关于某一主题或目标的谈话	成人主导教室的交流。孩子们的交谈经常被打断。教师不尊重孩子们作为一个发言者。（如提问时不考虑儿童是否能回答）。教师告诉孩子而不是等待孩子们的回答或评论

续表

	适宜的教育方式	相应地
沟通和语言使用	教师鼓励儿童努力沟通。他们优先考虑让英语学习者融入其中在他们的能力水平上进行有意义的互动。教师允许孩子有时间思考他们如何来回答问题或评论	教师将注意力集中于儿童的语言技能的缺点上，他们忽视儿童试图沟通的信息。教师坚持儿童的语言只有英语或者只有正确的语法，每次都纠正他们英语语法的使用
	教师参与到个别儿童和小组真实地与他们交谈经验、主题和当前发生的事情。他们鼓励儿童描述他们的工作产品或者观点，教师表现出倾听儿童观点的兴趣	教师打断儿童，主导交谈而不是轮流交谈。教师不是与儿童深度交谈，经常低估儿童想法的复杂性，认为他们还不能充分交流
	教师使用宽范围的词汇在他们与儿童交谈中，包括许多儿童不熟悉的词语。当教师使用儿童不熟悉的词语时，他们给予充足的信息让儿童理解含义。对于一个英语学习者，教师提供不用语言的线索使得儿童学习新的词语的含义（如使用手势，指向物体或图片）	教师与儿童交谈使用过于简单的语言，使用相对有限的词汇。教师使用一个相当丰富的词汇，但是当他们使用儿童不熟悉的语言时，教师不会给予足够的信息帮助儿童理解含义
	教师与所有儿童交谈，特别优先与英语学习者和那些语言发展落后或词汇量有限的儿童经常交谈	教师不会做出额外的努力去与害羞或羞怯的，有沟通苦难或正处于英语学习阶段的儿童交谈。教师将过多的注意力放在英语学习者上（如将他们同伴的注意力也放在他们身上）
动机和积极的学习方法	认识到儿童的天生的好奇心，希望了解周围世界和获得新的技能，教师持续提供儿童高度感兴趣的、积极参与的和舒服的活动	大部分课堂活动都是无趣的和没有挑战性的或者都是那么困难和挫败的，这使得儿童的内部学习动机消失。追求刺激儿童，教师过分依靠外部报酬（贴标签，特权等）惩罚儿童因为他们的错误或者缺点
	教师使用动态鼓励，真实的和与儿童正在做的事相联系。他们认识到儿童的努力，如"你真的花了很多力气在画画上。""我看到你画了你的姐姐比你的弟弟大"	教师经常使用笼统的表扬（多么棒的一幅画啊！或者好孩子）这样的表扬是没有意义的，没有提供有用的反馈或者对孩子没有激励作用。孩子们很可能将注意力放在取悦教师上而不是学习经验本身。教师的反馈通常是否定的批评和纠正错误
指导	教师示范和鼓励安静、耐心的行为，辅助儿童发展自我管理能力通过支持他们在行动之前先思考，规划他们的活动，思考和使用策略解决社会问题。教师的支持和支架使得儿童达到更熟练地戏剧性表演水平，提高他们的自我管理能力。与其将注意力仅放在降低行为的难度上，成人不如将努力放在教儿童社会的，沟通的和情感的管理技能上	教师不控制他们自己对待儿童和其他成人的行为（如表现出愤怒、紧张和冲动）。不了解儿童年龄特点，教师不能了解孩子们是如何思考解决问题的，如何学习控制他们自己的行为。教室是那么混乱，以至于儿童从一个活动迅速转移到另一个活动，浅尝辄止而不是有计划性或有思考的。或者教室是高度教师控制的，以至于儿童变得太成人导向了

	适宜的教育方式	相应地
指导	教师设置清晰行为准则，执行这些限制在一个相互尊重和照顾的氛围中。它们仅仅是原则，当他们遇到有问题的行为时，这些准则使得儿童的 行为一致	教师不设置清晰的规则，不考虑儿童可接受水平。教师不辅助儿童学习或参与教室环境规则的制定，当儿童参与规则的制定时，他们能把规则看成他们自己的。 教师使用引导策略是控制儿童而不是提高他们的自我管理、冲突解决技能，以及社会问题解决能力。当问题出现在儿童中间时，教师很快自己来解决问题
	当一个儿童持续表现出冒险性行为时，教师了解行为本身和可能引起它的事件、活动，相互作用以及其他相关因素。接着，帮助儿童发展更可接受的行为，教师（与家长合作）示范行为，创设环境，保证儿童接受成人和同伴的帮助	教师花费了大量时间惩罚不能接受的行为，裁判争端，重复指出同样的儿童问题或者惩罚他们与行为无关的惩罚方式。 引导者或职员鼓励将有冒险性行为的儿童隔离出活动。有特殊需要的或行为问题的儿童被指责失败而不是提供他们在一个合理的困难水平的学习经验

学前期发展适宜性的环境支持

（一）学前期发展适宜性的物质环境

项目		学前期
物质环境	适宜	**（一）培育主动性的环境** ●鼓励儿童在有明确界定和标记的活动中心自主选择游戏。 ●摆放儿童可以自取的材料。 ●为儿童提供在教室中展示他们作品的机会。 ●提供开放式材料，鼓励儿童根据个体能力水平使用。 ●建立帮助儿童作出有目的的选择的制度。 ●为儿童的独立和履行职责提供机会。 **（二）培育创造性的环境** ●在儿童作出个人游戏选择和进行自我表达时，成人要表达出接受的意愿和兴趣，并对他们创造性工作表现出真正的欣赏。 ●在房间的所有区域都为儿童准备好方便取用的开放式材料，并摆放得美观、合理。 ●为儿童提供使用多种形式进行创造性表达的经验。 ●注意美感，如教室布置和设计方式、材料存放的方式以及儿童作品展示的方式等。 ●重视自然世界和自然材料的美丽，而不是创造出一个看起来好像订购而来的教室。 ●为家庭提供儿童创造性发展的信息。 **（三）鼓励儿童游戏的环境** ●教室的布局暗示儿童：主动游戏是学习的主要方式。 ●在教室中设置不同的兴趣中心，既保护儿童的游戏又能够屏蔽干扰。 ●材料的摆放能够吸引儿童的积极参与。 ●设计教室中各个区域的大小，既包括促进小组互动游戏的区域，也有为隐蔽的游戏而准备的空间。 ●提供大段时间让儿童进行游戏。 ●成人成为游戏的促进者。 ●精心设计室内和户外游戏区域和材料。 **（四）培育自我控制的环境** ●设计要避免因儿童厌烦、受挫、过分拥挤和疲劳所产生的问题。 ●设计要能够清楚地传达对儿童适宜行为的积极期望。 ●使用海报和其他可以看见的线索提示儿童表现出适宜的教室行为。 ●提供从集体中退出的私人空间。 ●使用能够表现尊重每个儿童的权利和差异的材料。 ●提供发泄情绪所需的结实材料。 ●为儿童提供解决问题的范例。
	非支持性环境	●物质环境的设置暗含频繁的、直接的教师教学。 ●练习簿、抄写本、教学抽认卡和其他抽象的材料。 ●"罚坐"椅。 ●艺术作品的模型。

（二）学前期发展适宜性的社会/情感环境

项目		学前期
社会／情感环境	适宜	学习表达情绪情感的词汇 ●成人应先让儿童描述他们的感觉，然后可以提出一些建议性言语以便儿童在对他人表述时使用。根据儿童的认知和语言技能发展水平，成人可提出可供选择的建议和长一点的句子。 ●在儿童已经有了一些使用成人的语言向他人描述自己的情感的经验后，教师可以鼓励儿童去组织他们自己的语言。 ●学习用语言来表达情绪是一个循序渐进的过程。成人需要鼓励和提醒儿童用语言来表达情绪，并在他们这样做时对其加以强化。 ●帮助学前儿童学会控制和表达情绪是教师的一项非常重要的任务，这个任务是整合在每一天的教室活动和每一次的冲突中的。 培养个体认同感 ●用言语或非言语的行为表现对儿童的喜爱和真诚的兴趣。教师在儿童来的时候分别向每个孩子表达问候并帮助他们参与到自己感兴趣的活动中去。 ●每天花时间和每一个儿童进行个别谈话。日常的时间——比如洗澡时、穿衣服时、去操场路上、等待集合时——都可以成为成人与儿童对话的机会。 ●创设一种鼓励和重视个性的教室氛围。教师唤起儿童对其他人的成就的关注，这并不是要培养竞争精神，而是让儿童知道教师重视他们每个人的能力。 ●敏锐地回应孩子的个性特征。支持和鼓励儿童在选择特定活动、人群和交往时的个人风格。 ●尊重每个儿童家长的风格和需要，并将家长对其孩子的了解作为了解每个儿童个体特征的主要信息来源。 ●为儿童提供机会、材料，鼓励他们加入到对他们自己来说很有意义也很感兴趣的活动中。 ●不断地将关于个体认同感的概念具体化到学习活动和谈话中。在一些教室里，教师设计以"我就是我，我是独特的"为主题的一周活动。 性别认同感 ●儿童有权利对他们身体产生好奇并在描述那种好奇时得到简单、真实的回应。 ●需要的时候，教师寻找有助于以适合儿童认知能力的方法回答学前儿童问题的资源。如斯蒂芬·韦克斯曼（Stephanie Waxman）的《女孩是什么样的？男孩是什么样的?》。 ●提供可以挑战狭窄的、刻板的性别观的经验。利用社区中的家长和其他人来帮助儿童理解男女都可以有的多种选择。对儿童来说看到男女双方互相尊重是很重要的。 ●重组游戏环境，鼓励选择跨性别的游戏。 ●通过艺术品或照片来扩展儿童的认识，让他们知道哪些工作分别是男性和女性、年轻人和老年人、残疾人和非残疾人能做的。不加评论的图片展示可能会有助于儿童的思考。 ●检查教室中书本上的画面和语言，以确保工作和家庭角色扮演的多样化。 ●让儿童参与到新的活动中。德曼·斯帕克斯（Derman-Sparks）建议教师考虑偶尔发起一些活动来抵消儿童可能只是基于他们的性别认识来选择游戏所带来的局限性。 ●和家长交流教育目标和教室实践以支持儿童形成健康的性别认同。教师需要认识到教育的、种族的和文化的背景会影响家长对非传统性别行为的感觉或他们在儿童对性产生兴趣时对儿童的回应。 ●积极挑战儿童的性别刻板行为或言论，一看到性别偏见就进行干预。促使儿童去对比他们的自身经验和理念可能会使他们最终改变自己的想法。 ●关注个体对与性别无关的活动的感觉、言论和态度。 文化和种族认同 ●检查所有的图片和图书以确定他们怀着对种族、非刻板化的性别表现、年龄、等级、家庭结构和生活风格的尊重，真实描述每一个教室、群体乃至整个北美人口的多样性。

续表

项目		学前期
社会/情感环境	适宜	●看书。有很多好书可以帮助儿童欣赏世界的多样性。（如 Roberts and Hill，2003；Derman-Sparks，1989） ●在教室提供能让每一个儿童认同并体现每一个家庭文化的玩具、材料和活动。美工材料、操作材料、音乐、玩具娃娃和表演游戏以及集体活动应该经常肯定多样性。（Derman-Sparks，1989，1998；Boutte，Van Scoy，&Hendley，1996） ●让所有的家长前来参观并参与到教室活动中来，给他们机会分享家庭故事、歌曲、绘画和他们的文化传统和语言。 ●支持儿童在游戏活动的背景下学习英语，同时，与家长一起支持和维护儿童家庭语言技能。 ●知道委婉地反对那些会导致偏见的想法，敏锐地避免儿童对新的或不熟悉的事物产生不适或偏见。 友谊 ●为面对面交流提供空间、时间，这样的交流对发展孩子的社会理解力至关重要，如玩水区、橡皮泥区、表演游戏区或积木区等这样的区域活动。结构松散而又连续的时间是进行交谈必需的。 ●时不时地让孩子一对一地开展一项共同活动，特别关注害羞或被忽视的孩子。（Trawick-Smith，1994） ●通过询问孩子他们想玩什么、想跟谁玩来帮助其明确自身需求。 ●帮助儿童发展有效技能以参加游戏。教师可以示范或者提示能够吸引其他儿童注意的语言。 ●帮助儿童练习有效的沟通技能，如叫名字、与他人直接交谈、保持目光接触。 ●给儿童提供信息，帮助其识别他人的示好（Kostelnik，Phipps-Wirren，Soderman，Stein &Gregory，2006）。学前儿童一般较难理解他人的意图。 ●帮助儿童理解其行为是如何影响他人的反应的。教师可以帮助他们理解这种联系以使其修正自身行为，得到想要的回应。 ●在情感上支持欠缺技能的儿童的同时，应为其示范介入游戏的技能，以帮助儿童学习掌握加入游戏的方法。 ●认识到学前儿童的友谊可能会很短暂，在儿童因此感到受挫、生气或想暂时退出社会交往时给予支持。 ●与儿童探讨友谊和社会交往技能。教师可以通过读书、讨论图片或使用玩偶来演示技能。 亲社会行为 ●提供材料。有些材料鼓励儿童一起玩耍和开展合作，有益于为学前儿童提供相互分享及支持的机会。如四轮车、双座车、简单的棋类游戏、降落伞游戏及涂鸦艺术等。 ●提供活动。当教师安排需要两人一组进行的活动时，如创编动作、模仿游戏等，鼓励儿童学会相互支持并乐于加入对方。 ●鼓励帮助。每一个群体里的儿童都会有不同的能力和独特的资质，鼓励儿童向对方寻求帮助。 ●思考亲社会行为。教师积极指导儿童区了解他人的需要和感情。有时角色扮演、故事或木偶戏可以帮助儿童站在他人角度看待问题。 ●帮助儿童认识亲社会行为。如在其他儿童尝试表示关心或提供帮助的意愿时，教师可以帮忙指出。 ●强化亲社会行为。教师非常关注儿童的合作游戏、分享和互助。他们确定这些情景不能被大家所忽视。教师通过微笑、抚摸及注视来对这样的行为进行非语言奖励。教师还可以特别指出亲社会行为及其正面效果。 ●示范亲社会行为。当教师示范并口头解释帮助、合作的时候，他们向儿童展示了亲社会行为的重要性。 ●限制攻击性及反社会行为。如薇薇安·佩利（Vivian Paley）的班上有一个基本准则："不能说你不会玩。"（Paley，1992）

续表

项目		学前期
	适宜	●帮助培养移情能力。当教师向儿童描述他人对其的感情时，儿童会逐渐被引导着去理解他人的感受以及面对此类感受的适宜反应。 ●为善意的行为提供机会。教师可以特意地设计一些机会让孩子参与到培养善意的情境中去，从而帮助其发展亲社会意识。如鼓励大孩子帮助、保护小孩子。 ●指出儿童的特别需要，并讨论如何满足这些特别需要。 ●创建一个关怀的集体。幼儿园教室可以从这本书里找到有用的资源：《班会：儿童一起解决问题》（Class Meetings：Young Children Solving Problems Together）。 指导儿童自我控制 ●正面的，重点帮助儿童学会他们应该做什么，而非强调他们做错了什么。 ●以教师为中心的，重在精心选择技巧来帮助儿童更适当地体验情感。正如凯茨所说："一个训练有素的教师会问'在这种情况下我能教孩子们什么呢?'。"（Katz, 1984） ●协作的
社会/情感环境	非支持性环境	学习表达情绪情感的词汇 ●忽视、转移、嘲笑、侮辱或者"逗孩子"。 ●对儿童情绪失控表现出愤怒。 ●强迫儿童表达他们没有感觉到的情绪，比如强迫儿童说"对不起"。 培养个体认同感 ●忙于自己的事情以至于没有时间去了解和感受儿童的存在。 ●用名字代替指令，比如说"托尼"，而不说"不""不要""住手"。 ●与儿童谈话时没有眼神交流或肢体接触。 ●对儿童说的话只是表面上关注或是主动地阻止儿童谈话，更希望保持一个安静的环境。 ●大多数时间是对儿童集体说话，只是在告诫和惩罚儿童的时候才单独和他们谈话。 ●为迎合成人的行为标准而创造一个鼓励竞争的氛围，而且将评价儿童的标准限定在一个很局限的范围内，即仅关注儿童的智力发展。 ●批评或贬低典型的孩子气行为，比如"你为什么不安静地坐一会儿或是做一点安静的事情呢?" ●用判断性的语言（常常是在孩子的理解范围内）来描述个别孩子的行为、风格或兴趣，比如"他是我见过的最害羞的孩子"。 ●用自己的标准判断家长，如"好家长"会做些什么。 ●不能把与家长交流作为了解个别儿童的有效来源。 ●教学高度结构化，以教师为中心，不为儿童提供太多形成想法、决定或是和与他们自己的生活建立联系的机会。 性别认同感 ●对男孩子和女孩子作出不同的回应。 ●通过言论或期望强化刻板印象。 ●以"男孩子"和"女孩子"作为活动时的分组方法。 ●让男孩子只帮忙做大的工作，让女孩子负责整理打扫。 ●羞辱或惩罚儿童对生理差异的好奇心。 文化和种族认同 ●对种族/文化背景或家庭结构不同于自己的儿童和家长反应不当。 ●没有反对或没有帮助儿童反对教室里的偏见言论或行为。 ●提供不能表达对多样性的尊重的刻板老套材料。 ●使用"旅行课程"（Derman-Sparks, 1989），对待其他文化群体就好像他们非常奇异似的，实际上是强调差异。 ●忽视儿童的文化和语言背景及其他个人差异，或者将其看成"需要弥补的缺陷"。 （NAEYC, 1996, P. 131）

续表

项目		学前期
社会/情感环境	非支持性环境	友谊 ●坚持说班上的每个孩子都是"朋友",而非帮助儿童学会识别友善的行为。 ●坚持要求班上每个孩子都互相喜欢对方,而非接受儿童在选择玩伴时的真实偏好。 ●总是指定儿童的玩伴。 ●要求儿童一起活动或分享玩具。 ●过急或者过于频繁地干涉、阻止儿童在与同辈人的交往中得到直接经验。 亲社会行为 ●对儿童的分享、合作期望过高。 ●坚持让儿童展示并不真诚的亲社会行为。 ●强迫用成人的办法解决冲突。 ●面对儿童的负面行为,威胁说不和他做好朋友或不喜欢他。 指导儿童自我控制 ●强调用威严及成人权力来实施规则或解决争议。 ●依靠惩罚解决不能接受的行为。 ●过多使用"以牙还牙"的报复手段法。 ●粗暴地制止儿童的行为而不教其如何选择行为。 ●对儿童在自我控制方面的局限性表现出愤怒

（三）学前期发展适宜性的时间环境

活动	灵活性
儿童入园,进行自选活动	在以下情况下缩短时间: ●儿童对活动不投入 ●后面计划开展实地考察活动或有来访者 在以下情况下可延长时间: ●儿童深度参与到活动中 ●天气不好
室内,教师指导的活动,例如清理活动、吃点心和小组时间	在以下情况下缩短时间: ●儿童异常活跃 ●需要更多的室内或室外活动时间 在以下情况下可延长时间: ●有特殊的来访者或活动 ●有需要讨论的事项
户外,儿童自选活动	在以下情况下缩短时间: ●天气恶劣（开展室内大肌肉活动以代替） ●其他活动的时间块被延长 在以下情况下可延长时间: ●需要时间去往特定的户外环境 ●操场上的项目为儿童带来了特别的乐趣

体现时间块灵活性的学前项目日程表样例资料来源：Hildebrand, V., & Hearron, R. (1998). Guiding young children (6th ed.). New York：Macmillan publishing.

美国各州早期学习标准的特点

美国各州早期学习标准的特点

州	颁布实施	修订版	儿童评估	项目评估	评估系统	与K12标准一起实施	与ELS课程一起实施	与ELS评估一起实施	指导英语学习者儿童	指导特殊儿童
AL	2004					Y	N	N	N	N
AZ	2005		Y			Y	IP	IP	Y	Y
AR	1996	2002	Y	Y	Y	Y	Y	Y	Y	Y
CA	2005		Y	Y	Y	Y	IP	IP	IP	IP
CT	1999	IP	Y			Y	Y	Y	N	Y
DE	2003	IP				Y	N	N	Y	Y
DC	2005		Y		Y	Y	IP	N	N	N
FL	2000	2004	Y	Y	Y	Y	IP	IP	Y	N
GA	1995	2006	Y	Y	Y	Y	Y	Y	IP	IP
HI	2002				Y	Y	Y	N	Y	Y
ID	2002		Y			Y	Y	Y	N	Y
IL	2004		Y			Y	Y	Y	Y	Y
IA	2005	IP	Y			Y	IP	IP	N	N
KS	2006	2006				Y	IP	Y	IP	IP
KY	2003	2003				Y	Y		N	Y
LA	2003	2005	Y	Y	Y	Y	Y	Y	Y	Y
ME	2005	IP	Y			Y	Y	N	Y	Y
MD	2004	2004	Y			Y	Y	Y	Y	Y
MA	2003				Y	Y	Y	N	Y	Y
MI	2005	IP	Y	Y	Y	IP	IP	N	IP	IP
MN	2005	IP	Y	Y	Y	Y	Y	Y	Y	IP
MO	2004					Y	Y	Y	Y	N

续表

州	颁布实施	修订版	儿童评估	项目评估	评估系统	与K12标准一起实施	与ELS课程一起实施	与ELS评估一起实施	指导英语学习者儿童	指导特殊儿童
MS	2004		Y			Y	Y	N	Y	Y
NE	2005	2005				Y	Y		Y	Y
NV	2004		Y			Y	N	N	Y	Y
NH	2005	2005				Y	N	N	N	Y
NJ	2004		Y		Y	Y	Y	Y	Y	Y
NM	2004		Y			Y	N	Y	IP	IP
NC	2004	IP				Y	Y	N	Y	Y
OH	2003	2006	Y			Y	Y	Y	Y	Y
OK	2003/04		Y			Y	Y	N	Y	Y
PA	2005		Y	Y		Y	Y	Y	N	N
RI	2003		Y			Y	Y		Y	Y
SC	2005		Y	Y	Y	Y	Y	N	IP	IP
SD	2006					Y	N	N	Y	Y
TN	2004	2004	Y			Y	Y	N	N	N
TX	1999		Y			Y	N	N	Y	Y
UT	2005	2005	Y	Y	Y	Y	N	N	N	IP
VT	2003	IP	Y			Y	Y	Y	N	Y
VA	2003		Y			Y	Y	Y	Y	Y
WV	2004		Y	Y		Y	Y	IP	N	Y
WI	2003					Y	N	N	IP	Y

＊注：Y = 是；N = 否（answered explicitly）；IP = 在探索中；空格 = 没有回答。

资料来源 http：//ecrp. uiuc. edu/v9n1/little. html2013 – 08 – 12.